中国矿业大学国家一流会计学专业系列核心教材配套学习指导
中国矿业大学国家一流财务管理课程配套教材学习指导
“十三五”江苏省高等学校重点教材配套学习指导

财务管理学习指导

李　强　张亮亮　黄国良　主编

中国矿业大学出版社
·徐州·

图书在版编目(CIP)数据

财务管理学习指导 / 李强，张亮亮，黄国良主编.
徐州 ：中国矿业大学出版社，2024.12 — ISBN 978 - 7
- 5646 - 6551 - 7

Ⅰ. F275

中国国家版本馆 CIP 数据核字第 2024LQ3309 号

书　　名　财务管理学习指导
主　　编　李　强　张亮亮　黄国良
责任编辑　史凤萍
出版发行　中国矿业大学出版社有限责任公司
（江苏省徐州市解放南路　邮编 221008）
营销热线　(0516)83885370　83884103
出版服务　(0516)83995789　83884920
网　　址　http://www.cumtp.com　**E-mail**:cumtpvip@cumtp.com
印　　刷　苏州市古得堡数码印刷有限公司
开　　本　787 mm×1092 mm　1/16　**印张**　19　**字数**　486 千字
版次印次　2024 年 12 月第 1 版　2024 年 12 月第 1 次印刷
定　　价　54.00 元

中国矿业大学国家一流会计学专业系列核心教材

总　序

中国矿业大学会计学专业自1983年开始招收本科生，2003年被确定为江苏省首批“高等学校品牌专业建设点”，2006年被正式授予省级“品牌专业”称号，2010年被教育部、财政部遴选为“高等学校特色专业建设点”，2012年列入江苏省高等学校本科“工商管理类重点专业”的核心专业，2019年被教育部遴选为中央赛道首批“国家级一流本科专业建设点”。中国矿业大学会计学学科自1993年获会计学硕士学位授予权，2011年获会计硕士专业学位授予权，2013年在管理科学与工程一级学科下自主增设“财务管理系统工程”二级学科博士点，已经形成了本科、专业型硕士、学术型硕士和博士研究生多层次人才培养格局。为进一步提升中国矿业大学会计学专业本科人才培养质量，彰显中国矿业大学会计学专业“立信创行”人才培养特色，扩大中国矿业大学会计学专业办学示范效应和社会声誉，建设国家一流会计学本科专业，我们组织编著和修订了中国矿业大学国家一流会计学专业系列核心教材。

本系列教材包括《基础会计学》《中级财务会计》《成本会计学》《高级会计学》《财务管理学》《管理会计》《审计学》《经济法》等8本教材及其配套学习指导，编著和修订的指导思想是紧密结合中国会计改革与发展实践，适应经济全球化与人工智能时代对会计教育提出的挑战，遵循会计学专业本科教育规律，满足中国特色社会主义市场经济对会计人才的需求。各教材的编著和修订力求做到“全、准、新、中、顺”，服务中国矿业大学会计学国家一流本科专业培养目标。编著和修订的具体思路是：

1. 基础性与前瞻性并重

本系列教材的编著和修订既注重对各学科基础知识、基本理论和基本技能的全面介绍与准确表述，又科学预测与概括经济全球化、知识经济与人工智能时代各学科最新的发展动态，确保系列教材的知识含量与理论高度，以内容的全面性、准确性和前瞻性保证教材的稳定性。

2. 本土性与时代性并重

本系列教材的编著和修订既立足中国会计改革实践，遵循会计实际工作经验与规律，又兼顾国际会计趋同需要，实现会计国家特色与国际化的协调。同时，依据中国特色社会主义市场经济建设对高质量会计专业人才的培养需求，结合各教材特点，尽可能增加各教材的思政元素，确保系列教材的本土性与时代性特色。

3. 系统性、综合性和研究性并重

本系列教材的编著和修订既突出各学科理论体系的完整性和系统性，又考虑会计学专业各主干课程之间的内在逻辑联系，强调各教材内容的衔接性、互补性和综合性。各教材章节力求按问题提出、理论介绍、模型推演、案例分析的研究型教学范式进行编排与修订，实现系统性、综合性和研究性"三性"统一，提升系列教材的高阶性、创新性和挑战度。

由于作者水平和经验有限，在系列教材的编写过程中对一些问题的认识还不够深刻，各教材中均可能存在不成熟或谬误之处，恳请读者批评指正。

中国矿业大学国家一流会计学专业系列核心教材编审委员会

前　言

财务管理能力是会计学专业人才的核心能力之一，财务管理能力提升已成为会计学专业人才培养质量的关键问题。由于财务管理理论与实践的快速发展，为更好地辅助学生学习和理解财务管理理论与方法，巩固教材中所学的知识，我们组织编写了《财务管理学习指导》。本书是中国矿业大学首批国家一流会计学专业系列核心教材、首批国家一流本科课程“财务管理”配套教材、“十三五”江苏省高等学校重点教材《财务管理学》(黄国良主编，中国矿业大学出版社2021年版)的学习指导用书。本书可作为高等院校经济管理类专业开设“财务管理”或“公司理财”课程的辅助教材，也可作为高等教育自学考试、企业财会人员和各类经济管理人员自学财务管理的参考用书。

为了更好地满足广大读者的学习需求，本书与《财务管理学》教材的篇章结构基本保持一致，在编写时力求遵循以下原则：① 结构合理，便于复习。本书每章包括思维导图、学习目的与要求、本章核心内容、练习题和参考答案等五部分内容。思维导图从整体上总结了该章内容框架，便于学生把握知识结构的逻辑关系；学习目的与要求概括了该章在整个教材体系中的地位和学习的基本要求；本章核心内容是在教材内容的基础上，提炼出重点和难点问题，便于自学；练习题则提供了大量的练习机会，通过练习加强记忆和理解，有利于提高财务管理的学习效果。② 题型全面，针对性强。本书根据财务管理各类考试的特点，在练习题中设有单项选择题、多项选择题、判断题、简答题、计算与分析题和综合题等多种题型，题型设计合理，针对性强，能较好地满足财务管理各类考试的要求。③ 语言精练，通俗易懂。本书力求用精炼简洁的语言概括每章应掌握的主要内容，便于读者领会和掌握。总之，本书通过提炼内容主线和大量习题，能够使广大读者边学边练，有助于读者理解和掌握财务管理的理论知识。

本书由李强教授、张亮亮副教授、黄国良教授任主编。各章执笔人如下：第一、二、三章由黄国良教授编写，第四、五、六章和综合模拟试题由张亮亮副教授编写，第七、八、九章由李强教授编写，第十、十一、十二章由侍丽静高级会计师编写。

限于水平，书中难免存在错误与不足之处，恳请广大读者批评指正。

作者

2024年9月

目　录

第一章　财务管理总论

思 维 导 图

- 财务管理总论
  - 财务管理概念和内容
    - 公司财务活动
    - 公司财务关系
    - 公司财务管理对象
    - 公司财务管理内容
    - 公司财务管理特点
  - 财务管理目标
    - 财务管理目标的主要观点
    - 财务管理目标的理论定位
    - 财务管理目标与社会责任的矛盾与协调
    - 股东、经营者和债权人利益的冲突与协调
    - 财务管理目标选择应考虑的因素
  - 财务管理职能与组织
    - 财务管理的职能
    - 公司财务管理组织机构
    - 财务管理体制
  - 财务管理原则
    - 价值增值原则
    - 资金时间价值原则
    - 风险-报酬均衡原则
    - 成本-效益原则
    - 资源合理配置原则
    - 利益关系协调原则
    - 投资分散化原则
    - 收益性与流动性相统一原则
    - 资本市场有效性原则
  - 财务管理环境
    - 法律环境
    - 金融环境
    - 经济环境
    - 竞争环境
  - 财务管理发展与变革
    - 财务管理的产生
    - 财务管理的发展
    - 财务管理的发展趋势
    - 新经济时代财务管理的变革

学习目的与要求

本章主要阐述财务管理的基本理论问题。学习本章，要掌握财务管理概念和内容、财务管理目标、财务管理职能与组织、财务管理原则、财务管理环境、财务管理发展与变革等基础问题。通过本章学习，对学习财务管理有一个总体认识，明确加强财务管理对于提高企业素质和经济效益重要作用的认识。本章内容也是学好以后各章的理论基础。

（1）本章学习的重点内容：① 在理解企业财务活动和财务关系内涵的基础上，掌握财务管理的概念和内容；② 掌握不同财务管理目标的观点及优缺点；③ 理解财务管理环境尤其是金融环境对企业财务管理的影响。

（2）本章学习的难点内容：① 理解不同财务管理目标的起源及其理论基础；② 理解财务管理目标与社会责任的矛盾及协调方法；③ 理解股东、经营者和债权人利益的冲突及协调方法。

本章核心内容

一、财务管理概念和内容

公司财务管理是公司管理的核心。它是依据公司内外部环境、财经法规制度和财务管理理论及方法，组织公司财务活动和处理财务关系的一项经济管理工作。

（一）公司财务活动

公司财务活动是公司资金收支活动的总称。在市场经济条件下，公司生产经营活动一方面表现为资产的不断购进和售出，另一方面则表现为资金的支出和收回。公司资金的收支是公司经济活动的一个独立方面，这就是公司的财务活动。公司财务活动可分为以下四个方面。

（1）筹资财务活动。

（2）投资财务活动。

（3）经营财务活动。

（4）分配财务活动。

上述财务活动中的四个方面，不是相互割裂、互不相关的，而是相互联系、相互依存的。正是上述互相联系又有一定区别的四个方面，构成了完整的公司财务活动。

（二）公司财务关系

公司财务关系是指公司在组织财务活动过程中与各相关利益主体发生的经济利益关系。根据公司的财务活动（包括筹资活动、投资活动、经营活动和利润分配活动）与公司相关利益主体的关系，公司的财务关系可概括为以下几个方面。

（1）公司与其股东（所有者）之间的财务关系。

（2）公司与其债权人之间的财务关系。

（3）公司与其被投资单位之间的财务关系。

(4) 公司与其债务人之间的财务关系。

(5) 公司内部各单位之间的财务关系。

(6) 公司与职工之间的财务关系。

(7) 公司与税务机关之间的财务关系。

(三) 公司财务管理对象

财务管理主要是资金管理,其对象是资金及其流转。资金流转的起点和终点是现金,其他资产都是现金在流转中的转化形式,因此,财务管理的对象也可说是现金及其流转。

在生产经营中,现金变为非现金资产,非现金资产又变为现金,这种流转过程称为现金流转。这种流转无始无终,不断循环,称为现金循环或资金循环。

现金转变为非现金资产,然后又恢复到现金,所需时间不超过一年的流转,称为现金的短期循环。短期循环中的资产是短期资产,包括现金本身和公司正常经营周期内可以完全转变为现金的存货、应收账款和短期有价证券投资等。

现金转变为非现金资产,然后又恢复到现金,所需时间在一年以上的流转,称为现金的长期循环。长期循环中的非现金资产是长期资产,包括长期投资、固定资产、无形资产和长期待摊费用等。

(四) 公司财务管理内容

依据公司财务管理概念和财务管理对象,公司财务管理的主要内容应包括投资决策、筹资决策和盈利分配决策。

1. 投资决策

投资是指以收回现金并取得收益为目的而发生的现金流出。依据不同的标准,公司的投资决策可以分为以下类型:① 项目投资和证券投资决策;② 长期投资和短期投资决策。

2. 筹资决策

公司筹资决策要解决的问题是如何取得公司所需要的资金,包括向谁、在什么时候、筹集多少资金。筹资决策的关键是决定各种资金来源在总资金中所占的比重,即确定资本结构,以使筹资风险和筹资成本相匹配。可供公司选择的资金来源有很多,我国习惯上称“资金渠道”。按不同的标志,它们分为:① 权益资金和借入资金;② 长期资金和短期资金。

3. 盈利分配决策

公司的盈利分配决策主要是研究公司的税后利润如何进行分配,其中重点是股利的分配。在进行盈利分配时,既要考虑公司的长远发展,留下一定的利润作为留存收益,以利于公司股东的长远利益;又要考虑股东对近期利益的要求,定期发放一定数额的股利。因此,根据公司的具体情况确定最佳的盈利分配政策,是公司财务管理的一项重要内容。

上述三项内容是财务管理的基本内容。另外,就所处理的专门问题来看,财务管理的内容还包括公司并购与重组以及国际财务管理等问题。

(五) 公司财务管理特点

公司财务管理与公司生产管理、技术管理、劳动人事管理、设备管理和销售管理等管理活动有明显区别,其主要特点有以下几个方面。

(1) 财务管理是一项专业管理与综合管理相结合的管理活动。

(2) 财务管理与公司经营管理有密切的联系。

(3) 财务管理必须及时对公司的经营状况和财务状况进行监控。

(4) 财务管理与其他管理学科的关联性。

二、财务管理目标

财务管理目标是指公司组织财务活动、处理财务关系所要达到的目的,它决定着公司财务管理的基本方向。

(一) 财务管理目标的主要观点

1. 古典经济理论与利润最大化目标

利润最大化目标起源于亚当·斯密、大卫·李嘉图及阿尔弗来德·马歇尔的古典经济理论,至今在理论界与实务界有较大影响。

古典经济理论把利润最大化作为公司目标的主要理由有:一是人类进行生产经营活动的目的是创造更多的剩余产品,在商品经济条件下,剩余产品价值的多少可以用利润这个指标来衡量。二是资本必然追逐利润,公司经营的最终目的是获取财富。以利润最大化作为目标,公司就必然会关注市场,加强管理,提高劳动生产率,降低产品成本,讲求经济效益,以最大限度地获得利润。三是每个公司都最大限度地获得利润,整个社会的财富才可能实现最大化,从而带来社会的进步和发展,利润最大化目标与社会利益最大化是一致的。四是在充分的资本市场条件下,资金总会流向利润高的公司,从而有利于社会资源的最佳配置。

公司财务管理是公司管理的核心,所以财务管理目标也应是利润最大化。以利润最大化作为财务管理的目标,有其合理的一面:① 利润是公司的新创价值,而且是已实现销售并被社会承认的价值;② 利润是公司最综合的财务指标,能说明公司的整体经营和财务管理水平的高低;③ 真实的利润是社会财富的积累;④ 利润概念是一个最容易被社会各界广泛接受的财务概念。

然而实践证明,如果片面地以财务报表上表现的利润最大化为财务管理目标是不恰当的。这是因为:

① 利润作为一个绝对数指标,不能反映公司一定时期的投资收益率水平,因而无法表现资本的投入与产出的关系,更不便在不同公司之间进行财务状况比较。

② 没有考虑公司利润实现的时间因素,即没有运用资金时间价值这一重要的财务概念。

③ 没有充分考虑利润实现的风险因素,不切实际地盲目追求利润最大化,往往会使公司承受很大甚至是不必要的风险。

④ 没有考虑公司一定时期的现金流量状况,因为利润大并不意味着公司的现金状况好。

⑤ 追求利润最大化会造成公司经营者和财务决策者的短期行为,只顾实现当前的或局部的利润最大化,而不顾公司长远和整体的发展,甚至损害了公司长久发展的财务实力。

2. 新古典产权学派与股东财富最大化和公司价值最大化目标

新古典产权学派关于公司所有权的认识,在阿尔钦和德姆塞茨(1972)、曼内(1965)、詹森与麦克林(1976)、哈特(1995)等人的论著中得到了较充分的体现。虽然他们研究问题的侧重点不同,但都认为出资者是公司唯一的剩余索取者。新古典产权学派产生了代理理论和"股权至上"公司治理模式。

新古典产权学派、代理理论和"股权至上"公司治理模式产生了股东财富最大化目标。股东财富最大化是指通过财务上的合理经营,为股东带来最多的财富。在股份经济条件下,股东财富由其所拥有的股票数量和股票市场价格两方面来决定。在股票数量一定时,当股票价格达到最高时,则股东财富也达到最大。所以,股东财富最大化,又演变为股票价格最大化。正如阿兰·C.夏皮罗所说:在运行良好的资本市场里,投资者可以自由地以最低的交易成本购买和销售金融证券,股东财富最大化目标可以理解为最大限度地提高股票价格。本顿·E.盖普也指出,股东财富最大化是用公司股票的市场价格来计量的。诺斯教授等也曾明确指出,财务管理的目标就是要使每股股票价值极大化。

与利润最大化目标相比,股东财富最大化目标有其积极的方面。这是因为:① 股东财富最大化目标考虑了风险因素,因为风险的高低对股票价格产生重要影响;② 股东财富最大化在一定程度上能够克服公司在追求利润上的短期行为,因为不仅当前的利润会影响股票价格,预期未来的利润对公司股票价格也会产生重要影响;③ 对上市公司来说,股东财富(股票价格)最大化目标比较容易量化。

股东财富最大化也存在一些缺点:① 它只适合上市公司,对非上市公司则很难适用;② 它只强调股东的利益,而对公司其他关系人的利益重视不够;③ 股票价格受多种因素影响,并非都是公司所能控制的,把不可控因素引入财务管理目标是不合理的。

为弥补股东财富最大化目标只适合上市公司和股票价格的非可控的缺陷,理论界提出了公司价值最大化的目标。如同从利润最大化向股东财富最大化转变一样,从股东财富最大化向公司价值最大化的转变是财务管理目标理论的又一次飞跃。

公司价值最大化是指通过公司财务上的合理经营,采用最优的财务政策,充分考虑资金的时间价值和风险与报酬的关系,在保证公司长期稳定发展的基础上使公司总价值达到最大。理论上,公司价值可以通过下列公式进行计量:

$$V=\sum_{t=1}^{\infty}\frac{FCF_t}{(1+i)^t}$$

式中　V——公司价值;

t——取得现金净流量的时间;

FCF_t——第 t 年的公司现金净流量;

i——与公司风险相适应的贴现率。

公司价值最大化作为财务管理的目标,具有以下优点:

① 公司价值最大化目标考虑了取得报酬的时间,并用时间价值的原理进行了计量;

② 公司价值最大化目标科学地考虑了风险与报酬的联系;

③ 公司价值最大化能克服公司在追求利润上的短期行为,因为不仅当前的利润会影响公司的价值,预期未来的利润对公司价值的影响所起的作用更大。公司财务管理就是要正确权衡报酬增加与风险增加的得与失,努力实现二者之间的最佳平衡,使公司价值达到最大。

当然,用公司价值最大化作为财务管理的目标,也存在一些不足之处,主要有:

① 概念比较抽象，不易被外行人士所接受；也不像利润和每股盈余指标那样，在公司日常会计核算中经常被揭示。因此，运用一些基本的财务指标作为辅助是必要的。

② 对于上市公司来讲，股票价格是公司价值的直接表现。但股票价格会受到特定经济环境等多种市场因素的综合影响，所以在某一时点上，股价可能并不真正反映这个公司的价值。讲股票价格是公司价值的外在表现，那是从较长一段时期来讲的。

③ 公司价值最大化的观点所追求的是单纯的“经济效率”，以公司资源配置是否有利于公司价值增长来作为评判优劣的标准，难免会导致外部不经济，导致资源环境的破坏。

④ 随着知识经济的发展，人本管理已成为客观要求，公司价值最大化也必然与“人本财务观念”相矛盾。

3. 利益相关者学派和利益相关者财富最大化目标

利益相关者学派反对出资者是公司的最终所有者，强调公司的所有权应由出资者、债权人、管理者、职工、供应商和消费者等利益相关者共同分享。

利益相关者财富最大化的观点认为：公司的所有权主体并不仅仅是股东，而应拓展为出资者、债权人、员工(包括管理者)、供应商与客户等利益相关者。公司的财务行为与财务关系应围绕着相关利益集团的不同要求而均衡展开，并最终达到利益相关者财富增加的目的。

利益相关者财富最大化目标考虑的不仅仅是经济效率，还有社会效益目标的实现；既考虑了出资人的利益，又兼顾了其他利益相关者的要求与公司的社会责任；既适应知识经济的要求，又体现可持续发展财务的特征。

利益相关者财富最大化的观点在指导实践的过程中也受到挑战，主要原因是利益相关者财富最大化目标的可操作性无法得到保证。第一，利益相关者财富最大化的观点虽然从表面上看有利于协调出资者与其他利益相关者之间的关系，从而有利于调动公司各方面的积极性，但是，从社会分工的角度看，公司的根本价值在于为社会创造财富，而盈利是公司得以创造财富和不断扩张的前提。赚取利润是公司最重要的目标，其他相关者的利益只有在公司盈利的情况下才能得以保证。第二，利益相关者财富最大化目标反对出资者单方享有公司剩余索取权与剩余控制权的制度安排，强调公司所有权应由利益相关者共同分享。但在利益相关者身份确定与利益相关度的测量方面，将遇到难以克服的困难。究竟谁是利益相关者？每个利益相关者的利益相关度有多大？这些问题现阶段是难以回答的。

4. 公司能力理论和公司可持续发展能力最大化目标

按照福斯(Foss,1993)的归纳，公司能力理论的主要观点包括：① 公司能力理论是一种战略观；② 能力是公司拥有的主要资源或资产；③ 公司是进行能力分析的细胞；④ 公司的效率差异产生收益；⑤ 公司的范围可以用能力界定；⑥ 公司能力理论归根到底是一种动力机制理论。

公司能力理论把获取正利润或盈利可能性作为公司在不确定性的环境中产生或生存下来的前提条件。与新古典经济理论不同的是，该理论认为公司在本质上是一个能力体系。换言之，公司实质是由各种能力所构成的能力集合，这个能力集合至少包括公司的生产和制造能力、战略决策与组织协调能力、研究开发与产品创新能力、人力资源与资产整合能力、市场营销能力、外部关系处理能力、组织学习能力等。这些能力构成了公司的异质核心能力，正是这种异质核心能力在公司间的非对称性分布决定了公司的存在和效率。

公司能力理论认为，公司目标是获取竞争优势及永续发展的能力。交易成本经济学只看到公司从交易过程中产生盈利的可能性，忽视了公司从生产过程中产生盈利的可能性及相关性。哈默和贺尼（Hamel & Heene，1994）明确指出，公司管理过程是通过一系列的战略行为来形成核心竞争力的。也就是说，公司能否存在不能仅从交易成本相对大小来判断，还要根据公司核心能力所产生的收益与形成核心能力的成本比较来判断。因此，公司的目标也就从节约交易成本变成了改善公司内部的能力配置，形成异质性核心能力，在市场竞争中取得竞争优势及永续发展能力。

公司能力理论衍生公司可持续发展能力最大化目标。结合财务管理的主要内容，可持续发展能力最大化目标应包括获利能力与增值能力、融资与偿债能力、资金营运能力和抵御风险能力等。从某种意义上讲，公司可持续发展能力最大化是财富最大化的前提。

（二）财务管理目标的理论定位

考虑利润最大化目标缺陷、股东财务最大化目标存在的问题、利益相关者财富最大化和可持续发展能力最大化目标面临的挑战，结合现代公司特征和相关法律法规，我们认为现阶段把财务管理目标理论上定位为公司价值最大化是必然的选择。其主要理由有：① 公司价值最大化目标能在一定程度上包含其他目标；② 公司价值是评价公司财务活动最综合的指标。

公司价值最大化作为财务管理的目标，不但是财务理论研究的必然结论，也是内外部对公司经营和财务状况做出综合评价的必然选择。因为公司价值既是一个抽象的概念，又是一个能用于公司综合评价的实际可行的概念。诚如前述，研究结果告诉我们，没有一个或几个财务指标可直接用来作为公司最终评价的依据，而只有公司价值概念涵盖了公司所有内部、外部、经营和财务等各方面的综合因素。

因此，在理论上以公司价值最大化作为财务管理的整体目标，并在此基础上确立财务管理理论体系和方法体系，是现代财务管理目标的现实选择。

（三）财务管理目标与社会责任的矛盾与协调

公司价值最大化目标单纯追求“内部的经济效率”，以公司资源配置是否有利于公司价值增长来作为评判优劣的标准，难免会导致外部不经济，导致资源环境的破坏。因此，公司的财务管理目标还涉及与社会责任的协调和统一。

一般来说，公司价值最大化目标的实现与社会责任的履行基本一致。然而，公司的财务管理目标与履行社会责任也有不一致的地方。如公司为了获利，可能生产伪劣产品，可能不顾工人的健康和利益，可能造成环境的污染，可能损害其他公司的利益等。

为了使公司财务管理目标与社会责任一致，国家应通过制定一定的法律和规定来强制公司履行社会责任，如反垄断法、反暴利法、防止不正当竞争法、环境保护法、合同法、保护消费者权益法和有关产品质量法规等。一般来说，公司只要遵守这些法规，其在谋求自身价值的同时，就会使公众受益。但是，法律不可能解决所有的问题，公司有可能在合法的前提下从事不利于社会的事情。因此，公司还要受到商业道德的约束，接受政府有关部门的行政监督，以及社会公众舆论的监督，进一步协调公司与社会的矛盾。

（四）股东、经营者和债权人利益的冲突与协调

由于信息的不对称，在实现公司价值最大化过程中，股东、经营者和债权人利益冲突最为明显。股东和债权人都为公司提供财务资源，但是股东和债权人都处在公司之外，只有经营者在公司里直接从事管理工作。股东、经营者和债权人之间构成了公司最重要的财务关系。股东委托经营者代表他们管理公司，为实现他们的目标而努力，但经营者与股东的目标并不完全一致。债权人把资金借给公司，并不是为了“股东财富最大化”，与股东的目标也不一致。公司必须协调这三方面的利益冲突，才能实现公司价值最大化的目标。

1. 股东与经营者

（1）经营者的目标。在股东和经营者分离以后，股东的目标是使公司财富最大化，千方百计要求经营者以最大的努力去实现这个目标。经营者也是最大合理效用的追求者，其具体行为目标与委托人不一致。他们的目标是：

① 增加报酬，包括物质和非物质的报酬，如工资、奖金，获得荣誉和提高社会地位等。

② 增加闲暇时间，包括较少的工作时间、工作时间里较多的空闲和有效工作时间中较小的劳动强度等。

③ 避免风险。经营者努力工作可能得不到应有的报酬，他们的行为和结果之间有不确定性，经营者总是力图避免这种风险，希望付出一份劳动便得到一份报酬。

（2）经营者对股东目标的背离。经营者的目标和股东不完全一致，经营者有可能为了自身的目标而背离股东的利益。这种背离表现在两个方面：

① 道德风险。经营者为了自己的目标，未尽最大努力去实现公司财务管理的目标。

② 逆向选择。经营者为了自己的目标而背离股东的目标。

（3）防止经营者背离股东目标的方法。

① 监督。经营者背离股东的目标，其条件是双方的信息不对称，主要是经营者了解的信息比股东多。避免“道德风险”和“逆向选择”的路径是股东获取更多的信息，对经营者进行监督，在经营者背离股东目标时，减少其各种形式的报酬，甚至解雇他们。

② 激励。防止经营者背离股东利益的另一种方式是采用激励计划，使经营者分享公司增加的财富，鼓励他们采取符合股东最大利益的行动。

通常，股东同时采取监督和激励两种方式来协调自己和经营者的目标。尽管如此，仍不可能使经营者完全按股东的意愿行动，经营者仍然可能采取一些对自己有利而不符合股东最大利益的决策，并由此给股东带来一定的损失。监督成本、激励成本和偏离股东目标的损失之间此消彼长，相互制约。股东要权衡轻重，力求找出能使三项之和最小的解决办法，它就是最佳的解决办法。

2. 股东与债权人

当公司向债权人借入资金后，两者形成一种委托代理关系。债权人把资金借给公司，其目标是到期时收回本金，并获得约定的利息收入；公司借款的目的是用它扩大经营，投入有风险的生产经营项目，两者的目标并不一致。

债权人事先知道借出资金是有风险的，并把这种风险的相应报酬纳入利率。通常要考虑的因素包括：公司现有资产的风险、预计公司新增资产的风险、公司现有的负债比率、公司未来的资本结构等。但是，借款合同一旦成为事实，资金划到公司，债权人就失去了控制

权，股东可以通过经营者为了自身利益而伤害债权人的利益，其常用方式是：

第一，股东不经债权人的同意，投资于比债权人预期风险更高的新项目。

第二，股东为了提高公司的利润，不征得债权人的同意而指使管理当局发行新债，致使旧债权的价值下降，使旧债权人蒙受损失。

债权人为了防止其利益被伤害，除了寻求司法保护，如破产时优先接管、优先于股东分配剩余财产等外，通常采取以下措施：

第一，在借款合同中加入限制性条款，如规定资金的用途、规定不得发行新债或限制发行新债的数额等。

第二，发现公司有损害其债权意图时，拒绝进一步合作，不再提供新的借款或提前收回借款。

（五）财务管理目标选择应考虑的因素

2006 年，上海国家会计学院对 60 位央企总会计师展开关于公司财务管理目标的调查，结果显示，在财务管理目标理论定位上，84％的总会计师认为财务管理目标应该是公司价值最大化，13％的总会计师认为财务管理目标应该是利润最大化。在财务管理目标实务定位上，55％的总会计师所在单位财务管理目标实际是利润最大化，31％的总会计师所在单位财务管理目标实际是公司价值最大化。理论与实务有一定差异。

2010 年，东北财经大学面向 101 位在职会计专业硕士（MPACC）学生展开了财务管理目标的调查。结果显示，在财务管理目标理论定位上，101 位学员中认为财务管理目标应该是公司价值最大化和现金流转顺畅的比例为 100％，认为财务管理目标应该是利润最大化的比例为 69％。在财务管理目标实务定位上，101 位学员中认为财务管理目标实际是利润最大化和现金流转顺畅的比例为 100％，认为财务管理目标实际是公司价值最大化的比例为 34％。理论与实务有一定差异，而且理论与实务高度统一的目标是现金流转顺畅。我们认为现金流转顺畅是财务管理的基本要求，不能成为财务管理目标。

在实际工作中选择财务管理目标可能要考虑更多的因素。从国际上的管理实践和经验看，公司财务管理目标选择主要应考虑的因素有股权结构、股东重要要求、公司生命周期特征、公司治理原则、可持续发展要求、绩效考核要求和市场经济特征等。中国公司财务管理目标选择还要考虑中国社会主义初级市场经济特征，包括国有经济占主体（要关注全民所有问题）、国有产权虚置问题、垄断和半垄断经营问题、任命管制问题、薪酬管制问题、短期考核与公司长期发展矛盾问题、社会保障程度低的问题和国有公司领导人管理防御问题等。

三、财务管理职能与组织

（一）财务管理的职能

一般认为，财务管理的职能包括财务决策、财务计划和财务控制三个方面。

1. 财务决策

财务决策是指有关资金筹集和使用的决策。财务决策的过程，一般可分为四个阶段。

（1）情报活动。情报活动即探查环境，是寻找做决策的条件。在这个阶段里，要根据初步设想的目标收集情报，找出做决策的依据。

(2) 设计活动。设计活动即创造、制定和分析可能采取的方案。在这个阶段里,要根据收集到的情报,以公司想要解决的问题为目标,设计出各种可能采取的方案及备选计划,并分析评价每一方案的得失和利弊。

(3) 抉择活动。抉择活动即从备选计划中选择一个行动方案,或者说在备选计划中进行抉择。在这个阶段里,要根据当时的情况和对未来的预测,以及一定的价值标准评价诸方案,并按照一定的准则选出一个行动方案。

(4) 审查活动。审查活动即对过去的决策进行评价。在这个阶段里,要根据实际发展进程和行动方案的比较,评价决策的质量即主观符合客观的程度,以便改进后续决策。

事实上,这四个阶段并不是按顺序一次完成的,经常需要返回到以前的阶段。例如,设计或抉择时会发现情报不充分,还要再收集情报;抉择时会发现原来设计的方案不够好,需要修改设计。这四个阶段中的每一个,还可以细分为同样的四个小阶段,是大圈套小圈的结构。例如,收集情报阶段,包括了解收集情报的"情报"、"设计"收集情报的方案、"决定"如何收集情报、"评价"收集到的情报是否合乎需要这样四个小阶段。

2. 财务计划

财务规划是个过程,它通过调整经营活动的规模和水平,使公司的资金、可能取得的收益、未来发生的成本费用相互协调,以保证实现财务目标。财务规划受财务目标、战略、政策、程序和规划等决策的指导和限制,为编制财务预算提供基础。财务规划的主要工具是财务预测和本量利分析。规划工作主要强调各部分活动的协调,因为规划的好坏是由其最薄弱的环节决定的。

预算是以货币表示的预期结果,它是计划工作的终点,也是控制工作的起点,它把计划和控制联系起来。各公司预算的精密程度、实施范围和编制方式有很大差异。预算工作的主要好处是促使各级主管人员对自己的工作进行详细、确切的计划。

3. 财务控制

财务控制和财务计划有密切联系,计划是控制的重要依据,控制是执行计划的手段,它们组成了公司财务管理循环。财务管理循环的主要环节包括:

(1) 制定财务决策,即针对公司的各种财务问题决定行动方案,也就是制订项目计划。

(2) 制定预算和标准,即针对计划期的各项生产经营活动,拟定用具体数字表示的计划和标准,也就是制订期间计划。

(3) 记录实际数据,即对公司实际的资金循环和周转进行记录,它通常是会计的职能。

(4) 计算应达标准,即根据变化了的实际情况计算出应该达到的工作水平。例如"实际业务量的标准成本""实际业务量的预算限额"等。

(5) 对比标准与实际,即对上两项数额进行比较,确定其差额,发现例外情况。

(6) 差异分析与调查,即对足够大的差异进行具体的调查研究,以发现产生差异的具体原因。

(7) 采取行动,即根据产生问题的原因采取行动,纠正偏差,使活动按既定目标发展。

(8) 评价与考核,即根据差异及其产生原因,对执行人的业绩进行评价与考核。

(9) 激励,即根据评价与考核的结果对执行人进行奖惩,以激发其工作热情。

(10) 预测,即在激励和采取行动之后,经济活动发生变化,要根据新的经济活动状况重新预测，为下一步决策提供依据。

（二）公司财务管理组织机构

财务管理的组织机构会因公司规模的大小而不同。在小型公司，财务管理工作是作为会计工作的一部分来进行的，其工作重点是利用商业信用筹集资金和回收公司的应收账款，很少关心投资决策和筹资方式的选择。因此，在小型公司，一般没有单独的财务管理组织，即使有，也只是会计部门的一个部分而已。但是，随着公司规模的增大，财务工作越来越重要，财务管理的内容包括财务分析与规划、资金筹集、投资管理、盈利分配等。所以，在大中型公司中，一般都设有独立的财务机构负责公司的财务管理工作。一般来说，公司财务管理组织机构有以下几种形式。

（1）一般型。

（2）责任中心型。

（3）集团公司型。

（4）控股公司型。

（5）跨国公司型。

（三）财务管理体制

财务管理体制是指划分公司财务管理方面的权责利关系的一种制度，是财务关系的具体表现形式，一般来说包括公司投资者与经营者之间的财务管理体制和公司内部的财务管理体制两个层次。

1. 财务管理体制的类型

财务管理体制按其集权化的程度，可分为集权式财务管理体制、分权式财务管理体制和混合式财务管理体制。

（1）集权式财务管理体制：重大财务决策权都集中在母公司，母公司对子公司采取严格控制和统一管理方式的财务管理体制。

（2）分权式财务管理体制：大部分的重大决策权集中在子公司，母公司对子公司采取以间接管理方式为主的财务管理体制。

（3）混合式财务管理体制：适度的集权与适度的分权相结合的财务管理体制。恰当的集权与分权相结合，既能发挥母公司财务调控职能，激发子公司的积极性和创造性，又能有效控制经营者及子公司风险。

2. 公司内部财务管理体制模式的选择

公司财务管理体制选择是否恰当，主要根据以下标准来判断。

（1）是否有利于公司建立稳健高效的财务管理运行机制。

（2）是否有利于调动公司经营者、管理者的积极性、主动性、创造性。

（3）是否有利于加强公司的内部管理。

（4）是否有利于促进公司价值的提升。

3. 公司内部财务管理体制的主要内容

公司内部财务管理体制的主要责任是在特定经济环境下正确处理公司同内外各方面的经济利益关系，因而它主要包括以下五个方面的内容。

(1) 确定与公司内部经营组织形式相关的财务管理体制类型。

(2) 确定与公司内部各财务管理单位的经济责任相适应的财务责任。

(3) 确定与公司内部财务管理单位财务责任大小相一致的财务权限。

(4) 根据内部结算价格计价结算,确认各单位履行职责的好坏。

(5) 根据承担的财务责任的大小以及履行情况来确定物质利益的多少。

四、财务管理原则

财务管理原则是指人们对财务活动的共同和理性的认识,是公司财务管理工作必须遵循的基本准则。它是从公司财务管理实践中抽象出来的并在实践中得以证明是正确的行为规范,它反映了公司财务管理活动的内在本质要求。它是联系理论与实务的纽带。现代公司财务管理的基本原则主要包括以下几项原则。

(一) 价值增值原则

公司财务管理的一切管理活动都要按照价值增值原则进行。在公司产权关系明确的前提下,公司财务管理的目的就是合理运作资金,以求资金利用效益最好。现代财务管理是对公司资金运作的专业化管理,它遵循资金运动的基本要求和规律,运用价值管理的一系列方法,综合地对公司的整体资金运动进行科学的统筹安排,在从事购置、生产、销售及投资等各项资金活动时,都要努力提高交易效率,最大限度地降低交易费用,从而达到"事半功倍"的目的。在整个经营过程中,要严格控制公司的各项投入与产出、耗费与收入、盈利与亏损,努力使公司的资金在系统价值观念的指导下得以高效运行。

(二) 资金时间价值原则

资金时间价值原则是指在进行财务计量时要考虑资金时间价值因素。资金时间价值是指资金经过一定时间的投资和再投资所增加的价值。资金具有时间价值的依据是资金投入市场后其数额会随着时间的延续而不断增加。这是一种普遍的客观经济现象。要想让投资人把钱拿出来,市场必须给他们一定的报酬。

资金时间价值原则的首要应用是现值概念。资金时间价值的另一个重要应用是"早收晚付"观念。

(三) 风险-报酬均衡原则

风险-报酬均衡原则是指风险和报酬之间存在一个对等关系,投资人必须对报酬和风险做出权衡,为追求较高报酬而承担较大风险,或者为减少风险而接受较低的报酬。所谓"对等关系",是指高收益的投资机会必然伴随巨大风险,风险小的投资机会必然只有较低的收益。

在财务交易中,当其他一切条件相同时,人们倾向于高报酬和低风险。如果两个投资机会除了报酬不同以外,其他条件(包括风险)都相同,人们会选择报酬较高的投资机会。如果两个投资机会除了风险不同以外,其他条件(包括报酬)都相同,人们会选择风险较小的投资机会。

(四) 成本-效益原则

财务管理要追求公司价值最大化,就必须处处讲求效益和节约成本,即以最小的成本支出来获取最大的收益，作为实现财务管理目标的基本手段。在公司的整个财务管理活动中，都始终要坚持成本-效益原则，任何不顾成本、盲目追求产值或利润最大的做法都是错误的，其结果只能是给公司造成更大的损失。

（五）资源合理配置原则

公司作为现代市场经济的微观组织，在财务管理方面应十分重视如何使其财力资源得到最优化的合理组合，最大限度地发挥其整体的效用功能，既要防止资源供应不足而影响公司的整体规模效益，又要避免各个环节上的资源过剩和浪费。财务管理应通过帮助公司合理配置财力资源，来促进公司生产规模的合理发展、产品结构的有效调整、产品质量的不断提高、资金管理和利用效益的增长及公司员工福利待遇的改善，等等。

（六）利益关系协调原则

从某种意义上讲，公司财务管理的重要性直接表现在它涉及公司各方面的利益关系，这种关系在财务中也称为财务关系。所以，理财不但要理清公司的财产资源，也必须理顺公司不同利益者之间的利益关系。因此，合理分配收益，协调各项利益关系，是搞好公司财务管理工作的一项重要原则。它直接关系到公司的投资人、债权人、经营者和内部员工及外部合作者的积极性和期望收益的满足程度，也直接关系到能否最大限度地实现公司价值最大化这一财务管理目标。

（七）投资分散化原则

投资分散化原则，是指不要把全部财富都投资于一个公司，而要分散投资。投资分散化原则的理论依据是投资组合理论。马科维茨的投资组合理论认为，若干种股票组成的投资组合，其收益是这些股票收益的加权平均数，但其风险要小于这些股票的加权平均风险，所以投资组合能降低风险。

（八）收益性与流动性相统一原则

收益性与流动性是一对相互依赖、相互矛盾的概念，也是财务管理实践中必须树立的核心观念。从长期来看，两者是相统一的，要想取得长远的经济效益，就必须保持理想的流动性，以保证公司在动态的发展中不断清偿到期债务，只有如此，才能保持公司的长期收益性。但从目前来看，两者又是相互矛盾的，要想取得较强的收益性，则必须大量使用流动负债，形成大量流动性较低的长期资产，这样公司必然表现为资产流动性较低、偿债力较弱；反之，想要维持较高的流动性，公司必须保持较多的流动资产，或者维持较高的自有资本比率或较多的长期负债，而超过合理限度的速动资产的闲置和资金成本较高的资金来源，必然降低公司的收益性。如何保持理想的收益性和流动性，是市场经济条件下公司必须要认真权衡的问题。建立正确的收益性与流动性观念，就是要求公司首先要具备有关收益性与流动性及其两者关系的正确观念，在此观念的指导下，正确处理公司的资产结构、资本结构及其两者的对称结构问题，以保持公司理想的收益性与流动性，实现收益性与流动性的统一，满足公司追求所有者权益最大化这一公司目标的要求。

（九）资本市场有效性原则

财务管理的目标是使企业价值最大化，这只能在有效的市场中实现。市场是否有效与信息反映到证券价格中的速度有关。按信息反映到证券价格中的速度，有效资本市场分为弱式有效市场、半强式有效市场和强式有效市场三类。

(1) 弱式有效市场，是指市场价格已充分反映出所有过去历史的证券价格信息，包括股票的成交价、成交量、卖空金额和融资金融等的资本市场。如果弱式有效市场假说成立，则股票价格的技术分析失去作用，基本分析还可能帮助投资者获得超额利润。

(2) 半强式有效市场，是指市场价格已充分反映已公开的有关公司营运前景的信息的资本市场，这些信息包括成交价、成交量、盈利资料、盈利预测值、公司管理状况及其他公开披露的财务信息等。假如投资者能迅速获得这些信息，股价应迅速做出反应。如果半强式有效假说成立，则在市场中利用技术分析和基本分析都失去作用，内幕消息可能获得超额利润。

(3) 强式有效市场，是指市场价格已充分地反映了所有关于公司营运的信息的资本市场，这些信息包括已公开的或内部未公开的信息。在强式有效市场中，没有任何方法能帮助投资者获得超额利润，即使有内幕消息者也一样。

资本市场有效性原则要求理财时重视市场对公司的估价。市场有效性原则要求理财时慎重使用金融工具。

五、财务管理环境

财务管理环境是指对公司财务活动和财务管理产生影响的各种内外条件的统称。公司财务活动是在一定的环境下进行的，必然受到环境的影响。公司财务管理环境涉及范围很广，主要包括法律环境、金融环境、经济环境和竞争环境。

(一) 法律环境

在市场经济下，公司总是在一定的法律前提下从事其各项业务活动的。一方面，法律提出了公司从事各项业务活动所必须遵守的规范或前提条件，从而对公司行为进行约束；另一方面，法律也为公司守法从事各项业务活动提供了保护。法律对于公司来说是一把双刃剑。在市场经济中，通常要建立一个完整的法律体系来维护市场秩序，从公司的角度看，这个法律体系包括公司组织方面的法律规定、公司生产经营活动方面的法律规定和公司财务活动方面的法律规定。

1. 公司组织法律规范

公司组织方面的法律规范包括公司的设立、合并、分立和公司的破产清理。一般来说，公司设立、合并和分立是通过公司法、外资公司法、中外合资经营公司法、中外合作经营公司法、私营公司条例、合伙公司法等进行约束的；公司破产清理是通过破产法进行约束的。

2. 公司经营法律规范

公司生产经营活动方面的法律规范主要包括经济合同法、产品质量监督条例、技术监督条例、消费者权益保护法、环境保护法、反暴利法、反垄断法等。这些法律不仅对公司生产经营活动过程应该履行的手续和应达到的标准进行了规定，并且为了保护与公司生产经营活动相关联的利害关系人的利益，以及社会整体利益和整个市场体系的稳定性，也制定了相应的法律规定。

3. 公司财务活动法律规范

公司财务活动方面的法律规范包括税法、证券法、票据法、结算法、银行法、会计法及企业会计准则、企业财务通则等。这些法规不仅对公司财务活动过程的手续和应达到的目标进行了规定，而且，为了保护与公司财务活动相关的利益关系人，以及社会总资金的平衡运转，也制定了相应的法规。

总体上说，法律环境对财务管理的影响和制约体现在以下方面：① 在筹资活动中，国家通过法律规定了筹资的最低规模和结构，规定了筹资的前提条件和基本程序。② 在投资活动中，国家通过法律规定了投资的基本前提、投资的基本程序和应履行的手续。③ 在分配活动中，国家通过法律规定了公司分配的类型或结构、分配的方式和程序、分配过程中应履行的手续以及分配的数量。

（二）金融环境

金融环境也称为金融市场环境。金融市场是指资金供应者和资金需求者双方通过某种形式融通资金达成交易的场所。广义的金融市场，是指一切资本流动的场所，包括实物资本和货币资本的流动。狭义的金融市场一般是指有价证券市场，即股票和债券的发行和买卖市场。

1. 金融市场的分类

(1) 按交易的期限，划分为短期资金市场和长期资金市场。

短期资金市场是指期限不超过一年的资金交易市场，因为短期有价证券易于变成货币或作为货币使用，所以也叫货币市场。

长期资金市场是指期限在一年以上的股票和债券交易市场，因为发行股票和债券主要用于固定资产等资本货物的购置，所以也叫资本市场。

(2) 按交割的时间，划分为现货市场和期货市场。

现货市场是指买卖双方成交后，当场或几天之内买方付款、卖方交出证券的交易市场。

期货市场是指买卖双方成交后，在双方约定的未来某一特定的时日才交割的交易市场。

(3) 按交易的性质，分为发行市场和流通市场。

发行市场是指从事新证券和票据等金融工具买卖的转让市场，也叫初级市场或一级市场。

流通市场是指从事已上市的旧证券或票据等金融工具买卖的转让市场，也叫次级市场或二级市场。

(4) 按交易的直接对象，分为同业拆借市场、国债市场、企业债券市场、股票市场、金融期货市场等。

2. 金融市场的组成

金融市场由主体、客体和参加人组成。主体是指银行和非银行金融机构，它们是金融市场的中介机构，是连接筹资人和投资人的桥梁。客体是指金融市场上的买卖对象，如商业票据、政府债券、公司股票等各种信用工具。金融市场的参加人是指客体的供给者和需求者，如企业、事业单位、政府部门、城乡居民等。

3. 我国主要的金融机构

我国主要的金融机构有中国人民银行、政策性银行、商业银行和非银行金融机构等。

(1) 中国人民银行。中国人民银行是我国的中央银行,为国务院组成部门。

(2) 政策性银行。政策性银行,是指由政府设立,以贯彻国家产业政策、区域发展政策为目的,不以营利为目的的金融机构。目前我国有三家政策性银行:国家开发银行、中国进出口银行、中国农业发展银行。

(3) 商业银行。商业银行是以经营存款、放款、办理转账结算为主要业务,以营利为主要经营目标的金融企业。

(4) 非银行金融机构。目前我国主要的非银行金融机构包括保险公司、信托投资公司、证券机构、财务公司和金融租赁公司等。

4. 金融市场上利率的决定因素

在金融市场上,利率是资金使用权的价格。一般说来,金融市场上资金的购买价格,可用下式表示:

利率=纯利率+通货膨胀附加率+风险附加率

(1) 纯利率。纯利率是指无通货膨胀与无风险情况下的平均利率。例如,在没有通货膨胀时,国库券的利率可以视为纯利率。纯利率的高低,受平均利润率、资金供求关系和国家调节的影响。

(2) 通货膨胀附加率。通货膨胀使货币贬值,投资者的真实报酬下降。因此投资者在把资金交给借款人时,会在纯粹利息率的水平上再加上通货膨胀附加率,以弥补通货膨胀造成的购买力损失。因此,每次发行国库券的利息率都随预期的通货膨胀率变化,它近似等于纯粹利息率加预期通货膨胀率。

(3) 风险附加率。投资者除了关心通货膨胀率以外,还关心资金使用者能否保证他们收回本金并取得一定的收益。风险越大,投资人要求的收益率越高。实证研究表明,公司长期债券的风险大于国库券,要求的收益率也高于国库券;普通股票的风险大于公司债券,要求的收益率也高于公司债券;小公司普通股票的风险大于大公司普通股票,要求的收益率也大于大公司普通股票。风险和收益之间存在对应关系。风险附加率是投资者要求的除纯利率和通货膨胀之外的风险补偿。

5. 金融市场与公司财务管理的关系

(1) 金融市场是企业投资和筹资的场所。

(2) 企业通过金融市场使长短期资金互相转化。

(3) 金融市场为公司财务管理提供有意义的信息。

(三) 经济环境

财务管理的经济环境是指对公司财务管理有重要影响的一系列经济因素。主要包括以下方面:

(1) 经济发展。

(2) 通货膨胀。

(3) 利息率波动。

(4) 政府的经济政策。

(四) 竞争环境

市场经济是一种竞争经济,每一个公司都面临着不同的竞争环境。构成竞争的要素主要有两个：一是参加市场交易的生产者和消费者的数量；二是参加市场交易的商品和劳务的差异程度。

一般来说，参加交易的生产者和消费者的数量越多，竞争越大；反之，竞争越小。参加交易的商品和劳务的差异程度越小，竞争程度越小；反之，竞争越大。不过，现代市场经济的竞争不仅最终体现为产品和劳务的竞争，而且扩展为人才的竞争、技术的竞争、资金的竞争和信息的竞争。尽管如此，这些竞争最终都会集中体现为产品和劳务的竞争或者价格的竞争。就各个公司而言，竞争环境是直接通过联结其他公司或消费者的购进和销售环节予以体现的，竞争对公司的影响或压力，或者说对财务管理的影响，是通过购进和销售予以传导的，它以购进和销售为起点，最终必然在财务活动中得以反映。

六、财务管理发展与变革

财务管理是一门发展历史不长但发展势头迅猛的应用学科。作为一门独立的学科，它出现于19世纪末，发展于20世纪。财务管理的产生与发展，同股份有限公司这种公司组织形式和市场体系特别是金融体系的发展和完善有着直接的联系。

（一）财务管理的产生

19世纪末20世纪初，股份公司已成为公司组织的一种普遍形式，客观上要求公司研究资金的筹集、运用以及盈利的分配问题。这时，财务管理作为一项独立的职能从公司管理的职能中分离出来，专业化的财务管理也就产生了。

（二）财务管理的发展

财务管理自产生以来，其发展经历了筹资财务管理、内部控制财务管理和投资财务管理三个阶段。

（1）筹资财务管理阶段（19世纪末期至20世纪20年代）。

（2）内部控制财务管理阶段（20世纪20年代至20世纪60年代）。

（3）投资财务管理阶段（20世纪60年代至20世纪70年代）。

（三）财务管理的发展趋势

财务管理随着经济和科学技术的发展还在不断地发展与完善中。从其发展趋势来看，财务管理将在以下几个方面得到迅速发展。

（1）财务决策数量化将会日益加强。

（2）财务预测工作将会广泛开展。

（3）通货膨胀财务管理将会迅速发展。

（4）国际财务管理将会越来越受到重视。

（四）新经济时代财务管理的变革

随着经济全球化、知识经济与信息技术的发展，新经济时代已经来临，并带来了许多全新的机遇和挑战。面对新经济时代的到来，财务管理将出现十大变革趋势。

（1）财务管理对象由公司内部向金融市场延伸。

（2）财务管理内容从有形资产管理为主转向以无形资产管理为主。

（3）财务管理目标由“利己”型转向“利他”与“利己”的统一。

(4) 管理组织结构由纵向层次结构转向横向网络结构。

(5) 筹资战略模式由筹集“资金”转向筹集“知识”。

(6) 投资战略模式由规模效益型转向知识效益型。

(7) 分配战略模式从按资分配转向按“资＋知”分配。

(8) 财务管理观念由封闭型转向开放型。

(9) 风险管理将成为财务管理的重要内容。

(10) 财务管理研究方法由规范研究转向实证研究。

练 习 题

一、单项选择题(下列各小题有且只有一个正确答案,请将正确答案的标号填入题干的括号内)

1. ABC公司是一家上市公司,2024年年初公司董事会召开公司战略发展讨论会,拟将股东财富最大化作为财务管理目标。下列理由中难以成立的是(　　)。

A. 股东财富最大化目标考虑了风险因素

B. 股东财富最大化目标在一定程度上能避免企业短期行为

C. 股价能完全准确反映企业财务管理状况

D. 股东财富最大化目标比较容易量化,便于考核和奖惩

2. 有关财务管理利润最大化目标的错误论述是(　　)。

A. 没有考虑所获利润和投入资本额的关系

B. 考虑了风险因素

C. 没有考虑利润的取得时间

D. 不是最理想的财务管理目标

3. 与企业价值最大化财务管理目标相比,股东财富最大化目标的局限性是(　　)。

A. 对债权人的利益重视不够　　B. 容易导致企业的短期行为

C. 没有考虑风险因素　　D. 没有考虑货币时间价值

4. 若上市公司以股东财富最大化作为财务管理目标,则衡量股东财富大小的最直观的指标是(　　)。

A. 净利润　　B. 权益净利率

C. 每股收益　　D. 股价

5. 某公司董事会召开公司战略发展讨论会,拟将企业价值最大化作为财务管理目标,下列理由中,难以成立的是(　　)。

A. 有利于规避企业短期行为　　B. 有利于量化考核和评价

C. 有利于持续提升企业获利能力　　D. 有利于均衡风险与报酬的关系

6. 企业价值最大化财务管理目标中的企业价值,可以理解为(　　)。

A. 企业所创造的过去的现金流量的终值

B. 企业所能创造的预计未来现金流量

C. 企业所能创造的未来股权现金流量

D. 企业所能创造的预计未来现金流量的现值

7. 下列关于财务目标与经营者的说法不正确的是(　　)。

A. 经营者的目标是增加报酬、增加闲暇时间、避免风险

B. 经营者对股东目标的背离表现为道德风险和逆向选择

C. 防止经营者背离股东目标的方式有监督、激励

D. 激励是解决股东与经营者矛盾的最佳方法

8. 下列各项中,能够用于协调企业所有者和企业债权人矛盾的方法是(　　)。

A. 限制性借款　　B. 解聘

C. 股票期权　　D. 绩效股

9. 集权式财务管理体制可能导致的问题是(　　)。

A. 利润分配无序　　B. 削弱所属单位主动性

C. 资金成本增大　　D. 资金管理分散

10. 下列各项措施中,无助于企业应对通货膨胀的是(　　)。

A. 发行固定利率债券　　B. 以固定租金融资租入设备

C. 签订固定价格长期购货合同　　D. 签订固定价格长期销货合同

11. 下列有关企业财务管理目标的表述中,错误的是(　　)。

A. 企业价值最大化目标弥补了股东财富最大化目标过于强调股东利益的不足

B. 相关者利益最大化目标认为应当将除股东之外的其他利益相关者置于首要地位

C. 利润最大化目标要求企业提高资源配置效率

D. 股东财富最大化目标比较适用于上市公司

12. 某上市公司职业经理人在任职期间不断提高在职消费,损害股东利益。这一现象所揭示的公司制企业的缺点主要是(　　)。

A. 产权问题　　B. 激励问题

C. 代理问题　　D. 责权分配问题

13. 下列关于混合式财务管理体制的说法中,不正确的是(　　)。

A. 充分调动各所属单位的生产经营积极性

B. 利用企业的各项优势,对部分权限集中管理

C. 各所属单位严格执行统一的内部管理制度,不能予以修改

D. 吸收了集权式和分权式财务管理体制各自的优点

14. 金融市场按期限标准可划分为货币市场和资本市场。下列各项中,不属于资本市场的是(　　)。

A. 短期债券市场　　B. 股票市场

C. 期货市场　　D. 融资租赁市场

15. 下列各项中,属于资本市场的是(　　)。

A. 股票市场　　B. 同业拆借市场

C. 票据市场　　D. 大额定期存单市场

16. 若上市公司以股东财富最大化作为财务管理目标,则衡量股东财富大小的最直观的指标是(　　)。

A. 净利润　　B. 权益净利率

C. 每股收益　　D. 股价

17. 下列应对通货膨胀风险的各种策略中，错误的是(　　)。

A. 进行长期投资　　B. 签订长期购货合同

C. 取得长期借款　　D. 签订长期销货合同

18. 下列各项中，不属于货币市场主要特点的是(　　)。

A. 期限短，最长不超过一年　　B. 流动性强

C. 交易目的是解决短期资金周转　　D. 收益较高但风险也较大

19. 在经济复苏时期，企业不应采取的财务管理策略是(　　)。

A. 实行长期租赁　　B. 增加劳动力

C. 开发新产品　　D. 停止长期采购

20. 如果投资基金经理根据公开信息选择股票，投资基金的平均业绩与市场整体收益率大体一致，则说明该资本市场至少是(　　)。

A. 完全无效　　B. 弱式有效

C. 半强式有效　　D. 强式有效

二、多项选择题(下列各小题中有两个或两个以上符合题意的正确答案，请将正确答案的标号填入题干的括号内)

1. 企业的财务活动包括(　　)。

A. 企业筹资引起的财务活动　　B. 企业管理引起的财务活动

C. 企业投资引起的财务活动　　D. 企业分配引起的财务活动

2. 企业的财务关系包括(　　)。

A. 企业与其所有者之间的财务关系

B. 企业与其债权人之间的财务关系

C. 企业与其债务人之间的财务关系

D. 企业与税务机关之间的财务关系

3. 某投资者利用内幕信息在市场上交易甲公司股票并获得了超额收益。下列有效性不同的资本市场中，会出现上述情况的有(　　)。

A. 弱式有效市场　　B. 强式有效市场

C. 无效市场　　D. 半强式有效市场

4. 下列说法中，属于通货膨胀对企业财务活动影响的有(　　)。

A. 增加企业的筹资难度　　B. 降低企业的筹资成本

C. 增加企业的资金需求　　D. 造成企业资金流失

5. 关于企业价值最大化财务管理目标，下列说法正确的有(　　)。

A. 以股东财富最大化为基础　　B. 有助于克服企业追求利润的短期行为

C. 考虑了收益的时间价值　　D. 考虑了风险与收益的关系

6. 下列关于企业财务管理体制模式选择的叙述中，正确的有(　　)。

A. 实施纵向一体化战略的企业，比较适合于采用相对集中地体制模式

B. 较高的管理者管理水平，有助于企业更多地集中财权

C. 企业规模越大，越难实行集权式财务管理体制

D. 各所属单位距离分散，所处行业不同，就很难实行集权式财务管理体制

7. 在一定程度上能避免企业追求短期行为的财务管理目标包括(　　)。

A. 利润最大化　　B. 企业价值最大化

C. 股东财富最大化　　D. 相关者利益最大化

8. 与货币市场相比，资本市场的特点有(　　)。

A. 投资收益较高　　B. 融资期限较长

C. 投资风险较大　　D. 价格波动较小

9. 下列说法中正确的有(　　)。

A. 影响纯利率的因素是资金供应量和需求量

B. 纯利率是固定不变的

C. 资金的利率由三部分构成：纯利率、通货膨胀补偿和风险报酬

D. 为了弥补违约风险，应该提高利率

10. 有关金融市场和企业财务管理的关系，下列论述正确的有(　　)。

A. 金融市场是企业筹资和投资的场所

B. 金融市场为企业财务决策提供相关信息

C. 企业通过金融市场使长短期资金相互转换

D. 金融市场中股票价格能够及时地反映企业的经营状况

11. 为了应对通货膨胀对企业带来的不利影响，可以采取的措施有(　　)。

A. 签订长期购货合同　　B. 减少企业债权

C. 取得长期负债　　D. 放宽信用期限

三、判断题(请在正确的题后括号内打√，错误的打×)

1. 相关者利益最大化作为财务管理目标，体现了合作共赢的价值理念。(　　)

2. 企业集团内部各所属单位之间业务联系越密切，就越有必要采用相对集中的财务管理体制。(　　)

3. 没有股东财富最大化的目标，利润最大化、企业价值最大化以及相关者利益最大化的目标也就难以实现。(　　)

4. 财务目标中相关者利益最大化是要首先实现员工利益最大化。(　　)

5. 对于以相关者利益最大化为财务管理目标的公司来说，最为重要的利益相关者应当是公司员工。(　　)

6. 每股盈余最大化目标考虑了时间因素和风险因素。(　　)

7. 公司承担社会责任不会影响股东财富最大化目标的实现。(　　)

8. 经营者背离股东利益的行为主要表现为道德风险和逆向选择两个方面。(　　)

9. 融资决策的关键是决定各种来源在资金总额中所占的比重，即确定资本结构。(　　)

10. 在企业经营引起的财务活动中，主要涉及的是固定资产和长期负债的管理问题，其中关键是资本结构的确定。(　　)

11. 一项负债期限越长，债权人承受的不确定性因素越多，承担的风险也越大。(　　)

12. 股东财富由股东所拥有的股票数量和股票市场价格两方面来决定。如果股票数量

一定，当股票价格达到最高时，股东财富也达到最大。 （ ）

四、简答题

1. 简述企业财务活动的主要内容。
2. 简述企业财务关系的主要内容。
3. 简述利润最大化作为财务管理目标的优缺点。
4. 简述经营者对股东目标背离的表现及协调方式。
5. 简述债权人对股东目标背离的表现及协调方式。
6. 简述金融市场上利率的决定因素。

参考答案

一、单项选择题

题号	1	2	3	4	5	6	7	8	9	10
答案	C	B	A	D	B	D	D	A	B	D
题号	11	12	13	14	15	16	17	18	19	20
答案	B	C	C	A	A	D	D	D	D	C

二、多项选择题

题号	1	2	3	4	5	6	7	8	9	10
答案	ACD	ABCD	ACD	ACD	ABCD	ABCD	BCD	ABC	CD	ABCD
题号	11									
答案	ABC									

三、判断题

题号	1	2	3	4	5	6	7	8	9	10
答案	√	√	√	×	×	×	×	√	√	×
题号	11	12								
答案	√	√								

四、简答题

答案略，参见教材。

第二章　财务管理基本原理

思 维 导 图

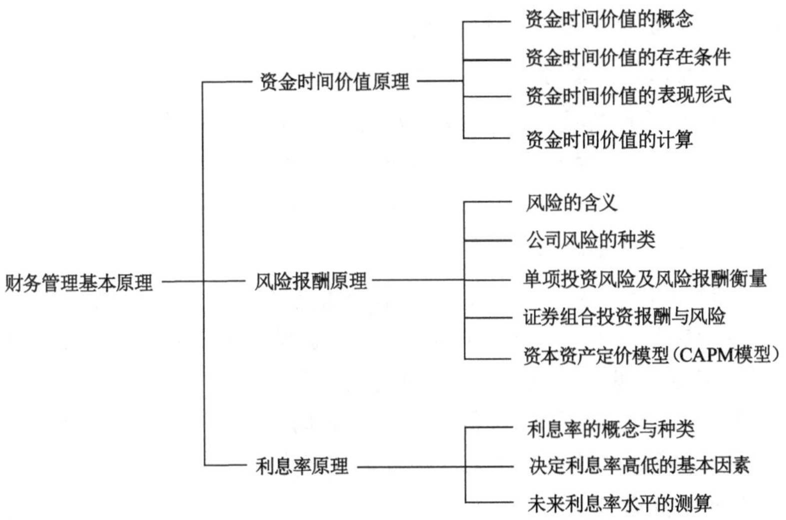

学习目的与要求

本章主要介绍企业财务管理的三项基本原理,即资金时间价值原理、风险报酬原理和利息率原理。资金时间价值原理正确地揭示了不同时点上资金之间的换算关系,风险报酬原理正确地揭示了风险和报酬率之间的关系,利息率原理正确地揭示了本金和利息增值之间的关系,它们均是财务决策的基本依据。学习本章,必须要掌握资金时间价值的计算、风险报酬的概念和计算方法,并能结合有关问题熟练地运用。课程后面许多章节都会用到资金时间价值、风险报酬和利息率的计算问题,学好本章,有利于以后各章的学习。

(1) 本章学习的重点内容:① 在理解资金时间价值的基本概念及表现形式的基础上,熟练掌握复利终值与复利现值、年金终值和年金现值的计算方法与应用;② 在理解风险及风险报酬概念的基础上,掌握风险及风险报酬的测度方法,并熟练运用资本资产定价模型;③ 理解利息率的基本构成要素。

(2) 本章学习的难点内容:① 理解资金时间价值的产生及存在条件;② 不同类型年金终值和现值的计算;③ 资本资产定价模型的理论推导及应用。

本章核心内容

一、资金时间价值原理

（一）资金时间价值的概念

资金时间价值是指资金随着时间的推移而形成的增值，也称货币时间价值。资金时间价值使等量的资金在不同的时点上具有不同的价值。资金时间价值产生的原因从表面上看似乎是时间这一因素，实际上，资金只有在作为资本或者再生产手段的前提下，通过劳动者的劳动创造的价值才是资金增值的真正原因。

（二）资金时间价值的存在条件

资金时间价值产生的前提是市场经济的发展和借贷关系的普遍存在。随着借贷关系的产生和发展，资金所有权与经营权发生了分离，资金分化为借贷资本和经营资本。这时，资金才以人们看得见的形式——利息，在经济生活中广泛地发生作用。

（三）资金时间价值的表现形式

资金时间价值可以用绝对数表示，也可以用相对数表示，即以利息额或利息率表示。在实际工作中对这两种表示方法并不做严格的区分，通常以利息率进行计量。利息率的实际内容是社会平均资金利润率。但是，一般的利息率除了包括资金时间价值因素以外，还要包括风险价值和通货膨胀因素等。因此，作为资金时间价值表现形态的利息率，应以社会平均资金利润率为基础，而又不应高于这种资金利润率。

（四）资金时间价值的计算

资金时间价值揭示了不同时点上资金之间的数量关系，因而它是进行财务管理决策必不可少的计量手段。计算资金时间价值要涉及现值和终值两个概念。所谓现值，是指一定量资金的现在价值，也就是指本金；所谓终值，是指一定量资金在若干期限以后的总价值，也就是指本利和。资金时间价值的计算有单利和复利两种方式。

1. 单利计算

单利是指在规定期限内仅就本金计算利息的一种计息方法。设：P 为现值；i 为利率，通常指年利率；I 为利息；n 为年数；F 为终值。

（1）单利利息计算。

$$I = P \times i \times n$$

（2）单利终值计算。

$$F = P + I = P + P \times i \times n = P \times (1 + i \times n)$$

（3）单利现值计算。

单利现值是单利终值的逆运算，其计算公式为：

$$P = \frac{F}{1 + i \times n}$$

2. 复利计算

复利是指在规定期限内，每经过一个计息期，都要将所生利息计入本金再计利息，逐期滚算，俗称“利滚利”。

(1) 复利终值。

$$F = P \times (1+i)^n$$

式中的 $(1+i)^n$ 被称为复利终值系数或 1 元的复利终值，用符号 $F/P(i,n)$ 表示。在实际计算时，其数值可查复利终值系数表。

(2) 复利现值。复利现值是复利终值的逆运算。它是指未来一定量的货币，按一定利率折算的现在价值。其计算公式如下：

$$P = \frac{F}{(1+i)^n} = F \times (1+i)^{-n}$$

式中 $(1+i)^{-n}$ 称为复利现值系数或 1 元的复利现值，用符号 $P/F(i,n)$ 表示。在实际计算时，其数值可查复利现值系数表。

(3) 名义利率与实际利率。复利的计息期不一定总是一年，有可能是季度、月或日。当利息一年内要复利几次时，给出的年利率叫名义利率。

当一年内复利几次时，实际得到的利息要比按名义利率计算的利息高。

实际年利率和名义利率之间的关系是：

$$1 + i = \left(1 + \frac{r}{M}\right)^M$$

式中　r——名义利率；

M——每年复利次数；

i——实际利率。

3. 年金计算

年金是指一定时期内每期相等金额的收付款项。如折旧、租金、利息、保险金、养老金等，通常都采取年金的形式。按照收付的次数和支付的时间划分，年金有以下几类。

(1) 普通年金。普通年金又称后付年金，是指每期期末收付的年金。后付年金由于在经济活动中最为常见，故又称普通年金。

① 普通年金的终值。年金终值犹如零存整取的本利和，是一定时期内每期期末收付款项的复利终值之和。

设每年支付金额为 A，利率为 i，期数为 n，则按复利计算的年金终值 F_A 为：

$$F_A = A + A(1+i) + A(1+i)^2 + \cdots + A(1+i)^{n-1}$$

等式两边同乘 $(1+i)$：

$$(1+i)F_A = A(1+i) + A(1+i)^2 + A(1+i)^3 + \cdots + A(1+i)^n$$

上述两式相减：

$$(1+i)F_A - F_A = A(1+i)^n - A$$

$$F_A = \frac{A(1+i)^n - A}{(1+i) - 1}$$

$$F_A = A \cdot \frac{(1+i)^n - 1}{i}$$

式中的 $\frac{(1+i)^n - 1}{i}$ 称为年金终值系数，用符号 $F/A(i,n)$ 表示。实际计算时，其数值可查年金终值系数表。

② 普通年金的现值。普通年金现值,是指一定时期内每期期末收付款项的复利现值之和。

普通年金现值的一般计算公式如下:

$$P_A = A(1+i)^{-1} + A(1+i)^{-2} + A(1+i)^{-3} + \cdots + A(1+i)^{-n}$$

等式两边同乘$(1+i)$,则:

$$P_A(1+i) = A + A(1+i)^{-1} + A(1+i)^{-2} + \cdots + A(1+i)^{-(n-1)}$$

两式相减:

$$P_A(1+i) - P_A = A - A(1+i)^{-n}$$

$$P_A = A \cdot \frac{1-(1+i)^{-n}}{i}$$

式中的$\frac{1-(1+i)^{-n}}{i}$称为普通年金现值系数,用符号$P/A(i,n)$表示。在实际计算时,其数值可查年金现值系数表。

(2) 预付年金。预付年金是指在每期期初支付的年金,又称即付年金或先付年金。

① 预付年金的终值。

预付年金终值的计算公式为:

$$F_A = A(1+i) + A(1+i)^2 + \cdots + A(1+i)^n$$

根据等比数列的求和公式可知:

$$F_A = \frac{A(1+i) \times [1-(1+i)]^n}{1-(1+i)}$$

$$= A \times \frac{1+i-(1+i)^{n+1}}{-i}$$

$$= A \times \left[\frac{(1+i)^{n+1}-1}{i} - 1\right]$$

式中的$\left[\frac{(1+i)^{n+1}-1}{i}-1\right]$称为预付年金终值系数,它和普通年金终值系数$\left[\frac{(1+i)^{n+1}-1}{i}\right]$相比,期数加1,而系数减1,用符号$[F/A(i,n+1)-1]$表示,可利用年金终值系数表查得$(n+1)$期的值,然后减1得出1元预付年金终值。

② 预付年金的现值。预付年金现值的计算公式为:

$$P_A = A + A(1+i)^{-1} + A(1+i)^{-2} + \cdots + A(1+i)^{-(n-1)}$$

根据等比数列求和公式可知:

$$P_A = \frac{A \cdot [1-(1+i)^{-n}]}{1-(1+i)^{-1}}$$

$$= A \cdot \frac{[1-(1+i)^{-n}](1+i)}{i}$$

$$= A \cdot \left[\frac{1-(1+i)^{-(n-1)}}{i} + 1\right]$$

式中的$\left[\frac{(1+i)^{n+1}-1}{i}-1\right]$称为预付年金现值系数,它和普通年金现值系数

$\left[\frac{1-(1+i)^{-n}}{i}\right]$相比，期数减 1，而系数加 1，用符号$[P/A(i,n-1)+1]$表示。可利用普通年金现值系数表查得$(n-1)$期的值，然后加 1，得出 1 元预付年金现值。

(3) 递延年金。递延年金是指第一次支付发生在第二期或第二期以后的年金。

递延期 m 期后的 n 期年金与 n 期年金相比，两者付款期相同，但这项递延年金现值是 m 期后的 n 期年金现值，还需要再贴现 m 期。因此，递延年金的现值计算公式如下：

$$P=[A\cdot P/A(i,n)]\times P/F(i,m)$$

递延年金的终值大小与递延期无关，故计算方法与普通年金终值相同。

$$F=A\cdot F/A(i,n)$$

(4) 永续年金。无限期定额支付的年金，称为永续年金。现实生活中的存本取息可视为永续年金的一个例子。

永续年金没有终止的时间，也就没有终值。永续年金的现值可以通过普通年金现值的计算公式导出：

$$P=A\cdot\frac{1-(1+i)^{-n}}{i}$$

当 $n\to\infty$ 时，$(1+i)^{-n}$ 的极限为零，故上式可写成：

$$P=A\times\frac{1}{i}$$

4. 贴现率的计算

在上述货币时间价值的计算中，都假定贴现率是给定的。在实际生活中，有时仅知道计息期、终值和现值，要根据已知条件去求得贴现率。贴现率可用插值法进行计算。

二、风险报酬原理

(一) 风险的含义

风险是指在一定条件下和一定时期内某种行动结果的不确定性程度。如果公司一项行动有多种可能的结果，就存在风险。如果这项行动只有一种确定的结果，就没有风险。

严格来说，风险和不确定性有区别。风险是指事前可以知道所有可能的后果，以及每种后果的概率。不确定是指人们事先只知道采取某种行动所有可能的后果，但不知道它们出现的可能性，或者两者均不知道。例如，在某个地区找矿，事前知道只有找到和找不到两种后果，但不知道两种后果的可能性各占多少，属于“不确定”问题而非风险问题。

公司的财务管理决策几乎都是在不确定的情况下做出的。为了将决策分析工作建立在科学的基础上，通常是将不确定性情况转化为风险情况来决策，即通过直觉判断或预先设想为不确定性情况规定一些主观概率，以便进行定量分析。因此，在公司财务决策中，对风险和不确定这两个概念并不严格区分。

(二) 公司风险的种类

公司风险是指在一定条件下和一定时期内公司收益与损失的不确定性程度，分为市场风险和公司特有风险两类。

1. 市场风险

市场风险是指影响所有公司的因素所引起的风险，如战争、经济衰退、通货膨胀等。这类风险涉及所有公司，不能通过多元化投资来分散，因此又称为不可分散风险或系统风险。

2. 公司特有风险

公司特有风险是指发生于个别公司的特有事件所引起的风险，如罢工、新产品开发失败、没有争取到重要合同、诉讼失败等导致公司收益的不确定性，又称可分散风险或非系统风险。由于导致公司特有风险的事件是随机发生的，因而可以通过多元化投资来分散。

公司特有风险按造成风险的行为不同，可分为经营风险和财务风险两类。

（1）经营风险。经营风险是指公司生产经营行为不确定性带来的风险，它是任何商业活动都存在的风险，也称商业风险。经营风险主要来自以下几个方面：① 市场销售方面带来的风险；② 生产成本方面带来的风险；③ 生产技术方面带来的风险；④ 其他方面带来的风险。

（2）财务风险。财务风险是指公司因负债行为导致公司收益不确定性带来的风险。财务风险是筹资决策行为带来的风险，也叫筹资风险。公司一般都要借入一部分资本，以便利用财务杠杆作用来提高公司权益资本的收益率。这样无论公司盈利还是亏损，都要按规定向债权人定期支付利息和偿还本金，如果公司的经营收益不足以偿付负债利息和本金，则可能使公司遭受财务危机，严重的可能导致公司破产。

（三）单项投资风险及风险报酬衡量

风险大小的衡量需要使用概率和统计方法。

1. 确定概率分布

在相同的条件下，可能发生也可能不发生的事件称为随机事件。随机事件发生的可能性大小用概率（P）来表示。如果随机变量（如报酬率）只取有限个数，并且对应于这些值有确定的概率，则称随机变量是离散型分布。

2. 计算期望报酬率

期望报酬率是各种可能的报酬率按其概率进行加权平均得到的报酬率，它反映随机变量取值的平均化。其计算公式如下：

$$\bar{k}=\sum_{i=1}^{n}k_iP_i$$

式中 $\bar{k}$——期望报酬率；

k_i——第 i 种可能结果的报酬率；

P_i——第 i 种可能结果出现的概率；

n——可能结果的个数。

3. 计算离散程度——标准差

标准差是表示随机变量离散程度最常用的一种量度。

标准差（σ）的计算公式如下：

$$\sigma=\sqrt{\sum_{i=1}^{n}(k_i-\bar{k})^2P_i}$$

式中 σ——标准差；

$\bar{k}$——期望报酬率；

k_i——第 i 种可能结果的报酬率；

P_i——第 i 种可能结果出现的概率。

标准差越小，说明离散程度越小，风险也就越小。

4. 计算标准离差率

标准离差率，也称为离散系数、变异系数和标准差系数，用 CV 表示。其计算公式为：

标准离差率＝标准差/期望值

$$CV = \frac{\sigma}{\bar{k}}$$

式中　CV——标准离差率；

σ——标准差；

$\bar{k}$——期望报酬率。

由于标准离差率同时反映了风险与报酬，因此在处理两个或多个具有显著不同期望报酬率的投资项目时，它是一个更好的风险大小度量指标。

5. 单项投资风险报酬率衡量

风险报酬率是指对风险大小的回报水平，是投资者因承担风险而获得的超过资金时间价值的那部分额外报酬率，也称风险价值率与风险收益率。风险报酬率是投资项目报酬率的一个重要组成部分，如果不考虑通货膨胀因素，投资报酬率就是无风险报酬率（时间价值率）与风险报酬率之和。

风险报酬原理是风险越大，期望报酬越大；风险越小，期望报酬越小。在完善和理想的市场中，风险报酬率和标准离差率（CV）呈线性关系。

$$风险报酬率 = b \times CV$$

式中　b——风险报酬系数；

CV——标准离差率（风险大小）。

风险报酬系数 b 的大小取决于投资者对风险的态度。愿意冒险的 b 值小、不愿意冒险的 b 值大，理论上主张在无风险报酬率（时间价值率）上下波动加以确定，实际工作中，可根据同类项目确定（历史数据）。

（四）证券组合投资报酬与风险

1. 单个证券投资的报酬与风险衡量

单个证券单期投资报酬率计量模型如下：

$$r = \frac{P_1 - P_0 + C}{P_0}$$

式中　r——单个证券单期投资报酬率；

P_1——证券期末价格；

P_0——证券期初价格；

C——证券投资当期报酬。

单个证券期望投资报酬率计量模型如下：

$$\bar{r}=\sum_{i=1}^{n}P_i\cdot r_i$$

式中　$\bar{r}$——单个证券投资期望报酬率；

n——可能情况的数量；

P_i——各种可能情况的概率；

r_i——单个证券各种可能情况的投资报酬率。

单个证券投资风险的计量模型如下：

$$\sigma=\left[\sum_{i=1}^{n}(ri-\bar{r})^2\cdot P_i\right]^{1/2}$$

式中　σ——单个证券投资风险(标准差)；

n——可能情况的数量；

r_i——单个证券各种可能情况的投资报酬率；

$\bar{r}$——单个证券投资期望报酬率；

P_i——各种可能情况的概率。

2. 证券组合投资报酬与风险衡量

(1) 证券组合期望投资报酬率衡量——均值模型。

n 种证券组合投资期望报酬率是组合中各个证券期望报酬率的加权平均。其计量模型为：

$$\bar{r}_p=\sum_{i=1}^{n}w_i\cdot\bar{r}_i$$

式中　$\bar{r}_p$——n 种证券组合投资期望报酬率；

n——组合证券的数量；

w_i——第 i 种证券投资比例；

$\bar{r}_i$——第 i 种证券期望报酬率。

(2) 证券组合投资风险衡量——方差模型。

$$\sigma_p=\left[\sum_{i=1}^{n}w_i\cdot\sigma_i^2+2\sum_{0\leqslant i\leqslant j\leqslant n}^{n}w_iw_j\sigma_i\sigma_j\rho_{ij}\right]^{\frac{1}{2}}$$

$$\rho_{ij}=\frac{\sigma_{ij}}{\sigma_i\cdot\sigma_j},\sigma_{ij}=\sum p(r_i-\bar{r}_i)(r_j-\bar{r}_j)$$

式中　σ_p——n 种证券组合投资风险；

w_i——第 i 种证券投资比例；

w_j——第 j 种证券投资比例；

σ_i——第 i 种证券标准差；

σ_j——第 j 种证券标准差；

ρ_{ij}——证券 i 和证券 j 的相关系数；

σ_{ij}——证券 i 和证券 j 的协方差,也可以用 $\text{cov}(i,j)$ 符号表示；

$\bar{r}_i$——第 i 种证券期望报酬率；

$\bar{r}_j$——第 j 种证券期望报酬率；

r_i——证券 i 各种可能情况投资报酬率；

r_j——证券 j 各种可能情况投资报酬率；

p——各种可能情况的概率。

上述模型中证券相关系数 ρ 是反映证券之间相关程度的指标，具体含义如下。

当 $\rho=1$ 时，表示一种证券的投资报酬率的增长与另一种证券的投资报酬率的增长比例相同，即两种证券投资报酬率完全正相关。

当 $\rho=-1$ 时，表示一种证券投资报酬率的增长与另一种证券投资报酬率的减少成比例，即两种证券投资报酬率完全负相关。

当 $\rho=0$ 时，表示缺乏相关性，一种证券的投资报酬率相对于另一种证券的投资报酬率独立变动。

现实中，各证券之间不可能完全正相关，也不可能完全负相关，大部分证券间的相关程度在 0.5～0.7 之间。

从组合投资方差 σ_p 的计量模型可以得出以下结论：

① 证券之间负相关关系越强，通过组合投资降低公司特有风险（非系统性风险）的程度就越高；证券之间正相关关系越强，通过组合投资降低公司特有风险（非系统性风险）的程度就越低。

② 随组合投资的证券数量不断增加，证券之间相互抵消的公司特有风险（非系统性风险）越多，越能降低分散风险。当组合投资的证券数量增加到一定程度时，公司特有风险（非系统性风险）被完全消除，只留下系统性风险（市场风险）。也就是说，组合投资对系统性风险（市场风险）的分散无能为力。

（五）资本资产定价模型（CAPM 模型）

CAPM 模型是夏普等人在马克维茨证券组合投资理论基础上提出的一种证券投资理论，是对马科维茨现代投资组合理论的突破发展，解决了任何一种风险资产的收益与风险关系问题。资本资产定价模型可以描述如下：

$$R_i=R_f+\beta_i(R_m-R_f)$$

式中　R_i——资产 i 的预期收益率；

R_f——无风险收益率；

R_m——投资组合的预期收益率；

β_i——资产 i 的系统性风险。

其中，依据 $\beta_i=\dfrac{\sigma_{i_m}}{\sigma_m{}^2}=\dfrac{\sigma i\cdot\sigma_m\cdot\rho_{i_m}}{\sigma_m{}^2}=\dfrac{\sigma_i\cdot\rho_{i_m}}{\sigma_m}$的计量模型，$\beta$ 系数是反映个别证券的报酬率相对于市场平均风险证券报酬率变动程度的指标。β 系数可以衡量出个别股票的市场风险，而不是公司的特有风险。

当 $\beta=1$ 时，表示该单项资产的风险收益率与市场组合风险收益率同比例变化，其风险情况与市场投资组合的风险情况一致。

当 $\beta>1$ 时，说明该单项资产的风险收益率高于市场组合风险收益率，则该单项资产的风险大于整个市场投资组合的风险。

当 $\beta<1$ 时，说明该单项资产的风险收益率低于市场组合风险收益率，则该单项资产的

风险程度小于整个市场投资组合的风险。

在实际工作中，β 系数的计算可以采取三种方式计算。

(1) 根据个别股票收益率增量和市场上平均收益率增量关系计算。其计算公式为：

$$\beta=\frac{\Delta R_i}{\Delta R_m}$$

式中 ΔR_i——某项证券报酬率的增量；

ΔR_m——市场上所有证券的平均报酬率的增量。

(2) 根据个别股票收益率变动对市场组合平均收益率变动的敏感性来计算。其计算公式为：

$$\beta=\frac{\mathrm{cov}(R_i,R_m)}{\sigma_m^2}$$

$$\mathrm{cov}(R_i,R_m)=\frac{\sum_{t=1}^{n}[(R_{it}-\bar{R}_i)(R_{mt}-\bar{R}_m)]}{n}$$

式中 $\mathrm{cov}(R_i,R_m)$——第 i 种股票和市场组合之间的协方差；

σ_m——市场组合平均收益率标准差；

R_{it}——第 i 种股票不同时期收益率；

$\bar{R}_i$——第 i 种股票平均收益率；

R_{mt}——不同时期市场组合收益率；

$\bar{R}_m$——市场组合平均收益率；

n——期限。

(3) β 系数(贝他系数)也可用直线回归方程求得：

$$Y=\alpha+\beta X+\varepsilon$$

式中 Y——个别证券的收益率；

X——市场平均收益率；

α——与 Y 轴的交点；

β——回归线的斜率；

ε——随机因素产生的剩余收益。

根据 X 和 Y 的历史资料，可以求出 α 和 β 的数值。

投资组合的市场风险即投资组合 β 系数是个别股票 β 系数的加权平均数。它反映特定投资组合的风险，即该组合的报酬率相对于整个市场组合报酬率的变异程度。其计算公式为：

$$\beta_P=\sum_{i=1}^{n}W_i\beta_i$$

式中 β_P——组合投资的贝他系数；

β_i——第 i 种证券的贝他系数；

W_i——在组合投资价值中第 i 种证券所占的比重；

n——组合投资中证券的种类数。

三、利息率原理

公司财务活动均和利息率有一定联系，离开了利息率因素，就无法正确做出各类财务决策。因此，利息率是进行财务决策的基本依据，利息率原理也是财务管理的一项基本原理。

（一）利息率的概念与种类

1. 利息率的概念

利息率简称利率，是衡量资金增值量的基本单位，也就是资金的增值同投入资金的价值之比。从资金流通的借贷关系来看，利率是一个特定时期运用资金这一资源的交易价格。也就是说，资金作为一种特殊商品，在资金市场上的买卖，是以利率作为价格标准的，资金的融通实质上是资金通过利率这个价格体系在市场机制作用下实行再分配。因此，利率在资金的分配及个人和公司做出财务决策的过程中起重要作用。

2. 利息率的种类

按照不同标准，利息率可划分为多种类别，下面介绍几种主要的类别。

(1) 按利率之间的变动关系，可把利率分成基准利率和套算利率。

① 基准利率。基准利率又称基本利率，是指在多种利率并存的条件下起决定作用的利率。基准利率在西方通常是中央银行的再贴现率，在中国是中国人民银行对专业银行贷款的利率。

② 套算利率。套算利率是指基准利率确定后，各金融机构根据基准利率和借贷款项的特点而换算出的利率。

(2) 按债权人取得的报酬情况，可把利率分成实际利率和名义利率。

① 实际利率。实际利率是指在物价不变从而货币购买力不变情况下的利率，或是指在物价有变化时，扣除通货膨胀补偿以后的利息率。

② 名义利率。名义利率是指包含对通货膨胀补偿的利率。因为物价不断上涨是一种普遍的趋势，所以，名义利率一般都高于实际利率，二者之间的关系是：

$$K = K_p + IP$$

式中　K——名义利率；

K_p——实际利率；

IP——预计的通货膨胀率。

在通货膨胀情况下，市场上各种利率都是名义利率，而实际利率却不易被直接观察到。通常是利用上述公式，根据名义利率和通货膨胀率推出实际利率。

(3) 根据在借贷期内是否不断调整，可把利率分成固定利率与浮动利率。

① 固定利率。固定利率是指在借贷期内固定不变的利率。

② 浮动利率。浮动利率是指在借贷期内可以调整的利率。

(4) 根据利率变动与市场的关系，可把利率分成市场利率和官定利率。

① 市场利率。市场利率是指根据资金市场的供求关系，随市场规律而自由变动的利率。

② 官定利率。由政府金融管理部门或者中央银行确定的利率，通常叫官定利率或法定利率。

（二）决定利息率高低的基本因素

资金的供应和需求，是影响利率的最基本因素。除这两个因素外，经济周期、通货膨胀、货币政策和财政政策、国际经济政治关系、国家利率管制程度等，对利率的变动均有程度不同的影响。当然，这些因素有些也是通过影响资金的供应和需求而影响利率的。因此，在市场经济条件下，资金的供应和需求是影响利率的两个最重要因素。

（三）未来利息率水平的测算

一般而言，资金的利率由三部分构成：① 纯利率；② 通货膨胀补偿；③ 风险报酬。其中风险报酬又分为违约风险报酬、流动性风险报酬和期限风险报酬三种。这样，利率的一般计算公式就变为：

$$K = K_0 + IP + DP + LP + MP$$

式中 K——利率（指名义利率）；

K_0——纯利率；

IP——通货膨胀补偿（或称通货膨胀贴水）；

DP——违约风险报酬；

LP——流动性风险报酬；

MP——期限风险报酬。

1. 纯利率

纯利率是指没有风险和没有通货膨胀情况下的均衡点利率。影响纯利率的基本因素是资金供应量和需求量，因而，纯利率不是一成不变的，它随资金供求的变化而不断变化。在实际工作中，通常以无通货膨胀情况下的无风险证券的利率来代表纯利率。

2. 通货膨胀补偿

资金的供应者在通货膨胀情况下，必然要求提高利率水平以补偿其购买力损失，所以，无风险证券的利率，除纯利率之外还应加上通货膨胀因素，以补偿通货膨胀所遭受的损失。

3. 违约风险报酬

违约风险是指借款人无法按时支付利息或偿还本金而给投资人带来的风险。违约风险反映着借款人按期支付本金、利息的信用程度。借款人如经常不能按期支付本利，说明这个借款人的违约风险高。为了弥补违约风险，必须提高利息率，否则，借款人就无法借到资金，投资人也不会进行投资。

4. 流动性风险报酬

流动性是指某项资产能否迅速转化为现金的可能性。如果一项资产能迅速转化为现金，说明其变现能力强，流动性好，流动性风险小；反之，则说明其变现能力弱，流动性不好，流动性风险大。

5. 期限风险报酬

一项负债，到期日越长，债权人承受的不确定因素就越多，承担的风险也越大。为弥补这种风险而增加的利率水平，就是期限风险报酬。

练　习　题

一、单项选择题(下列各小题有且只有一个正确答案,请将正确答案的标号填入题干的括号内)

1. 下列各项中,代表即付年金现值系数的是(　　)。

A. $P/A(i,n+1)+1$　　B. $P/A(i,n+1)-1$

C. $P/A(i,n-1)-1$　　D. $P/A(i,n-1)+1$

2. 已知 $F/A(10\%,9)=13.579$,$F/A(10\%,11)=18.531$。则 10 年、10%的即付年金终值系数为(　　)。

A. 17.531　　B. 15.937

C. 14.579　　D. 12.579

3. 某公司从本年度起,每年年末存入银行一笔固定金额的款项,若按复利制用最简便算法计算第 n 年年末可以从银行取出的本利和,则应选用的时间价值系数是(　　)。

A. 复利终值系数　　B. 复利现值系数

C. 普通年金终值系数　　D. 普通年金现值系数

4. 某一项年金前 4 年没有流入,后 5 年每年年初流入 4 000 元,则该项年金的递延期是(　　)年。

A. 4　　B. 3

C. 2　　D. 5

5. 关于递延年金,下列说法错误的是(　　)。

A. 递延年金是指隔若干期以后才开始发生的系列等额收付款项

B. 递延年金没有终值

C. 递延年金现值的大小与递延期有关,递延期越长,现值越小

D. 递延年金终值与递延期无关

6. 企业现在按 8%的年利率取得贷款 200 000 元,要求在 6 年内每年年末等额偿还,则每年的偿付额应为(　　)元。

A. 40 000　　B. 43 262.89

C. 54 332.15　　D. 64 320.32

7. 某企业拟进行一项存在一定风险的完整工业项目投资,有甲、乙两个方案可供选择。已知甲方案净现值的期望值为 1 000 万元,标准差为 300 万元;乙方案净现值的期望值为 1 200 万元,标准差为 330 万元。下列结论中正确的是(　　)。

A. 甲方案优于乙方案　　B. 甲方案的风险大于乙方案

C. 甲方案的风险小于乙方案　　D. 无法评价甲、乙方案的风险大小

8. 下列说法不正确的是(　　)。

A. 相关系数为 1 时,不能分散任何风险

B. 相关系数在 0～1 之间时,相关程度越低,风险分散效果越大

C. 相关系数在－1～0 之间时,相关程度越低,风险分散效果越大

D. 相关系数为－1时，可以分散所有风险

9. 如果A、B两种股票的收益率同方向、同比例地变化，则由其组成的投资组合（　　）。

A. 不能降低任何风险　　B. 可以分散部分风险

C. 可以最大限度地抵消风险　　D. 风险等于两种股票风险之和

10. 若某股票的β系数等于1，则下列表述正确的是（　　）。

A. 该股票的市场风险大于整个市场股票的风险

B. 该股票的市场风险小于整个市场股票的风险

C. 该股票的市场风险等于整个市场股票的风险

D. 该股票的市场风险与整个市场股票的风险无关

11. 如果组合中包括了全部股票，则投资人（　　）。

A. 只承担市场风险　　B. 只承担特有风险

C. 只承担非系统风险　　D. 不承担系统风险

12. 下列各项中，（　　）会引起企业财务风险。

A. 举债经营　　B. 生产组织不合理

C. 销售决策失误　　D. 新材料出现

13. 某公司股票的β系数为1.5，无风险利率为4%，市场上所有股票的平均收益率为8%，则该公司股票的期望收益率应为（　　）。

A. 4%　　B. 12%

C. 8%　　D. 10%

14. β系数用来衡量（　　）。

A. 个别公司股票的市场风险　　B. 个别公司股票的特有风险

C. 所有公司股票的市场风险　　D. 所有公司股票的特有风险

15. 某一项投资组合由两项资产构成。下列关于两项资产的期望收益率、相关系数与投资组合风险分散效应的说法中，正确的是（　　）。

A. 相关系数等于1时，不能分散风险

B. 相关系数等于0时，风险分散效应最强

C. 相关系数等于－1时，才有风险分散效应

D. 相关系数大小不影响风险分散效应

16. 某企业向金融机构借款，年名义利率为8%，按季度付息，则年实际利率为（　　）。

A. 9.60%　　B. 8.32%

C. 8.00%　　D. 8.24%

17. 对债券持有人而言，债券发行人无法按期支付债券利息或偿付本金的风险是（　　）。

A. 流动性风险　　B. 系统风险

C. 违约风险　　D. 购买力风险

18. 某项银行贷款本金为100万元，期限为10年，利率为8%，每年年末等额偿还本息，则每年偿还额的计算式为（　　）。

A. $100/F/A(8\%,10)$　　B. $100\times(1+8\%)/F/A(8\%,10)$

C. $100\times(1+8\%)/P/A(8\%,10)$　　D. $100/P/A(8\%,10)$

19. $P/F(i,9)$与$P/F(i,10)$分别表示9年期和10年期的复利现值系数，关于二者的数量关系，下列表达式中正确的是(　　)。

A. $P/F(i,9)=P/F(i,10)\times(1+i)$　　B. $P/F(i,10)=P/F(i,9)-i$

C. $P/F(i,10)=P/F(i,9)\times(1+i)$　　D. $P/F(i,10)=P/F(i,9)+i$

20. 某项永久性扶贫基金拟在每年年初发放80万元扶贫款，年利率为4%，则该基金需要在第一年年初投入的资金数额(取整数)为(　　)万元。

A. 1 923　　B. 2 000

C. 2 003　　D. 2 080

21. 某年金在前两年无现金流入，从第三年开始连续5年每年年初现金流入300万元，则该年金按10%的年利率折现的现值为(　　)万元。

A. $300\times P/A(10\%,5)\times P/F(10\%,1)$

B. $300\times P/A(10\%,5)\times P/F(10\%,2)$

C. $300\times P/F(10\%,5)\times P/A(10\%,1)$

D. $300\times P/F(10\%,5)\times P/A(10\%,2)$

22. 有甲、乙两种证券，甲证券的期望收益率为10%，乙证券要求的风险收益率是甲证券的1.5倍，如果无风险收益率为4%，则根据资本资产定价模型，乙证券的期望收益率为(　　)。

A. 12%　　B. 16%

C. 15%　　D. 13%

23. 关于系统风险和非系统风险，下列表述错误的是(　　)。

A. 证券市场的系统风险不能通过证券组合予以消除

B. 若证券组合中各证券收益率之间负相关，则该组合能分散非系统风险

C. 在资本资产定价模型中，β系数衡量的是投资组合的非系统风险

D. 某公司新产品开发失败的风险属于非系统风险

24. 如果A、B两种股票的收益率变化方向和变化幅度完全相同，则由其组成的投资组合(　　)。

A. 不能降低任何风险　　B. 可以分散部分风险

C. 可以最大限度地抵消风险　　D. 风险等于两种股票风险之和

25. 某商业银行一年期存款年利率为3%，假设通货膨胀率为2%，则实际利率为(　　)。

A. 2.3%　　B. 1%

C. 0.98%　　D. 1.02%

26. 某ST公司在2024年3月5日宣布其发行的公司债券本期利息总额8 980万元将无法于原定付息日2024年3月9日全额支付，仅能够支付500万元，则该公司债务的投资者面临的风险是(　　)。

A. 价格风险　　B. 购买力风险

C. 变现风险　　D. 违约风险

27. 某企业向银行借款500万元，利率为5.4%，银行要求10%的补偿性余额(补偿性

余额是指在银行贷款中将固定比例的资金留存在银行内部作为抵押，企业不能支配和使用该资金)，则该借款的实际利率是(　　)。

A. 6%　　B. 5.4%

C. 4.86%　　D. 4.91%

二、多项选择题(下列各小题中有两个或两个以上符合题意的正确答案，请将正确答案的标号填入题干的括号内)

1. 下列说法不正确的有(　　)。

A. 当计息周期为一年时，名义利率与有效年利率相等

B. 当计息周期短于一年时，有效年利率小于名义利率

C. 当计息周期长于一年时，有效年利率大于名义利率

D. 当计息周期长于一年时，有效年利率小于名义利率

2. 企业取得借款100万元，借款的年利率是8%，每半年复利一次，期限为5年，则该项借款的终值是(　　)。

A. $100\times F/P(8\%,5)$　　B. $100\times \mathrm{F/P}(4\%,10)$

C. $100\times F/A(8\%,5)$　　D. $100\times F/P(8.16\%,5)$

3. 下列各项中既有终值又有现值的年金有(　　)。

A. 递延年金　　B. 永续年金

C. 普通年金　　D. 先付年金

4. 一般来说，下列各项中可以视为年金形式的有(　　)。

A. 等额分期付款　　B. 折旧

C. 养老金　　D. 零存整取的等额零存数

5. 下列因素引起的风险中，投资者不能通过证券投资组合予以消减的有(　　)。

A. 宏观经济状况变化　　B. 世界能源状况变化

C. 发生经济危机　　D. 被投资企业出现经营失误

6. 市场组合承担的风险包括(　　)。

A. 只承担市场风险　　B. 只承担特有风险

C. 只承担非系统风险　　D. 只承担系统风险

7. 在下列各种情况下，会给企业带来经营风险的有(　　)。

A. 企业举债过度　　B. 原材料价格发生变动

C. 企业产品更新换代周期过长　　D. 企业产品的生产质量不稳定

8. 关于投资者要求的期望投资报酬率，下列说法中正确的有(　　)。

A. 风险程度越高，要求的报酬率越低

B. 无风险收益率越高，要求的期望收益率越高

C. 投资者对风险的态度越是回避，风险收益率就越低

D. 风险程度越高，要求的期望收益率越高

9. 下列有关两项资产收益率之间的相关系数表述正确的有(　　)。

A. 当相关系数为1时，投资两项资产不能抵消任何投资风险

B. 当相关系数为－1时，投资两项资产的风险可以充分抵消

C. 两项资产之间的相关性越小，其投资组合可分散的投资风险的效果越大

D. 两项资产之间的相关性越大，其投资组合可分散的投资风险的效果越大

10. 某投资者以100万元构建投资组合，该组合由50万元甲股票和50万元乙股票组成。甲、乙股票期望报酬率的相关系数为0.2，无风险报酬率为2%，市场风险溢价为8%，其他相关信息见表1-1。

表1-1　相关信息

股票	期望报酬率	标准差	β系数
甲股票	10%	12%	0.8
乙股票	18%	20%	1.2

下列关于该投资组合的说法中，正确的有(　　)。

A. β系数为1　　B. 必要报酬率为10%

C. 期望报酬率为14%　　D. 标准差为16%

11. 下列关于资本市场线的说法中，正确的有(　　)。

A. 投资者个人对风险的态度影响最佳风险资产组合

B. 分离定理表明企业管理层在决策时不必考虑每位投资者对风险的态度

C. 存在无风险资产是资本市场线的假设条件之一

D. 市场组合代表唯一最有效的风险资产组合

12. 甲证券的期望报酬率是12%，标准差是10%；乙证券的期望报酬率是20%，标准差是15%。假设不允许买空卖空，下列关于甲、乙证券投资组合的说法中，正确的有(　　)。

A. 期望报酬率介于12%到20%之间

B. 标准差介于10%到15%之间

C. 最小方差组合是100%投资于甲证券

D. 最大期望报酬率组合是100%投资于乙证券

13. 投资组合由证券X和证券Y各占50%构成。证券X的期望收益率为12%，标准差为12%，β系数为1.5。证券Y的期望收益率为10%，标准差为10%，β系数为1.3。下列说法中，正确的有(　　)。

A. 投资组合的β系数等于1.4

B. 投资组合的期望收益率等于11%

C. 投资组合的标准差等于11%

D. 投资组合的变异系数等于1

14. 下列关于投资者对风险的态度的说法中，符合投资组合理论的有(　　)。

A. 投资者在决策时不必考虑其他投资者对风险的态度

B. 不同风险偏好投资者的投资都是无风险资产和最佳风险资产组合的组合

C. 投资者对风险的态度不仅影响其借入或贷出的资金量，还影响最佳风险资产组合

D. 当存在无风险资产并可按无风险利率自由借贷时，市场组合优于其他风险资产组合

15. 下列关于证券投资组合的表述中，正确的有(　　)。

A. 两种证券的收益率完全正相关时可以消除风险

B. 投资组合收益率为组合中各单项资产收益率的加权平均数

C. 投资组合风险是各单项资产风险的加权平均数

D. 投资组合能够分散掉的是非系统风险

16. 下列指标中，能够反映资产风险的有（　　）。

A. 标准差率　　B. 标准差

C. 期望值　　D. 方差

17. 下列各项中，属于公司股票面临的系统性风险的有（　　）。

A. 公司业绩下滑　　B. 市场利率波动

C. 宏观经济政策调整　　D. 公司管理层变更

18. 关于两项证券资产的风险比较，下列说法正确的有（　　）。

A. 期望值相同的情况下，标准差率越大，风险程度越大

B. 期望值不同的情况下，标准差率越大，风险程度越大

C. 期望值不同的情况下，标准差越大，风险程度越大

D. 期望值相同的情况下，标准差越大，风险程度越大

19. 下列各项中，能够影响特定资产组合 β 系数的有（　　）。

A. 该组合中所有单项资产在组合中所占比重

B. 该组合中所有单项资产各自的 β 系数

C. 市场组合的无风险收益率

D. 该组合的无风险收益率

20. 下列风险中，属于非系统风险的有（　　）。

A. 经营风险　　B. 利率风险

C. 政治风险　　D. 财务风险

三、判断题（请在正确的题后括号内打√，错误的打×）

1. 依据资本资产定价模型，资产的期望收益率不包括对公司特有风险的补偿。（　　）

2. 公司年初借入资本 100 万元，第 3 年年末一次性连本带息偿还 130 万元，则这笔借款的实际年利率小于 10%。（　　）

3. 所有者要求经营者改变举债资金的原定用途，将其用于风险更高的项目，会降低负债价值。（　　）

4. 标准差以绝对数衡量决策方案的风险，在期望值相同的情况下，标准差越大，风险越大。（　　）

5. 证券资产组合的 β 系数不仅受组合中各单项资产 β 系数的影响，还会受到各种资产价值在证券资产组合中所占比例的影响。（　　）

6. 两种股票构成的资产组合的预期收益率是这两种股票预期收益率的加权平均数，其权数为两种股票在组合中的价值比例。（　　）

7. 永续年金由于收付款的次数无穷多，所以其现值无穷大。（　　）

8. 银行借款如果附带补偿性余额条款，则会降低银行借款的实际利率。（　　）

9. 如果各单项资产的 β 系数不同，则可以通过调整资产组合中不同资产的构成比例来改变组合的系统风险。（　　）

10. 证券组合的风险水平不仅与组合中各证券的收益率标准差有关，而且与各证券收益率的相关程度有关。（　　）

11. 企业向银行借款时，如果银行要求一定比例的补偿性余额，则提高了借款的实际利率水平。（　　）

12. 标准差率可用于收益率期望值不同的情况下的风险比较，标准差率越大，表明风险越大。（　　）

13. 企业投资于某公司证券可能因该公司破产而引发无法收回其本金的风险，这种风险属于非系统风险。（　　）

14. 资金时间价值是由时间创造的，因此所有的资金都有时间价值。（　　）

15. 永续年金与其他年金一样，既有现值，又有终值。（　　）

16. 企业的信用程度可以分为若干等级，信用越高，违约风险越小，利率水平越高。（　　）

17. 英国曾发行一种没有到期日的国债，这种债券的利息可视为永续年金。（　　）

18. 在其他条件不变时，证券风险越大，投资者要求的必要报酬率越高。（　　）

19. 如果投资组合中股票数量足够多，则任意单种股票的可分散风险都能够被消除。（　　）

20. 经济危机、通货膨胀、经济衰退以及高利率通常被认为是可分散的市场风险。（　　）

21. 平均风险股票的 β 系数为1，意味着如果整个市场的风险报酬上升了10%，通常而言此类股票的风险报酬也将上升10%；如果整个市场的风险报酬下降了10%，则该股票的风险报酬也将下降10%。（　　）

四、计算题

1. 黄先生有一笔现金，目前有两个投资方案。

方案一：将本金1 000 000元投资某债券，期限5年，年利率10%，每半年复利一次。

方案二：将剩余现金的一部分存入银行，计划在第3年到第6年的每年年末取出20万元用于偿还购房支出，假定银行利率为6%。

要求：

(1) 根据方案一，计算有效年利率和该投资5年后的本息和。

(2) 根据方案二，计算其现在应存入的现金数额。

2. 某公司拟进行股票投资，计划购买A、B、C三种股票，并分别设计了甲、乙两种投资组合。已知三种股票的 β 系数分别为1.2、1.0和0.8，它们在甲种投资组合下的投资比重分别为50%、30%和20%；乙种投资组合的风险收益率为3.4%。同期市场上所有股票的平均收益率为12%，无风险收益率为8%。

要求：

(1) 根据A、B、C股票的 β 系数，分别评价这三种股票相对于市场投资组合而言的投资风险大小。

(2) 按照资本资产定价模型计算A股票的期望收益率。

(3) 计算甲种投资组合的 β 系数和风险收益率。

(4) 计算乙种投资组合的β系数和期望收益率。

(5) 比较甲、乙两种投资组合的β系数，评价它们的投资风险大小。

3. 资产组合M的期望收益率为18%，标准离差为27.9%；资产组合N的期望收益率为13%，标准离差率为1.2。投资者张某和赵某决定将其个人资产投资于资产组合M和N中，张某期望的最低收益率为16%，赵某投资于资产组合M和N的资金比例分别为30%和70%。

要求：

(1) 计算资产组合M的标准离差率。

(2) 判断资产组合M和N哪个风险更大。

(3) 为实现期望的收益率，张某应在资产组合M上投资的最低比例是多少？

(4) 判断投资者张某和赵某谁更厌恶风险，并说明理由。

4. 甲公司当前持有一个由X、Y两种股票构成的投资组合，价值总额为300万元，X股票与Y股票的价值比重为4∶6，β系数分别为1.8和1.2。为了进一步分散风险，公司拟将Z股票加入投资组合，价值总额不变，X、Y、Z三种股票的投资比重调整为2∶4∶4，Z股票的系统性风险是Y股票的0.6倍。公司采用资本资产定价模型确定股票投资的收益率，当前无风险收益率为3%，市场平均收益率为8%。

要求：

(1) 计算当前由X、Y两种股票构成的投资组合的β系数。

(2) 计算Z股票的风险收益率与期望收益率。

(3) 计算由X、Y、Z三种股票构成的投资组合的期望收益率。

5. 甲公司持有A、B两种证券构成的投资组合，假定资本资产定价模型成立，其中A证券的期望收益率为21%，β系数为1.6；B证券的期望收益率为30%，β系数为2.5。公司拟将C证券加入投资组合以降低投资风险。A、B、C三种证券的投资比重为2.5∶1∶1.5，最终组合的B系数是1.75。

要求：

(1) 计算无风险收益率和市场风险收益率。

(2) 计算C证券的β系数和期望收益率。

6. 甲公司有一笔闲置资金，拟投资于某证券组合，由X、Y、Z三种股票构成，资金权重分别为40%、30%和30%，β系数分别为2.5、1.5和1。其中X股票投资收益率的概率分布见表1-2。

表1-2 X股票投资收益率的概率分布

状况	概率	投资收益率
好	30%	20%
一般	50%	12%
差	20%	5%

Y、Z的预期收益率分别为10%和18%，无风险利率为4%，市场组合期望收益率

为 9%。

要求：

（1）计算 X 股票的预期收益率。

（2）计算证券组合的预期收益率。

（3）计算证券组合的 β 系数。

（4）利用资本资产定价模型，计算证券组合的期望收益率，判断是否值得投资。

7. 假定资本资产定价模型成立。表 1-3 中列示了三种股票和无风险资产以及市场组合的有关资料，表中的数字是相互关联的。

表 1-3　相关资料

资产名称	预期收益率	标准差	与市场组合的相关系数	β 系数
无风险资产	A	C	F	I
市场组合	B	0.1	G	J
甲股票	0.22	D	0.65	1.3
乙股票	0.16	0.15	H	0.9
丙股票	0.31	E	0.2	K

要求：计算表 1-3 中字母表示的数字，并列示计算过程。

参考答案

一、单项选择题

题号	1	2	3	4	5	6	7	8	9	10
答案	D	A	C	B	B	B	B	D	A	C
题号	11	12	13	14	15	16	17	18	19	20
答案	A	A	D	A	A	D	C	D	A	D
题号	21	22	23	24	25	26	27			
答案	A	D	C	A	C	D	A			

二、多项选择题

题号	1	2	3	4	5	6	7	8	9	10
答案	BC	BD	ACD	ABCD	ABC	AD	BCD	BD	ABC	ABC
题号	11	12	13	14	15	16	17	18	19	20
答案	BCD	AD	AB	ABD	BD	ABD	BC	ABD	AB	AD

三、判断题

题号	1	2	3	4	5	6	7	8	9	10
答案	√	√	√	√	√	√	×	×	√	√
题号	11	12	13	14	15	16	17	18	19	20
答案	√	√	√	×	×	×	√	√	√	×
题号	21									
答案	√									

四、计算题

1. (1) 每半年利率＝10%÷2＝5%。

有效年利率＝$(1+5\%)^2-1$＝10.25%。

复利计息期数＝5×2＝10。

五年后的本息和＝$P\times F/P(i,n)$＝1 000 000×F/P(5%,10)＝1 000 000×1.628 9＝1 628 900(元)。

(2) P＝20×[P/A(6%,6)－P/A(6%,2)]＝20×(4.917 3－1.833 4)＝61.68(万元)。

2. (1) A股票的β系数为1.2,B股票的β系数为1.0,C股票的β系数为0.8,所以A股票相对于市场投资组合的投资风险大于B股票,B股票相对于市场投资组合的投资风险大于C股票。

(2) A股票的期望收益率＝8%＋1.2×(12%－8%)＝12.8%。

(3) 甲种投资组合的β系数＝1.2×50%＋1.0×30%＋0.8×20%＝1.06。

甲种投资组合的风险收益率＝1.06×(12%－8%)＝4.24%。

(4) 乙种投资组合的β系数－3.4%/(12%－8%)－0.85。

乙种投资组合的期望收益率＝8%＋3.4%＝11.4%。

(5) 甲种投资组合的β系数大于乙种投资组合的β系数,说明甲的投资风险大于乙的投资风险。

3. (1) 资产组合M的标准离差率＝27.9%/18%＝1.55。

(2) 资产组合N的标准离差率1.2小于资产组合M的标准离差率,故资产组合M的风险更大。

(3) 设张某应在资产组合M上投资的最低比例是X,18%X＋13%×(1－X)＝16%,解得X＝60%。

为实现期望的收益率,张某应在资产组合M上投资的最低比例是60%。

(4) 张某在资产组合M(高风险)上投资的最低比例是60%,在资产组合N(低风险)上投资的最高比例是40%,而赵某投资于资产组合M和N的资金比例分别为30%和70%;因为资产组合M的风险大于资产组合N的风险,并且赵某投资于资产组合M的比例低于张某投资于资产组合M的比例,所以赵某更厌恶风险。

4. (1) 由X、Y两种股票构成的投资组合的β系数＝1.8×40%＋1.2×60%＝1.44。

(2) Z 股票的风险收益率＝1.2×0.6×(8%－3%)＝3.6%。

Z 股票的期望收益率＝3%＋3.6%＝6.6%。

(3) X 股票的期望收益率＝3%＋1.8×(8%－3%)＝12%。

Y 股票的期望收益率＝3%＋1.2×(8%－3%)＝9%。

X、Y、Z 三种股票构成的投资组合的期望收益率＝12%×2/10＋9%×4/10＋6.6%×4/10＝8.64%。

5. (1) 根据 A 证券和 B 证券期望收益率和 β 系数，代入资本资产定价模型中，可得：

$$R_f+1.6\times(R_m-R_f)=21\%$$

$$R_f+2.5\times(R_m-R_f)=30\%$$

解得：$R_f=5\%$，$R_m=15\%$。

无风险收益率为 5%，市场风险收益率为 10%。

(2) A、B、C 三种证券的投资比重为 2.5∶1∶1.5，那么各自的占比为 2.5/5，1/5 和 1.5/5。

假定 C 证券的 β 系数为 β_C，则 $1.6\times2.5/5+2.5\times1/5+\beta_C\times1.5/5=1.75$。

解得：$\beta_C=1.5$。C 证券期望收益率＝5%＋1.5×10%＝20%。

6. (1) X 股票的预期收益率 $E(R)=\sum_{i=1}^{n}P_i\times R_i=30\%\times20\%+50\%\times12\%+20\%\times5\%=13\%$。

(2) 证券组合的预期收益率 $E(RP)=\sum W_i\times E(R_i)=13\%\times40\%+10\%\times30\%+18\%\times30\%=13.60\%$。

(3) 证券组合 β 系数＝40%×2.5＋30%×1.5＋30%×1＝1.75。

(4) 期望收益率＝无风险收益率＋该资产系统风险系数×(市场组合收益率－无风险收益率)＝4%＋1.75×(9%－4%)＝12.75%。

该证券组合的预期收益率大于期望收益率，因此值得投资。

7. (1) A 的计算。

首先可针对甲、乙两股票运用资本资产定价模型。

对甲股票，22%＝无风险利率＋市场风险溢价×1.3

对乙股票，16%＝无风险利率＋市场风险溢价×0.9

解得：无风险利率＝2.5%，市场风险溢价＝15%。故 A＝2.5%。

(2) B 的计算。

从上述方程组中求出的市场风险溢价等于市场组合的预期收益率与无风险收益率之差，所以有：B－2.5%＝15%，故 B＝17.5%。

(3) C、F、I 的计算。

真正意义上的无风险资产由于没有承担任何风险，所以标准差、β 系数以及其与市场组合的相关系数都为零。故 C＝0，F＝0，I＝0。

(4) G、J 的计算。

市场组合与它自己是完全正相关的，所以与自己的相关系数是 1，β 也是 1。故 G=1，J=1。

(5) D 的计算。

由 β 系数的定义式可知：甲的 β 系数 $1.3=0.65\times\sigma_{甲}\div0.1$，从上面的式子中求出：

$$\sigma_{甲}=D=1.3\times0.1\div0.65=0.2$$

(6) H 的计算。

对乙股票,应用 β 系数的定义式,可知:$0.9=\rho\times0.15\div0.1$,解得:

$$\rho=H=0.9\times0.1\div0.15=0.6$$

(7) K 的计算。

对丙股票,利用资本资产定价模型:$0.31=31\%=2.5\%+15\%\times\beta$,从该式中,算出 β 系数$=(31\%-2.5\%)/15\%=1.9$,故 K=1.9。

(8) E 的计算。

同 D 的计算类似,$1.9=0.2\times E\div0.1$,所以,丙股票的标准差 E=0.95。

第三章　价值评估

思维导图

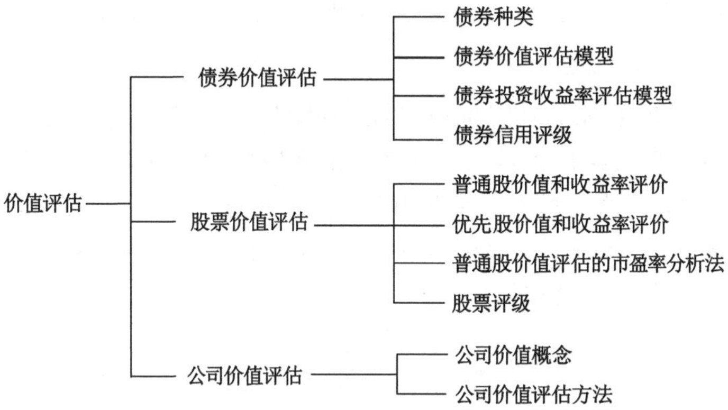

学习目的与要求

本章主要介绍债券价值评估、股票价值评估和公司价值评估内容。通过本章的学习，学生应掌握债券、股票和公司价值评估方法、债券和股票收益率评价、债券和股票评级等内容。课程后面许多章节都会用到债券、股票和公司价值评估的内容，学好本章，有利于以后各章的学习。

(1) 本章学习的重点内容：① 掌握债券价值评估原理及评估模型；② 掌握股票价值评估模型；③ 理解公司价值评估的不同方法。

(2) 本章学习的难点内容：① 理解债券和股票评级原理；② 理解公司价值评估的实物期权法。

本章核心内容

一、债券价值评估

(一) 债券种类

债券是一种表明债权债务的凭证，是政府或公司向社会公众筹措资金而发行的有一定固定收益的有价证券。目前，我国资本市场上有国债、金融债、短期融资债和企业债等四类债券，具体可以按以下 10 种方式分类。

(1) 按发行主体，分为政府债券、金融债券和公司(企业)债券。

(2) 按付息方式,分为贴现债券、零息债券、附息债券。

(3) 按计息方式,分为单利债券、复利债券和累进利率债券。

(4) 按利率是否确定,分为固定利率债券和浮动利率债券。

(5) 按偿还期限,分为长期债券、中期债券和短期债券。

(6) 按债券形态,分为实物债券(无记名债券)、凭证式债券和记账式债券。

(7) 按募集方式,分为公募债券和私募债券。

(8) 按担保性质,分为有担保债券、无担保债券和质押债券。

(9) 按债券的流通与否,分为可流通债券(上市债券)和不可流通债券(非上市债券)。

(10) 按是否可转换,分为可转换公司债券和不可转换公司债券。

(二) 债券价值评估模型

债券价值评估是运用货币时间价值和风险报酬原理,确定某种债券的内在价值的过程。因为债券是在一定时期内支付固定利息以及到期后偿还本金的凭证,按资金时间价值和风险价值原理,债券价值是投资者预期现金流量的现值。

(1) 在债券分期付息、到期一次还本情况下,其价值为每期债券利息的现值与到期一次偿付本金现值之和。其计算公式如下:

$$V=\sum_{t=1}^{n}\frac{I}{(1+r)^{t}}+\frac{M}{(1+r)^{n}}$$

式中 V——债券价值;

t——期数;

I——每期支付利息额;

r——债券投资者期望报酬率(可以用市场利率替代);

M——债券面值;

n——债券计息次数。

(2) 在债券到期一次还本付息情况下,其价值为到期一次还本付息现值之和。其计算公式如下:

$$V=\frac{I\cdot n+M}{(1+r)^{n}}$$

式中各变量含义同前。

(三) 债券投资收益率评估模型

债券投资收益率的本质是用它来对未来投资收入的现金流入量进行贴现,会使其现值正好等于债券的购入价格,使净现值等于零的报酬率。对于一年付息一次的债券,能使下式成立的利率 r 即为投资者的实际收益率。

$$V_{(\text{现行市价})}=\sum_{t=1}^{n}\frac{I}{(1+r)^{t}}+\frac{M}{(1+r)^{n}}$$

式中各变量含义同前。

上式计算债券投资收益率,可用插值法计算。

(四) 债券信用评级

债券信用评级(bond credit rating)是对发行主体或发行主体发行债券进行的信用评

级。债券信用评级大多是企业债券信用评级，是指对具有独立法人资格企业所发行某一特定债券，按期还本付息的可靠程度进行评估，并标示其信用程度的等级。这种信用评级是为投资者购买债券和证券市场债券的流通转让活动提供信息服务。

1. 债券信用评级的内容

不同国家的债券评级的内容不尽相同，同一国家不同的信用评级机构也有所不同。国外债券评级时主要考虑因素包括：资产负债率、流动比率、利息保障倍数、固定费用保障倍数、是否有担保、附属条款、偿债基金、债券期限、契约销售和盈利的稳定性、工人情绪、资源的保证程度、国外业务等。我国债券评级主要包括以下几个方面的内容：

（1）经营环境变化对发行主体的产品、服务需求、流动性、未来现金增值能力和偿债能力等方面的影响。

（2）发行主体所在行业特征及行业地位，主要包括行业前景、行业规模、行业竞争程度、资本密集程度、技术壁垒与技术风险、行业盈利前景、法律法规与政府管制、公司在行业竞争的优势与地位等方面。

（3）发行主体公司治理水平，主要包括所有权结构及其影响、利益相关者关系、信息透明度、董事会结构与运作、内部控制情况等方面。

（4）发行主体财务质量，主要通过计算各项财务结构、偿债能力、营运能力、获利能力等财务指标来评价。

（5）发行主体信用增级方式，一般包括财务限制条款、债券优先次序条款和借款保护条款等内容。

① 财务限制条款。财务限制条款是为了防止发债公司的财务状况恶化而附加的特别条款，主要包括财务状况恶化的限制条款、增加担保的限制条款、资产处置的限制条款等。财务限制条款严格程度对债券信用等级有很大影响。

② 债券优先次序条款。当公司不能履行债务时，债券有无担保和偿债基金等因素对债券等级评定有很大影响。同一公司发行的有担保债券在偿还顺序上优先于无担保债券，通常对偿还次序靠前的债券给予较高的评级。另外，若公司对发行某个债券建立偿债基金，则认为该债券偿还可能性大，对债券评级是有利因素。

③ 借款保护条款。当公司向银行借款时，银行借款契约通常也会设置资本支出规模限制、现金分红限制、担保限制、融资租赁限制、贷款用途限制等保护条款，要求公司维持一定的流动性水平。如果银行借款附加许多限制性很强的保护条款，将损害公司财务的灵活性，在债券评级时成为不利因素。

决定公司债券信用等级并没有确定的公式，也没有准确的数量标准能说明准确等级。在债券评级时，需要综合考虑上述各个方面做出分析判断。

2. 债券信用等级类别

国际公认的第三方专业信用评级机构有穆迪、标准普尔和惠誉国际等三家，国内主要有中诚信、联合资信、大公国际和上海新世纪等四家。为了使投资者对债券评级结果有个简单明了的概念，通常债券评级机构以简单的符号表示评级的结果。美国穆迪和标准普尔的评级结果如表 3-1 所示。

表 3-1 债券评级情况表

公司名称	高质量等级	投资等级	次标准等级	投机等级
穆迪	AAA AA	A BAA	BA B	CAA 到 C
标准普尔	AAA AA	A BBB	BB B	CCC 到 D

3. 债券信用评级的意义

(1) 有助于投资者进行投资决策。

(2) 有助于发行主体降低融资成本。

(3) 有助于监管者降低监管成本。

二、股票价值评估

股票是股份公司发售给股东作为入股凭证并借以获得股利的一种有价证券。股票按股东权利不同可分为普通股和优先股。普通股是在股东权利上没有任何限制的标准型股票，是股票的一种主要形式。优先股是指优先于普通股股东分配公司利润和剩余财产，但参与公司决策管理等权利受到限制的股票。

股票价值分为票面价值、设定价值、账面价值、清算价值、投资价值和市场价值。

票面价值是指股票票面上标明的金额。

设定价值是指在发行无票面价值的股票时，根据设定股本和发行股数所确定的价值。

账面价值是指股票所含有的公司净资产的价值。

清算价值是指公司清算时，每股股票所代表的价值。

投资价值是指投资者试图确定的某一股票的真实价值或实际价值，又称内在价值或理论价值。

市场价值指股票市场价格，是股票在实际交易过程中所表现出的价值。

股票价值评估是指股票投资价值评估，而非其他价值概念。投资者将某种股票的投资价值与其现行市场价值进行比较，可以决定是否进行投资。

(一) 普通股价值和收益率评价

依据资金时间价值原理和风险价值原理，普通股价值是普通股投资者未来取得现金流量的现值。普通股投资者取得的未来现金流量分两种情况：一种情况是普通股投资者永久性持有股票，这种情况下，普通股投资者未来取得现金流量就是股利。另一种情况是普通股投资者持有股票一段时间之后将其出售，该种情况下普通股投资者未来取得现金流量包括持有期间每年的股利和出售时的收入。

由于普通股股利是变动的，又没有偿还期，所以它的价值评估较债券和优先股复杂。普通股价值评估主要有以下几种模型。

1. 基本模型

假定普通股投资者永久性持有股票，普通股价值是一个永续性预期股利的现值之和。计算模型如下：

$$V_0 = \sum_{t=1}^{\infty} \frac{D_t}{(1+r)^t}$$

式中　V_0——普通股期初价值；

D_t——第 t 期预期股利；

r——投资者期望收益率；

t——持有期间次数。

2. 零增长模型

零增长模型是指普通股股票的未来每年股利相同情况下的普通股价值的评价模型。其假设前提是公司没有新增投资，收入与成本不变，当年实现的净利润全部分完。由于 $D_1=D_2=D_3=\cdots=D$，根据永续年金现值可知，该种股票价值的评估模型如下：

$$V=\frac{D}{r}$$

若以现时市价代替模型中的 V，可以得出零增长普通股股票收益率计算公式为：

$$r=\frac{D}{V}$$

3. 固定增长模型

公司的股利不应当是固定不变的，而应当不断增长。假设公司没有新增投资，收入与成本不变，每年分红政策采取固定比率分红（每股收益固定比率分红）政策的情况下，每年股利会以固定增长率增长。

在公司没有新增投资、收入与成本不变、固定比率分红的情况下，普通股股利每年以 g 的速度固定增长。这种情况下，普通股价值的评价模型如下：

$$V=\frac{D_1}{r-g}=\frac{D_0(1+g)}{r-g}$$

式中　D_0——基期股利；

g——固定的股利增长率（留存收益率×留存收益再投资收益率）；

r——投资者期望收益率。

4. 非固定增长模型

固定增长模型只适应于期望股利按固定比率增长的普通股价值评估，而这种情况在实际生活中比较少见。一般而言，公司早期的增长速度比较快，相应地公司股利亦以超常速度增长，公司发展到中后期，进入成熟阶段，增长速度将放慢，公司股利逐渐以固定的比率增长。因此，这类公司普通股股票的价值可以分为非固定增长和固定增长两个阶段计算，将两个阶段的期望股利折现求和，即得到普通股的价值。计算公式如下：

$$V=\sum_{t=1}^{n}\frac{D_t}{(1+r)^t}+\frac{D_{n+1}}{r-g}\cdot\frac{1}{(1+r)^n}$$

式中　V——普通股价值；

D_t——非固定增长阶段各期股利；

g——固定增长阶段的固定股利增长率；

n——非固定增长期；

r——投资者的期望收益率；

D_t——非固定增长期每期股利；

D_{n+1}——第 $n+1$ 期股利。

（二）优先股价值和收益率评价

依据资金时间价值原理和风险价值原理，优先股价值也是优先股投资者未来取得现金流量的现值。由于大部分优先股的股利是固定的，所以，优先股价值和收益率的评价与上述零增长普通股的评价方法相同。

若计算得出的优先股价值或收益率低于现时市价或投资者的期望收益率，投资者应放弃优先股投资方案；反之，投资者会积极投资。

（三）普通股价值评估的市盈率分析法

市盈率(PE)可以粗略反映股票价值的高低，表明投资者愿意用盈利的多少倍购买这种股票，是市场对该股票的评价。市盈率可分为静态市盈率和动态市盈率。

$$\text{静态市盈率}=\frac{\text{股票市价}}{\text{上年每股收益}}$$

$$\text{动态市盈率}=\frac{\text{股票市价}}{\text{预测每股收益}}$$

依据市盈率计算公式：

$$\text{每股市价}=\text{市盈率}\times\text{每股收益}$$

$$\text{某种股票投资价值(理论价值)}=\text{行业平均市盈率}\times\text{该股票每股收益}$$

由于科技型公司的高研发投入和高成长性特征，科技型公司估值除用市盈率方法外，还需要看其他补充指标。科技型公司估值的补充指标主要有市盈增长比率、市研率和市销率等。

$$\text{市盈增长比率}(PEG)=\frac{\text{市盈率}}{\text{三年或五年收益增长率}\times 100}$$

当 $PEG=1$ 时，表明市场赋予该股票的估值已经充分反映未来业绩的成长性。

当 $PEG>1$ 时，表明该股票价值可能被市场高估，或市场认为该公司的业绩成长性会高于预期。

当 $PEG<1$ 时，表明该股票价值可能被市场低估，或市场认为其业绩成长性可能比预期差。

（四）股票评级

1. 普通股评级

股票评级内容是评价公司对投资者可能提供的投资回报水平，即综合评价每一种股票所代表的公司的基本情况、财务风险状况、盈利能力、发展速度等对投资回报水平的影响，并按其优劣程度予以先后编列。公司未来投资回报能力主要由以下几个方面组成：

(1) 公司的基础及管理素质。

(2) 公司的财务风险状况。

(3) 公司的盈利水平。

(4) 公司的成长性。

(5) 公司股利分配的历史记录。

在股票评级方面，美国的评级方法具有代表性。它是利用盈利和股利这两个基本因素来评定股票的质量。股票分析家们认为，所有决定股票质量的因素都最终反映在每股盈利和股利上。所以，一般证券评估机构不对股票进行评级，而是按盈利和股利水平将它们编列排队。根据盈利和股利这两个因素的差别，可以把所有股票分为八个级别。

(1) A^+——最优级，股东收益最高。

(2) A——优级，股东收益较高。

(3) A^-——次优级，股东收益略高于平均水平。

(4) B^+——一般级，股东收益相当于平均水平。

(5) B——次一般级，股东收益略低于平均水平。

(6) B^-——低级，股东收益水平较低。

(7) C——次低级，股东收益最低。

(8) D——最低级，股东无收益甚至负收益。

2. 优先股评级

由于债券的偿还顺序在优先股之前，所以优先股的等级与债券的等级有着密切的联系，公司债券的等级通常是该公司优先股等级的上限。优先股评级主要考虑以下几个因素：

(1) 公司信誉。

(2) 优先股在全部股本中的比重。

(3) 普通股的有关情况。

(4) 红利及股利的限制条件。

(5) 公司举债能力。

三、公司价值评估

(一) 公司价值概念

1. 国内主要观点

国内主要观点主要有以下几种。第一种观点认为公司价值是指公司能够直接或间接拥有的各项资源的价值之和，也可以理解为公司有形资产和无形资产的市场价值之和。第二种观点考虑公司存在目的是获取利润，公司未来的盈利能力是公司价值主要决定因素，所以，认为公司价值是公司整体资产产生的未来现金流量的现值。

2. 国外主要观点

1958 年，Modigliani（莫迪利亚尼）和 Miller（米勒）首次从财务学的角度将公司价值定义为公司的市场价值，是公司股票的市场价值与公司债务的市场价值之和。他们关于公司价值的定义从资本结构出发，阐释了公司价值的组成，即公司价值是股权价值与债权价值之和。

(二) 公司价值评估方法

1. 资产基础法

资产基础法的基本原理是依据“资产替代”原则，基于目标公司的财务报表，通过对评估资产账面价值进行调整，以确定评估公司资产重新建造或购置的现行成本。资产基础法主要有账面价值法、重置成本法和清算价值法。

(1) 账面价值法。账面价值法是以公司各项资产的账面历史成本为出发点，调整计算公司价值的方法。

$$公司价值=\sum_{t=1}^{n}各项资产账面价值\times(1+调整系数)$$

账面价值法计算较为简便，数据容易获取，客观反映了评估资产价值。但由于该方法主要反映的是公司过去的投资和盈利状况，并且未充分考虑表外资产、过时贬值及会计估计差异等因素，所以其计算结果不能真实、全面地反映公司未来的盈利情况。一般情况下，运用账面价值法评估的公司价值只能作为转让交易的参考底价。

(2) 重置成本法。重置成本法是从公司重建的思路评估公司价值的。该方法是以重新购置评估资产的现行成本为出发点，在考虑综合贬值率(实体性、功能性和经济型贬值之和)后得出目标公司价值评估值的方法。

重置成本法基于公司现时经营状况，真实地反映了公司目前的盈利水平，适用于以获取资产为动机的转让交易定价。重置成本法忽略了品牌声誉和人力资本等表外资产因素对公司价值和盈利水平的影响，也忽略了资产协同效应所产生的系统性价值。

(3) 清算价值法。清算价值法是公司无法维持持续经营，面临破产或清算的情况下，将资产逐项分离进行单独拍卖处理的估价方法。清算价值法的基本思路是先确定每项评估资产单独拍卖的总收入，再利用总收入扣除债务、税费及清算费用等支出，从而确定公司最终的清算价值。

2. 市场法

市场法的基本原理是“市场替代”原则，即在有效市场中，替代资产的价格会趋于一致。市场法的基本思路是首先找出影响公司价值的关键变量，其次在有效市场中找出一个或若干个与目标公司相似的参照可比公司，或者找出市场上相似的转让交易案例，然后通过将可比公司的“股价/关键变量”的价格乘数作为基准值，再对该基准值进行差异分析以及修正调整得出目标公司的价值。其中可比公司指的是与目标公司在规模、行业特征、盈利能力、主营业务和运营模式、增长率、风险和股利支付率等方面相似的公司，因此市场法又被称为“相对价值法”或“价格乘数法”。

市场法的基本公式为：

$$公司价值=价值驱动因素\times关键价值乘数$$

$$关键价值乘数=\frac{可比公司价值}{可比公司价值驱动因素}$$

一般公司的价值驱动因素有净利润和净资产等，科技型公司的价值驱动因素有净利润、净资产、销售收入和研发投入等。

在市场有效的假设前提下，市场法应用起来简单，应用原理也容易理解，可以公允、合理地反映公司价值。但应用市场法的难点是如何找到恰当的参照可比公司和关键的价值乘数，否则市场法的评估结果偏差很大，不能保证评估结果的准确度。

(1) 自由现金流模型。拉巴波特(Alfred Rappaport)与詹森(Michael C. Jensen)等学者在20世纪80年代提出了自由现金流概念。自由现金流是指公司经营产生的、在满足了再投资需求后剩余的、不影响公司持续发展前提下的、可供企业资本供应者(股东、债权人)

分配的现金。

公司价值是公司未来自由现金流的现值。具体计量模型如下：

$$V=\sum_{t=1}^{\infty}\frac{FCFF_t}{(1+WACC)^t}$$

式中　$FCFF_t$——公司第 t 年的自由现金流，$FCFF_t$＝息税前利润(1－所得税税率)＋折旧及摊销－资本性支出增加－(经营流动资产增加－经营流动负债增加)；

$WACC$——公司加权资本成本(公司期望报酬率)，$WACC$＝公司目标资产负债率×债务税后资金成本率＋(1－目标资产负债率)×股权资金成本率。

当公司每年自由现金流量相等时，公司价值计量模型描述为：

$$V=\frac{FCFF_t}{WACC}$$

当公司每年自由现金流量以固定增长率(g)的速度固定增长时，公司价值计量模型可以描述为：

$$V=\frac{FCFF_0(1+g)}{WACC-g}$$

当公司自由现金流量前期增长无规律，n 期之后以固定增长率(g)的速度固定增长时，两阶段公司价值计量模型可以描述为：

$$V=\sum_{t=1}^{n}\frac{FCFF_t}{(1+WACC)^t}+\frac{FCFF_0(1+g)}{WACC-g}/(1+WACC)^n$$

(2) 剩余收益模型。剩余收益模型包括股权剩余收益模型和经营剩余收益模型。

① 股权剩余收益模型。股权剩余收益模型(RIM)又称 EBO 模型，最早由爱德华兹(Edwards)和贝尔(Bell)于 1961 年提出，但并没有引起理论界多大的重视，沉寂了很长一段时间。1995 年，美国学者奥尔森(Ohlson)在其文章《权益估价中的收益、账面价值和股利》中对这个方法进行了系统的阐述，建立了公司股权价值与会计变量之间的关系，使该方法重新得到理论界的重视，并成为近年来美国财务会计学界最热门的研究主题之一。

所谓股权剩余收益，是指公司的净利润与股东所要求的报酬之差。股权剩余收益的基本观点认为企业只有赚取了超过股东要求的报酬的净利润，才算是获得了正的剩余收益；如果只能获得相当于股东要求的报酬的利润，仅仅是实现了正常收益。

股权剩余收益模型使用公司股权的账面价值和预期股权剩余收益的现值来表示股权价值，公司价值等于股权价值加上债权价值。公司价值评估的股权剩余收益模型为：

$$V=V_{股权}+V_D$$

$$V_{股权}=B_0+\sum_{t=1}^{\infty}\frac{RI_t}{(1+r_s)^t}=B_0+\sum_{t=1}^{\infty}\frac{(ROE_t-r_s)B_{t-1}}{(1+r_s)^t}$$

$$V=B_0+\sum_{t=1}^{\infty}\frac{RI_t}{(1+r_s)^t}+V_D=B_0+\sum_{t=1}^{\infty}\frac{(ROE_t-r_s)B_{t-1}}{(1+r_s)^t}+V_D$$

式中　V——公司价值；

$V_{股权}$——公司股权价值；

B_0——在 $t=0$ 时点的股权账面价值；

RI_t——第 t 期公司预期股权剩余收益；

ROE_t——在第 t 期公司预期的净资产报酬率；

r_s——投资者期望报酬；

B_{t-1}——第 $t-1$ 期公司股权账面价值；

V_D——公司债权价值。

当公司每年预期股权剩余收益相等时，公司价值评估的股权剩余收益模型可以描述为：

$$V = B_0 + \frac{RI}{r_s} + V_D$$

$$= B_0 + \frac{ROE \times B_0}{r_s} + V_D$$

当公司每年预期股权剩余收益以固定增长率(g)的速度固定增长时，公司价值评估的股权剩余收益模型可以描述为：

$$V = B_0 + \frac{RI_1}{r_s - g} + V_D = B_0 + \frac{(ROE_1 - r_s)B_0}{r_s - g} + V_D$$

当公司预期股权剩余收益前期增长无规律，n 期之后以固定增长率(g)的速度固定增长时，两阶段公司价值评估的股权剩余收益模型可以描述为：

$$V = B_0 + \sum_{t=1}^{n} \frac{RI_t}{(1+r_s)^t} + \frac{RI_{n+1}}{(r_s - g)(1+r_s)^n} + V_D$$

② 经营剩余收益模型。经营剩余收益模型将公司实体价值定义为公司当期账面净经营资产(NOA_0)和未来各期经营剩余收益($ROEI_t$)的折现值之和。经营剩余收益的含义是指公司当期经营收益剔除所有经营资本投入者的必要报酬之后的剩余部分。该模型从公司实体角度出发，评估的是公司实体价值(V_{NOA})。具体评估模型如下：

$$V_{NOA} = NOA_0 + \sum_{t=1}^{\infty} \frac{E[ROEI_t]}{(1+K_{NOA})^t} = NOA_0 + \sum_{t=1}^{\infty} \frac{(OIAT_t - K_{NOA})NOA_{t-1}}{(1+K_{NOA})^t}$$

式中 V_{NOA}——公司实体价值；

NOA_0——公司期初净经营资产(经营权益)账面价值，净经营资产(经营权益)＝经营资产－经营负债，经营资产＝总资产－金融资产，经营负债＝总负债－金融负债；

$E[ROEI_t]$——第 t 年公司预期经营剩余收益；

K_{NOA}——公司经营资产资本成本，是经营负债和经营权益资本的加权平均资本成本；

$OIAT_t$——第 t 年公司预期净经营资产税后收益率，等于税后经营收益除以净经营资产；税后经营收益＝税后利润－金融投资税后利润；

NOA_{t-1}——第 $t-1$ 年公司经营净资产。

当公司每年预期经营剩余收益相等时，公司实体价值评估模型可以描述为：

$$V_{NOA} = NOA_0 + \frac{E[ROEI]}{K_{NOA}} = NOA_0 + \frac{(OIAT - K_{NOA})NOA_0}{K_{NOA}}$$

当公司每年预期经营剩余收益以固定增长率(g)的速度固定增长时，公司实体价值评估模型可以描述为：

$$V_{NOA}=NOA_0+\frac{E[ROEI_1]}{K_{NOA}-g}=NOA_0+\frac{(OIAT_1-K_{NOA})NOA_0}{K_{NOA}}$$

当公司预期经营剩余收益前期增长无规律，n 期之后以固定增长率（g）的速度固定增长时，两阶段公司实体价值评估模型可以描述为：

$$V_{NOA}=NOA_0+\sum_{t=1}^{n}\frac{E[ROEI_t]}{(1+K_{NOA})^t}+\frac{E[ROEI_{t+1}]}{(K_{NOA}-g)(1+K_{NOA})^n}$$

与股权剩余收益模型相比，经营剩余收益模型有三方面的显著优势：第一，只关注经营活动的收益，不用考虑金融活动对企业收益的影响，工作量减少，便于操作；第二，只需预测经营活动的收益和经营资产的剩余收益，不用考虑包含金融活动的综合收益和资本成本，预测参数减少，增大准确性；第三，分离了公司金融投资活动和实体经营活动，剔除复杂金融投资活动因素的影响，有利于分析实体经营资产的价值创造的影响因素。

练　习　题

一、单项选择题（下列各小题有且只有一个正确答案，请将正确答案的标号填入题干的括号内）

1. 当其他因素不变时，当时的市场利率越高，债券的价值（　　）。

A. 越小　　B. 越大

C. 不变　　D. 无法确定

2. 某股票刚刚发放的股利为 0.8 元/股，预期第一年的股利为 0.9 元/股，第二年的股利为 1.0 元/股，从第三年开始，股利增长率固定为 5%，并且打算长期保持该股利政策。假定股票的资本成本为 10%，已知：$P/F(10\%,1)=0.909\ 1$，$P/F(10\%,2)=0.826\ 4$，$P/F(10\%,3)=0.751\ 3$，则该股票价值为（　　）元。

A. 17.42　　B. 19

C. 22.64　　D. 27.2

3. 某公司股票预计本年要发放的股利为每股 2 元，股利按 10%的比例固定增长，股票的期望收益率为 15%，假设资本市场完全有效，则该股票价值为（　　）元。

A. 40　　B. 44

C. 30　　D. 35

4. A 股票目前的市价为 20 元/股，预计下一期的股利是 1 元，该股利将以 10%的速度持续增长。则该股票的资本利得收益率为（　　）。

A. 10%　　B. 15%

C. 20%　　D. 无法计算

5. ABC 公司平价购买刚发行的面值为 1 000 元（5 年期、每半年支付利息 40 元）的债券，该债券按年计算的到期收益率为（　　）。

A. 4%　　B. 7.84%

C. 8%　　D. 8.16%

6. 某公司拟于2024年1月1日发行面额为1 000元的债券，其票面年利率为6%，每年6月30日和12月31日计算并支付利息，2027年1月1日到期。同等风险投资的必要报酬率为8%，则该债券的价值为(　　)元。

A. 1 000　　B. 832.86

C. 524.21　　D. 947.56

7. 某投资者于2023年7月1日购买A公司于2021年1月1日发行的5年期的债券，债券面值为100元，票面利率为8%，每年6月30日和12月31日付息，到期还本，市场利率为10%，则投资者购入债券时该债券的价值为(　　)元。

A. 95.67　　B. 100

C. 97.27　　D. 98.98

8. 某公司最近一年向股东分配股利15万元，假定未来股利不变，股东要求的最低报酬率为10%，则股票的价值为(　　)万元。

A. 100　　B. 150

C. 162　　D. 152

9. 某企业准备以8 000元的价格购入甲公司股票，预计该股票3年中每年可获现金股利1 000元，3年后出售可得10 000元，必要报酬率为9%。该股票的价值为(　　)元。

A. 4 075.7　　B. 3 249.5

C. 10 253.3　　D. 3 257.6

10. ABC公司股票为固定增长股票，年增长率为3%，预期一年后的股利为每股2元，现行国库券的收益率为5%，平均风险股票的风险价格为6%，而该股票的β系数为1.5，则该股票每股价值为(　　)元。

A. 9.09　　B. 18.73

C. 18.18　　D. 14.29

11. 市场处于均衡状态下，有一只价格为每股28元的股票，预计下一期的股利是每股2.8元，该股利将以大约3%的速度持续增长，根据上述资料计算的该股票的期望收益率为(　　)。

A. 13%　　B. 13.3%

C. 10%　　D. 10.3%

12. 甲公司每半年发放一次普通股股利，股利以每半年3%的速度持续增长，最近刚发放上半年股利每股1元。甲公司普通股等风险投资的年必要报酬率为10.25%，则该公司股票目前每股价值是(　　)元。

A. 24.96　　B. 13.73

C. 51.5　　D. 48.47

13. 某两年期债券，面值1 000元，票面年利率8%，每半年付息一次，到期还本。假设有效年折现率是8.16%，该债券刚刚支付过上期利息，目前其价值是(　　)元。

A. 994.14　　B. 997.10

C. 1 000　　D. 1 002.85

14. 甲商场进行分期付款销售活动，某款手机可在半年内分6期付款，每期期初付款600元。假设年利率12%。该手机价款如果购买时一次性付清，下列各项金额中最接近的是(　　)元。

A. 2 912　　B. 3 437

C. 3 477　　D. 3 512

15. 假设其他条件不变，下列关于拟发行债券价值的说法中，错误的是(　　)。

A. 期限延长，价值下降　　B. 市场利率上升，价值下降

C. 计息频率增加，价值上升　　D. 票面利率上升，价值上升

16. 某公司当期发放每股股利为3.30元，预计未来每年以3%的速度增长，假设投资者的期望收益率为8%，则该公司每股股票的价值为(　　)元。

A. 41.25　　B. 67.98

C. 66.00　　D. 110.00

17. 债券投资收益率的计算公式中不包含的因素是(　　)。

A. 票面利率　　B. 债券面值

C. 市场利率　　D. 债券期限

18. B公司打算购买A公司股票，并长期持有。B公司要求的最低收益率为12%，A公司今年每股股利0.6元，预计未来3年股利以10%的速度增长，3年后以5%的速度稳定增长，则A公司股票价值为(　　)元。

A. 5　　B. 5.25

C. 9　　D. 10.26

19. 某公司各年股利增长率保持5%不变，预计下一年股利为每股5元，若投资者要求达到的收益率为10%，根据股票估价模式的固定增长模式，该股票的价值为(　　)。

A. 50元　　B. 52.5元

C. 100元　　D. 105元

20. 关于债券价值，其他因素不变时，下列表述错误的是(　　)。

A. 债券的年内付息次数越多，则债券价值越大

B. 长期债券的价值对市场利率的敏感性小于短期债券

C. 市场利率的上升会导致债券价值下降

D. 若票面利率偏离市场利率，债券期限越长，则债券价值越偏离于债券面值

21. 根据债券估价基本模型，不考虑其他因素的影响，当市场利率上升时，固定利率债券价值的变化方向是(　　)。

A. 不变　　B. 不确定

C. 下降　　D. 上升

22. 下列有关市场利率对债券价值影响的说法中，不正确的是(　　)。

A. 随着市场利率的提高，债券价值会降低

B. 市场利率高于票面利率时，债券价值对市场利率的变化较为敏感

C. 市场利率较低时，长期债券的价值远高于短期债券

D. 长期债券对市场利率的敏感性会大于短期债券

23. 债券内在价值计算公式中不包含的因素是(　　)。

A. 债券市场价格　　B. 债券面值

C. 债券期限　　D. 债券票面利率

二、多项选择题(下列各小题中有两个或两个以上符合题意的正确答案,请将正确答案的标号填入题干的括号内)

1. 影响债券价值的因素包括(　　)。

A. 折现率　　B. 票面利率

C. 计息期　　D. 到期时间

2. 考虑影响股价的其他因素,零增长股票的价值与下列各项关系说法正确的有(　　)。

A. 与市场利率成正比　　B. 与市场利率成反比

C. 与预期股利成正比　　D. 与预期股利成反比

3. 关于连续付息的平息债券,下列说法中正确的有(　　)。

A. 当折现率等于票面利率时,债券价值一直等于票面价值

B. 当折现率大于票面利率时,债券价值到期前一直低于票面价值

C. 当折现率小于票面利率时,债券价值到期前一直高于票面价值

D. 随着到期时间的缩短,折现率变动对债券价值的影响越来越小

4. 甲公司 2024 年 9 月 30 日资产负债表显示,总资产 100 亿元,所有者权益 50 亿元,总股数 5 亿股。当日甲公司股票收盘价每股 25 元。下列关于当日甲公司股权价值的说法中,正确的有(　　)。

A. 会计价值是 50 亿元　　B. 清算价值是 50 亿元

C. 持续经营价值是 100 亿元　　D. 现时市场价值是 125 亿元

5. 甲公司折价发行公司债券,该债券期限 5 年,面值 1 000 元,票面利率 8%,每半年付息一次。下列说法中,正确的有(　　)。

A. 该债券的报价利率等于 8%　　B. 该债券的到期收益率等于 8%

C. 该债券的有效年利率大于 8%　　D. 该债券的计息周期利率小于 8%

6. 下列关于证券估值的说法中正确的有(　　)。

A. 任何金融资产的估值都是资产期望创造现金流的现值

B. 带息债券在发行时,票面利率一般会设定在使债券市场价值等于其面值的水平上

C. 普通股估值时考虑的现金收入由两部分构成:一部分是在股票持有期间收到的现金股利,另一部分是出售股票时得到的变现收入

D. 债券的估值方法也可用于优先股估值

三、判断题(请在正确的题后括号内打√,错误的打×)

1. 假设其他条件不变,市场利率变动,债券价格反方向变动,即市场利率上升、债券价格下降。(　　)

2. 依据固定股利增长模型,股票投资内部收益率由两部分构成,一部分是预期股利收益率 D_1/P_0,另一部分是股利增长率 g。(　　)

3. 在债券持有期间,当市场利率上升时,债券价格一般会随之下降。(　　)

4. 某 5 年期债券面值为 1 000 元,每年付息一次,到期还本,目前该债券的市场价格为 900 元。则该债券的投资收益率小于票面利率。(　　)

5. 对于票面利率固定、每期支付利息、到期归还本金的公司债券。当票面利率大于投资者期望的最低投资收益率时，该债券将溢价发行。 (　　)

6. 市盈率可以粗略反映股价的高低，表明投资人愿意用盈利的多少倍来购买这种股票，是市场对该股票价值的评价。 (　　)

7. 对于零增长股利的股票，如果购买当时的市价低于股票的价值，则该投资报酬率也低于最低报酬率。 (　　)

8. 由于债券的利率是固定的，因此债券投资者没有风险。 (　　)

9. 对于不同期限的债券，其风险和收益是不一样的，期限越长，收益越大，因而风险就越小。 (　　)

10. 如果债券到期时以此还本付息，则在平价购入的情况下，其到期收益率和债券的票面利率是相同的。 (　　)

四、计算题

1. 有一面值为 1 000 元的债券，票面利率为 8%，2023 年 7 月 1 日发行，2028 年 7 月 1 日到期，半年支付一次利息(6 月末和 12 月末支付)，假设投资的必要报酬率为 10%。

要求：

(1) 计算该债券在发行时的价值。

(2) 计算该债券在 2026 年 12 月末支付利息之前的价值。

(3) 计算该债券在 2027 年 1 月初的价值。

2. 某投资者准备进行证券投资，现在市场上有以下几种证券可供选择：

(1) A 股票，上年发放的股利为 1.5 元，以后每年的股利按 5%递增，目前股票的市价为 15 元。

(2) B 债券，面值为 1 000 元，5 年期，票面利率 8%，单利计息，到期一次还本付息、复利折现，目前价格为 1 080 元，假设该投资者投资时距离到期日还有两年。

(3) C 股票，最近支付的股利是每股 2 元，预计未来 2 年股利将按每年 14%递增，在此之后转为正常增长，增长率为 10%，股票的市价为 46 元。

如果该投资者期望的最低报酬率为 15%，请你帮他选择哪种证券可以投资(小数点后保留两位)。

已知 $P/F(15\%,1)=0.869\ 6$，$P/F(15\%,2)=0.756\ 1$。

3. A 公司股票的 β 系数为 2.5，无风险利率为 6%，市场上所有股票的平均报酬率为 10%。

要求：

(1) 该股票的预期收益率为多少？

(2) 若该股票为固定成长股，成长率为 6%，预计一年后的股利为每股 1.5 元，则该股票的价值为多少？

(3) 若该股票未来 3 年股利零增长，每期股利为每股 1.5 元，预计从第 4 年起转为正常增长，增长率为 6%，则该股票的价值为多少？

4. A 企业计划利用一笔长期资金投资购买股票。现有 M 公司股票和 N 公司股票可供选择，A 企业只准备投资一家公司股票。已知 M 公司股票现行市价为每股 9 元，上年每股股利为0.15元，预计以后每年以6%的增长率增长；N公司股票现行市价为每股7元，上年每股股利为0.6元，股利分配政策将一贯坚持固定股利政策。A企业所要求的投资期望收益率为8%。

要求：

(1) 利用股票估价模型，分别计算M、N公司股票价值。

(2) 代A企业做出股票投资决策。

5. 甲基金主要投资政府债券和货币性资产，目前正为5 000万元资金设计投资方案，三个备选方案如下。

方案一：受让银行发行的大额存单A，存单面值4 000万元，期限10年，年利率为5%，单利计息，到期一次还本付息。该存单尚有3年到期，受让价格为5 000万元。

方案二：以组合方式进行投资。其中，购入3万份政府债券B，剩余额度投资于政府债券C。

B为5年期债券，尚有1年到期，票面价值1 000元，票面利率为5%，每年付息一次，到期还本，刚支付上期利息，当前市价为980元；该债券到期后，甲基金计划将到期还本付息金额全额购买2年期银行大额存单，预计有效年利率为4.5%，复利计息，到期一次还本付息。

C为新发行的4年期国债，票面价值1 000元，票面利率为5.5%，单利计息，到期一次还本付息，发行价格1 030元；计划持有3年后变现，预计3年后债券价格为1 183.36元。

方案三：平价购买新发行的政府债券D，期限3年，票面价值1 000元，票面利率为5%，每半年付息一次，到期还本。

假设不考虑相关税费的影响。

已知：$P/F(6\%,3)=0.839\,6$，$P/F(7\%,3)=0.816\,3$。

要求：

分别计算三个投资方案的有效年利率，并从投资收益率角度指出应选择哪个投资方案。

6. 张女士想在市场上投资一种证券，假设她对不同的证券要求的最低收益率相同，都为8%。目前市场上有以下几种证券可供她选择。

(1) 甲企业2年前发行的到期一次还本付息债券，该债券面值为1 000元，期限为5年，票面利率为10%(单利计息)，目前市场上的价格是1 200元。

(2) 乙企业刚刚发行的一种债券，面值100元，期限为3年，票面利率为10%，每半年付息一次；发行价格为102元。

(3) 丙企业发行的一种股票，刚刚支付的股利为每股1.2元，预计每年的增长率固定为4%，预计2年后可以以20元的价格出售，目前市场上的价格为25元。

已知：$P/A(4\%,6)=5.242\,1$，$P/F(4\%,6)=0.790\,3$，$P/F(8\%,3)=0.793\,8$，$P/A(5\%,6)=5.075\,7$，$P/F(5\%,6)=0.746\,2$。

要求：

(1) 计算上述三种证券的价值，并为张女士做出正确的选择。

(2) 根据(1)做出的选择，计算张女士所购证券的内含报酬率。

参考答案

一、单项选择题

题号	1	2	3	4	5	6	7	8	9	10
答案	A	B	A	A	D	D	A	B	C	C
题号	11	12	13	14	15	16	17	18	19	20
答案	A	C	C	D	A	B	C	D	C	B
题号	21	22	23							
答案	C	B	A							

二、多项选择题

题号	1	2	3	4	5	6				
答案	ABCD	BC	ABCD	AD	ACD	ABCD				

三、判断题

题号	1	2	3	4	5	6	7	8	9	10
答案	√	√	√	×	√	√	×	×	×	×

四、计算题

1. (1) 每次支付的利息＝1 000×8%/2＝40(元)，共计支付 10 次，由于每年支付 2 次利息，因此折现率为 10%/2＝5%。

发行时的债券价值＝40×P/A(5%，10)＋1 000×P/F(5%，10)＝40×7.721 7＋1 000×0.613 9＝922.77(元)。

(2) 该债券在 2026 年 12 月末、2027 年 6 月末、2027 年 12 月末和 2028 年 6 月末，分别可以收到 40 元的利息，并且在 2028 年 7 月 1 日收到本金 1 000 元。因此：

该债券在 2026 年 12 月末，支付利息之前的价值＝40＋40×P/A(5%，3)＋1 000×P/F(5%，3)＝40＋40×2.723 2＋1 000×0.863 8＝1 012.73(元)。

(3) 该债券在 2027 年 1 月初的价值＝1 012.73－40＝972.73(元)或＝40×P/A(5%，3)＋1 000×P/F(5%，3)＝972.73(元)。

2. A 股票的内在价值＝1.5×(1＋5%)/(15%－5%)＝15.75(元/股)。

B 债券的内在价值＝(1 000＋1 000×8%×5)×P/F(15%，2)＝1 400×0.756 1＝1 058.54(元)。

C 股票的内在价值计算如下：

预计第1年的股利＝2×(1＋14%)＝2.28(元/股)。

预计第2年的股利＝2.28×(1＋14%)＝2.60(元/股)。

第2年年末普通股的内在价值＝2.60×(1＋10%)/(15%－10%)＝57.2(元/股)。

C股票目前的内在价值＝2.28×P/F(15%,1)＋2.60×P/F(15%,2)＋57.2×P/F(15%,2)＝2.28×0.869 6＋2.60×0.756 1＋57.2×0.756 1＝47.20(元/股)。

由于A股票的内在价值大于当前的市价,所以可以投资。

B债券的内在价值小于当前市价,不可以投资。

C股票的内在价值大于市价,可以投资。

3. 已知:$\beta=2.5$,$R_f=6\%$,$R_m=10\%$。

(1) $R=R_f+\beta(R_m-R_f)=6\%+2.5\times(10\%-6\%)=16\%$。

(2) $g=6\%$。

$V_0=\dfrac{D_1}{r_s-g}$＝1.5/(16%－6%)＝15(元)。

(3)

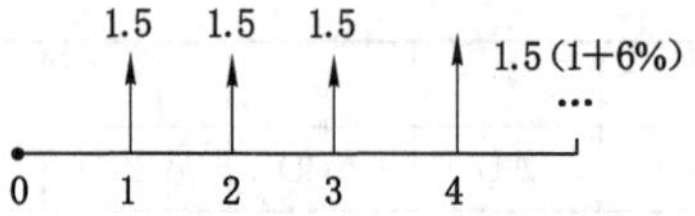

V_0 ＝1.5×P/A(16%,3)＋{[1.5(1＋6%)]/(16%－6%)}×P/F(16%,3)

＝1.5×2.245 9＋15.9×0.640 7

＝13.56(元)。

4. (1) M公司股票价值＝[0.15×(1＋6%)]/(8%－6%)＝7.95(元/股);N公司股票价值＝0.6/8%＝7.5(元/股)。

(2) M公司股票现行市价为9元/股,高于其投资价值7.95元/股,故M公司股票目前不宜投资购买;N公司股票现行市价为7元/股,低于其投资价值7.5元/股,故N公司股票值得投资,A企业应购买N公司股票。

5. 假设三个方案的投资收益率为i。

(1) 方案一。

$$4\,000\times(1+5\%\times10)\times P/F(i,3)=5\,000$$
$$6\,000\times P/F(i,3)=5\,000$$
$$P/F(i,3)=5/6=0.833\,3$$

当i为6%时,$P/F(i,3)$＝0.839 6。

当i为7%时,$P/F(i,3)$＝0.816 3。

列式为(i－6%)/(7%－6%)＝(0.833 3－0.839 6)/(0.816 3－0.839 6)

解得i＝(0.833 3－0.839 6)/(0.816 3－0.839 6)×(7%－6%)＋6%＝6.27%。

或者,根据$P/F(i,3)$＝5/6可知,$F/P(i,3)$＝1/(5/6)＝1.2,即$(1+i)^3=1.2$,$i=\sqrt[3]{1.2}-1=6.27\%$。

(2) 方案二。

C债券投资的初始额＝5 000－3×980＝2 060(万元)。

投资C的份数＝2 060/1 030＝2(万份)。

B 债券投资三年后终值 $=3\times1\,000\times(1+5\%)\times(1+4.5\%)^2=3\,439.88$（万元）。

C 债券投资三年后终值 $=2\times1183.36=2\,366.72$（万元）。

$$5\,000=(2\,366.72+3\,439.88)\times P/F(i,3)$$

$$F/P(i,3)=(2\,366.72+3\,439.88)/5\,000=1.161\,3$$

$$I=\sqrt[3]{1.161\,3}-1=5.11\%$$

(3) 方案三。

$$i=(1+5\%/2)^2-1=5.06\%$$

应该选择方案一，因为方案一的投资收益率（有效年利率）最高。

6. (1) 甲企业发行的债券距离到期还有 3 年，甲企业债券目前的单位价值 $=(1\,000+1\,000\times10\%\times5)\times P/F(8\%,3)=1\,190.7$（元）。

乙企业债券目前的单位价值 $=100\times10\%/2\times P/A(8\%/2,6)+100\times P/F(8\%/2,6)=5\times5.2421+100\times0.790\,3=105.24$（元）。

丙企业发行的股票目前价值 $=1.2\times(1+4\%)/(1+8\%)+1.2\times(1+4\%)\times(1+4\%)/[(1+8\%)^2]+20/[(1+8\%)^2]=19.42$（元/股）。

由于甲企业发行的债券与丙企业发行的股票目前价值都低于价格，所以不应该购买，只有乙企业发行的债券，目前价值高于价格，所以张女士应该选择投资乙企业发行的债券。

(2) 内含报酬率是使未来现金流量现值等于债券购入价格的折现率。

$$102=100\times10\%/2\times P/A(\text{内含报酬率}/2,6)+100\times P/F(\text{内含报酬率}/2,6)$$

令"内含报酬率 $/2=i$"，则 $102=100\times10\%/2\times P/A(i,6)+100\times P/F(i,6)=5\times P/A(i,6)+100\times P/F(i,6)$。

如果 $i=5\%$，等式右边 $=5\times P/A(5\%,6)+100\times P/F(5\%,6)=5\times5.075\,7+100\times0.746\,2=100$，小于 102 元，所以要选择小的利率继续测试。

如果 $i=4\%$，等式右边 $=5\times P/A(4\%,6)+100\times P/F(4\%,6)=5\times5.242\,1+100\times0.790\,3=105.240\,5$，大于 102 元，说明 i 处于 4%到 5%之间。

利用内插法：

$(i-4\%)/(5\%-4\%)=(102-105.240\,5)/(100-105.240\,5)$，解得：$i=4.62\%$。

那么，内含报酬率 $=2\times4.62\%=9.24\%$。

第四章　财务报表分析与计划

思 维 导 图

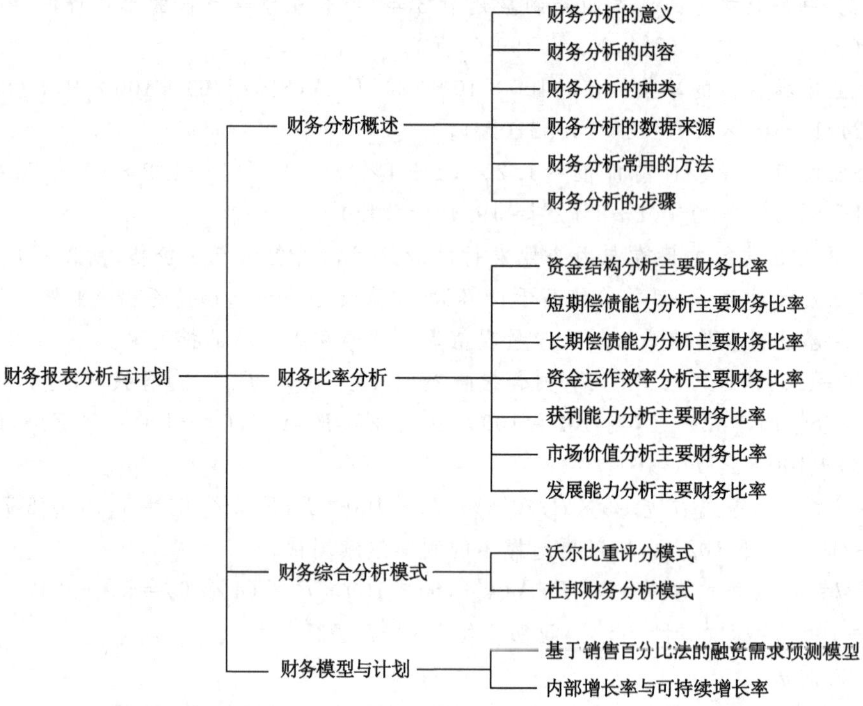

学习目的与要求

本章主要介绍财务报表分析的意义、方法和步骤，具体阐述了各项财务指标的计算和财务综合分析模式，并探讨了基于财务报表的长期财务计划。通过本章的学习，学生应了解财务报表分析的目的和步骤，掌握各项财务比率的计算和主要的财务综合分析模式，并能运用这些方法对企业的偿债能力、资金运作效率、获利能力、发展能力及企业财务综合状况进行分析和评价。

(1) 本章学习的重点内容：① 理解不同会计信息使用者进行财务报表分析的不同目的；② 理解各种财务比率的含义，掌握各种财务指标的计算方法；③ 掌握杜邦分析方法，能够利用杜邦分析方法全面评价企业的财务状况和企业盈利的驱动因素；④ 掌握可持续增长率的计算及政策含义。

(2) 本章学习的难点内容：① 理解偿债能力、资金运作效率、获利能力和发展能力之间的关系;② 从战略的视角对杜邦财务分析体系进行解读,理解不同行业或企业财务报表及财务比率差异的驱动因素,以此透过企业财务报表所反映出的财务特征观察乃至预测企业的行为决策;③ 理解基于销售百分比法的融资需求预测模型的原理,并基于此探讨融资政策与企业成长之间关系。

本章核心内容

一、财务分析概述

(一) 财务分析的意义

(1) 判断公司的财务实力。

(2) 评价和考核公司的经营业绩,揭示财务活动存在的问题。

(3) 挖掘公司潜力,寻求提高公司经营管理水平和经济效益的途径。

(4) 评价公司的发展趋势。

(二) 财务分析的内容

(1) 资金结构分析。

(2) 偿债能力分析。

(3) 资金运作效率分析。

(4) 获利能力分析。

(5) 市场价值分析。

(6) 发展能力分析。

(7) 综合分析。

(三) 财务分析的种类

(1) 按财务分析的主体不同,可分为内部分析和外部分析。

(2) 按财务分析的对象不同,可分为资产负债表分析、利润表分析和现金流量表分析。

(3) 按财务分析的方法不同,可分为比率分析法和比较分析法。

(4) 按财务分析的目的不同,可分为偿债能力分析、资金运作效率分析、获利能力分析、市场价值分析、发展趋势分析和综合分析等。

(四) 财务分析的数据来源

(1) 计划、定额、标准等资料。这是过去传统的分析资料,现在仍然需要编制计划、定额,并将实际执行结果与其进行对比,检查执行情况。

(2) 日常的会计核算资料。无论是进行计划指标完成情况分析,还是对实际执行情况进行直观的考察,都需要收集平时实际执行的情况资料。

(3) 定期的报表资料。根据企业会计准则的要求,一般需要定期编制的报表主要有三种:资产负债表、利润表和现金流量表。这三张报表是公司会计期末财务状况、会计期经营成果和资金变动情况的总结,它们涵盖了公司经营活动的各个方面。通过对这些报表的分析,人们可以对公司的生产经营及财务状况有一个概括的了解。

（五）财务分析常用的方法

1. 比较分析法

比较分析法也称对比分析法。它是通过两个或两个以上相关指标进行对比确定数量差异的一种方法，用以说明两个事物间的联系与差距。比较分析是财务分析最常用的一种方法。财务分析过程包括比较、分解、综合三个阶段，其中比较分析是基础。在实际工作中，比较分析法的形式有：实际指标与计划指标对比、同一指标纵向对比以及同一指标横向对比。

（1）实际指标与计划指标对比。二者对比用以说明公司财务计划完成情况和程度，分析实际与计划的差异，为进一步的财务分析提供依据。在进行比较时，应注意计划本身的先进性与可行性。

（2）同一指标纵向对比。这是同一指标在不同时间上的对比，一般是用本期实际指标与历史指标进行对比（上期或历史先进）。通过比较，可以观察公司经营状况、财务活动的发展趋势，及时发现萌芽状态的新生事物与薄弱环节。

（3）同一指标横向对比。这是同一指标在不同条件下的对比，一般是本公司与同类型、同行业公司相比，用以发现差距，学习先进，促使公司朝先进方向发展。

2. 趋势分析法

这也是公司财务分析中常用的一种方法。它是比较分析法的延伸，是将连续数年（一般是三年以上）的财务报表以第一年或选择某一年份作为基数，计算每期各项指标对基期同一项目的趋势百分比，借以表示其在各期间的上下变动趋势，从而判断公司经营成果和财务状况变化趋势。在实际工作中，一般选择第一年作为基期，如果第一年不适宜，也可选择其他年份。其计算公式如下：

$$\text{某期趋势百分比}=\frac{\text{本期金额}}{\text{基期金额}}\times 100\%$$

3. 比率分析法

在错综复杂、相互联系的经济现象中，某些指标之间存在一定关联，这种关联可组成各种比率。按分析的内容和要求不同，常用比率有以下四种：动态比率、构成比率、效率比率和相关比率。其中，动态比率主要用于趋势分析，以下具体介绍构成比率、效率比率和相关比率。

（1）构成比率，是指某项经济指标的各组成部分占总体的比重，如负债总额与资产总额的比率、净利润与营业收入的比率等。其作用在于观察指标的构成内容及其变化，认识事物的本质和客观规律。

（2）效率比率，是指反映某项经济活动投入与产出之间关系的财务比率，如权益净利率、销售净利率等。利用效率比率可以考察企业经济活动的效益，以此揭示企业的盈利能力。

（3）相关比率，是指根据经济活动客观存在的相互依存、相互联系的关系，将两个彼此性质不同的指标进行对比，计算出比率，如流动比率、速动比率等。

4. 因素分析法

因素分析法又称因素替代法。它是对某项综合指标的变动原因按其内在的组合因素进行数量分析，用以确定各个因素对综合指标的影响程度的方法。

（六）财务分析的步骤

无论公司的经营管理者，还是投资者、债权人，在做出财务评价和经济决策时，都必须进行充分的财务分析。为了保证财务分析的有效进行，必须遵循科学的程序。财务分析的程序就是进行财务分析的步骤，一般包括以下几步。

1. 确定财务分析的范围，收集有关的经济资料

财务分析的范围取决于财务分析的目的，它可以是公司经营活动的某一方面，也可以是公司经营活动的全过程。例如，债权人可能只关心公司偿还债务的能力，这样他就不必对公司经营活动的全过程进行分析，而公司的经营管理者则需进行全面的财务分析。财务分析的范围决定了所要收集的经济资料的数量，范围小，所需资料也少，全面的财务分析则需要收集公司各方面的经济资料。

2. 选择适当的分析方法进行对比，做出评价

财务分析的目的和范围不同，所选用的分析方法也不同。常用的财务分析方法有比率分析法、比较分析法等，这些方法各有特点，在进行财务分析时可以结合使用。局部的财务分析，可以选择其中的某一种方法；全面的财务分析，则应该综合运用各种方法，以便进行对比，做出客观的、全面的评价。利用这些分析方法，比较分析公司的有关财务数据、财务指标，对公司的财务状况做出评价。

3. 进行因素分析，抓住主要矛盾

通过财务分析，可以找出影响公司经营活动和财务状况的各种因素。在诸多因素中，有的是有利因素，有的是不利因素；有的是外部因素，有的是内部因素。在进行因素分析时，必须抓住主要矛盾，即影响公司生产经营活动财务状况的主要因素，然后才能有的放矢，提出相应的办法，做出正确的决策。

4. 为做出经济决策提供各种建议

财务分析的最终目的是为经济决策提供依据。通过上述的比较与分析，就可以提出各种方案，然后权衡各种方案的利弊得失，从中选出最佳方案，做出经济决策，这个过程也是一个信息反馈过程，决策者可以通过财务分析总结经验，吸取教训，以改进工作。

二、财务比率分析

（一）资金结构分析主要财务比率

资金结构分析主要包括资金来源结构和资金占用结构两个方面，主要财务比率计算及指标含义见表 4-1。

表 4-1 资金结构分析主要财务比率

指标名称及计算	指标含义
资金来源结构主要财务比率	
流动负债比率$=\dfrac{\text{流动负债合计}}{\text{资金总额}}\times 100\%$	反映短期债务占总资金的比重

表4-1(续)

指标名称及计算	指标含义
长期负债率$=\frac{长期负债合计}{资金总额}\times100\%$	反映长期债务占总资金的比重
资产自有率$=\frac{所有者权益合计}{资金总额}\times100\%$	反映自有资金占总资金的比重
资本金构成比率$=\frac{资本金}{资金总额}\times100\%$	反映资本金占总资金的比重
资金占用结构主要财务比率	
流动资产占用率$=\frac{流动资产合计}{资产总额}\times100\%$	反映流动资产占总资产的比重
固定资产占用率$=\frac{固定资产合计}{资产总额}\times100\%$	反映固定资产占总资产的比重
无形资产占用率$=\frac{无形资产合计}{资产总额}\times100\%$	反映无形资产占总资产的比重
流动资产与固定资产比率$=\frac{流动资产合计}{固定资产合计}\times100\%$	反映流动资产与固定资产的比例关系

(二)短期偿债能力分析主要财务比率

公司偿债能力是指公司偿还全部债务的能力。如果公司到期不能清偿债务,则表示公司偿债能力不足,财务状况欠佳。公司偿债能力具体可分为短期偿债能力和长期偿债能力,其评价比率也各有侧重。

短期偿债能力是指公司偿还短期债务的能力。短期债务即指流动负债。短期偿债能力如何对一个公司来说是至关重要的,有时一个盈利不错的公司,也会由于资金调度不灵,偿还不了短期债务而导致破产,而且一个公司的短期偿债能力好坏将影响公司的长期偿债能力。衡量短期偿债能力的主要财务比率见表4-2。

表4-2　短期偿债能力分析主要财务比率

序号	指标名称及计算	指标含义
1	营运资金=流动资产-流动负债	公司营运资金为正数时,说明公司能偿还短期债务;公司营运资金为负数,则表示公司无力偿还短期债务
2	流动比率$=\frac{流动资产}{流动负债}$	从相对数角度衡量流动资产与流动负债的关系,反映每元流动负债有多少流动资产作为偿债的保障
3	速动比率$=\frac{速动资产}{流动负债}=\frac{流动资产-存货}{流动负债}$ 速动资产=流动资产-(存货+待摊费用+一年内到期的非流动资产及其他流动资产)	从相对数角度衡量速动资产与流动负债的关系,反映每元流动负债有多少速动资产作为偿还保障

表4-2(续)

序号	指标名称及计算	指标含义
4	$现金比率=\frac{货币资金+交易性金融资产}{流动负债}$	反映每元流动负债有多少现金性资产作为偿还保障，反映公司即时偿还短期债务的能力
5	$现金流量比率=\frac{经营活动现金净流量}{流动负债}$	反映每元流动负债有多少经营活动现金流量作为偿还保障，从现金流量角度衡量短期债务的偿还能力

（三）长期偿债能力分析主要财务比率

长期偿债能力是指公司偿还长期债务的能力。长期负债是公司的主要债务，在公司全部债务中占有相当大的比重。由于债权人的本金和利息要先于所有者的利润分配，因而对公司来说，负债程度的大小将会直接影响到投资人的利益。一般来说，公司负债越多，其债权人的风险也越大。但是当公司投资报酬率大于负债成本时，这种高负债却能给投资者带来更大的利益。由此可见，无论是公司投资者还是债权人都十分关心公司长期偿债能力的大小。

长期偿债能力的衡量主要是分析公司偿还债务本金和利息的能力。从理论上看，公司资产是公司偿债的物质保证。而公司资产有效运作产生的利润是公司偿还利息的源泉。因此，分析公司长期偿债能力应从资产与负债数量关系和利润与利息的关系等方面加以分析。衡量公司长期偿债能力的主要财务比率见表 4-3。

表 4-3　长期偿债能力分析主要财务比率

序号	指标名称及计算	指标含义
1	$资产负债率=\frac{负债总额}{资产总额}\times100\%$	反映每元资产所承担负债的数额，衡量清算时债权人利益的保障程度
2	$产权比率=\frac{负债总额}{所有者权益}\times100\%$	反映了债权人提供的资本与所有者提供的资本相对关系，说明了公司的财务结构与债权人投入资本受所有者权益的保障程度
3	$长期资本负债率=\frac{长期负债}{股东权益+长期负债}\times100\%$	反映长期资本中负债所占的比重
4	$利息保障倍数=\frac{息税前的利润}{利息总额}$ $=\frac{税后利润+利息费用+所得税}{利息总额}$	反映公司用所得税前及支付利息之前的利润偿付债务利息的能力
5	$现金流量利息保障倍数=\frac{经营活动现金净流量}{利息总额}$	反映公司用经营现金流量偿付债务利息的能力
6	$现金流量债务比=\frac{经营活动现金净流量}{负债总额}$	反映公司用经营现金流量偿付全部债务的能力

（四）资金运作效率分析主要财务比率

资金运作效率高低通常是通过一些资产项目的周转速度指标加以反映的。资产周转速度有两种表现形式：一是一定时期资产周转次数；二是资产周转一次所需的天数。常用的资产周转速度比率有总资产周转率、流动资产周转率、应收账款周转率、存货周转率和固定资产周转率。各项比率的计算公式和含义见表 4-4。

表 4-4　资金运作效率分析主要财务比率

序号	指标名称及计算	指标含义
1	总资产周转率（次数）$=\frac{\text{营业收入}}{\text{总资产平均占用}}$	反映总资产一定时期内的周转次数
2	总资产周转天数$=\frac{\text{计算期天数}}{\text{总资产周转率}}$	反映总资产周转一次所需要的时间
3	流动资产周转率（次数）$=\frac{\text{营业收入}}{\text{流动资产平均占用}}$	反映流动资产一定时期内的周转次数
4	流动资产周转天数$=\frac{\text{计算期天数}}{\text{流动资产周转率}}$	反映流动资产周转一次所需要的时间
5	应收账款周转率（次数）$=\frac{\text{赊销收入}}{\text{应收账款平均占用}}$	反映应收账款一定时期内的周转次数
6	应收账款周转天数$=\frac{\text{计算期天数}}{\text{应收账款周转次数}}$	反映应收账款周转一次所需要的时间
7	存货周转率（次数）$=\frac{\text{营业成本}}{\text{存货平均占用}}$	反映存货一定时期内的周转次数
8	存货周转天数$=\frac{\text{计算期天数}}{\text{存货周转率（次数）}}$	反映存货周转一次所需要的时间
9	非流动资产周转率（次数）$=\frac{\text{营业收入}}{\text{非流动资产平均占用}}$	反映非流动资产一定时期内的周转次数
10	非流动资产周转天数$=\frac{\text{计算期天数}}{\text{非流动资产周转率（次数）}}$	反映非流动资产周转一次所需要的时间

（五）获利能力分析主要财务比率

获取利润是公司经营的最终目标，也是公司能否生存与发展的前提。它不仅关系到投资者的利益，也关系到债权人以及公司经营管理者的切身利益。因此，获利能力分析是公司投资者、债权人和经营管理者共同关心的一个重要方面。盈利是公司的最终财务成果，它既与各项经营活动密切相关，又与公司各种资产、负债和所有者权益相关。因此，应分别从销售获利水平、资产获利水平和权益资本获利水平等不同角度对公司获利能力进行剖析，揭示公司盈利的相关信息。常用的获利能力分析财务比率见表 4-5。

表 4-5　获利能力分析主要财务比率

序号	指标名称及计算	指标含义
1	营业毛利率 $=\frac{\text{毛利润}}{\text{营业收入}}\times 100\%$　　$\frac{\text{营业收入}-\text{营业成本}}{\text{营业收入}}\times 100\%$	反映每元营业收入的毛利水平
2	营业利润率 $=\frac{\text{息税前利润}}{\text{营业收入}}\times 100\%$ $=\frac{\text{营业利润}+\text{利息费用}}{\text{营业收入}}\times 100\%$	反映每元营业收入的息税前利润水平
3	营业净润率 $=\frac{\text{净利润}}{\text{营业收入}}\times 100\%$	反映每元营业收入的净利润水平
4	总资产报酬率 $=\frac{\text{税前利润}+\text{利息}}{\text{平均资产总额}}\times 100\%$	反映每元资产的息税前利润水平
5	总资产净利率 $=\frac{\text{净利润}}{\text{平均资产总额}}\times 100\%$	反映每元资产的净利润水平
6	权益净利率 $=\frac{\text{净利润}}{\text{所有者权益}}\times 100\%$ $=\left[\text{总资产报酬率}+\frac{\text{负债}}{\text{权益资本}}\times\left(\text{总资产报酬率}-\text{负债利率}\right)\right]\times(1-\text{所得税率})$	反映权益资金的获利水平

（六）市场价值分析主要财务比率

市场价值比率是以公司盈利能力为基础的市场价值评估指标。市场价值比率不直接用于分析公司盈利能力，而是投资者以盈利能力分析为基础，对股票进行价值评估的工具。通过市场价值比率的分析，可以判断股票的市场定价是否符合公司的基本面，为投资者的投资活动提供决策依据。由于市场价值比率往往涉及股票的市场价格，因此大部分市场价值比率仅适用于公开上市交易的公司。其主要财务比率和计算见表 4-6。

表 4-6　与市场价值分析相关的主要财务比率

序号	指标名称及计算	指标含义
1	每股收益 $=\frac{\text{净利润}-\text{优先股股息}}{\text{发行在外的普通股加权平均数}}$	反映每股普通股所能分摊到的净收益额
2	每股净资产 $=\frac{\text{股东权益总额}}{\text{发行在外的普通股加权平均数}}$	反映发行在外的每股普通股所代表的净资产成本即账面权益
3	每股现金股利 $=\frac{\text{现金股利总额}}{\text{发行在外的普通股加权平均数}}$	反映发行在外的每股普通股的现金股利水平
4	股利发放率 $=\frac{\text{每股股利}}{\text{每股收益}}\times 100\%$	反映普通股股东从每股收益获利中分到现金股利水平
5	市盈率 $=\frac{\text{每股市价}}{\text{每股收益}}$	反映普通股的市场价格与当期每股收益之间的关系

表4-6(续)

序号	指标名称及计算	指标含义
6	市净率$=\frac{每股市价}{每股净资产}$	反映普通股的市场价格与当期每股净资产之间的关系

(七)发展能力分析主要财务比率

公司发展能力主要从公司经营规模、生产经营成果、财务成果的增长情况加以考察。其主要财务比率和计算见表4-7。

表4-7 发展能力分析主要财务比率

序号	指标名称及计算	指标含义
1	营业收入增长率$=\left(\frac{本期营业收入}{基期营业收入}-1\right)\times100\%$	反映公司营业收入的增长幅度
2	总资产增长率$=\left(\frac{年末资产总额}{年初资产总额}-1\right)\times100\%$	反映公司资产的增长幅度
3	固定资产增长率$=\left(\frac{年末固定资产原值}{年初固定资产原值}-1\right)\times100\%$	反映公司固定资产的增长幅度
4	营运资产增长率$=\left(\frac{年末营运资金}{年初营运资金}-1\right)\times100\%$	反映公司营运资金的增长幅度
5	净利润增长率$=\left(\frac{本期净利润}{基期净利润}-1\right)\times100\%$	反映公司利润的增长幅度
6	权益净利率$=\left(\frac{年末净资产}{年初净资产}-1\right)\times100\%$	反映公司净资产的增长幅度

三、财务综合分析模式

(一)沃尔比重评分模式

1. 沃尔比重评分模式的提出

沃尔比重评分模式由财务状况综合评价的先驱者之一亚利山大·沃尔提出。他在20世纪初出版的《信用晴雨表研究》和《财务报表比率分析》中提出了信用能力指数的概念,把若干个财务比率用线性关系结合起来,以此评价公司的信用水平。他选择了七种财务比率,分别给定了在总评价中所占的比重,总和为100分,然后确定标准比率,并与实际比率相比较,评出每项指标的得分,最后求出总评分,从而对公司信用水平做出评价。

2. 沃尔比重评分模式存在问题及改进

沃尔比重评分模式的主要思想是将选定的衡量公司信用状况的财务比率用线性关系结合起来,并分别给定各自的分数比重,然后通过与标准比率进行比较,确定各项指标的得分及总体指标的累计分数,从而对公司的信用水平做出评价的方法。但早期沃尔比重评分模式存在两个缺陷:一是所选定的七项指标和七项指标中每个指标所占比重的合理性在理论上缺乏证明力;二是从技术上讲,当某项指标严重异常时,会对总评分产生不合逻辑的重大影响。例如,当某项指标提高1倍,评分增加100%;而缩小1/2,其评分只减少50%。

现代社会已与沃尔时代大为不同。一般认为,公司财务状况评价的内容主要是盈利能力,其次是偿债能力和运营能力,最后是发展能力。它们之间大致可按5∶3∶2来分配比重。盈利能力的主要指标是资产利润率、销售利润率和权益资本净利率。虽然权益资本净利率最重要,但前两个指标已经分别使用了权益资本和利润,为减少重复影响,三项指标比重可按2∶2∶1安排。偿债及运营能力有资产自有率、流动比率、应收账款周转率和存货周转率四项常用指标,四项指标比重可平均安排。成长能力有销售增长率、利润增长率和人均创利增长率三项常用指标,三项指标比重也可平均安排。

另外,为消除沃尔比重评分模式技术上的缺陷,在给每个指标评分时,应规定上限和下限,以减少个别指标异常给总分造成的不合理影响。上限可定为正常值的1.5倍,下限可定为正常评分值的1/2。此外,给分时不采用乘的关系,而采用"加"或"减"的关系来处理。例如,总资产利润率标准值为10%,标准评分为20分;行业最高比率为20%,最高评分30分,则每分的财务比率差为1%([20%-10%]÷[30-20])。即总资产利润率每提高1%,多给1分,但该项得分不超过30分。

(二)杜邦财务分析模式

杜邦财务分析模式(又称杜邦财务分析体系)是利用各财务指标间的内在关系,对公司综合经营理财状况及经济效益进行系统分析评价的方法,因其最初由美国杜邦公司创立与成功运用而得名。

1. 传统杜邦财务分析模式

(1)传统杜邦财务分析模式的核心指标。传统杜邦财务分析模式的核心指标是权益净利率,因为权益净利率有很好的可比性和很强的综合性。由于资本具有逐利性,总是流向投资报酬率高的行业和公司,使得各公司的权益净利率趋于接近。如果一个公司的权益净利率经常高于其他公司,就会引来竞争者,迫使该公司的权益净利率回到平均水平。如果一个公司的权益净利率经常低于其他公司,就得不到资金,会被市场驱逐,使得幸存公司的股东权益净利率提升到平均水平。权益净利率的计算公式和分解如下:

$$
\begin{aligned}
\text{权益净利率} &= \frac{\text{净利润}}{\text{股东权益}} \times 100\% \\
&= \frac{\text{净利润}}{\text{股东权益}} \times \frac{\text{总资产}}{\text{总资产}} \times \frac{\text{营业收入}}{\text{营业收入}} \times 100\% \\
&= \frac{\text{净利润}}{\text{营业收入}} \times \frac{\text{营业收入}}{\text{总资产}} \times \frac{\text{总资产}}{\text{股东权益}} \times 100\% \\
&= \text{营业净利率} \times \text{总资产周转率} \times \text{权益乘数} \times 100\% \\
&= \text{总资产净利率} \times \text{权益乘数} \times 100\%
\end{aligned}
$$

从上述计算公式看,权益净利率受营业净利率、权益乘数和总资产周转率三个因素的影响。无论提高其中的哪一个比率,权益净利率都会提升。其中,"营业净利率"是利润表的概括,"营业收入"在利润表的第一行,"净利润"在利润表的最后一行,两者相除可以概括全部经营成果。"权益乘数"是资产负债表的概括,表明资产、负债和股东权益的比例关系,可以反映最基本的财务状况。“总资产周转率”把利润表和资产负债联系起来，使权益净利率可以综合整个公司的经营活动和财务活动的业绩。

(2) 传统杜邦财务分析模式的基本分析框架。传统杜邦财务分析模式的基本分析框架是一个多层次的财务比率分解体系。各项财务比率，在每个层次上与本公司历史或同业的财务比率比较，比较之后向下一级分解，逐级向下分解，逐步覆盖公司经营活动的每一个环节，可以实现系统、全面评价公司经营成果和财务状况的目的。

2. 杜邦财务分析模式的改进

改进杜邦财务分析模式的核心公式：

$$\begin{aligned}\text{权益净利率} &= \frac{\text{净利润}}{\text{股东权益}}\times 100\% \\ &= \frac{\text{净利润}}{\text{股东权益}}\times\frac{\text{投入资本}}{\text{投入资本}}\times\frac{\text{营业收入}}{\text{营业收入}}\times\frac{\text{息税前利润}}{\text{息税前利润}}\times\frac{\text{税前利润}}{\text{税前利润}}\times 100\% \\ &= \frac{\text{息税前利润}}{\text{营业收入}}\times\frac{\text{营业收入}}{\text{投入资本}}\times\frac{\text{税前利润}}{\text{息税前利润}}\times\frac{\text{投入资本}}{\text{股东权益}}\times\frac{\text{净利润}}{\text{税前利润}}\times 100\% \\ &= \text{营业利润率}\times\text{资本周转率}\times\text{财务成本率}\times\text{财务结构}\times(1-\text{所得税率}) \\ &= \text{营业利润率}\times\text{资本周转率}\times\text{财务杠杆乘数}\times(1-\text{所得税率})\end{aligned}$$

上述公式表明，权益净利率驱动因素有营业利润率、资本周转率、财务成本率、财务结构和所得税率等五大因素。其中，营业利润率×资本周转率＝投入资本报酬率，说明投资决策和营业决策对权益净利率的影响。财务成本率×财务结构＝财务杠杆乘数，说明公司筹资政策对权益净利率的影响。(1－所得税率)称为税收效应，说明所得税对权益净利率的影响。

四、财务模型与计划

(一) 基于销售百分比法的融资需求预测模型

销售百分比法又称预计资产负债表法，它是根据销售与资产负债表和利润表有关项目间的比例关系，预测各项目短期资金需要量，确定外部筹资数额的一种方法。这种方法有两个基本假设：一是假定某项目与销售的比率已知且固定不变；二是假定未来销售预测已经完成。运用销售百分比法需要借助预计利润表和预计资产负债表来确定公司的资金需要量：通过预计利润表预测公司留存利润，作为公司内部资金来源的增加数；通过预计资产负债表预测公司筹资总规模与外部筹资规模。

1. 预计利润表

预计利润表是利用销售百分比法的原理预测留存利润的一种报表，其格式与实际利润表基本相同。

运用预计利润表预测留存利润的基本步骤为：

第一步，取得基年利润表资料，并计算利润表各项目与销售额的百分比。

第二步，用预测年度的预计销售额乘以第一步计算出的利润表各项目与销售额的比率，计算预计利润表各项目的预计数。

第三步，利用预测年度净利润预计数与公司预定的留用比率，计算预计留存利润额。

2. 预计资产负债表

预计资产负债表是运用销售百分比法预计外部筹资需要量的一种报表，其格式与实际资产负债表基本相同。

运用预计资产负债表预测外部筹资额，首先要将资产负债表各项目按短期内与销售额的关系划分为敏感项目与非敏感项目两类。所谓敏感项目是指随销售额的变动而同步变动的项目，具体包括货币资金、应收账款、存货等敏感资产和应付账款、应付票据、应付税金、应付费用等敏感负债；与敏感项目相对应的是非敏感项目，如固定资产、对外投资、短期借款、长期负债和实收资本等，它们在短期内都不会随销售规模的扩大而相应改变。然后再按以下基本步骤进行预测。

第一步，确定基年资产负债表资料，并计算各敏感项目与销售额的百分比。敏感资产与销售额的百分比与敏感负债与销售额的百分比之差，表明公司销售额每增加 1 元需要追加的资金量。

第二步，利用预测年度的预计销售增长额乘以第一步计算出的敏感资产与销售额的百分比与敏感负债与销售额的百分比之差，计算预计筹资总规模。

第三步，利用预测年度的预计销售额与各敏感项目与销售额的百分比，计算预计资产负债表中各敏感项目数额。

第四步，以基年非敏感项目数额作为预计资产负债表中非敏感项目数额。

第五步，用基年留存利润加上预计留存利润增加数，计算预计资产负债表留存利润数。

第六步，预计资产负债表中的资产总额与负债和所有者权益总计数之间的差额，即为公司的外部筹资规模。

（二）内部增长率与可持续增长率

1. 内部增长率(internal growth rate)

内部增长率是在没有任何外部融资的情况下，公司可能实现的最大增长率。由于内部增长率是仅依靠企业内部融资完成，因此又称为内部增长率，此时企业所需的外部融资需求量为零，即企业资产的增加额恰好等于留存收益的增加额。为了推导内部增长率，我们做出如下假设：

① 将敏感性资产与敏感性负债的差额记为净经营资产；

② 公司销售利润率保持不变；

③ 公司股利政策保持不变。

此时：

$$\text{销售收入增加额}\times\text{净经营资产销售百分比}-\text{预计销售收入}\times\text{销售净利率}\times(1-\text{股利分配率})=0$$

$$\text{销售增长率}\times\text{净经营资产销售百分比}-(1+\text{销售增长率})\times\text{销售净利率}\times(1-\text{股利分配率})=0$$

整理可得：

$$\text{内部增长率}=\frac{\text{销售净利率}\times(1-\text{股利分配率})}{\text{净经营资产销售百分比}-\text{销售净利率}\times(1-\text{股利分配率})}=\frac{\text{净利润}\times(1-\text{股利分配率})}{\text{净经营资产总额}-\text{净利润}\times(1-\text{股利分配率})}$$

$$=\frac{\text{净经营资产净利率}\times(1-\text{股利分配率})}{1-\text{净经营资产净利率}\times(1-\text{股利分配率})}$$

2. 可持续增长率(sustainable growth rate)

美国财务学家罗伯特·希金斯(Robert Higgins)就公司增长问题和融资问题进行了深入的研究,于1977年提出了可持续增长模型。可持续增长模型对一定条件下公司的增长速度受经营水平、财务资源、政策的制约关系进行了描述。该模型是制定销售增长率目标的有效方法,已被许多公司广泛应用(如惠普公司、波士顿咨询公司)。

(1) 可持续增长率的概念。一般而言,公司增长渠道主要有依靠内部积累实现可持续增长和利用外部权益增资扩张(包括股票融资和兼并重组整合等)增长两种方式。利用外部权益增资扩张增长是不可持续的。可持续增长率是指不增发新股并保持目前经营效率和财务政策条件下公司销售所能增长的最大比率。可持续增长率的假设条件如下:

① 公司目前的资本结构是目标结构,并且打算继续维持下去;

② 目前的公司股利支付率是一个目标支付率,并且打算继续维持下去;

③ 不愿意或者不打算发售新股,增加债务是其唯一的外部筹资来源;

④ 公司的营业净利率将维持当前水平;

⑤ 公司的资产周转率将维持当前的水平。

在上述假设条件成立时,营业增长率与可持续增长率相等。即可持续增长率=营业收入增长率。

(2) 可持续增长率的计算。根据上述五大假设,可持续增长率计算推导如下:

① 由于公司增长所需资金的来源有增加负债和增加股东权益两个来源,所以:

$$\text{资产增加}=\text{股东权益增加}+\text{负债增加} \tag{1}$$

② 假设资产周转率不变即资产随销售正比例增加,则有:

$$\frac{\text{本期营业收入}}{\text{本期资产总额}}=\frac{\text{上期营业收入}}{\text{上期资产总额}}=A$$

$$\begin{aligned}\text{本期资产增加}&=\text{本期资产总额}-\text{上期资产总额}\\&=\frac{1}{A}(\text{上期营业收入}-\text{本期营业收入})\\&=\text{本期营业收入增加}\times\frac{\text{本期资产总额}}{\text{本期营业收入}}\end{aligned} \tag{2}$$

③ 假设不增发新股,销售净利率不变。则有:

$$\text{股东权益增加}=\text{留存收益率}\times\frac{\text{上期净利润}}{\text{上期营业收入}}\times\text{本期营业收入} \tag{3}$$

④ 假设财务结构不变即负债和股东权益同比例增加。则有:

$$\begin{aligned}\text{负债增加}&=\text{股东权益增加}\times\frac{\text{负债}}{\text{股东权益}}\\&=\text{留存收益率}\times\frac{\text{上期净利润}}{\text{上期营业收入}}\times\text{本期营业收入}\times\frac{\text{负债}}{\text{股东权益}}\end{aligned}$$

将(2)、(3)、(4)代入(1):

$$\text{本期营业收入增加}\times\frac{\text{本期资产总额}}{\text{本期营业收入}}=\text{留存收益率}\times\frac{\text{上期净利润}}{\text{本期营业收入}}\times\text{本期营业收入}+$$

$$留存收益率\times\frac{上期净利润}{上期营业收入}\times$$

$$本期营业收入\times\frac{负债}{股东权益}$$

整理以后得：

$$可持续增长率=\frac{本期营业收入增加}{上期营业收入}\times100\%$$

$$=\frac{留存收益率\times营业净利率\times(1+负债/权益)\times资产周转率}{1-留存收益率\times营业净利率\times(1+负债/权益)\times资产周转率}$$

练　习　题

一、单项选择题(下列各小题有且只有一个正确答案,请将正确答案的标号填入题干的括号内)

1. 甲公司处于可持续增长状态。2024 年年初总资产 1 000 万元,总负债 200 万元,预计 2024 年净利润 100 万元,股利支付率 20%。甲公司 2024 年可持续增长率是(　　)。

A. 2.5%　　B. 8%

C. 10%　　D. 11.1%

2. 在“利息保障倍数=(净利润+利息费用+所得税费用)/利息费用”计算式中,分子的“利息费用”是(　　)。

A. 计入本期利润表的费用化利息

B. 计入本期现金流量表的利息支出

C. 计入本期资产负债表的资本化利息

D. 计入本期利润表的费用化利息和资产负债表的资本化利息

3. 下列财务比率中,属于效率比率的是(　　)。

A. 速动比率　　B. 总资产报酬率

C. 资产负债率　　D. 资本积累率

4. 以下有关上市公司市场价值相关指标的说法中,正确的是(　　)。

A. 对投资者来说,利润总额不适宜在不同行业不同规模的上市公司之间进行比较

B. 一种股票的市盈率越高,股票的投资价值往往越大,但投资该股票的风险也越大

C. 每股净资产是股票的最高价值

D. 市净率较低的股票,其投资价值都较高

5. 某公司目前的流动比率为 1.8,若借入一笔短期借款,则将会导致(　　)。

A. 流动比率提高　　B. 流动比率降低

C. 流动比率不变　　D. 无法判断

6. 某企业目前的速动比率大于 1,若其他条件不变,下列措施中能够提高该企业速动比率的是(　　)。

A. 以银行存款偿还长期借款　　B. 以银行存款购买原材料

C. 收回应收账款　　D. 以银行存款偿还短期借款

7. 关于经济增加值绩效评价方法，下列表述错误的是(　　)。

A. 经济增加值的计算主要基于财务指标，无法对企业进行综合评价

B. 同时考虑了债务资本成本和股权资本成本

C. 适用于对不同规模的企业绩效进行横向比较

D. 有助于实现经营者利益与企业利益的统一

8. 某公司的流动比率为1.8，如果赊购一批原材料，则流动比率的变化方向是(　　)。

A. 不变　　B. 变大

C. 变小　　D. 以上都有可能

9. 下列各项中，既不影响现金比率，又不影响速动比率的是(　　)。

A. 交易性金融资产　　B. 应收票据

C. 短期借款　　D. 存货

10. 关于产权比率指标和权益乘数指标之间的数量关系，下列表达式中正确的是(　　)。

A. 权益乘数×产权比率＝1　　B. 权益乘数－产权比率＝1

C. 权益乘数＋产权比率＝1　　D. 权益乘数/产权比率＝1

11. 下列关于杜邦分析体系的说法中，不正确的是(　　)。

A. 要想提高营业净利率，只能降低成本费用

B. 权益资本净利率是杜邦分析体系的核心

C. 决定权益净利率高低的主要因素是营业净利率、总资产周转率和权益乘数

D. 杜邦分析体系以权益净利率为起点

12. 某公司今年与上年相比，净利润增长7%，平均资产增加7%，平均负债增加9%。由此可以判断，该公司权益资本净利率比上年(　　)。

A. 没有变化　　B. 提高了

C. 无法判断　　D. 下降了

13. 一般而言，营运资本指的是(　　)。

A. 流动资产减去存货的余额　　B. 流动资产减去流动负债的余额

C. 流动资产减去速动资产后的余额　　D. 流动资产减去货币资金后的余额

14. 下列财务指标中，最能反映企业即时偿付短期债务能力的是(　　)。

A. 资产负债率　　B. 流动比率

C. 权益乘数　　D. 现金比率

15. 下列财务分析指标中能够反映收益质量的是(　　)。

A. 营业毛利率　　B. 每股收益

C. 现金营运指数　　D. 权益净利率

16. 下列有关营运能力比率分析指标的说法正确的是(　　)。

A. 应收账款周转天数以及存货周转天数越少越好

B. 非流动资产周转次数＝销售成本/非流动资产

C. 总资产周转率＝流动资产周转率＋非流动资产周转率

D. 在应收账款周转率用于业绩评价时，最好使用多个时点的平均数，以减少季节性、

偶然性和人为因素的影响

17. 下列关于长期偿债能力指标的说法，正确的是(　　)。

A. 权益乘数表明1元的股东权益借入的债务数额

B. 资产负债率、权益乘数之间是反方向变化的

C. 资产负债率与产权比率是同方向变化的

D. 长期资本负债率是指负债占长期资本的百分比

18. 下列各项指标中，可以反映企业短期偿债能力的是(　　)。

A. 现金流量比率　　B. 总资产净利率

C. 资产负债率　　D. 利息保障倍数

19. 下列业务中，将会降低企业短期偿债能力的是(　　)。

A. 企业采用分期付款方式购置一台大型机械设备

B. 企业从某国有银行取得3年期500万元的贷款

C. 企业向战略投资者进行定向增发股票

D. 企业向股东发放股票股利

20. 某企业的资产净利率为30%，若资产负债率为40%，则权益净利率为(　　)。

A. 18%　　B. 28%

C. 40%　　D. 50%

21. 用以计算某项经济活动中所费与所得的比例，反映投入与产出关系的比率是(　　)。

A. 绝对数比较分析　　B. 构成比率

C. 相关比率　　D. 效率比率

22. 一般认为流动比率不宜过高也不宜过低，应维持在(　　)左右。

A. 1∶1　　B. 2∶1

C. 1∶2　　D. 2∶3

23. 在计算速动比率时，要从流动资产中扣除存货部分，再除以流动负债。这是因为(　　)。

A. 存货的价值较大　　B. 存货的质量不稳定

C. 存货的变现能力较差　　D. 存货的未来销路不定

24. 速动资产是企业在短期内可变现的资产，其金额是用流动资产减去(　　)。

A. 存货　　B. 短期投资

C. 应收账款　　D. 货币资金

25. 某企业年末流动资产总额为8 000万元，其中存货5 000万元、应收账款2 000万元，流动负债6 000万元，则该企业速动比率为(　　)。

A. 0.15　　B. 0.5

C. 1　　D. 2

26. 某企业年初资产总额为3 000万元，负债总额为600万元，所有者权益总额为2 400万元，则该企业年初的产权比率为(　　)。

A. 0.5　　B. 0.25

C. 1.5　　D. 2.5

27. 某公司某年速动比率很高而现金比率很低，原因通常是(　　)。

A. 公司有大量存货　　B. 公司有大量流动负债

C. 公司有大量应收账款　　D. 公司有大量流动资产

28. 以下指标中，(　　)属于上市公司所特有的指标。

A. 资产负债率　　B. 市净率

C. 产权比率　　D. 流动比率

29. 在总资产报酬率和负债利率不变的条件下，若总资产报酬率小于负债利率，则负债比率和权益净利率将呈(　　)。

A. 同方向变动　　B. 反方向变动

C. 都有可能　　D. 不存在任何关系

30. 下列属于分析企业盈利能力的指标是(　　)。

A. 总资产周转率　　B. 营业净利率

C. 资产负债率　　D. 速动比率

31. 能增加企业变现能力的因素除从财务报表反映以外，还有(　　)。

A. 未做记录的或有负债　　B. 售出产品可能发生的质量事故赔偿

C. 担保责任引起的负债　　D. 可动用的银行贷款指标

32. 以下有关资产负债率的论述错误的是(　　)。

A. 该指标反映债权人提供的资本占全部资本的比例

B. 债权人希望资产负债比率越低越好，否则其贷款不安全

C. 股东关心的是全部资本利润率是否超过借入资金的利率

D. 对股东而言，资产负债比率越低越好，因为财务风险小

33. 某公司2025年度营业收入为9 000万元，营业成本为7 000万元，年初存货为2 000万元，年末存货为1 500万元，则该公司2025年的存货周转次数为(　　)。

A. 3.5次　　B. 4.5次

C. 7次　　D. 4次

34. 某公司上期营业收入为1 000万元，本期期初应收账款为120万元，本期期末应收账款为180万元，本期应收账款周转率为8次，则本期的营业收入增长率为(　　)。

A. 12%　　B. 18%

C. 20%　　D. 50%

35. 在计算稀释每股收益时，下列各项中不属于潜在普通股的是(　　)。

A. 可转换公司债券　　B. 不可转换优先股

C. 股票期权　　D. 认股权证

36. 下列行为中，不会稀释公司每股收益的是(　　)。

A. 发行认股权证　　B. 授予管理层股份期权

C. 发行可转换公司债券　　D. 发行短期融资券

二、多项选择题(下列各小题中有两个或两个以上符合题意的正确答案，请将正确答案的标号填入题干的括号内)

1. 假设其他因素不变，下列变动中会导致企业内含增长率提高的有(　　)。

A. 预计营业净利率的增加　　B. 预计股利支付率的增加
C. 经营负债销售百分比的增加　　D. 经营资产销售百分比的增加

2. 下列各项影响因素中，能够增强公司短期偿债能力的有(　　)。
A. 良好的公司声誉　　B. 可动用的银行授信额度
C. 可快速变现的非流动资产　　D. 公司股价上涨

3. 下列各项中，属于速动资产的有(　　)。
A. 货币资金　　B. 预收账款
C. 应收账款　　D. 存货

4. 下列财务指标中，可以反映长期偿债能力的有(　　)。
A. 总资产周转率　　B. 权益乘数
C. 产权比率　　D. 资产负债率

5. 下列各项中，影响企业偿债能力的表外因素不包括(　　)。
A. 可动用的银行贷款指标或授信额度　　B. 市盈率
C. 或有事项和承诺事项　　D. 融资租赁

6. 下列各项中，属于相关比率的有(　　)。
A. 流动资产占资产总额的百分比　　B. 营业利润率
C. 资产负债率　　D. 流动比率

7. 杜邦分析体系中涉及的主要财务指标有(　　)。
A. 总资产周转率　　B. 营业现金比率
C. 权益乘数　　D. 营业净利率

8. 下列各项中，可用于企业营运能力分析的财务指标有(　　)。
A. 速动比率　　B. 应收账款周转天数
C. 存货周转次数　　D. 流动比率

9. 下列各项中，能直接提高企业权益净利率指标的措施有(　　)。
A. 提高营业净利率　　B. 提高权益乘数
C. 提高总资产周转率　　D. 提高流动比率

10. 下列关于短期偿债能力的说法中，正确的有(　　)。
A. 营运资本是评价短期债务的相对数指标
B. 流动比率是对短期偿债能力的粗略估计
C. 采用大量现金销售的商店，速动比率大大低于1很正常
D. 准备很快变现的非流动资产属于影响短期偿债能力的表内因素

三、判断题(请在正确的题后括号内打√，错误的打×)

1. 现金比率不同于速动比率之处主要在于剔除了应收账款对短期偿债能力的影响。(　　)

2. 所有者权益增长率越高，表明企业的资本积累越多，应对风险、持续发展的能力越强。(　　)

3. 总资产周转率可用于衡量企业全部资产赚取收入的能力，故根据该指标可以全面评价企业的盈利能力。(　　)

4. 计算利息保障倍数时，利息费用指的是计入财务费用中的利息支出，不包括资本化利息。（　　）

5. 上市公司盈利能力的成长性和稳定性是影响其市盈率的重要因素。（　　）

6. 资产负债率越高，则权益乘数越低，财务风险越大。（　　）

7. 权益净利率是一个综合性比较强的财务分析指标，是杜邦财务分析体系的起点。（　　）

四、计算题

1. 丁公司是一家创业板上市公司，2023 年度营业收入为 20 000 万元，营业成本为 15 000 万元，财务费用为 600 万元（全部为利息支出），利润总额为 2 000 万元，净利润为 1 500 万元，非经营净收益为 300 万元。此外，资本化的利息支出为 400 万元。丁公司存货年初余额为 1 000 万元，年末余额为 2 000 万元，公司全年发行在外的普通股加权平均数为 10 000 万股，年末每股市价为 4.5 元。

要求：

(1) 计算营业净利率。

(2) 计算利息保障倍数。

(3) 计算存货周转率。

(4) 计算市盈率。

2. 丁公司 2023 年 12 月 31 日的资产负债表显示，资产总额年初数和年末数分别为 4 800 万元和 5 000 万元，负债总额年初数和年末数分别为 2 400 万元和 2 500 万元，丁公司 2023 年度营业收入为 7 350 万元，净利润为 294 万元。

要求：

(1) 根据年初、年末平均值，计算权益乘数。

(2) 计算总资产周转率。

(3) 计算营业净利率。

(4) 计算总资产净利率和权益净利率。

3. A 公司是一家上市公司，2023 年度的资产负债表和利润表分别见表 4-8、表 4-9。

表 4-8　A 公司资产负债表　　单位：亿元

编制单位：A 公司　　2023 年 12 月 31 日

资产	年末金额	负债和股东权益	年末金额
货币资金	95	短期借款	300
交易性金融资产	5	应付账款	535
应收账款	400	应付职工薪酬	25
存货	450	应付利息	15
其他流动资产	50	流动负债合计	875
流动资产合计	1 000	长期借款	600
可供出售金融资产	10	长期应付款	425
固定资产	1 900	非流动负债合计	1 025

表4-8(续)

资产	年末金额	负债和股东权益	年末金额
其他非流动资产	90	负债合计	1 900
非流动资产合计	2 000	股本	500
		未分配利润	600
		股东权益合计	1 100
资产总计	3 000	负债和股东权益总计	3 000

表 4-9　A 公司利润表　　　　单位:亿元

编制单位:A 公司　　　　2023 年度

项目	本年金额
一、营业收入	4 500
减:营业成本	2 250
销售及管理费用	1 800
财务费用	72
资产减值损失	12
加:公允价值变动收益	—5
二、营业利润	361
加:营业外收入	8
减:营业外支出	6
三、利润总额	363
减:所得税费用(税率 25%)	90.75
四、净利润	272.25

A 公司 2023 年现金流量表中经营活动现金流量净额为 175 亿元。

要求:

假设 A 公司上述资产负债表的年末金额可以代表全年平均水平,计算 A 公司 2023 年的下列指标(计算结果保留两位小数)。

(1) 流动比率、速动比率、现金比率和现金流量比率。

(2) 资产负债率、产权比率、权益乘数、长期资本负债率、利息保障倍数、现金流量利息保障倍数。

(3) 应收账款周转次数、存货周转天数、流动资产周转次数和总资产周转次数(存货周转天数根据营业成本计算,天数计算结果取整,一年按照 365 天计算)。

(4) 营业净利率、总资产净利率和权益资本净利率。

4. 甲公司近年来受宏观经济形势的影响,努力加强资产负债管理,不断降低杠杆水平,争取在 2023 年年末将资产负债率控制在 55%以内。为考察降杠杆对公司财务绩效的影响,现基于杜邦分析体系,将权益净利率指标依次分解为营业净利率、总资产周转率和权益乘数三个因素,采用连环替代法予以分析。近几年有关财务指标见表 4-10。

表 4-10 甲公司近年财务指标 单位:万元

项目	2021 年年末	2022 年年末	2023 年年末	2022 年度	2023 年度
资产总额	6 480	6 520	6 980		
负债总额	4 080	3 720	3 780		
所有者权益总额	2 400	2 800	3 200		
营业收入				9 750	16 200
净利润				1 170	1 458

要求：

(1) 计算 2023 年年末的资产负债率,并据以判断公司是否实现了降杠杆目标。

(2) 计算 2022 年和 2023 年的权益净利率(涉及的资产、负债、所有者权益均采用平均值计算)。

(3) 计算 2022 年和 2023 年的权益乘数(涉及的资产、负债、所有者权益均采用平均值计算)。

(4) 计算 2023 年与 2022 年权益净利率之间的差额,采用连环替代法,计算权益乘数变化对权益净利率变化的影响(涉及的资产、负债、所有者权益均采用平均值计算)。

5. (1) 已知 A 公司 2023 年资产负债表简表见表 4-11。

表 4-11 A 公司 2023 年资产负债表简表 单位:万元

2023 年 12 月 31 日

资产	年初数	年末数	负债及所有者权益	年初数	年末数
流动资产:			流动负债合计	175	150
货币资金	50	45	非流动负债合计	245	200
应收账款	60	90	负债合计	420	350
预付账款	23	36	所有者权益合计	380	500
存货	92	144			
流动资产合计	225	315			
固定资产	575	535			
总计	800	850	总计	800	850

(2) A 公司利润简表见表 4-12。

表 4-12 A 公司 2023 年利润表简表 单位:万元

项目	金额
营业收入	420
减:营业成本(变动成本)	240
税金及附加(变动成本)	42
减:期间费用(固定成本)	60
其中:利息费用	10

表4-12(续)

项目	金额
营业利润	78
减:所得税(所得税税率 25%)	19.5
净利润	58.5

要求：

(1) 计算 A 公司 2023 年年末的流动比率、速动比率、资产负债率、现金比率和权益乘数。

(2) 计算 A 公司 2023 年总资产周转率、营业净利率和权益净利率。

(3) 计算 A 公司 2023 年所有者权益增长率。

6. 乙公司和庚公司是同一行业规模相近的两家上市公司，有关资料如下。

资料一：乙公司 2023 年普通股股数为 10 000 万股，每股收益为 2.31 元，部分财务信息见表 4-13。

表 4-13　乙公司部分财务信息　　单位：万元

项目	2023 年末数据	项目	2023 年度数据
负债合计	184 800	营业收入	200 000
股东权益合计	154 000	净利润	23 100
资产合计	338 800	经营活动现金流量净额	15 000

资料二：乙公司股票的 β 系数为 1.2，无风险收益率为 4%，证券市场平均收益率为 9%，乙公司按每年每股 3 元发放固定现金股利。目前该公司的股票市价为 46.2 元。

资料三：乙公司和庚公司 2023 年的部分财务指标见表 4-14。

表 4-14　乙公司和庚公司的部分财务指标

项目	乙公司	庚公司
产权比率	(A)	1
权益净利率(按期末数计算)	(B)	20%
总资产周转率(按期末数计算)	(C)	0.85
营业现金比率	(D)	0.15
每股营业现金净流量(元)	(E)	*
市盈率	(F)	*

注：表内"*"表示省略的数据。

资料四：庚公司股票的期望收益率为 11%。该公司 2023 年度股利分配方案是每股现金股利 1.5 元(即 $D_0=1.5$)，预计未来各年的股利年增长率为 6%。目前庚公司的股票市价为 25 元。

要求：

(1) 根据资料一和资料二,确定上述表格中字母所代表的数值(不需要列示计算过程)。

(2) 根据要求(1) 的计算结果和资料三,回答下列问题:

① 判断乙公司和庚公司谁的财务结构更加稳健,并说明理由;

② 判断乙公司和庚公司获取现金的能力哪个更强,并说明理由。

(3) 根据资料二,计算并回答下列问题:

① 运用资本资产定价模型计算乙公司股票的期望收益率;

② 计算乙公司股票的价值;

③ 给出"增持"或"减持"该股票的投资建议,并说明理由。

(4) 根据资料四,计算并回答下列问题:

① 计算庚公司股票的内部收益率;

② 给出"增持"或"减持"该股票的投资建议,并说明理由。

五、案例分析题

财务报表诊断案例

财务报表在很大程度上是企业经济活动的体现,如何透过企业财务报表所反映出的财务特征观察甚至预测企业的行为决策,对于企业的外部利益相关者而言十分重要。其中,企业所在的行业和企业选择的战略是企业财务特征差异最重要的两项驱动因素。

首先,每个企业都在自身所属的行业中经营,其财务特征必然具有深刻的行业烙印。例如,航空运输业企业往往重资产经营,其固定资产比重较高,而咨询服务业一般具有较低的固定资产比例;零售行业企业由于面临激烈的市场竞争,其营业毛利率往往较低,而医药研发企业的产品具有高度的异质性,其产品定价自由度较高,其营业毛利率往往也很高。因此,每个行业都有自身独一无二的经济特征,在不同行业中经营企业的财务特征往往也会被打上深刻的行业烙印。

其次,即使在相同行业经营的企业,也依然可能做出完全不同的决策,原因在于每家企业都会有自身独特的战略选择。在实践中,行业经营中的企业首先会就多元化业务经营还是单一业务经营进行选择,然后还会在产品如何制造(标准化产品 vs 差异化产品)、如何销售(直接销售 vs 分销商销售)以及资金如何筹集(债务筹资 vs 股权投资)等方面做出选择。因此,即使在同一行业中经营的企业,考虑到自身面临的内外部条件,企业的战略选择往往也会存在很大差异,进而导致其财务特征也会千差万别。

表 4-15 提供了处于不同行业的企业和相同行业中的不同企业的财务报表及相关财务比率,财务报表是各家企业 2023 年经过标准化的共同比财务报表(包括共同比资产负债率和共同比利润表)。

表 4-15 共同比财务报表和财务比率

	纺织相关行业		医药相关行业		煤炭行业企业		造纸行业企业	
	A企业	B企业	C企业	D企业	E企业	F企业	G企业	H企业
资产科目								
货币资金	32.42%	6.59%	41.31%	16.41%	14.30%	12.90%	17.56%	11.82%

表4-15(续)

	纺织相关行业		医药相关行业		煤炭行业企业		造纸行业企业	
	A企业	B企业	C企业	D企业	E企业	F企业	G企业	H企业
应收账款	6.67%	10.49%	3.93%	27.10%	2.35%	6.91%	10.66%	6.54%
其他应收款	2.57%	1.67%	0.74%	8.15%	0.48%	0.28%	0.79%	0.10%
预付款项	13.80%	0.46%	0.91%	4.96%	0.42%	0.89%	1.86%	5.35%
存货	1.56%	13.15%	13.07%	23.41%	2.05%	1.63%	10.73%	8.07%
其他流动资产	0.08%	25.92%	8.01%	0.25%	2.69%	0.98%	5.32%	0.41%
流动资产合计	57.97%	59.34%	75.95%	83.52%	23.39%	30.82%	53.13%	39.69%
固定资产净额	4.82%	16.48%	7.35%	8.43%	54.52%	43.85%	31.96%	51.37%
无形资产	0.50%	3.76%	2.57%	2.22%	6.75%	12.48%	10.93%	4.29%
投资性房地产	24.78%	0.00%	0.77%	0.12%	0.00%	0.00%	0.00%	0.00%
资产总计	100.00%	100.00%	100.00%	100.00%	100.00%	100.00%	100.00%	100.00%
负债和权益科目								
短期借款	0.00%	3.37%	0.04%	13.52%	1.67%	18.15%	16.68%	15.77%
应付票据	0.00%	1.38%	0.89%	17.62%	0.41%	3.62%	0.00%	1.39%
应付账款	2.51%	5.51%	9.90%	19.21%	5.57%	17.17%	3.02%	11.00%
预收款项	20.46%	1.19%	6.67%	0.83%	0.98%	2.31%	0.36%	2.42%
其他应付款	3.07%	0.21%	8.47%	4.99%	5.36%	4.50%	1.10%	0.61%
流动负债合计	30.92%	16.88%	29.20%	58.99%	20.44%	55.39%	22.63%	37.42%
长期借款	0.00%	0.00%	0.00%	0.25%	11.34%	1.70%	0.00%	10.17%
应付债券	0.00%	0.00%	0.00%	2.56%	1.14%	3.57%	0.00%	0.00%
负债合计	37.68%	22.07%	31.97%	62.46%	33.94%	62.77%	22.88%	48.42%
所有者权益合计	62.32%	77.93%	68.03%	37.54%	66.06%	37.23%	77.12%	51.58%
负债和所有者权益总计	100.00%	100.00%	100.00%	100.00%	100.00%	100.00%	100.00%	100.00%
收入费用科目								
营业收入	100.00%	100.00%	100.00%	100.00%	100.00%	100.00%	100.00%	100.00%
营业成本	93.26%	59.89%	62.34%	91.56%	57.83%	78.91%	71.85%	83.94%
销售费用	3.19%	9.92%	20.45%	3.08%	0.25%	1.11%	8.89%	4.53%
管理费用	4.76%	15.90%	7.54%	2.21%	7.80%	4.17%	7.51%	3.23%
财务费用	-0.28%	1.04%	-1.00%	0.96%	1.39%	2.58%	1.16%	1.91%
利润总额	2.38%	18.06%	11.90%	2.60%	28.28%	9.34%	9.08%	6.36%
所得税费用	0.97%	1.36%	1.79%	0.61%	6.55%	3.31%	2.39%	1.36%
净利润	1.40%	16.70%	10.11%	1.99%	21.73%	6.02%	6.69%	5.00%
市场比率								

表4-15(续)

	纺织相关行业		医药相关行业		煤炭行业企业		造纸行业企业	
	A企业	B企业	C企业	D企业	E企业	F企业	G企业	H企业
β系数	0.44	1.24	1.04	0.75	1.03	0.89	1.16	1.16
市盈率	17	52	27	26	11	12	24	13
偿债能力比率								
流动比率	1.88	3.52	2.60	1.42	1.14	0.56	2.35	1.06
速动比率	1.82	2.74	2.15	1.02	1.04	0.53	1.87	0.85
资产负债率	37.68%	22.07%	31.97%	62.46%	33.94%	62.77%	22.88%	48.42%
资产管理效率比率								
存货周转率	108.87	2.04	5.66	6.07	21.36	41.18	4.95	11.86
应收账款周转率	25.46	2.56	18.81	5.24	18.68	9.69	4.99	14.64
固定资产周转率	35.20	1.63	10.06	16.86	0.80	1.53	1.66	1.86
杜邦分析比率								
营业净利率	1.40%	16.70%	10.11%	1.99%	21.73%	6.02%	6.69%	5.00%
总资产周转率	1.70	0.27	0.74	1.42	0.44	0.67	0.53	0.96
净资产收益率	3.82%	5.76%	11.00%	7.54%	14.43%	10.84%	4.61%	9.28%

数据来源：财务报表数据依赖于CCER数据库，市场比率来源于Wind金融数据库。

以下是对公司所在行业的特征及企业实施战略的描述。

(1) 与纺织相关的行业。

A企业和B企业的产品均与纺织相关。一家行业企业属于纺织机械行业，2012年登陆深交所创业板，企业主要从事电脑针织机械的研发、生产和销售，主要销售对象为下游针织企业，企业具备突出的自主创新技术优势。在产品销售方面，企业采用“自主销售与销售顾问协助销售相结合，公司统一售后服务”的销售模式，企业在主要销售区域都设有售后服务网点。

另一家行业企业属于传统的纺织行业，以服装服饰、毛料面料等产品的进出口业务为主，同时也从事现代物业、自由房产对外租赁等业务。另外，企业在财务政策选择上十分保守。

(2) 与医药相关的行业。

C企业和D企业的产品均与医药相关。一家行业企业是全国最大的制药企业集团之一，目前企业基本实现了生物医药健康产业的全产业链布局，企业主要从事中西成药等研发、制造与销售，医疗器械的批发与零售，医疗服务、健康管理、养生养老等健康产业投资等。同时，企业积极加大市场投入，开展营销工作，在财务政策方面奉行保守的财务政策。作为国家高新技术企业，企业所得税享受15%的所得税税率优惠。

另一家行业企业为医药流通行业，主营业务为药品、医疗器械、中药材与中药饮片、食品、保健品等产品的批发，零售连锁以及电子商务为核心业务，采用以市场分销为主的经营模式，其明显的特点是毛利率较低、费用较少、配送周转速度较快。企业通过发行债券、非公开发行股票等多种渠道进行融资，为各项业务发展提供资金支持。

(3) 煤炭行业企业。

E企业和F企业属于煤炭开采和洗选业。一家企业是我国第一大煤炭上市公司，企业主营业务涉及煤炭、电力的生产和销售、铁路、港口和船舶运输等，实施"煤电路港航"纵向一体化经营战略，利用自有运输和销售网络，获取煤基产业链上每一环节的经营利润。

另一家是我国稀缺煤种无烟煤的主要开采企业之一，企业聚焦于煤炭开采、洗选与加工，其客户主要为各大电力和钢铁生产企业，其致力于加强与电厂等客户的长期战略合作关系。另外，企业在营运资金筹资政策上较为激进。

(4) 造纸行业企业。

G企业和H企业从事造纸及纸制品的制造与销售。一家企业是国内最大的卷烟配套系列用纸制造商，由于卷烟纸生产技术复杂且主要面向各大卷烟厂，因此卷烟纸是一种市场容量小但利润水平高的产品，企业主要产品均为国家专营产品。另外，企业实际控制人为地方国有资产管理委员会。

另一家企业是全球规模最大的新闻纸生产基地，企业主要致力于中高档新闻纸、文化纸及相关化工产品的生产与销售，其中新闻纸国内市场占有率达到30%以上。企业实际控制人为国内自然人。

案例讨论问题：

(1) 根据以上对企业特定的行业特征和相关战略的描述，结合企业财务报表及相关财务比率，请匹配出具有特定特征行业企业所对应的财务报表，特定战略企业所对应的财务报表。

(2) 谈谈你对财务报表如何反映企业所在行业特征及企业战略的认识。

参考答案

一、单项选择题

题号	1	2	3	4	5	6	7	8	9	10
答案	C	A	B	B	B	D	C	C	D	B
题号	11	12	13	14	15	16	17	18	19	20
答案	A	B	B	D	C	D	C	A	A	D
题号	21	22	23	24	25	26	27	28	29	30
答案	D	B	C	A	B	B	C	B	B	B
题号	31	32	33	34	35	36				
答案	D	D	D	C	B	D				

二、多项选择题

题号	1	2	3	4	5	6	7	8	9	10
答案	AC	ABC	AC	BCD	BD	CD	ACD	BC	ABC	BC

三、判断题

题号	1	2	3	4	5	6	7			
答案	√	√	×	×	√	×	√			

四、计算题

1.(1) 营业净利率=净利润/销售收入=1 500/20 000=7.5%。

(2) 利息保障倍数=息税前利润/应付利息=(2 000+600)/(600+400)=2.6。

(3) 存货周转率=营业成本/存货平均余额=15 000/[(1 000+2 000)/2]=10(次)。

(4) 市盈率=每股市价/每股收益=4.5/(1 500/10 000)=30(倍)。

2. (1) 年初所有者权益=4 800-2 400=2 400(万元)。

年末所有者权益=5 000-2 500=2 500(万元)。

权益乘数=[(4 800+5 000)/2]/[(2 400+2 500)/2]=2。

(2) 总资产周转率=7 350/[(4 800+5 000)/2]=1.5(次)。

(3) 营业净利率=294/7 350×100%=4%。

(4) 总资产净利率=营业净利率×总资产周转率=4%×1.5=6%。

权益净利率=总资产净利率×权益乘数=6%×2=12%。

3. (1) 流动比率=流动资产/流动负债=1 000/875=1.14。

速动比率=速动资产/流动负债=(95+5+400)/875=0.57。

现金比率=(货币资金+交易性金融资产)/流动负债=(95+5)/875=0.11。

现金流量比率=经营活动现金流量净额/流动负债=175/875=0.2。

(2) 资产负债率=负债/总资产×100%=1 900/3 000×100%=63.33%。

产权比率=负债/股东权益=1 900/1 100=1.73。

权益乘数=总资产/股东权益=3 000/1 100=2.73。

长期资本负债率=非流动负债/(非流动负债+股东权益)=1 025/(1 025+1 100)=0.48。

利息保障倍数=息税前利润/利息费用=(363+72)/72=6.04。

现金流量利息保障倍数=经营活动现金流量净额/利息费用=175/72=2.43。

(3) 应收账款周转次数=营业收入/应收账款=4 500/400=11.25(次/年)。

存货周转天数=365×存货/营业成本=365×450/ 2250=73(天)。

流动资产周转次数=营业收入/流动资产=4 500/1 000=4.5(次/年)。

总资产周转次数=营业收入/总资产=4 500/3 000=1.5(次/年)。

(4) 营业净利率＝净利润/营业收入×100％＝272.25/4 500×100％＝6.05％。

总资产净利率＝净利润/总资产×100％＝272.25/3 000×100％＝9.08％。

权益资本净利率＝净利润/股东权益×100％＝272.25/1 100×100％＝24.75％。

4. (1) 2023年年末的资产负债率＝负债总额/资产总额×100％＝3 780/6 980×100％＝54.15％。

由于目标是2018年年末将资产负债率控制在55％以内，所以实现了降杠杆目标。

(2) 2022年权益净利率＝净利润/平均所有者权益×100％＝1 170/[(2 400＋2 800)/2]×100％＝45％。

2023年权益净利率＝净利润/平均所有者权益×100％＝1 458/[(2 800＋3 200)/2]×100％＝48.6％

(3) 2022年的权益乘数＝总资产/股东权益＝[(6 480＋6 520)/2]/[(2 400＋2 800)/2]＝2.5。

2023年的权益乘数＝总资产/股东权益＝[(6 520＋6 980)/2]/[(2 800＋3 200)/2]＝2.25。

(4) 2023年与2022年权益净利率的差额＝48.6％－45％＝3.6％。

2023年营业净利率＝净利润/营业收入×100％＝1 458/16 200×100％＝9％。

2023年总资产周转率＝营业收入/平均资产总额＝16 200/[(6 980＋6 520)/2]＝2.4。

2022年营业净利率＝净利润/营业收入×100％＝1 170/9 750×100％＝12％。

2022年总资产周转率＝营业收入/平均资产总额＝9 750/[(6 480＋6 520)/2]＝1.5。

权益净利率＝营业净利率×总资产周转率×权益乘数。

替代营业净利率：权益净利率＝9％×1.5×2.5＝33.75％。

替代总资产周转率：权益净利率＝9％×2.4×2.5＝54％。

替代权益乘数：权益净利率＝9％×2.4×2.25＝48.6％。

权益乘数变化对权益净利率变化的影响＝48.6％－54％＝－5.4％。

5. (1) 流动比率＝流动资产/流动负债＝315/150＝2.1。

速动比率＝速动资产/流动负债＝(45＋90)/150＝0.9。

资产负债率＝负债总额/资产总额×100％＝350/850×100％＝41.18％。

现金比率＝(货币资金＋交易性金融资产)/流动负债＝45/150＝0.3。

权益乘数＝总资产/股东权益＝850/500＝1.7。

(2) 总资产周转率＝营业收入/平均资产总额＝420/[(850＋800)/2]＝0.51。

营业净利率＝净利润/营业收入×100％＝58.5/420×100％＝13.93％。

权益净利率＝净利润/平均所有者权益 100％＝58.5/[(500＋380)/2]×100％＝13.3％。

(3) 所有者权益增长率＝本年所有者权益增长额/年初所有者权益×100％＝(500－380)/380×100％＝31.58％。

6. (1) 产权比率(A)＝负债总额/所有者权益＝184 800/154 000＝1.2。

权益净利率(B)＝(净利润/平均所有者权益)×100％＝23 100/154 000×100％＝15％。

总资产周转率(C)＝营业收入/平均资产总额＝200 000/338 800＝0.59(次)。

营业现金比率(D)＝经营活动现金流量净额/营业收入＝15 000/200 000＝0.075。

每股经营活动现金净流量(E)＝经营活动现金流量净额/普通股股数＝15 000/10 000＝

1.5。

市盈率(F)=每股市价/每股收益=46.2/2.31=20(倍)。

(2) ① 庚公司的财务结构更稳健。产权比率是企业财务结构稳健与否的重要标志。产权比率高，是高风险、高报酬的财务结构；产权比率低，是低风险、低报酬的财务结构。由于乙公司的产权比率大于庚公司的产权比率，所以庚公司的财务结构更加稳健。

② 庚公司获取现金的能力更强。营业现金比率反映了企业获取现金能力的分析。由于庚公司的营业现金比率大于乙公司的营业现金比率，所以庚公司获取现金的能力更强。

(3) ① 乙公司股票的期望收益率=4%+1.2×(9%-4%)=10%。

② 乙公司股票价值=3/10%=30(元/股)。

③ 应该减持乙公司股票。由于乙公司股票价值30元/股低于该公司的股票市价46.2元/股，故应该减持乙公司股票。

(4) ① 庚公司股票的内部收益率=[1.5×(1+6%)]/25+6%=12.36%。

② 应当增持庚公司的股票。由于庚公司股票的内部收益率12.36%大于庚公司股票的期望收益率11%，所以应该增持庚公司股票。

五、案例分析题

(1) ① 与纺织相关的行业。

行业A企业匹配服装纺织行业，行业B企业匹配纺织机械行业。

i. 相对于传统纺织行业而言，纺织机械行业的存货和固定资产的金额应该较大，这与行业B企业存货水平和固定资产水平均较高相一致；纺织机械行业属于资金密集型企业，其营业毛利率应该相对较高，这与行业B企业特征相一致；纺织机械行业的营业周期应该相对较长，这与行业B企业资产周转率较低相一致。

ii. 行业A企业也从事现代物业、自由房产对外租赁等业务，这与其投资性房地产比例较高相一致。

iii. 传统纺织行业在财务政策选择上比较保守，这与A行业企业有息负债比重为0相一致。

iv. 纺织机械行业在创业板上市，其市盈率应该较高，这也与行业B企业的特征相一致。

② 与医药相关的行业。

行业C企业匹配医药研发行业，行业D企业匹配医药流通行业。

i. 医药研发企业的产品具有高度异质性，往往实行差异化战略，其营业毛利率较高，这与行业C企业特征相一致；医药研发企业的研发费用应该较多，往往体现在管理费用中，这与行业C企业特征相一致；医药流通企业的资产周转速度应该较快，这与行业D企业特征相一致；医药流通企业应该具有很多的往来款项(应收账款和应付账款)，这与行业D企业特征相一致。

ii. 医药研发行业企业享受15%的所得税税率优惠，这与行业C企业特征相一致。

iii. 医药流通行业企业通过发行债券、非公开发行股票等多种渠道进行融资，这与行业D企业特征相一致。

③ 煤炭行业企业。

企业E匹配实施纵向一体化企业，企业F匹配无烟煤生产企业。

i. 实施纵向一体化企业获取煤基产业链上每一环节的经营利润，应该具有较高的毛利润，这与企业A相一致；实施纵向一体化企业的管理链条较长，其管理费用率应该较高，这与企业A相一致。

ii. 无烟煤生产企业致力于加强与电厂等客户的长期战略合作关系，其往来款项也比较多，这与企业B相一致。

iii. 无烟煤生产企业业在营运资金筹资政策上较为激进，这与B企业其财务费用比例较高相一致；并且B企业的流动负债比例超过了流动资产的比例，表明企业可能用部分流动负债配置长期资产，财务上不稳定，因此在营运资金筹资政策上较为激进。

④ 造纸行业企业。

企业G匹配卷烟纸生产企业，企业H匹配新闻纸生产企业。

i. 卷烟纸是一种市场容量小但利润水平高的产品，可能说明企业实施的是一种差异化战略，其营业毛利率较高，但资产周转率可能较低，这与企业C相一致；卷烟纸生产企业实际控制人为地方国有资产管理委员会，其在成本费用控制方面可能效率较差，这与企业C较高的销售费用和管理费用相一致。

ii. 新闻纸生产企业是全球规模最大的新闻纸生产基地，表明企业采取的可能是低成本战略，其资产周转率较高，而营业毛利率较低，这与企业D相一致；新闻纸生产企业实际控制人为国内自然人，其在销售费用和管理费用等方面更加有效，这与D企业较低的销售费用和管理费用相一致。

(2) 财务报表在很大程度上是企业经济活动的体现，企业所在的行业和企业选择的战略是企业财务特征差异最重要的两项驱动因素。因此，透过企业财务报表预测企业的行为决策，对于企业的外部利益相关者而言十分重要。

第五章　长期投资决策

思维导图

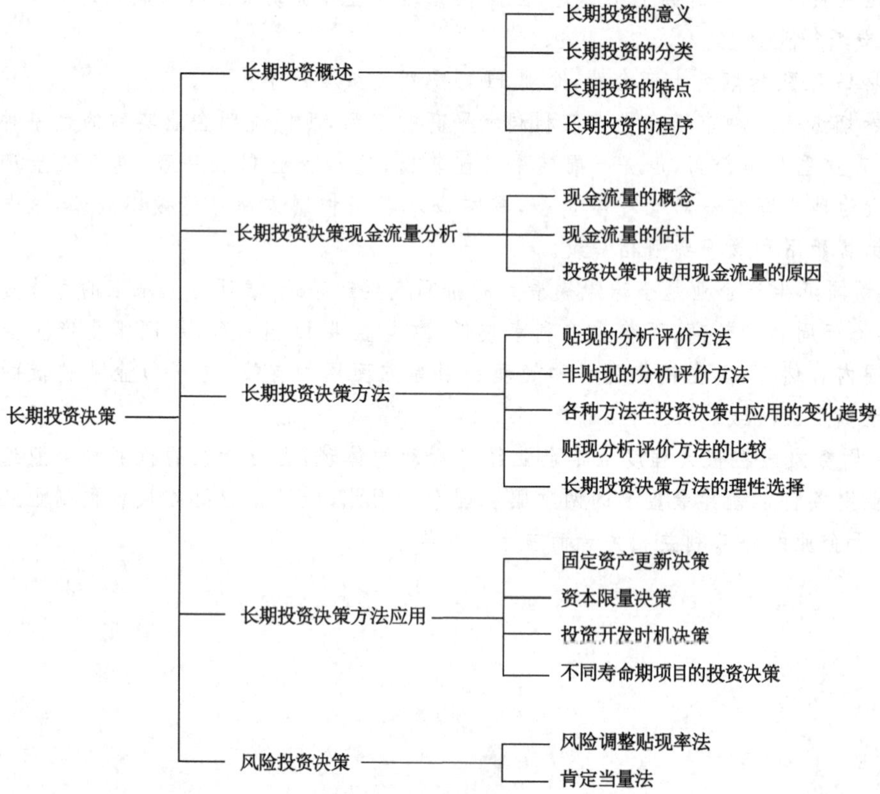

学习目的与要求

本章主要介绍企业长期投资的意义、分类、特点和程序，并阐述长期投资决策中现金流量的估计，在此基础上重点探讨长期投资决策的评价方法及应用。学习本章，要求理解长期投资的特点，识别长期投资的相关现金流量，掌握长期投资决策的评价方法及具体应用，理解风险投资决策。

(1) 本章学习的重点内容：① 理解长期投资的特点和程序；② 识别长期投资的相关现金流量；③ 掌握长期投资决策的评价方法；④ 理解风险投资决策。

(2) 本章学习的难点内容：① 长期投资决策中相关现金流量识别及计算；② 理解不同长期投资决策评价方法的优缺点及适用范围；③ 理解风险调整贴现率法和肯定当量法等风

险投资决策方法的原理。

本章核心内容

一、长期投资概述

（一）长期投资的意义

长期投资是指企业对所持有资金的一种长期运用，是企业不准备在一年或长于一年的经营周期之内转变为现金的投资，主要包括固定资产投资、无形资产投资、长期股权投资等。长期投资对企业的生存和发展具有重要的意义。

（1）长期投资是增加企业未来的现金流的重要决策。长期投资决定了企业的战略方向，是财务管理中最重要的决策之一，将会在很长时间内影响公司的资源配置。企业通过新建厂房、更新机器设备、对产品和生产工艺进行改造等长期投资项目，维持简单再生产或扩大再生产，是创造公司未来的现金流的重要手段，以此实现企业发展和增长。

（2）长期投资是降低企业的经营风险的重要方法。企业通过长期投资将资金投向生产经营的关键环节，补齐企业生产经营的短板，形成更强的生产经营能力；也可将资金投向不同行业，进行多元化经营，增加企业利润的稳定性，从而降低企业的经营风险。

（3）长期投资是实现财务管理目标的重要途径。如前所述，现代企业财务管理的目标是实现企业价值最大化，而企业价值是不同项目、部门以及企业中其他实体价值的总和，具有可加性，因此具有良好收益的固定资产、无形资产等长期投资项目是实现企业增长、增加企业价值的重要途径，进而实现财务管理的目标。

（二）长期投资的分类

根据不同的标准，可以将企业长期投资进行如下分类。

（1）实物投资和长期金融投资。

（2）新建投资和更新投资。

（3）相关性投资和非相关性投资。

（4）常规项目投资和非常规项目投资。

（三）长期投资的特点

（1）长期投资金额较大。

（2）长期投资回收期限较长。

（3）长期投资变现能力较差。

（4）长期投资风险较高。

（四）长期投资的程序

长期投资的程序一般包括如下几个步骤。

1. 投资项目的提出

企业战略是长期投资项目提出的主要依据。企业的管理者要善于开拓新市场、开发新技术、提出新创意，寻找新的投资机会，进行投资机会研究。机会研究是对长期投资方向和时机提出的建议，是投资前期工作的首要环节。它首先应以国民经济和社会发展长远规划、行业和地区规划为基础，然后对国家政策、资金来源、资源和市场等基本经济要素进行初步调查和分析，从而对长期投资方向和时机提出设想与建议。在投资机会研究报告（也称项目建议书）中，必须提供某些基本的资料，如大致的项目建设地点、投资时间安排、资金筹集、投资费用、生产成本、盈利状况等。

2. 投资项目的评价

投资项目的评价主要涉及如下几项工作：一是把提出的投资项目进行分类，为分析评价做好准备；二是计算有关项目的预计收入和成本，预测投资项目的现金流量；三是运用各种投资评价指标，把各项投资按可行性的顺序进行排序；四是写出评价报告，请上级批准。

3. 投资项目的决策

投资项目评价后，企业高层管理者要对所提出的项目进行研究讨论，结合企业自身所处的状况对项目未来的效益进行审核，并作最后决策。最后决策一般可分成以下三种：

① 接受这个项目，可以进行投资；

② 拒绝这个项目，不能进行投资；

③ 发还给项目的提出部门，重新调查后，再做处理。

4. 投资项目的执行

决定对某项目进行投资后，要积极筹措资金，实施投资。在投资项目的执行过程中，要对工程进度、工程质量、施工成本进行控制，以便投资按预算规定保质如期完成。

5. 投资项目的再评价

在投资项目的执行过程中，应注意对项目实际工作中所遇到的各种变化及问题进行再评估，做出新决策并反馈到实际中。

二、长期投资决策现金流量分析

（一）现金流量的概念

所谓现金流量，在投资决策中是指一个项目引起的公司现金支出和现金收入增加的数量。这时的“现金”是广义的现金，它不仅包括各种货币资金，还包括项目需要投入公司拥有的非货币资源的变现价值。

现金流量包括现金流出量、现金流入量和现金净流量三个具体概念。

1. 现金流出量

一个方案的现金流出量，是指该方案引起的公司现金支出的增加额。

（1）购置生产线的价款。购置生产线的价款可能是一次性支出，也可能分几次支出。

（2）垫支流动资金。由于该生产线扩大了公司的生产能力，引起对流动资产需求的增加，公司需要追加的流动资金，也是购置该生产线引起的，应列入该方案的现金流出量。只有在营业终了或出售（报废）该生产线时，才能收回这些资金，并用于别的目的。

2. 现金流入量

一个方案的现金流入量是指该方案所引起的公司现金收入的增加额。

(1) 营业现金流入。购置生产线扩大了公司的生产能力，使公司销售收入增加。扣除有关的付现成本增量及所得税增量后的余额，是该生产线引起的一项现金流入。营业现金流入量的计算有三种方法。

① 根据现金流量的定义计算。

营业现金流入量＝营业收入－付现成本－所得税　　(1)

付现成本在这里是指需要每年支付现金的成本。成本中不需要每年支付现金的部分称为非付现成本，其中主要是折旧费。所以，付现成本可以用营业成本减折旧来估计。

付现成本＝营业成本－折旧

② 根据年年末营业结果来计算。公司每年营业现金增加来自两个主要方面：一是当年增加的净利；另一是计提的折旧，以现金形式从销售收入中扣回，留在公司里。

营业现金流入量＝税后净利润＋折旧　　(2)

这个公式与公式(1)是一致的，可以从(1)直接推导出来：

营业现金流入量＝营业收入－(营业成本－折旧)－所得税
＝营业利润＋折旧－所得税
＝税后净利润＋折旧

③ 根据所得税对收入和折旧的影响计算。由于所得税的影响，营业现金流量并不等于项目实际的收支金额。

税后营业成本＝营业成本×(1－税率)
税后收入＝收入金额×(1－税率)
税负减少＝折旧×税率

因此，营业现金流量可按下式计算：

营业现金流量＝税后收入－税后成本＋税负减少
＝收入×(1－税率)－付现成本×(1－税率)＋折旧×税率　　(3)

这个公式也可以根据公式(2)直接推导出来。

营业现金流量＝税后净利＋折旧
＝(收入－成本)×(1－税率)＋折旧
＝(收入－付现成本－折旧)×(1－税率)＋折旧
＝收入×(1－税率)－付现成本×(1－税率)－折旧×(l－税率)＋折旧
＝收入×(1－税率)－付现成本×(1－税率)－折旧＋折旧×税率＋折旧
＝收入×(1－税率)－付现成本×(1－税率)＋折旧×税率

(2) 该生产线出售(报废)时的残值收入。资产出售或报废时的残值收入，是由于当初购置该生产线引起的，应当作为投资方案的一项现金流入。

(3) 收回的流动资金。该生产线出售(报废)时，公司可以相应增加流动资金，收回的资金可以用于别处，因此应将其作为该方案的一项现金流入。

3. 现金净流量

现金净流量是指一定期间现金流入量和现金流出量的差额。这里所说的“一定期间”，有时是指一年内，有时是指投资项目持续的整个年限内。流入量大于流出量时，净流量为正值；反之，净流量为负值。

（二）现金流量的估计

在确定投资方案的相关现金流量时，应遵循的最基本的原则是：只有增量现金流量才是与项目相关的现金流量。所谓增量现金流量，是指接受或拒绝某个投资方案后，公司总现金流量因此发生的变动。只有那些由于采纳某个项目引起的现金支出增加额，才是该项目的现金流出；只有那些由于采纳某个项目引起的现金流入增加额，才是该项目的现金流入。

在进行这种判断时，要注意以下四个问题：

1. 区分相关成本和非相关成本

相关成本是指与特定决策有关的、在分析评价时必须加以考虑的成本。例如，差额成本、未来成本、重置成本、机会成本等都属于相关成本。与此相反，与特定决策无关的、在分析评价时不必加以考虑的成本是非相关成本。例如，沉没成本、过去成本、账面成本等往往是非相关成本。

如果将非相关成本纳入投资方案的总成本，则一个有利的方案可能因此变得不利，一个较好的方案可能变为较差的方案，从而造成决策错误。

2. 不要忽视机会成本

在投资方案的选择中，如果选择了一个投资方案，则必须放弃投资于其他途径的机会。其他投资机会可能取得的收益是实行本方案的一种代价，被称为这项投资方案的机会成本。

3. 要考虑投资方案对公司其他部门的影响

当公司采纳一个新的项目后，该项目可能对公司的其他部门造成有利或不利的影响。

4. 对净营运资金的影响

在一般情况下，当公司开办一个新业务并使销售额扩大后，对于存货和应收账款等流动资产的需求也会增加，公司必须筹措新的资金以满足这种额外需求；另一方面，公司扩充的结果，应付账款与一些应付费用等流动负债也会同时增加，从而降低公司流动资金的实际需要。所谓净营运资金的需要，指增加的流动资产与增加的流动负债之间的差额。

当投资方案的寿命周期快要结束时，公司将与项目有关的存货出售，应收账款变为现金，应付账款和应付费用也随之偿付，净营运资金恢复到原有水平。通常，在进行投资分析时，假定开始投资时筹措的净营运资金在项目结束时收回。

（三）投资决策中使用现金流量的原因

利润是按照权责发生制确定的，而现金净流量是根据收付实现制确定的，两者既有联系又有区别。在投资决策中，研究的重点是现金流量，而把利润的研究放在次要地位，其原因是：

(1) 整个投资有效年限内，利润总计与现金净流量总计是相等的。所以，现金净流量可以取代利润作为评价净收益的指标。

(2) 利润在各年的分布受选择折旧方法等人为因素的影响，而现金流量的分布不受这些人为因素的影响，可以保证评价的客观性。在考虑时间价值的情况下，早期的收益与晚期的收益有明显区别。收益的分布应当具有客观性，不受人为选择的影响，现金流量分布可以满足这种要求。

(3) 在投资分析中，现金流动状况比盈亏状况更重要。有利润的年份不一定能产生多余的现金用来进行其他项目的再投资。一个项目能否维持下去，不取决于一定期间是否盈利，而取决于有没有现金用于各种支付。现金一旦支出，不管是否消耗都不能用于别的目的，只有将现金收回后才能用来进行再投资。因此，在投资决策中要重视现金流量的分析。

三、长期投资决策方法

对投资项目评价的方法分为两类：一类是贴现分析评价方法，即考虑了时间价值因素的方法，主要包括净现值法、现值指数法、内含报酬率法等；另一类是非贴现分析评价方法，即没有考虑时间价值因素的指标，主要包括回收期法、会计收益率法等。

(一) 贴现的分析评价方法

贴现的分析评价方法，是指考虑货币时间价值的分析评价方法，亦被称为贴现现金流量分析技术。

1. 净现值法

这种方法使用净现值作为评价方案优劣的指标。所谓净现值，是指特定方案未来现金流入的现值与未来现金流出的现值之间的差额。按照这种方法，所有未来现金流入和流出都要按预定贴现率折算为它们的现值，然后再计算它们的差额。如净现值为正数，即贴现后现金流入大于贴现后现金流出，该投资项目的报酬率大于预定的贴现率。如净现值为零，即贴现后现金流入等于贴现后现金流出，该投资项目的报酬率相当于预定的贴现率。如净现值为负数，即贴现后现金流入小于贴现后现金流出，该投资项目的报酬率小于预定的贴现率。

计算净现值的公式：

$$净现值(NPV)=\sum_{t=0}^{n}\frac{NCF_t}{(1+i)^t}-\sum_{t=0}^{n}\frac{I_t}{(1+i)^t}$$

式中　n——投资涉及的年限；

NCF_t——第 t 年的现金流入量；

I_t——第 t 年的现金流出量；

i——预定的贴现率。

净现值法具有广泛的适用性，在理论上也比其他方法更完善。净现值法应用的主要问题是如何确定贴现率，一种办法是根据资金成本来确定，另一种办法是根据公司要求的最低资金利润率来确定。前一种办法，由于计算资金成本比较困难，故限制了其应用范围；后一种办法根据资金的机会成本，即一般情况下可以获得的报酬来确定，比较容易解决。

2. 现值指数法

这种方法使用现值指数作为评价方案的指标。所谓现值指数，是未来现金流入现值与现金流出现值的比率，亦称现值比率、获利指数、贴现后收益-成本比率等。

计算现值指数的公式：

$$现值指数(PI)=\frac{\sum_{t=0}^{n}\frac{NCF_t}{(1+i)^t}}{\sum_{t=0}^{n}\frac{I_t}{(1+i)^t}}$$

现值指数法的决策规则：在只有一个备选方案的采纳与否决策中，现值指数大于或等于1，则采纳，否则就拒绝。在有多个方案的互斥选择决策中，应采用现值指数超过1，且最大的投资项目。

现值指数可以看成1元原始投资可望获得的现值净收益，因此，可以作为评价方案的一个指标。它是一个相对数指标，反映投资的效率。而净现值指标是绝对数指标，反映投资的效益。现值指数法的主要优点是，可以进行独立投资机会获利能力的比较。

3. 内含报酬率法

内含报酬率法是根据方案本身内含报酬率来评价方案优劣的一种方法。所谓内含报酬率，是指能够使未来现金流入量现值等于未来现金流出量现值的贴现率，或者说是使投资方案净现值为零的贴现率。内含报酬率计算公式为：

$$NPV=\sum_{t=0}^{n}\frac{NCF_t}{(1+r)^t}-\sum_{t=0}^{n}\frac{I_t}{(1+r)^t}=0$$

式中 NPV——项目净现值；

NCF_t——第 t 年现金流入量；

I_t——第 t 年现金流出量；

r——内含报酬率；

n——项目使用年限。

净现值法和现值指数法虽然考虑了时间价值，可以说明投资方案高于或低于某一特定的投资报酬率，但没有揭示方案本身可以达到的具体的报酬率是多少。内含报酬率是根据方案的现金流量计算的，是方案本身的投资报酬率。

内含报酬率和现值指数法有相似之处，都是根据相对比率来评价方案，而不像净现值法那样使用绝对数来评价方案。内含报酬率法与现值指数法的区别在于，在计算内含报酬率时不必事先选择贴现率，根据内含报酬率就可以排定独立投资的优先次序，只是最后需要一个切合实际的资金成本或最低报酬率来判断方案是否可行。现值指数法需要一个适合的贴现率，以便将现金流量折为现值，贴现率的高低将会影响方案的优先次序。

（二）非贴现的分析评价方法

非贴现的方法不考虑时间价值，把不同时间的货币收支看作等效的。这些方法在选择方案时起辅助作用。

1. 回收期法

回收期是指投资引起的现金流入累计到与投资额相等所需要的时间。它代表收回投资所需要的年限。回收年限越短，方案越有利。

在原始投资一次支出，每年现金净流入量相等时，

$$回收期=\frac{原始投资额}{每年现金流入量}$$

如果现金流入量每年不等，或原始投资是分几年投入的，则可使下式成立的 n 为回收期。

$$\sum_{t=1}^{n} NCF_t = \sum_{t=1}^{n} I_t$$

回收期法计算简便，并且容易为决策人所正确理解。它的缺点在于不仅忽视时间价值，而且没有考虑回收期以后的收益。一般来说，有战略意义的长期投资往往早期收益较低，而中后期收益较高。回收期法优先考虑急功近利的项目，可能导致放弃长期成功的方案。它是过去评价投资方案最常用的方法，目前作为辅助方法使用，主要用来测定方案的流动性而非营利性。

2. 会计收益率法

这种方法计算简便，应用范围很广。它在计算时使用会计报表上的数据，以及普通会计的收益和成本观念。

$$会计收益率=\frac{年平均净收益}{原始投资额}\times 100\%$$

（三）各种方法在投资决策中应用的变化趋势

20 世纪 50—80 年代，贴现分析评价方法在投资决策方法中的排位发生了显著变化，使用贴现分析评价方法的公司不断增多。从 20 世纪 70 年代开始，贴现分析评价方法已占主导地位，并形成了以贴现分析评价方法为主、以投资回收期为辅的多种分析方法并存的分析评价体系。目前，大多数公司同时使用净现值法和内含收益率法，并把投资回收期作为次要决策方法。

贴现现金流量指标在投资决策中得到广泛应用，是有其原因的。

(1) 非贴现分析评价方法把不同时间点上的现金收入和支出用毫无差别的观点进行对比，忽略了货币的时间价值因素，这是不科学的。

(2) 非贴现分析评价方法中的投资回收期法只能反映投资的回收速度，不能反映投资的主要目标——净现值的多少。同时，由于回收期没有考虑时间价值因素，因而夸大了投资的回收速度。

(3) 投资回收期、会计收益率法等非贴现分析评价方法对寿命不同、资金投入的时间和提供收益的时间不同的投资方案缺乏鉴别能力，而贴现分析评价方法则可以通过净现值、内含报酬率和获利指数等指标，有时还可以通过净现值的年均化方法进行综合分析，从而做出正确合理的决策。

(4) 非贴现分析评价方法中的会计收益率法，由于没有考虑资金的时间价值，实际上夸大了项目的盈利水平。而贴现分析评价方法中的内含报酬率是以预计的现金流量为基础的，考虑了资金的时间价值以后计算出的真实报酬率。

(5) 在运用投资回收期这一方法时，标准回收期是方案取舍的依据。但标准回收期一般都是以经验或主观判断为基础来确定的，缺乏客观依据。而贴现分析评价方法中的净现值和内部报酬率等指标，实际上都是以公司的资本成本为取舍依据的，任何公司的资本成本都可以通过计算得到，因此，这一取舍标准符合客观实际。

(6) 管理人员水平的不断提高和电子计算机的广泛应用，加速了贴现指标的使用。在 20 世纪 50 年代，只有很少公司的财务人员能真正了解贴现分析评价方法的含义，而今天，几乎所有大公司的高级财务人员都懂得这一方法的科学性和正确性。电子计算机的广泛应用使贴现分析评价方法中的复杂计算变得非常容易,从而也加速了贴现分析评价方法的推广。

（四）贴现分析评价方法的比较

1. 净现值法和内含报酬率法的比较

在多数情况下,运用净现值法和内含报酬率法这两种方法得出的结论是相同的。但在如下两种情况下,有时会产生差异:① 初始投资不一致,一个项目的初始投资大于另一个项目的初始投资;② 现金流入的时间不一致,一个在最初几年流入的较多,另一个在最后几年流入的较多。尽管是在这两种情况下二者产生了差异,但引起差异的原因是共同的,即两种方法假定用中期产生的现金流入量再投资时,会产生不同的报酬率。净现值法假定产生的现金流入量重新投资会产生相当于公司资本成本的利润率,而内含报酬率法却假定现金流入量重新投资产生的利润率与此项目的特定的内含报酬率相同。

2. 净现值法和现值指数法的比较

由于净现值法和现值指数法使用的是相同的信息,在评价投资项目的优劣时,它们常常是一致的,但有时也会产生分歧。

只有当初始投资不同时,净现值法和现值指数法才会产生差异。由于净现值是用各期现金净流量现值减初始投资,而现值指数是用现金净流量现值除以初始投资,因而,评价的结果可能会产生不一致。

最高的净现值符合公司的最大利益,也就是说,净现值越高,公司的收益越大,而现值指数只反映投资回收的程度,不反映投资回收的多少,在没有资本限量的情况下的互斥选择决策中,应选用净现值较大的投资项目。也就是说,当现值指数与净现值得出不同结论时,应以净现值为准。

总之,在无资本限量的情况下,利用净现值法对所有的投资评价都能做出正确的决策,而利用内含报酬率和现值指数在采纳与否决策中也能做出正确的决策,但在互斥选择决策中有时会做出错误的决策。因而,在这三种评价方法中,净现值法是最好的评价方法。

（五）长期投资决策方法的理性选择

公司在长期投资决策实务中采用哪种决策方法与投资项目类型有关。公司通常将资本预算项目分为:① 成本减少,如设备更新;② 现有产品扩大规模;③ 新产品开发、新业务及新市场拓展三种类型。贴现分析评价方法应用的重要程度依上述顺序递减,因为贴现分析评价方法尽管理论上科学,但其实际价值取决于未来现金流预测的可靠性。在这三类项目中,成本减少类项目的未来现金流预测相对准确,因为有较多的关于设备、成本的数据及经验可供借鉴,采用贴现分析评价方法比较可靠。第三类项目的现金流最难预测,因为公司对这类项目没有经验,未来不确定性程度高,现金流预测的可靠性程度低,第二类项目的现金流预测介于一、三两种类型之间。其次,长期投资决策方法的采用还与项目的规模有关。一般而言,大中型项目都应采用贴现分析评价方法,而小型项目评估中使用回收期法更为普遍。

四、长期投资决策方法应用

（一）固定资产更新决策

固定资产更新是对技术上或经济上不宜继续使用的旧资产，用新的资产更换，或用先进的技术对原有设备进行局部改造。固定资产更新决策主要研究两个问题：一个是决定是否更新，即继续使用旧资产还是更换新资产；另一个是决定选择什么样的资产来更新。由于旧设备总可以通过修理继续使用，所以更新决策是继续使用旧设备与购置新设备的选择。

1. 更新决策的现金流量分析

更新决策不同于一般的投资决策。一般说来，设备更换并不改变公司的生产能力，不增加公司的现金流入。更新决策的现金流量主要是现金流出。即使有少量的残值变价收入，也属于支出抵减，而非实质上的流入增加。由于只有现金流出，而没有现金流入，在旧设备与新设备未来的尚可使用年限相同时，我们可以采用贴现继续使用旧设备与购置新设备现金流出量来决策。

2. 固定资产的平均年成本

固定资产的平均年成本，是指该资产引起的现金流出的年均值。如果不考虑货币的时间价值，它是未来使用年限内的现金流出总额与使用年限的比值。如果考虑货币的时间价值，它是未来使用年限内现金流出总现值与年金现值系数的比值，即平均每年的现金流出。

使用平均年成本法时要注意的问题：

(1) 平均年成本法是把继续使用旧设备和购置新设备看作是两个互斥的方案，而不是一个更换设备的特定方案。

(2) 平均年成本法的假设前提是将来设备更换时，可以按原来的平均年成本找到可代替的设备。

3. 固定资产的经济寿命

通过固定资产的平均年成本概念，我们很容易发现，固定资产的使用初期运行费用比较低，以后随着设备逐渐陈旧，性能变差，维护费用、修理费用、能源消耗等会逐步增加。与此同时，固定资产的价值逐渐减少，资产占用的资金应计利息也会逐步减少。随着时间的递延，运行成本和持有成本呈反方向变化，两者之和呈马鞍形，这样必然存在一个平均年成本最低的最经济的使用年限。固定资产平均年成本最低的使用年限，我们称之为固定资产的经济寿命。相关图示见图 5-1。

固定资产平均年成本的计算公式如下：

$$UAC=\frac{C-\dfrac{S_n}{(1+i)^n}+\displaystyle\sum_{t=1}^{n}\frac{C_n}{(1+i)^t}}{(P/A,i,n)}$$

式中　C——固定资产原值；

S_n——n 年后固定资产余值；

C_n——第 n 年运行成本；

n——预计使用年限；

i——投资最低报酬率；

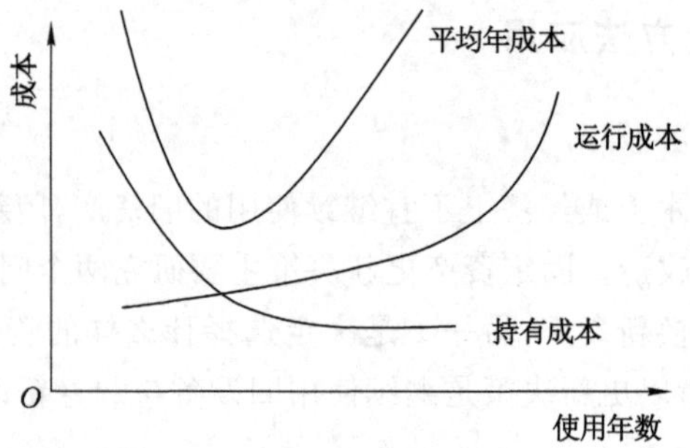

图 5-1 固定资产使用成本图

UAC——固定资产平均年成本。

一般而言,固定资产平均年成本最低的使用年限,我们称之为固定资产的经济寿命。

（二）资本限量决策

资本限量是指公司资金有一定限度,不能投资于所有可接受的项目。也就是说,有很多获利项目可供投资,但无法筹集到足够的资金。这种情况在许多公司都存在,特别是那些以内部融资为经营策略或外部融资受到限制的公司。

在资金有限量的情况下,什么样的项目将被采用呢？为了使公司获得最大的利益,应投资于一组使净现值最大的项目。这样的一组项目必须用适当的方法进行选择,有两种方法可供采用——现值指数法和净现值法。

1. 使用现值指数法的步骤

第一步:计算所有项目的现值指数,不能略掉任何项目,并列出每一个项目的初始投资。

第二步:接受现值指数(PI)$\geqslant 1$ 的项目,如果所有可接受的项目都有足够的资金,则说明资本没有限量,这一过程即可完成。

第三步:如果资金不能满足所有现值指数(PI)$\geqslant 1$ 的项目,就要对第二步进行修正。这一修正的过程是:对所有项目在资本限量内进行各种可能的组合,然后计算出各种组合的加权平均现值指数。

第四步:接受加权平均现值指数最大的一组组合项目。

2. 使用净现值法的步骤

第一步:计算所有项目的净现值,并列出项目的初始投资。

第二步:接受 $NPV \geqslant 0$ 的项目,如果所有可接受的项目都有足够的资金,则说明资本没有限量,这一过程即可完成。

第三步:如果资金不能满足所有的 $NPV \geqslant 0$ 的投资项目,那么就要对第二步进行修正。这一修正的过程是:对所有的项目都在资本限量内进行各种可能的组合,然后,计算出各种组合的净现值总额。

第四步:接受净现值的合计数最大的组合。

（三）投资开发时机决策

某些自然资源的储量不多,由于不断开采,价格将随储量的下降而上升。在这种情况下，由于价格不断上升，早开发的收入少，而晚开发的收入多，同时，钱越早赚到手越好，因此，就必须研究开发时机问题。

在进行此类决策时，决策的基本规则也是寻求使净现值最大的方案，但由于两个方案的开发时间不一样，不能把净现值简单对比，而必须把晚开发所获得的净现值换算为早开发的第 1 年初（$t=0$）时的现值，然后再进行对比。

（四）不同寿命期项目的投资决策

大部分固定资产投资都会涉及两个或两个以上的寿命不同的投资项目的选择问题。由于项目的寿命不同，因而就不能对它们的净现值、内部报酬率和现值指数进行直接比较。为了使投资项目的各项指标具有可比性，必须设法使两个项目在相同的寿命周期内进行比较。

1. 最小公倍寿命法

使投资项目的寿命周期相等的方法是最小公倍寿命法，也就是说，求出两个项目使用年限的最小公倍数。

2. 年均净现值法

年均净现值是把项目总的净现值转化为项目每年的平均净现值。

年均净现值的计算公式是：

$$ANPV=\frac{NPV}{P/A(i,n)}$$

式中　$ANPV$——年均净现值；

NPV——净现值；

$P/A(i,n)$——年金现值系数。

五、风险投资决策

投资风险分析的常用方法是风险调整贴现率法和肯定当量法。

（一）风险调整贴现率法

投资风险分析最常用的方法是风险调整贴现率法。这种方法的基本思想是对于高风险的项目，采用较高的贴现率去计算净现值，然后根据净现值法的规则来选择方案。问题的关键是根据风险的大小确定风险因素的贴现率即风险调整贴现率。

风险调整贴现率法比较符合逻辑，不仅为理论家认可，并且使用广泛。但是，把时间价值和风险价值混在一起，并据此对现金流量进行贴现，意味着风险随着时间的推移而加大，有时与事实不符。某些行业的投资，前几年的现金流量难以预料，越往后反而更有把握，如果园、饭店等。

（二）肯定当量法

为了克服风险调整贴现率法的缺点，人们提出了肯定当量法。这种方法的基本思路是先用一个系数把有风险的现金收支调整为无风险的现金收支，然后用无风险的贴现率去计算净现值，以便用净现值法的规则判断投资机会的可取程度。

$$NPV=\sum_{t=0}^{n}\frac{\partial_t CFAT_t}{(1+i)^t}$$

式中 ∂_t——t 年现金流量的肯定当量系数，它在 0～1 之间；

i——无风险的贴现率；

$CFAT$——税后现金流量。

肯定当量系数，是指不肯定的 1 元现金流量期望值相当于使投资者满意的肯定的金额的系数，它可以把各年不肯定的现金流量换算成肯定的现金流量。

$$\partial_t = \frac{\text{肯定的现金流量}}{\text{不肯定的现金流量期望值}}$$

肯定当量法的主要困难是确定合理的当量系数。肯定当量系数可以由经验丰富的分析人员凭主观判断确定，也可以像本例那样为每一档标准离差系数规定相应的肯定当量系数。标准离差系数与肯定当量系数之间的对照关系，并没有一致公认的客观标准，而与公司管理当局对风险的好恶程度有关。

肯定当量法是用调整净现值公式中的分子的办法来考虑风险，风险调整贴现率法是用调整净现值公式中分母的办法来考虑风险，这是两者的重要区别。肯定当量法克服了风险调整贴现率法夸大远期风险的缺点，可以根据各年不同的风险程度，分别采用不同的肯定当量系数，但如何确定当量系数是个困难的问题。

练 习 题

一、单项选择题（下列各小题有且只有一个正确答案，请将正确答案的标号填入题干的括号内）

1. A 企业投资 20 万元购入一台设备，无其他投资，没有建设期，预计使用年限为 20 年，直线法提折旧，无残值。设备投产后预计每年可获得净利 3 万元，则该投资的静态投资回收期为（　　）。

A. 5 年　　B. 3 年

C. 4 年　　D. 6 年

2. 年末 ABC 公司正在考虑卖掉现有的一台闲置设备。该设备于 8 年前以 50 000 元购入，税法规定的折旧年限为 10 年，按直线法计提折旧，预计净残值率为 10%；目前可以按 10 000 元价格卖出，假设所得税税率 30%，卖出现有设备对本期现金流量的影响是（　　）。

A. 减少 1 200 元　　B. 增加 1 200 元

C. 增加 8 800 元　　D. 增加 11 200 元

3. 以下关于回收期法的描述错误的是（　　）。

A. 回收期越短的项目风险越低，因为时间越长越难以预计，风险越大

B. 回收期法优先考虑急功近利的项目，可能导致放弃长期成功的项目

C. 有战略意义的长期投资往往早期收益较高，而中后期收益较低

D. 为了克服回收期法不考虑时间价值的缺点，人们提出了折现回收期法

4. 关于固定资产的经济寿命，下列说法中正确的是（　　）。

A. 固定资产的最经济使用年限是固定资产平均年成本最小的使用年限

B. 固定资产的最经济使用年限是固定资产平均年成本与持有成本之和最小的使用

年限

C. 固定资产的最经济使用年限是固定资产运行成本现值与持有成本现值之和最小的使用年限

D. 固定资产的最经济使用年限是运行成本现值之和最小的使用年限

5. 下列各项中，不会对投资项目的内含报酬率产生影响的是(　　)。

A. 项目资本成本　　B. 现金流量

C. 原始投资　　D. 项目期限

6. 甲公司有两个互斥的投资项目 M 和 N，投资期限和投资风险都不同，但都可以重置。下列情况下，可以判定 M 项目优于 N 项目的是(　　)。

A. M 的净现值＞N 的净现值

B. M 的永续净现值＞N 的永续净现值

C. M 的内含报酬率＞N 的内含报酬率

D. M 的动态投资回收期＜N 的动态投资回收期

7. 甲公司有 X、Y 两个项目组，分别承接不同的项目类型。X 项目组资本成本为 10%，Y 项目组资本成本为 14%，甲公司资本成本为 12%。下列项目中，甲公司可以接受的是(　　)。

A. 报酬率为 9%的 X 类项目

B. 报酬率为 11%的 X 类项目

C. 报酬率为 12%的 Y 类项目

D. 报酬率为 13%的 Y 类项目

8. 某投资项目某年的营业收入为 600 000 元，付现成本为 400 000 元，折旧额为 100 000 元，所得税税率为 25%，则该年营业现金净流量为(　　)元。

A. 250 000　　B. 175 000

C. 75 000　　D. 100 000

9. 某企业面临甲、乙两个投资项目。经衡量，它们的期望投资收益率相等，甲项目的标准差小于乙项目的标准差。对甲、乙项目可以做出的判断为(　　)。

A. 甲项目取得更高报酬的可能性大于乙项目

B. 甲项目取得更高报酬的可能性小于乙项目

C. 甲项目实际取得的报酬会高于其预期报酬

D. 乙项目实际取得的报酬会低于其预期报酬

10. 某投资项目需在开始时一次性投资 50 000 元，其中固定资产投资为 45 000 元，营运资金垫支 5 000 元，没有建设期。各年营业现金净流量分别为 10 000 元、12 000 元、16 000 元、20 000 元、21 600 元和 14 500 元。则该项目的静态投资回收期是(　　)年。

A. 3.35　　B. 4.00

C. 3.60　　D. 3.40

11. 某项目的投资总额为 450 万元，建设期为 0，预计投产后第 1～3 年每年现金净流量为 65 万元，第 4～6 年每年现金净流量为 70 万元，第 7～10 年每年现金净流量为 55 万元。则该项目的静态回收期为(　　)。

A. 8.18 年　　B. 6.43 年

C. 6.82 年　　D. 6.92 年

12. 在项目投资决策中，下列关于现值指数法的表述错误的是(　　)。

A. 现值指数可以反映投资效率

B. 现值指数法适用于对原始投资额不同的独立投资方案进行比较和评价

C. 现值指数小于 1，则方案可行

D. 现值指数考虑了货币时间价值

13. 某投资项目在折现率为 10% 时，净现值为 100 万元；折现率为 14% 时，净现值为 −150 万元。则该项目的内含收益率为(　　)。

A. 12.4%　　B. 11.33%

C. 11.6%　　D. 12.67%

14. 对于寿命期不同的互斥投资方案，下列各项中，最为适用的决策指标是(　　)。

A. 动态回收期　　B. 净现值

C. 内含收益率　　D. 年均净现值

15. 甲企业打算投资一个项目，目前的流动资产为 100 万元，流动负债为 60 万元。该项目投资之后，流动资产需要达到 150 万元，流动负债需要达到 80 万元。则为该项投资垫支的营运资金为(　　)万元。

A. 20　　B. 30

C. 50　　D. 70

16. 某投资项目只有第一年年初产生现金净流出，随后各年均产生现金净流入，且其动态回收期短于项目的寿命期，则该投资项目的净现值(　　)。

A. 大于 0　　B. 无法判断

C. 等于 0　　D. 小于 0

17. 如果某投资项目在建设起点一次性投入资金，随后每年都有正的现金净流量，在采用内含收益率对该项目进行财务可行性评价时，下列说法正确的是(　　)。

A. 如果内含收益率大于折现率，则项目净现值大于 1

B. 如果内含收益率大于折现率，则项目现值指数大于 1

C. 如果内含收益率小于折现率，则项目现值指数小于 0

D. 如果内含收益率等于折现率，则项目动态回收期小于项目寿命期

18. 在对某独立投资项目进行财务评价时，下列各项中，不能据以判断该项目具有财务可行性的是(　　)。

A. 以必要报酬率作为折现率计算的项目，现值指数大于 1

B. 以必要报酬率作为折现率计算的项目，净现值大于 0

C. 项目静态投资回收期小于项目寿命期

D. 以必要报酬率作为折现率，计算的年均净现值大于 0

19. 投资决策评价方法中，对于互斥方案来说，最好的评价方法是(　　)。

A. 净现值法　　B. 现值指数法

C. 内含报酬率法　　D. 投资回收期法

20. 下列关于投资回收期的说法中，不正确的是(　　)。

A. 它忽略了货币的时间价值

B. 它需要一个主观上确定的最长的可接受的回收期作为评价的依据

C. 它不能测度项目的盈利性

D. 它不能测度项目的流动性

21. 下列关于投资决策评价方法的说法中，正确的是(　　)。

A. 净现值法不但能够反映各种投资方案的净收益，还能揭示各个投资方案本身能达到的实际报酬率

B. 在只有一个备选方案的采纳与否决策中，净现值法与内含报酬率法得出的结果总是一致的

C. 现值指数可以看作1元的原始净投资获得的现值净收益

D. 在资本有限但投资机会比较充足的情况下，净现值法也是优于现值指数法的

二、多项选择题(下列各小题中有两个或两个以上符合题意的正确答案，请将正确答案的标号填入题干的括号内)

1. 甲企业计划生产M产品。现有旧设备一台，原值5 000万元，已提折旧3 500万元，账面价值1 500万元。如使用旧设备生产M产品，需对其进行技术改造，追加支出1 000万元。企业也可购入新设备生产M产品，新设备市价2 000万元，可将旧设备作价1 200万元以旧换新。假设不考虑所得税等相关税费的影响。下列关于企业改造旧设备或购买新设备的决策中，正确的有(　　)。

A. 旧设备的已提折旧与决策无关

B. 旧设备的以旧换新作价与决策无关

C. 旧设备的账面价值属无关成本

D. 改造旧设备比购买新设备多支出200万元

2. 下列各项指标中，改变折现率影响其计算结果的有(　　)。

A. 净现值　　B. 内含报酬率

C. 会计收益率　　D. 动态回收期

3. 甲公司拟在华东地区建立一家专卖店，经营期限6年，资本成本8%。假设该投资的初始现金流量发生在期初，营业现金流量均发生在投产后各年年末。该投资现值指数小于1，下列关于该投资的说法中，正确的有(　　)。

A. 净现值小于0　　B. 内含报酬率小于8%

C. 动态回收期小于6年　　D. 会计报酬率小于8%

4. 对于两个期限不同的互斥项目，可采用最小公倍数法或年均净现值法进行项目决策。下列关于两种方法共同缺点的说法中，正确的有(　　)。

A. 未考虑竞争导致的收益下降

B. 未考虑项目收入带来的现金流入

C. 未考虑通货膨胀导致的重置成本上升

D. 未考虑技术更新换代导致的投入产出变化

5. 采用净现值法评价投资项目可行性时，贴现率选择的依据通常有(　　)。

A. 市场利率　　B. 期望最低投资报酬率

C. 企业平均资本成本率　　D. 投资项目的内含报酬率

6. 某项目需要在第一年年初投资76万元，寿命期为6年，每年年末产生现金净流量20万元。已知 $P/A(14\%,6)=3.8887$，$P/A(15\%,6)=3.7845$。若公司根据内含报酬率法认定该项目具有可行性，则该项目的必要投资报酬率不可能为（　　）。

A. 16%　　B. 13%

C. 14%　　D. 15%

7. 作为投资项目经济评价方法，下列关于净现值法的表述中，正确的有（　　）。

A. 净现值大于0，说明投资方案的实际收益率大于折现率

B. 可以用于项目年限相同的互斥投资方案的决策

C. 计算净现值所采用的折现率容易确定

D. 能够根据项目投资风险选择不同的折现率

8. 对于同一投资方案，下列说法中正确的有（　　）。

A. 资本成本越高，净现值越低

B. 资本成本越高，净现值越高

C. 资本成本高于内含报酬率时，净现值小于零

D. 资本成本高于内含报酬率时，净现值大于零

9. 下列各项投资决策评价方法中，使用折现现金流量的有（　　）。

A. 净现值　　B. 内含报酬率

C. 会计收益率　　D. 动态回收期

10. 下列关于肯定当量法的说法中，正确的有（　　）。

A. 肯定当量系数一定在0到1之间

B. 肯定当量法的主要困难在于确定合理的当量系数

C. 管理层对风险的偏好程度与肯定当量法的评价结果无关

D. 肯定当量法是通过调整净现值公式中的分母的办法来考虑风险的

11. 下列投资项目财务评价指标中，考虑了项目寿命期内全部现金流量的有（　　）。

A. 现值指数　　B. 动态回收期

C. 年金净流量　　D. 内含收益率

三、判断题（请在正确的题后括号内打√，错误的打×）

1. 在独立投资方案决策中，只要方案的现值指数大于0，该方案就具有经济上可行性。（　　）

2. 对单个投资项目进行财务可行性评价时，利用净现值法和现值指数法所得出的结论是一致的。（　　）

3. 付现成本是指每年需要支付现金的销售成本，在数量上应等于销售收入减税后利润后，再与折旧相加之和。（　　）

4. 在确定投资方案的相关现金流量时，应遵循的最基本的原则是：只有增量现金流量才是与项目相关的现金流量。（　　）

5. 某投资方案需要使用企业原有的固定资产，由于该固定资产不需动用资金购买，属于沉没成本，因而是决策时不需考虑的非相关成本。（　　）

6. 在投资决策分析中，现金流动状况比盈亏状况更重要，一个项目是否能维持下去，不

取决于一定期间是否盈利，而取决于有没有现金用于各种支付。（　）

7. 在某项目投产后，企业原有的其他产品的销售量可能也因此而改变，则在计算该项目的现金流量时，应按照新项目的销售收入用原有产品的销售收入变动额调整后的金额计算。（　）

8. 现值指数是一个相对数指标，反映投资的效率；而净现值是一个绝对数指标，反映投资的效益。（　）

9. 内含报酬率是指能使投资方案的净现值为零时的贴现率，或者说，是使未来现金流入量等于未来现金流出量时的报酬率。（　）

10. 肯定当量法是用调整净现值公式的分母的方法考虑风险的，而风险调整贴现率法是用调整净现值公式的分子的方法考虑风险的，肯定当量法能克服风险调整贴现率法浮夸远期风险的缺点。（　）

11. 在整个投资有效年限内，利润总计和现金净流量总计是相等的，因而，现金净流量可以代替利润作为评价投资项目的指标。（　）

12. 投资项目的现金流量中的现金不仅包括各种货币资金，还包括项目需要使用的企业原有的非货币资源的变现价值。（　）

13. 非贴现的方法由于不考虑时间价值，是过去评价投资方案的最常用方法，目前只作为评价时的辅助方法使用。（　）

14. 某公司想新建厂房，之前已经支付了10万元的咨询费用，这10万元是公司进行新建厂房决策时的相关成本。（　）

15. 在计算营业现金流量时，应将机会成本视为现金流出。（　）

16. 在有资本限额的情况下，一般不使用内含报酬率法进行决策。（　）

17. 固定资产投资方案的内含报酬率只有一个。（　）

18. 某些自然资源的储量不多，由于不断开采，价格将随着储量的下降而上升，因此对这些自然资源越晚开发越好。（　）

19. 进行长期投资决策时，如果某备选方案净现值比较小，那么该方案的内涵报酬率也相对较低。（　）

20. 在互斥选择决策中，净现值法有时会做出错误的决策，内含报酬率法则始终能得出正确的答案。（　）

四、计算题

1. 某公司有一台设备，购于两年前，现在考虑是否需要更新。该公司所得税税率为40%，要求的最低投资报酬率为10%，两台设备的生产能力相同，其他有关资料见表5-1。

表5-1　设备有关资料　　金额单位：元

项目	旧设备	新设备
原价	52 000	63 000
税法规定残值	2 000	3 000
税法规定使用年限/年	5	5

表5-1(续)

项目	旧设备	新设备
已用年限/年	2	
尚可使用年限/年	4	4
每年付现操作成本	20 000	15 000
两年年末大修成本	4 000	
最终报废残值	500	1 000
目前变现价值	37 000	
每年折旧额	10 000	12 000

要求：比较两个方案的现金流出总现值，做出是否更新的决策。

2. 某公司有 A、B、C、D 四个投资项目可供选择，有关资料见 5-2。

表 5-2 投资项目有关资料 金额单位：元

投资项目	原始投资	净现值	现值指数
A	130 000	77 000	1.59
B	140 000	63 500	1.45
C	310 000	131 000	1.42
D	160 000	65 000	1.41

要求：

(1) 当投资总额限定为 45 万元时，做出投资组合决策。

(2) 如果 A、D 为互斥方案，当投资总额限定为 60 万元时，做出投资组合决策。

3. 甲公司拟投产一新产品，需要购置一套专用设备，预计价款 900 000 元，追加流动资金 145 822 元。该公司的会计政策与税法规定相同，设备按 5 年折旧，采用直线法计提，净残值率为零。该新产品预计销售单价 20 元/件，单位变动成本 12 元/件，每年增加固定付现成本 500 000 元。该公司所得税税率为 25%，投资的最低收益率为 10%。已知 $P/F(10\%, 5)=0.620\ 9$，$P/A(10\%,5)=3.790\ 8$。假定净现值为零。

要求：

(1) 计算预期未来现金流入量的现值。

(2) 计算收回的流动资金现值。

(3) 计算每年的营业现金流量(假设各年都相等，考虑时间价值，不包括收回的流动资金)。

(4) 计算每年税后营业利润。

(5) 计算每年的销售量。

4. 乙公司为了扩大生产能力，拟购买一台新设备，该投资项目相关资料如下。

资料一：新设备的投资额为 1 800 万元，经济寿命期为 10 年。采用直线法计提折旧，预计期末净残值为 300 万元。假设设备购入即可投入生产，不需要垫支营运资金，该企业计提折旧的方法、年限、预计净残值等与税法规定一致。

资料二：新设备投资后第1～6年每年为企业增加营业现金净流量400万元，第7～10年每年为企业增加营业现金净流量500万元，项目终结时，预计设备净残值全部收回。

资料三：假设该投资项目的贴现率为10%，相关货币时间价值系数见表5-3。

表5-3　相关货币时间价值系数表

期数(n)	4	6	10
$P/F(10\%,n)$	0.683	0.564 5	0.385 5
$P/A(10\%,n)$	3.169 9	4.355 3	6.144 6

要求：

(1) 计算项目静态投资回收期。

(2) 计算项目净现值。

(3) 评价项目投资可行性并说明理由。

5. 甲公司拟投资一新项目，该项目建设期两年，每年年初分别投资50万元，税法规定折旧年限为6年，残值为10万元，直线法计提折旧。营业期6年，营业期期初垫支营运资金20万元用于经营周转，在项目结束时收回。项目投产后，第一年销售收入40万元，第2至3年销售收入均为60万元，第4至6年销售收入均为100万元；变动成本率为40%，每年付现固定成本为5万元，6年后预计残值为6万元。该项投资要求的必要报酬率为10%，假设所得税税率为25%。

要求：

(1) 计算新项目每年折旧额。

(2) 计算原始投资额。

(3) 计算各年现金净流量。

(4) 计算净现值。

6. 甲生物制药公司拟于2024年年末投资建设一条新药生产线，项目期限3年。现正进行可行性研究。相关信息如下。

该项目需要一栋厂房、一套生产设备和一项特许使用权。厂房拟用目前公司对外出租的闲置厂房，租金每年200万元，每年年初收取。生产设备购置安装成本5 000万元，按直线法计提折旧，折旧年限5年，无残值，预计3年后变现价值2 500万元。特许使用权需一次性支付3 000万元，使用期限3年，按使用年限平均摊销，无残值。按税法规定，当年折旧和摊销可在当年抵扣所得税。该项目无建设期。

生产线建成后，预计新药2025年、2026年、2027年每年营业收入分别为6 000万元、7 000万元、7 000万元。每年付现固定成本500万元，付现变动成本为当年营业收入的25%。

该项目需要占用的营运资本与营业收入存在函数关系：营运资本＝200万元＋当年营业收入×20%。每年新增的营运资本在年初投入，项目结束时全部收回。

假设设备购置和特许使用权支出发生在2024年年末，各年营业现金流量均发生在当年年末。

项目加权平均资本成本为12%。企业所得税税率为25%。

要求：

(1) 估计该项目2024—2027年年末的相关现金流量和净现值。

(2) 如果项目加权平均资本成本上升到14%，其他因素不变，计算项目的净现值。

(3) 基于(1)和(2)的结果，计算项目净现值对资本成本的敏感系数。

7. 甲公司是一家护肤品生产企业，为适应市场需求，2024年年末拟新建一条高端护肤品生产线，项目期限5年。相关资料如下。

(1) 新建生产线需要一栋厂房、一套生产设备和一项专利技术。新建厂房成本5 000万元，根据税法相关规定，按直线法计提折旧，折旧年限20年，无残值。假设厂房建设周期很短，2024年年末即可建成使用，预计5年后变现价值4 000万元。生产设备购置成本2 000万元，无须安装，根据税法相关规定，按直线法计提折旧，折旧年限5年，无残值，预计5年后变现价值为零。一次性支付专利使用费1 000万元，可使用5年，根据税法相关规定，专利技术使用费按受益年限平均摊销。

(2) 生产线建成后，预计高端护肤品第一年销售收入5 000万元，第二年及以后每年销售收入6 000万元。付现变动成本占销售收入的20%，付现固定成本每年1 000万元。

(3) 项目需增加营运资本200万元，于2024年年末投入，项目结束时收回。

(4) 项目投产后，由于部分原中低端产品客户转而购买高端产品，预计会导致中低端产品销售收入每年流失500万元，同时付现变动成本每年减少200万元。

(5) 假设厂房、设备和专利技术使用费相关支出发生在2024年年末，各年营业现金流量均发生在当年年末。

(6) 项目加权平均资本成本为14%，企业所得税税率为25%。

要求：

(1) 计算该项目2024—2029年年末的相关现金净流量和净现值。

(2) 计算该项目的动态投资回收期。

(3) 分别用净现值法和动态投资回收期法判断该项目是否可行。假设甲公司设定的项目动态投资回收期为3年。

8. 某企业有一项6年前购入的旧专用模具打算变卖，另行购置一套新的通用模具来替换它。该专用模具购入时的价格为783 000元，当时估计该模具报废时的净残值为3 000元，使用年限为10年，采用直线法计提折旧，经过资产评机构评估，该专用模具目前变现价值为243 000元。更新的通用模具的市场价格为482 000元，估计只能使用4年，届时报废的预计净残值为2 000元，采直线法计提折旧，使用通用模具可以扩大市场占有率，使企业在以后的4年内每年增加营业收入150 000元(付现成本要增加30 000元)。假设模具的替换不影响企业的正常生产经营，该企业适用的所得税税率为40%，该行业的行业基准投资收益率为12%。

要求：

(1) 根据所得税对收入和折旧的影响计算，使用更新模具和继续使用旧模具各年现金净流量之差。

(1) 用净现值的差额分析法做出是否需要对旧模具进行更新改造的投资决策。

参考答案

一、单项选择题

题号	1	2	3	4	5	6	7	8	9	10
答案	A	D	C	A	A	B	B	B	B	C
题号	11	12	13	14	15	16	17	18	19	20
答案	C	C	C	D	B	A	B	C	A	D
题号	21									
答案	C									

二、多项选择题

题号	1	2	3	4	5	6	7	8	9	10
答案	ACD	AD	AB	ACD	ABC	AD	ABD	AC	ABD	AB
题号	11									
答案	ACD									

三、判断题

题号	1	2	3	4	5	6	7	8	9	10
答案	×	√	×	√	×	√	√	√	√	×
题号	11	12	13	14	15	16	17	18	19	20
答案	√	√	√	×	√	√	×	×	×	×

四、计算题

1. 相关计算见表 5-4。

表 5-4 设备有关资料 金额单位:元

项目	现金流量	年次	系数	现值
继续使用旧设备				
旧设备变现价值	(37 000)	0	1.000	(37 000)
旧设备变现收益纳税	(37 000－32 000)×40%＝2 000	0	1.000	2 000
每年付现操作成本	(20 000×(1－40%))＝(12 000)	1～4	3.170	(38 040)
每年折旧抵税	10 000×40%＝4 000	1～3	2.487	9 948

表5-4(续)

项目	现金流量	年次	系数	现值
两年年末大修成本	(4 000×(1−40%))=(2 400)	2	0.826	(1 982.4)
残值变现收入	500	4	0.683	341.5
残值变现净损失抵税	(2 000−500)×40%=600	4	0.683	409.8
合计				(64 323.1)
更换新设备				
设备投资	(63 000)	0	1.000	(63 000)
每年付现操作成本	(15 000×(1−40%))=(9 000)	1~4	3.170	(28 530)
每年折旧抵税	12 000×40%=4 800	1~4	3.170	15 216
残值变现收入	1 000	4	0.683	683
残值变现净损失抵税	(15 000−1 000)×40%=5 600	4	0.683	3 824.8
合计				(71 806.2)

根据计算结果可知，更换新设备的现金流出总现值(71 806.2 元)比继续使用旧设备的现金流出总现值(64 323.1 元)多，因此继续使用旧设备较好。

说明：

(1) 新设备在第 4 年年末变现时，折余价值＝63 000－12 000×4＝15 000(元)，所以，残值变现净损失抵税＝(15 000－1 000)×40%＝5 600(元)。

(2) 对于旧设备而言，税法规定的折旧年限总共为 5 年，由于已经使用了 2 年，因此，目前的折余价值＝52 000－10 000×2＝32 000(元)，目前旧设备变现收益纳税＝(37 000－32 000)×40%＝2 000(元)。

(3) 对于旧设备而言，由于还可以继续使用 4 年，所以，继续使用 4 年后才报废，应该在继续使用的第 4 年年末计算设备残值变现净损失。

(4) 由于旧设备继续使用 3 年后折旧已经计提完毕，所以，继续使用的第 4 年，旧设备不再计提折旧，因此，报废时旧设备的折余价值＝52 000－10 000×5＝2 000(元)，残值变现净损失抵税＝(2 000－5 00)×40%＝600(元)。

2. (1) 当投资总额限定为 45 万元时，因为 A＋C 组合的投资总额为 44 万元，且它的净现值为 208 000 元，大于 A＋B、B＋C、B＋D、A＋B＋D、A＋D 组合，所以最佳投资组合方案是 A＋C。

(2) 当投资总额限定为 60 万元时，虽然 A＋C＋D 投资总额正好是 60 万元，且净现值总额 273 000 元大于其他方案组合，但是由于 A、D 是互斥方案，所以不能在同一组合中出现，因此 A＋B＋C 组合是此时的最优组合，它的投资总额是 580 000 元，净现值是 271 500 元。

3. (1) 预期未来现金流入量的现值应等于流出量的现值＝设备投资＋垫支流动资金＝900 000＋145 822＝1 045 822(元)。

(2) 收回的流动资金现值＝145 822×$(P/F, 10\%, 5)$

＝145 822×0.620 9＝90 540.88(元)。

(3) 每年的营业现金流量＝(1 045 822－90 540.88)/(P/A,10%,5)

=955 281.12÷3.790 8=251 999.87(元)。

(4) 每年税后营业利润=251 999.87-(900 000/5)

=251 999.87-180 000=71 999.87(元)。

(5) 每年税前营业利润=71 999.87/(1-25%)=95 999.83(元)。

销售量=(500 000+180 000+95 999.83)/(20-12)=96 999.98(件)。

4. (1) 项目静态投资回收期=1 800/400=4.5(年)。

(2) 项目净现值=-1 800+400×P/A(10%,6)+500×P/A(10%,4)×P/F(10%,6)+300×P/F(10%,10)=1 800+400×4.355 3+500×3.169 9×0.564 5+300×0.385 5=952.47(万元)。

(3) 项目静态投资回收期小于经济寿命期,且该项目净现值大于0,所以项目投资可行。

5. (1) 新项目每年折旧额=(50+50-10)/6=15(万元)。

(2) 原始投资额=50+50+20=120(万元)。

(3) NCF_0=-50(万元)。

NCF_1=-50(万元)。

NCF_2=-20(万元)。

NCF_3=40×(1-40%)×(1-25%)-5×(1-25%)+15×25%=18(万元)。

$NCF_{4\sim5}$=60×(1-40%)×(1-25%)-5×(1-25%)+15×25%=27(万元)。

$NCF_{6\sim7}$=100×(1-40%)×(1-25%)-5×(1-25%)+15×25%=45(万元)。

NCF_8=100×(1-40%)×(1-25%)-5×(1-25%)+15×25%+6+(10-6)×25%+20=72(万元)。

(4) 净现值=-50-50×P/F(10%,1)-20×P/F(10%,2)+18×P/F(10%,3)+27×P/A(10%,2)×P/F(10%,3)+45×P/A(10%,2)×P/F(10%,5)+72×P/F(10%,8)=18.82(万元)。

6. (1) 估计该项目2024—2027年年末的相关现金流量和净现值,见表5-5。

表5-5　项目2024—2027年年末的相关现金流量和净现值　　单位:万元

项目	2024年年末	2025年年末	2026年年末	2027年年末
税后营业收入		4 500	5 250	5 250
税后付现变动成本		-1 125	-1 312.50	-1 312.50
税后边际贡献		3 375	3 937.50	3 937.50
税后付现固定成本		-375	-375	-375
租金	-200	-200	-200	
租金抵税		50	50	50
设备购置	-5 000			
设备折旧抵税		250	250	250
设备变现收入				2 500
设备变现缴税				-125

表5-5(续)

项目	2024 年年末	2025 年年末	2026 年年末	2027 年年末
特许使用权购入	−3 000			
特许使用权摊销抵税		250	250	250
营运资本	−1 400	−200		1 600
现金净流量	−9 600	3 150	3 912.50	8 087.50
折现系数(12%)	1	0.892 9	0.797 2	0.711 8
现值	−9 600	2 812.64	3 119.05	5 756.68
净现值	2 088.37			

计算说明：

以 2027 年为例。

税后营业收入＝7 000×(1－25%)＝5 250(万元)。

税后付现变动成本＝7 000×25%×(1－25%)＝1 312.50(万元)。

税后边际贡献＝5 250－1 312.50＝3 937.50(万元)。

税后付现固定成本＝500×(1－25%)＝375(万元)。

租金抵税＝200×25%＝50(万元)。

设备折旧抵税＝(5 000÷5)×25%＝250(万元)。

设备变现收入＝2 500(万元)。

设备变现缴税＝[2 500－(5 000－3×5 000/5)]×25%＝125(万元)。

特许经营权摊销抵税＝(3000÷3)×25%＝250(万元)。

营运资本收回＝1 400＋200＝1 600(万元)。

2027 现金净流量＝3 937.50－375＋50＋250＋2 500－125＋250＋1 600＝8 087.50(万元)。

(2) 项目加权平均资本成本上升到 14%，其他因素不变，计算项目的净现值。净现值＝1 632.53(万元)。

(3) 敏感系数＝[(1 632.53－2 088.37)/2 088.37]/[(14%－12%)/12%]＝－1.31。

7. (1) 计算该项目 2024—2029 年年末的相关现金净流量和净现值，见表 5-6。

表 5-6 项目 2024—2029 年年末的相关现金净流量和净现值 金额单位：元

项目	2024 年年末	2025 年年末	2026 年年末	2027 年年末	2028 年年末	2029 年年末
初始投资	−8 200					
增加的销售收入		4 500	5 500	5 500	5 500	5 500
增加的变动付现成本		800	1 000	1 000	1 000	1 000
增加的固定付现成本		1 000	1 000	1 000	1 000	1 000
折旧与摊销		850	850	850	850	850
增加的净利润		1 387.5	1 987.5	1 987.5	1 987.5	1 987.5

表5-6(续)

项目	2024年年末	2025年年末	2026年年末	2027年年末	2028年年末	2029年年末
营运资本回收						200
厂房变现的现金净流量						3 937.5
现金净流量	−8 200	2 237.5	2 837.5	2 837.5	2 837.5	6 975
折现系数	1	0.877 2	0.769 5	0.675 0	0.592 1	0.519 4
现值	−8 200	1 962.74	2 183.46	1 915.31	1 680.08	3 622.82
净现值	3 164.41					

计算说明：

2024年年末现金流量：

厂房5 000＋设备2 000＋专利1 000＋营运资本200＝8 200(万元)。

2025年年末现金流量：

年折旧：

厂房＝5 000/20＝250(万元)。

设备＝2 000/5＝400(万元)。

专利＝1 000/5＝200(万元)。

增加的销售收入＝5 000－500＝4 500(万元)。

增加的变动付现成本＝5 000×20%－200＝800(万元)。

增加的固定付现成本＝1 000(万元)。

折旧与摊销＝850(万元)。

增加的净利润＝(4 500－800－1 000－850)×(1－25%)＝1 387.5(万元)。

增加的营业现金净流量＝1 387.5＋850＝2 237.5(万元)。

2026—2028年年末现金流量：

增加的销售收入＝6 000－500＝5 500(万元)。

增加的变动付现成本＝6 000×20%－200＝1 000(万元)。

增加的固定付现成本＝1 000(万元)。

折旧与摊销＝850(万元)。

增加的净利润＝(5 500－1 000－1 000－850)×(1－25%)＝1 987.5(万元)。

增加的营业现金净流量＝1 987.5＋850＝2 837.5(万元)。

2029年年末现金流量：

增加的营业现金净流量＝1 987.5＋850＝2 837.5(万元)。

营运资本回收200万元。

厂房账面价值＝5 000－250×5＝3 750(万元)。

厂房变现的现金净流量＝4 000－(4 000－3 750)×25%＝3 937.5(万元)。

增加的现金流量总额＝2 837.5＋200＋3 937.5＝6 975(万元)。

项目净现值＝－8 200＋2 237.5×P/F(14%,1)＋2 837.5×P/F(14%,2)＋2 837.5×P/F(14%,3)＋2 837.5×P/F(14%,4)＋6 975×P/F(14%,5)

$=-8\ 200+2\ 237.5\times0.877\ 2+2\ 837.5\times0.769\ 5+2\ 837.5\times0.675\ 0+2\ 837.5\times0.592\ 1+6\ 975\times0.519\ 4$

$=-8\ 200+1\ 962.74+2\ 183.46+1\ 915.31+1\ 680.08+3\ 622.82$

$=3\ 164.41$(万元)。

[或$=-8\ 200+2\ 237.5\times P/F(14\%,1)+2\ 837.5\times P/F(14\%,3)\times P/F(14\%,1)+6\ 975\times P/F(14\%,5)$

$=-8\ 200+2\ 237.5\times0.877\ 2+2\ 837.5\times2.321\ 6\times0.877\ 2+6\ 975\times0.519\ 4$

$=-8\ 200+1\ 962.74+5\ 778.59+3\ 622.82$

$=3\ 164.15$(万元)。]

(2) 动态回收期$=4+(3\ 622.82-3\ 164.41)/3\ 622.82=4.13$(年)。

(3) 用净现值法判断,该项目可行。

用动态投资回收期法判断,该项目不可行。

8. (1) 使用新模具的年折旧额$=(482\ 000-2\ 000)/4=120\ 000$(元)。

继续使用旧模具的年折旧额$=(783\ 000-3\ 000)/10=78\ 000$(元)。

更新旧模具的损失$=783\ 000-(783\ 000-3\ 000)/10\times6-243\ 000=72\ 000$(元)。

营业现金流量(NCF)=税后收入−税后成本+税负减少

=收入×(1−税率)−付现成本×(1−税率)+折旧×税率

$NCF_0=243\ 000-482\ 000+72\ 000\times40\%=-210\ 200$(元)。

$NCF_{1\sim3}=-150\ 000\times(1-40\%)-30\ 000\times(1-40\%)+(120\ 000-78\ 000)\times40\%$

$=88\ 800$(元)。

$NCF_4=150\ 000\times(1-40\%)-30\ 000\times(1-40\%)+(120\ 000-78\ 000)\times40\%+(2\ 000-3\ 000)$

$=87\ 800$(元)。

(2) 差额净现值$=-210\ 200+88\ 800\times2.401\ 8+87\ 800\times0.635\ 5=58\ 876.74$(元)。

因此,对旧专用模具进行更新改造对企业是有利的。

第六章　营运投资决策

思 维 导 图

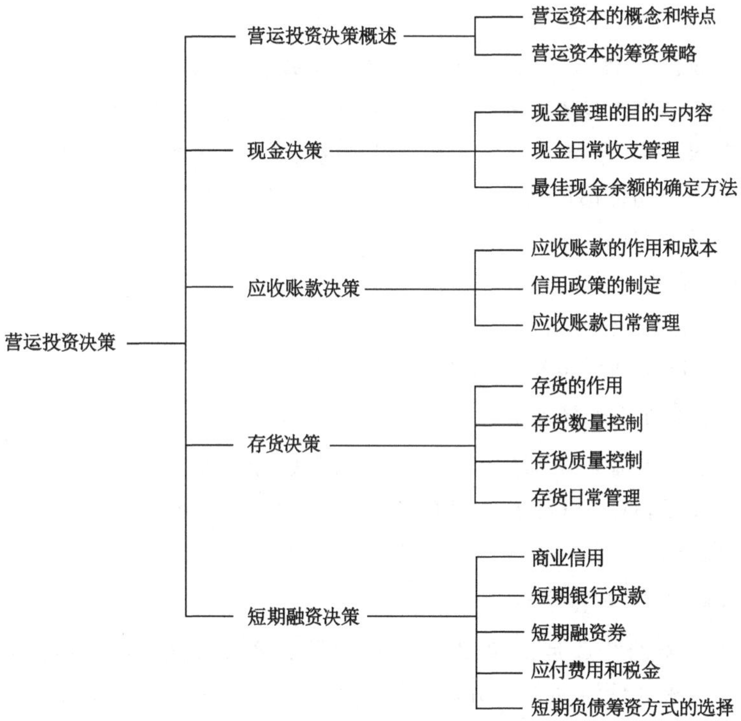

学习目的与要求

本章主要介绍企业营运投资决策的理论与方法。首先从整体上介绍营运资本的概念及特点、企业营运资本筹资策略，然后结合企业经常使用的流动资产和流动负债，具体介绍现金持有的动机、现金的日常收支管理、最佳现金持有量的确定、应收账款的作用、信用政策的制定及变更决策、应收账款的日常管理、存货的作用、存货总量的控制方法、重点存货的界定方法及控制方法、商业信用的形式及成本、短期银行贷款和短期融资券决策。通过本章学习，学生应理解企业营运投资决策的特点及目标，掌握各类流动资产的决策方法，了解流动负债的类型及特点。

(1) 本章学习的重点内容：① 理解营运资本的特点及其筹资策略；② 掌握最佳现金持有量的确定方法；③ 掌握并应用应收账款投资决策需要考虑的内容；④ 掌握重点存货控制的方法；⑤ 掌握商业信用决策的评价方法。

(2) 本章学习的难点内容:① 理解不同类型的营运资本筹资策略;② 掌握确定最佳现金持有量的存货模式;③ 掌握应收账款投资的成本及信用政策的确定;④ 理解存货经济批量确定方法、再订货点及保险储备的计算。

本章核心内容

一、营运投资决策概述

(一) 营运资本的概念和特点

营运资本又称营运资金,是用以维持企业日常经营活动正常进行所需要的资金,是指在企业生产经营活动中占用在流动资产上的资金。营运资本有广义和狭义之分,广义的营运资本又称毛营运资本,是指一个企业流动资产的总额;狭义的营运资本又称净营运资本,是指流动资产减去流动负债后的余额。在企业的财务管理中,常指狭义的营运资本。

营运资本一般具有以下特点:

(1) 营运资本的来源灵活多样。

(2) 营运资金的数量具有波动性。

(3) 营运资金的实物形态易变动且具有并存性。

(二) 营运资本的筹资策略

营运资金筹资策略是指如何配置流动资产与其资金来源。按照营运资金与长期、短期资金来源的配合关系,依其风险和收益的不同,营运资金筹资策略主要有三种类型:稳健型、激进型和匹配型。

1. 稳健型(保守型)筹资策略

稳健型筹资策略的特点是:临时性负债只满足部分临时性流动资产的需要,另一部分临时性流动资产和永久性流动资产由长期负债和权益资本等融资方式来满足。

稳健型筹资策略是一种低风险、低收益、高成本的筹资策略。当临时性流动资产出现高峰时,企业只需要融通少量的流动负债就可以解决,其他长期资产通过长期资金来满足,因此流动负债占全部资金的比重较低,企业短期偿债的风险大大降低;而由于长期资金(永久性流动资产和固定资产所占用资金)占全部资金的比重增加,导致企业资金成本水平上升,企业收益水平下降。

2. 激进型(冒险型)筹资策略

激进型筹资策略的特点是:临时性负债不仅要融通临时性流动资产的资金需要,还要解决部分永久性资产的资金需要。

激进型筹资策略是一种高风险、高收益、低成本的筹资策略。企业长期资本不能满足永久性资产的需求,要依赖短期负债来弥补,短期负债除了满足临时性流动资产的需要外,还要满足永久性流动资产的部分需求,从而使企业的短期负债所占比重较大,加大筹资风险。而由于短期资金占全部资金的比重增加,导致企业资金成本水平下降,企业收益水平上升。

3. 匹配型(折中型)筹资策略

匹配筹资策略的特点是:对于临时性流动资产,运用临时性负债筹集资金来满足其需要;对于永久性资产(永久性流动资产和固定资产),运用长期资本融资方式来满足。这种策略是处于保守与激进之间的策略。

匹配型筹资策略是一种风险收益适中的筹资策略。企业负债的期限结构与企业资产的寿命周期相匹配。这种筹资策略可以降低企业到期不能偿债的风险,使风险报酬适中。

二、现金决策

(一) 现金管理的目的与内容

1. 公司拥有现金的动机

(1) 交易动机。

(2) 预防动机。

(3) 投机动机。

2. 现金管理的目的

公司加强现金管理的目的,就是保证公司生产经营所需的现金,并从闲置的现金中得到最大的利息收入。

3. 现金管理的内容

(1) 现金流量的管理。即现金收支管理,包括加速收款,控制支出与银行保持良好的关系。

(2) 通过现金预算估计现金需求量。现金预算能帮助公司财务部门规划和控制公司现金收支。

(3) 确定理想的现金余额。当公司实际的现金余额和理想余额不一致时,可采用短期融资策略或短期金融资产投资策略。

(二) 现金日常收支管理

现金日常收支管理通常有两种办法:一种是资金预算(又称现金预算),另一种是采用特定的技术加速现金收回和控制货币资金的支出。

1. 加速收款

(1) 缩短应收款的收款期限。

(2) 集中银行。采用集中银行的具体做法是:

① 公司以服务地区和各销售区的账单数量为依据设立若干收款中心,并指定一个收款中心(通常是设立在公司总部所在地的收账中心),账户为集中银行。

② 公司通知客户将货款送到最近的收款中心而不必送到公司总部。

③ 收款中心将每天收到的货款存入当地银行,然后再把多余的现金从地方银行汇入集中银行即公司开立的主要存款账户的商业银行。

(3) 锁箱法。锁箱法是指企业在各主要城市租用专门用来收取客户汇款的邮箱。采用锁箱法可以免去公司收取支票、内部处理、支票送存银行的时间。因而,与集中银行相比,锁箱法更加缩短了收款时间,提高了收款速度。但是采用锁箱法的成本较高,租用邮政信箱需要支付租金,授权当地银行开启邮政信箱,要向银行支付手续费,这样,就增加了公司的费用支出。是否采用锁箱法,必须在锁箱法带来的收益和额外付出的成本之间进行权衡。如果增加的费用支出比收益小,则可采用该系统;反之,则不宜采用。

(4) 其他方法。除了上述三种方法外,加速收款还有一些方法,比如在邮寄技术上,公司可以在信上附上寄回的信封,客户在邮寄支票时就显得方便,收款速度就加快。对于一些金额较大的货款,可采用直接派人前往收取支票并送存银行,以加速收款。

2. 控制支出

(1) 推迟应付款的支付。

(2) 工资支出模式。

(3) 运用现金浮游量。所谓现金浮游量,是指公司账户上现金余额与银行账户上所示的存款余额之间的差额。有时公司账簿上的现金余额已为零,而银行账簿上该公司的现金余额还有不少,这是因为有些支票公司虽已开出,但顾客还没有到银行兑现。如果能正确预测现金浮游量并加以利用,可节约大量资金。

(4) 透支。透支是指公司开出支票的金额大于活期存款余额,它实质上是银行向公司提供信用。银行对透支部分收取利息。公司通过透支,以解决一部分急需资金,当然透支有最高限额,这是由银行和公司来共同商定的。

3. 库存现金管理

(1) 现金出纳与会计分开。

(2) 严格遵守国家规定的现金使用范围。

(3) 核定库存现金限额,不准坐支现金。

(三) 最佳现金余额的确定方法

1. 成本分析模式

成本分析模式的步骤是先分析持有现金的三种成本,即投资成本、管理成本和短缺成本,然后求最佳现金持有量。

(1) 投资成本。现金作为一种资产是有成本的。现金余额来自债权人或股东提供的资金。它的成本等于公司的资金成本,即投资者所要求的收益率,公司每增加 1 元的货币资产投资,它的总成本随即增加。

(2) 管理成本。公司在货币资产上投资除了要付出投资成本外,还得支付现金管理费用,如现金管理人员工资等,这些管理费用是固定的,不随现金余额的多少变动。

(3) 短缺成本。公司还会因现金短缺而遭受损失。如公司没有持有规定的现金余额,得向银行支付罚金。公司在银行的活期存款账户上透支将影响公司与银行的关系,影响将来贷款的申请,公司还将支付一定的手续费。现金的短缺成本(损失)随持有量的增加而下降。

(4) 总成本与最佳现金持有量。将以上三种成本的关系曲线放在一个图上,可得出总成本曲线。最佳现金持有量意味着持有这一现金余额时总成本最低。

实际工作中,最佳现金持有量的求法很简单;先计算投资成本、管理成本和短缺成本的总和,最佳现金持有量就是使总成本最低的点。

2. 存货模式

存货模式又称鲍曼模型,它是利用存货管理的经济批量公式而产生的模式。它的假设前提是,公司未来的现金收支是有规律、可以预测的,公司现金收入每隔一段时间发生,支出在一个时期内均衡发生。

一定时期公司持币总成本:

$$T = \text{机会成本} + \text{交易成本}$$
$$= \frac{N}{2} \times i + \frac{R}{N} \times D$$

式中　T——总成本;

i——现金机会成本率;

N——最佳现金持有量;

D——每次筹集现金发生的交易费用;

R——某一时期内现金总需求量。

式中 i、R、D 为常量,T、N 为变量。为求总成本 T 为极小值时的现金持有量 N,需对公式中的变量 N 微分,并令其等于 0,从而求得:

$$N = \sqrt{\frac{2DR}{i}}$$

3. 随机模式

随机模式是 Miller 和 Orr(奥尔)于 1966 年首次提出的,因此又称 Miller-Orr 模式。

随机模式假定现金收支是随机波动的,而不是均匀的或确定不变的。假定有现金和有价证券两种资产相结合,它需要预测最大的现金余额和最小的可以接受的现金水平。当现金余额达到最高水平时,则用现金购买有价证券;当现金余额达到最低水平时,则出售有价证券,使现金余额达到理想水平;如果现金余额处于两个极限之间,则不必买卖有价证券。理想的现金余额可用下列公式计算:

$$F = \sqrt[3]{\frac{3b\sigma^2}{4(i/360)}} + L$$

式中　F——最佳现金余额;

b——有价证券和现金的转换成本(每次转换固定费用);

i——有价证券年利息率(现金的年机会成本);

σ——每天现金余额变化的标准离差;

L——现金余额最低水平。

最大的现金余额可以通过下式计算:

$$H = 3F - 2L$$

式中　H——最大现金余额;

F——最佳现金余额;

L——现金余额最低水平。

另外,公司平均持有的现金余额的计算公式为:

$$m=\frac{H+F}{3}$$

式中 m——平均持有的现金余额；

H——最大现金余额；

F——最佳现金余额。

三、应收账款决策

公司将资金投资于应收账款，能增加公司市场竞争能力，增加销售额，但如应收账款过多，也会增加成本减少收益。所以，公司必须加强对应收账款的管理。

（一）应收账款的作用和成本

1. 应收账款的作用

（1）促进销售。

（2）扩大市场占有率或开拓新市场。

（3）减少存货。

2. 应收账款的成本

公司拥有一定数量的应收账款，必然要发生一定费用支出，公司因持有应收账款而必须支付一定的费用或失去应得的收益，称为应收账款成本。其主要包括以下内容。

（1）应收账款机会成本。

（2）应收账款的管理成本。

（3）短缺成本。

应收账款的机会成本、管理成本一般随着应收账款余额的增加而增加，而短缺成本却相反。最佳应收账款水平是指总成本（机会成本、管理成本和短缺成本）最低时的应收账款占用水平。

（二）信用政策的制定

1. 信用政策内容及制定原则

信用政策是公司财务政策的一个重要组成部分。公司要想管理好应收账款，必须事先制定合理的信用政策，主要包括信用标准、信用条件、收账政策三部分。

（1）信用标准。信用标准是指公司是否向客户提供商业信用的标准，通常用预期的坏账损失率来表示。公司制定信用标准可宽可严，如果公司的信用标准比较严格，只对信誉很好、预计坏账损失率很低的客户赊销，则会减少坏账损失，减少应收账款的机会成本和管理成本，但这可能不利于扩大销售量，甚至会使销售量减少。反之，如果信用标准定得比较宽，虽然会增加销售，但也会增加坏账损失，增加应收账款管理成本和机会成本。

（2）信用条件。信用条件是指公司就信用期间和现金折扣等提出的条件。信用期间是指公司向客户提供的赊账期间，如45天付款、30天付款等。现金折扣是指在客户早付款时给予的优惠，如“2/10，n/30”是指如果在发票开出10天内付款可享受2%的现金折扣，如果不想取得折扣，这笔货款要在30天内付清。提供比较优惠的信用条件能增加销售量，但也会增加应收账款的机会成本、管理成本、坏账成本和现金折扣成本。

(3) 收账政策。收账政策是指信用条件被违反时,公司应采取的收账策略。公司如果采用较积极的收账政策,可能会减少应收账款投资,减少坏账损失,但要增加收账成本;反之,如果采用较消极的收账政策,则会减少收账费用,但要增加应收账款投资,增加坏账损失。

2. 信用政策变化决策方法——边际或增量分析

信用政策的改变涉及成本和利润的变化,调整是否有效,要在成本和利润之间进行抉择。放松信用政策,通常会增加销售额和利润,但同时也会增加:① 应收账款和存货的资金占用量;② 坏账损失和管理费用;③ 由于客户享受现金折扣而使公司产生的附加成本等。

基于上述分析,公司改变信用政策的决策准则为:信用政策改变后,增加的销售所产生的利润增量足以抵消所增加的成本。这种准则下的分析方法称边际或增量分析法。边际或增量分析过程可分以下几步:

第一步,估计信用政策变化后所带来的利润增加值。

第二步,估计信用政策变化后所带来的成本增加值。

第三步,比较利润增加值与成本增加值,确定信用政策变更是否有效。

(三) 应收账款日常管理

1. 应收账款的事前管理

(1) 信用调查。信用调查是公司进行信用决策的首要环节。只有对客户信用状况进行广泛调查,才能进行科学的信用决策。

客户信用状况资料来源是多方面的,具体的主要有以下几大来源:

① 财务报表;

② 信用评估机构;

③ 商业银行;

④ 公司本身的经验。

除了以上几方面外,税务部门、消费者协会、证券交易所等也可以作为信用状况资料的来源。另外,书籍、报纸、杂志等也可以从不同方面真实反映客户的信用情况。

(2) 信用评估。

① 信用的5C评估法。所谓信用的5C评估法,就是通过重点分析影响信用状况的五个方面采评估客户信用状况的方法。由于影响客户信用状况的五个主要方面其英文的第一个字母都是C,故称5C评估法,这五个方面分别是品德(character)、能力(capacity)、资本(capital)、抵押品(collateral)和情况(condition)。现分述如下。

A. 品德。它是指客户愿意履行其义务的可能性。这一因素十分重要,因为客户是否愿意尽自己的最大努力来归还货款,能够直接决定账款的回收速度和数量。有经验的财务人员都认为道德因素在信用评估中是最重要因素。

B. 能力。它是指客户偿还货款的能力。这主要是根据客户的经营规模、经营状况、财务状况来进行判断。

C. 资本。资本是指一个公司一般的财务状况。这主要根据各种财务比率进行分析和判断,其中最主要的比率是流动比率、速动比率、负债比率和已获利息倍数。

D. 抵押品。它是指客户能否提供担保资产以获得商业信用。如果有担保资产,则在信用标准上可适当放宽。

E. 情况。它是指一般的经济情况对客户偿债能力的影响，或某一地区的一些特殊情况对客户偿债能力的影响。

② 信用评分法。这种方法要先对一系列财务比率和信用情况进行评分，比如，对流动比率、净利率、付款历史、公司未来预计及其他因素进行评分；然而加权平均，权数可采用预计的方法；最后得出客户的综合信用分数。进行信用评分的基本公式是：

$$y = a_1x_1 + a_2x_2 + \cdots + a_nx_n = \sum_{i=1}^{n} a_ix_i$$

式中 y—— 某公司的信用总分；

x_i—— 第 i 种财务比率和信用情况评分(100 分是满分)；

a_i—— 事先预计的对第 i 种财务比率或信用情况进行加权的权数，$\sum_{i=1}^{n} a_i = 1$。

一般来说，在采用信用评分法进行信用评估时，总分值在 80 分以上时，说明公司信用状况良好；总分值在 60～80 分时，说明信用状况一般；总分值在 60 分以下时，说明信用状况较差。

(3) 考虑是否给予客户信用，主要分以下两种情况。

对手新客户，主要以公司信用政策中规定的信用标准为依据来做出决策。为了决策的方便，有的公司将信用评分与预期坏账损失联系起来进行分析，以提高决策的科学性。

对于老客户，如果情况没有发生重大的变化，则不需重新进行信用分析，但必须订立信用额度。所谓信用额度是指任何时候公司愿意向其客户提供商业信用的最大限额。信用额度要定期(一般每年一次)审核，以免因客户情况变化而使公司遭受损失。

(4) 信用保险。公司向其客户提供商业信用，必然要承担风险。尽管公司财务人员经过了认真的研究和分析，但还会出现预料不到的重大损失。为避免这种损失，西方国家可进行信用保险，正常情况下的坏账损失是不可能进行信用保险的，信用保险一般只限于非正常的损失。

2. 应收账款事后管理

对于已经发生的应收账款，公司必须进一步强化日常管理工作，采取有力的措施进行分析、控制，及时发现问题，提前采取对策。这些措施主要包括应收账款追踪分析、应收账款账龄分析、应收账款收现率分析、应收账款坏账准备制度和拖欠账款催收等。

(1) 应收账款追踪分析。应收账款一旦为客户所欠，赊销公司就必须考虑能否如期足额收回。要如期足额收回账款，赊销公司就有必要在收账之前，对该项应收账款的运行过程进行追踪分析。

(2) 应收账款账龄分析。应收账款账龄分析，即应收账款账龄结构分析，是指公司在某一时点，将发生在外的各笔应收账款按照开票日期进行归类(即确定账龄)，并计算出各账龄应收账款的余额占总计余额的比重。

(3) 应收账款收现率分析。应收账款收现保证率，是适应公司现金收支匹配关系的需要所确定出的有效收现的账款应占全部应收账款的百分比，是二者应当保持的最低比例。其计算公式如下。

$$\text{应收账款收现保证率}=\frac{\text{当期必要现金支付总额}-\text{当期其他稳定可靠的现金流入总额}}{\text{当期应收账款总计余额}}$$

其中，当期其他稳定可靠现金流入总额是指从应收账款收现以外的途径可以取得的各种稳定可靠的现金流入数额，包括短期金融资产变现净额、现金性留存收益转入额、可随时取得的可靠银行贷款额等。

(4) 应收账款坏账准备制度。按现行制度规定，确定坏账损失的标准主要有两个：

① 因债务人破产或死亡，依照民事诉讼法以其破产财产或遗产（包括义务担保人的财产）清偿后，确实无法收回的应收款项；

② 经主管机关核准的债务人逾期未履行偿债义务超过三年仍无法收回的应收款项。

(5) 账款催收。当信用条件被违反时，公司为顺利收回应收账款所采取的各种行动，是应收账款管理的一项重要内容。多数公司都能按时付款，但也总是有一部分拖欠款需要催收。催收的程序一般是：信函通知、电话催收、派员面谈、法律行动。

四、存货决策

（一）存货的作用

(1) 存储必要的原材料和在产品，以保证生产正常进行。

(2) 存储必要的产成品以利于销售。

(3) 用于均衡生产，降低产品成本。

(4) 留有保险储备，以防意外事件发生需要。

（二）存货数量控制

公司存货控制除了要寻求存货总量的最佳占用水平外，还要对公司重点存货进行有效控制。这两个方面构成了公司存货控制的主体内容。

1. 存货总量控制方法

目前，我国存货总量控制的方法主要有：定额日数计算法、分析调整法、比例计算法和余额计算法等。

(1) 定额日数计算法（亦称周转期法）。这是一种存货总量控制的基本方法，它是根据影响公司存货占用水平的两个基本因素：存货周转天数（或称存货定额天数），即指存货完成一次循环所需天数；平均每天周转额，即每天平均占用存货数量，来计算确定存货总量的方法。

其计算公式如下。

$$\text{存货总量}=\text{每天平均周转额}\times\text{周转天数}$$

这种方法适合于原材料、在产品和产成品等主要存货项目库存的核定。

(2) 分析调整法。分析调整法又称因素分析计算法，这种方法是以公司有关存货项目上年度实际平均占用为基础，结合计划年度的生产任务和加速存货周转的要求进行分析调整，来计算存货总量的方法。

其计算公式如下。

$$\text{存货总量}=\left(\text{上年度存货实际平均占用}-\text{不合理平均占用}\right)\times\left(1\pm\text{计划年度生产增减\%}\right)\times\left(1-\text{存货周转加速率}\right)$$

采用这种方法核定存货总量，首先应在上年度存货实际平均占用额的基础上，剔除其中呆滞积压不合理占用部分和超定额储备物资所占用的资金；然后根据计划年度的生产任务和加速存货周转的要求确定。这种方法既可用来匡算整个公司存货总量，也可用于计算某个存货项目库存量。

(3) 比例计算法。

这种方法是根据影响存货需要量的相关指标在计划年度的变动情况，按上年度存货平均占用额与该指标的比例关系来计算存货总量的方法。

其计算公式如下。

$$\text{存货总量}=\text{计划年度某相关指标数额}\times\frac{\text{上年存货平均占用额}-\text{不合理占用}}{\text{上年度该相关指标数额}}\times\left(1-\text{存货加速周转率}\right)$$

常用的相关指标包括工业总产值、销售收入、销售成本、销售利润、机器设备的价值等。这种方法的计算原理同因素分析法是一致的，主要适用于存货需要量同工业总产值、销售收入、销售成本、销售利润、机器设备的价值等指标发生一定比例关系的存货项目，也可用于计算整个公司存货需要量。

(4) 余额计算法。这种方法是以公司上年结转的某存货项目的余额为基础，结合计划年度该项目的计划发生额、摊销额来计算存货总量的方法。

其计算公式如下。

$$\text{存货总量}=\text{计划年度期初结余额}+\text{计划年度计划发生额}-\text{计划年度计划摊销额}$$

这种方法主要适用于资金占用额比重小，而且数量比较稳定的项目，如待摊费用。

2. 公司重点存货的界定方法——ABC 分类法

ABC 分类法又称重点管理法，国外叫巴雷特分析法。它的基本原理是处理事情要分清主次和轻重，区别关键的少数和次要的多数，根据不同情况进行分类管理。这种方法已被广泛用于存货管理、成本管理和生产管理等许多方面。

在存货控制中，运用 ABC 分类管理就是把存货分为 A、B、C 三类，针对三类存货的不同特点，采取不同的管理对策。其目的是对存货进行最有效、最经济的管理。

ABC 分类法的具体操作分为六个步骤：

(1) 列示公司全部库存存货明细表。

(2) 根据库存占用额多少，依库存资金的占用额，对各类存货按由大到小的顺序排列。

(3) 计算各类库存存货占用额占全部占用额的百分比。

(4) 计算累计百分比。

(5) 按 A 类存货金额比重占 70%，B 类存货金额比重占 20%和 C 类存货金额比重占 10%，大体划分类别，再相应计算各类库存存货品种占全部品种的比重。

(6) 作 ABC 分类图。

3. 公司重点存货的控制

公司重点存货分为重点非商品存货和重点商品存货两类。对这两大类重点存货都要进行重点控制，以促进存货资金的高效、良性循环。

（1）重点非商品存货控制方法——经济批量法。

所谓经济批量，是指能够使一定时期存货的总成本达到最低点的进货数量。存货的总成本主要由以下三种成本构成。

① 进货成本。进货成本主要由存货的进价成本、进货费用及采购税金三方面构成。在一定时期进货总量既定的条件下，无论公司采购次数如何变动，存货的进价成本与采购税金总计数额通常是保持相对稳定的（假设物价与税率不变且无采购数量折扣），属于决策的无关成本。相反，公司为组织进货而开支的办公费、差旅费、邮资、电话电报费等固定性进货费用（其中运杂费、供销合同印花税等变动性进货费用属于决策无关成本）则与进货次数成正比例变动关系，即进货次数越多，需要支付的固定性进货费用也就越多，反之则越少。因此，固定性进货费用属于决策的相关成本。

② 储存成本。公司为持有存货而发生的费用即为存货的储存成本，主要包括存货资金占用费（以贷款购买存货的利息成本）或机会成本（以现金购买存货而同时损失的证券投资收益等）、仓储费用、保险费用、存货残损霉变损失等。

与进货费用一样，储存成本可以按照与储存数额的关系分为变动性储存成本与固定性储存成本两类。其中，固定性储存成本与存货储存数额的多少没有直接的联系，属于决策的无关成本；而变动性储存成本则随着存货储存数额的增减成正比例变动关系，属于决策的相关成本。

③ 缺货成本。缺货成本是因存货不足而给公司造成的停产损失、延误发货的信誉损失及丧失销售机会的损失等。如果生产公司能够以替代材料解决库存材料供应中断之急的话，缺货成本便表现为替代材料紧急采购的额外开支。缺货成本能否作为决策的相关成本，应视公司是否允许出现存货短缺的不同情形而定。如果允许缺货，缺货成本便与存货数量反向相关，即属于决策相关成本。反之，若公司不容许发生缺货情形，此时缺货成本为零，也就无须加以考虑。

由上述分析可知，决定存货经济批量的成本因素主要包括固定性进货费用（简称进货费用）、变动性储存成本（简称储存成本）及允许缺货时的缺货成本。不同的成本项目与进货批量呈现着不同的变动关系。减少进货批量，增加进货次数，在储存成本降低的同时，却会导致进货费用与缺货成本的提高；相反，增加进货批量，减少进货次数，尽管有利于降低进货费用与缺货成本，但同时却会使储存成本提高。因此，如何协调各项成本间的关系，使其总和保持最低水平，是公司组织进货过程需解决的主要问题。

基本经济进货批量确定模式，是以如下假设为前提的：公司一定时期的进货总量可以较为准确地预测；存货的耗用或者销售比较均衡；存货的价格稳定，且不存在数量折扣，进货日期完全由公司自行决定，且每当存货量降为零时，下一批存货均能够马上一次到位；仓储条件及所需资金不受限制；不允许出现缺货情形。

由于公司不允许缺货，即每当存货数量降至零时，下一批订货便会随即全部购入，故不存在缺货成本。此时与存货订购批量、批次直接相关的就只有进货费用和储存成本两项。这样，进货费用与储存成本总和最低水平下的进货批量，就是经济进货批量。其计算公式如下：

$$Q=\sqrt{2AB \div C}$$

$$T_C=\sqrt{2ABC}\text{，或，}\sqrt{2ABC}+A\times P$$

$$W=QP\div 2=\sqrt{AB\div 2C}\times P$$

$$N=A\div Q=\sqrt{AC\div 2B}$$

式中 Q——经济进货批量；

A——某种存货年度计划进货总量；

B——平均每次的进货费用；

C——单位存货年度储存成本；

T_C——进货费用与储存成本的最低数额；

W——经济进货批量平均占用资金；

N——年度最佳进货批次；

P——进货单价。

实行数量折扣的经济进货批量模式。为了鼓励客户购买更多的商品，销售公司通常会给予不同程度的价格优惠，即实行商业折扣或称价格折扣；购买越多，所获得的价格优惠越大。此时，进货公司对经济进货批量的确定，除了考虑进货费用与储存成本外，还应考虑存货的进价成本，因为此时的存货进价成本已经与进货数量的多少有了直接的联系，属于决策的相关成本。计算的基本步骤为：首先按照基本模式确定出无数量折扣情况下的经济进货批量及其总成本，然后加进不同批量的进价成本差异因素，通过比较，确定出成本总额最低的进货批量，即有数量折扣时的经济进货批量。

允许缺货时的经济进货批量模式。在允许缺货的情况下，公司对经济进货批量的确定，就不仅要考虑进货费用与储存费用，还必须对可能的缺货成本加以考虑，即能够使三项成本总和最低的批量便是经济进货批量。

设缺货量为 S，缺货时间为 T_q，单位缺货成本为 R，每日耗用或销售量为 Y，其他符号同上。

在允许缺货时，最高存货量便不是 Q，而是 $Q-S$，而且在不缺货的 T_b 期间，公司的平均存货储存量为 $(Q-S)\div 2$，在发生缺货的 T_q 期间，平均储量为 0。如果两次进货的间隔期为 $T(=Q\div Y)$，则在此期间存货的平均储存量便是 T_b 与 T_q 两个阶段平均储存量的加权平均值，此期间的平均缺货量同样也是 T_b 与 T_q 两阶段平均缺货量的加权平均值。加权因子即时间 T_b 与 T_a。其中 $T_b=(Q-S)\div Y$，$T_q=S\div Y$。由上分析，可以得出：

$$\text{平均存货储量}=\frac{(Q-S)\div 2\times T_b+0\times T_P}{T}$$

$$=\frac{(Q-S)\div 2\times (Q-S)\div Y}{Q\div Y}$$

$$=\frac{(Q-S)^2}{2Q}$$

$$\text{储存成本}=\frac{(Q-S)^2}{2Q}\times C$$

$$\text{平均缺货量}=\frac{0\times T_b+S\div 2\times T_q}{T}=\frac{S\div 2\times S\div Y}{Q\div Y}=\frac{S^2}{2Q}$$

$$\text{缺货成本}=\frac{S^2}{2Q}\times R$$

进货费用不变，仍为 $A \div Q \times B$，故：

$$存货成本总额\ T_C = \frac{(Q-S)^2}{2Q} \times C + A \div Q \times B + \frac{S^2}{2Q} \times R$$

根据经济进货批量原理，分别对 Q 和 S 求偏导，整理后得：

$$Q = \sqrt{2AB \div C \times (C+R) \div R}$$

$$S = Q \times C \div (C+R)$$

$$允许缺货时的经济进货批量 = \sqrt{2 \times \frac{一定时期存货需要总量 \times 平均每次进货费用}{一定时期单位存货储存成本} \times \frac{一定时期单位存货储存成本 + 一定时期单位缺货成本}{一定时期单位缺货成本}}$$

$$平均缺货量 = 允许缺货时的经济进货批量 \times \frac{一定时期单位存货储存成本}{一定时期单位存货储存成本 + 一定时期单位缺货成本}$$

在确定了最佳订货量及最佳订货量占用资金和订货周期之后，那么，究竟在上一批存货还有多少时订购下一批货物呢？这就是订货点问题。所谓订货点，就是订购下一批存货时本批存货的储存量。确定订货点的公式如下。

$$\begin{aligned} R &= nt + s \\ &= nt + \frac{1}{2}(mv - nt) \\ &= \frac{1}{2}(mv + nt) \end{aligned}$$

式中　R——订货点；

n——平均每天正常耗用量；

m——预计每天最大耗用量；

t——提前时间(指发出订单到货物验收完毕所用时间)

v——预计最长提前时间；

s——保险储备。

(2) 重点商品存货控制方法——存货储存期控制。

无论是商品流通公司还是生产制造业公司，其商品产品一旦入库，便面临着如何尽快销售出去的问题。且不考虑未来市场供求关系的不确定性风险，仅是存货储存本身就会给公司造成较多的资金占用费用(如利息成本或机会成本)和仓储管理费用开支或损失。因此，尽力缩短存货储存时间，加速存货周转，是节约资金占用、降低成本费用、提高公司获利水平的重要保证。

公司进行存货投资所发生的费用支出，按照与储存时间的关系可以分为一次性费用与日增长费用两类。前者数额的大小与存货储存期的长短无直接联系，如各项进货费用、管理费用等；后者则随着存货储存期的延长或缩短成正比例增减变动，如存货资金占用费(贷款购置存货的利息或现金购置存货的机会成本)、存货仓储管理费、仓储损耗(为计算方便，如果仓储损耗较小，亦将其并入一次性费用)等。

基于上述分析，可以将量本利的平衡关系式调整为：

$$利润 = 毛利 - 一次性费用 - 销售税金及附加 - 日增长费用 \times 储存天数$$

可见，存货的储存成本之所以会不断增加，主要是由于日增长费用随着存货储存期的延长而不断增加的结果，所以，利润与费用之间此增彼减的关系实际上是利润与日增长费用之间此增彼减的关系。这样，随着存货储存期的延长，利润将日渐减少。当“毛利－一次性费用－销售税金及附加”的余额被日增长费用抵消到恰好等于公司目标利润时，便意味着存货已经到了保利期。当它完全被日增长费用抵消时，表明存货已经到了保本期。无疑，存货如果能够在保利期内售出，所获得的利润便会超过目标值。反之，将难以实现既定的利润目标。倘若存货不能在保本期内售出的话，公司便会蒙受损失。具体计算公式如下。

$$存货保本储存天数=\frac{毛利-一次性费用-税金及附加}{日增长费用}$$

$$存货保利储存天数=\frac{毛利-一次性费用-税金及附加-目标利润}{日增长费用}$$

（三）存货质量控制

1. 存货质量分析

从财务管理角度，存货质量是指存货的流动性与收益性，亦即存货的适销状况。公司的各种存货按照适销状况及盘存记录，可以分为畅销、平销及有问题三类。前两类通称适销存货，后一类属于不适销或积压有问题存货，具体又包括销小存大、冷背呆滞、质次价高、残损霉变等多种。通过存货排队分析，可以查明公司存货的质量水平，掌握适销存货与有问题存货的金额、比重及变动趋势，以便采取措施，改善购销工作，优化库存结构，加速存货资金周转，提高公司经济效益。

2. 存货质量管理措施

公司在严把进货关、加强进货资金供应、改进仓储管理的同时，必须采取措施，积极处理有问题存货，加速资金周转，减少成本损失。

（1）权衡利弊，灵活地进行削价处理。

（2）建立存货削价准备制度。

（3）完善责任控制措施。

（四）存货日常管理

（1）存货归口分级管理。

（2）挂签制度。

五、短期融资决策

（一）商业信用

1. 商业信用的形式

（1）赊购商品。它是一种最典型、最常用的商业信用形式。

（2）商业汇票。它是公司根据购销合同进行延期付款商品交易时开具的反映债权债务关系的票据。根据承兑人的不同，商业汇票分为商业承兑汇票和银行承兑汇票两种。

（3）预收货款。它是指卖方按购销合同和协议规定，在付出商品前向买方预先收取部分或全部货物价款的信用行为，即卖方向买方借入以商品归还的一笔借款。

2. 商业信用条件

(1) 延期付款，但提前付款有现金折扣。

(2) 延期付款，但不提供现金折扣。

(3) 展期信用。

3. 商业信用成本

赊购商品款筹资的成本，只有在商业信用条件中规定了现金折扣，但公司未加利用时才会发生，即产生放弃现金折扣的机会成本。若按单利计算，其计算公式如下：

$$C=\frac{CD}{1-CD}\times\frac{360}{N}$$

式中　C——放弃现金折扣的机会成本；

CD——现金折扣的百分比，代表每单位信用的成本；

N——失去折扣后延期付款的天数，即信用天数与折扣期限的差额。

该公式是从单利的角度来考虑的，计算出的是近似成本。如果从完全的时间价值观念——复利的角度来考察，可以得到较为精确的成本。因为如果 20 天作为一个计息期，一年内就有 18 个计息期，则在复利条件下，放弃折扣的机会成本计算公式为：

$$C=\left(1+\frac{CD}{1-CD}\right)^{n}-1$$

$$n=\frac{360}{\text{信用期限}-\text{折扣期限}}$$

式中　n——计息期数。

4. 放弃现金折扣的信用决策

公司放弃应付账款现金折扣的原因，可能是公司资金暂时的缺乏，也可能是基于将应付的账款用于临时性短期投资，以获得更高的投资收益。如果公司将应付账款额用于短期投资，所获得的投资报酬率高于放弃折扣的信用成本率，则应当放弃现金折扣。

5. 商业信用筹资的利弊

作为短期筹资的主要手段，商业信用具有许多优点。

(1) 商业信用容易获得。

(2) 商业信用筹资方式筹资及时、灵活，有较大的机动权。

(3) 一般情况下，商业信用没有资金成本。

(4) 商业信用与取得短期借款或发行短期融资券相比，一般限制性条款较少。

但是商业信用筹资方式也有不足之处，表现在以下两个方面。

(1) 如果卖方提供现金折扣，而公司放弃享受现金折扣时，其机会成本较高。如果是带息应付票据，其资金成本也较高。

(2) 商业信用期限一般较短。

(二) 短期银行贷款

短期银行贷款是一种银行信用，是指利用银行短期借款来融通资金。在工业发达国家，银行信用是仅次于商业信用的公司短期资金的另一重要来源。在我国，则是公司采用的最普通、最常用的短期筹资方式，对公司的生产经营有着举足轻重的影响。

1. 短期银行贷款的特征

(1) 履行借款手续。接到公司提出的借款申请后，银行应对公司信用进行认真审查。为了维护借贷双方的合法权益，保证资金的合理使用，双方应签订借款合同。借款合同中主要强调双方的权利和义务以及相应的保证条款、违约条款以及公司到期归还本息的义务。

(2) 规定贷款期限。短期银行贷款期限在一年以下，贷款到期时公司必须偿还款项。根据我国金融制度的有关规定，贷款到期后仍无能力偿还的，视为逾期贷款，银行要照章加收逾期罚息。如以存货作为抵押的贷款，贷款到期后银行可以存货抵作贷款或出售存货以获取收入作为贷款的补偿额。

(3) 规定补偿余额。补偿余额是银行要求借款人存入银行的贷款限额的最低百分比(通常为10％～20％)。这种补偿余额的存在无疑会对借款人产生不利影响，使得借款人实际能使用的资金减少，因而会提高银行贷款实际利率。

2. 短期银行贷款的种类

按照国际惯例，短期银行贷款主要有信用贷款和担保贷款两种。

(1) 信用贷款。信用贷款是指公司取得的无须提供担保的短期借款。银行一般只对信誉较好、规模较大的公司提供这种贷款。因为取得信用贷款的公司具有较强的自偿性。所谓自偿性是指公司以无担保贷款用于经营后，能在一定时期内提供足够的现金流量来偿还银行借款。所以，银行信用贷款又称自偿性短期银行贷款，是公司短期筹资的重要来源之一。

(2) 担保贷款。担保贷款是指有一定的保证人作保证或利用一定的财产作抵押或质押而取得的借款。这种贷款主要适用于信用不佳的公司，因其无法单凭信用取得贷款人的信任，所以需要提供有形的担保来保证。担保贷款包括保证贷款、质押贷款和抵押贷款。

3. 短期银行贷款的成本

(1) 单利。公司向银行申请短期贷款时，银行在许多场合按单利计算其利率。在单利贷款情况下，公司往往可以得到贷款额，到期时一次还本付息。

$$\text{实际利率}=\frac{\text{利息}}{\text{实得资金数}}$$

从计算过程可以看出，一年期的单利贷款的名义利率等于其实际利率。

(2) 贴现利率。在贴现利率贷款的情况下，银行要求预先从贷款额中扣除贷款利息，此时，借款人实际得到的借款额小于其举借的数额。因而，这种贴现贷款的实际利率将高于名义贴现利率。计算公式为：

$$\begin{aligned}\text{贴现贷款的实际利率}&=\frac{\text{利息}}{\text{借款金额}-\text{预扣利息}}\times 100\%\\&=\frac{\text{利息}}{\text{实得借款数额}}\times 100\%\\&=\frac{\text{名义利率}}{1-\text{名义利率}}\times 100\%\end{aligned}$$

(3) 有补偿余额下的贷款利率。补偿余额对借款数量的影响可按下述公式计算。

$$借款数量=\frac{所需金额数}{1-补偿余额(\%)}$$

假设不考虑补偿余额可获取的利息，在单利下的有补偿余额的实际利率计算公式为：

$$实际利率=\frac{利息}{借款数量-补偿余额}\times 100\%$$

或

$$实际利率=\frac{名义利率}{1-补偿余额(\%)}\times 100\%$$

由此可见，补偿余额方式贷款的名义利率小于实际利率，借款实得金额小于借款数量。

4. 短期银行贷款的利弊

短期银行贷款作为一种重要的短期融资方式，具有以下优点：

(1) 银行资金充足，实力雄厚，能随时为公司提供比较多的短期贷款。

(2) 银行短期贷款具有较好的弹性，可以在资金需要增加时借入，在资金需要减少时还款。

(3) 银行兼管结算，贷款新规规定贷款支付方式应按照合同约定，通过贷款人受托支付或借款人自主支付的方式来进行支付，从而使公司利用银行信用较为方便。

短期银行贷款同时也存在以下不足之处。

(1) 资金成本较高。银行短期贷款成本比较高，不仅不能与商业信用相比，与短期融资券相比也高出许多。而担保贷款因需要支付管理和服务费用，成本则更高。

(2) 限制较多。向银行借款，银行只有对公司的经营状况和财务状况进行调查以后才能决定是否贷款。有些银行要求公司把流动比率、速动比率维持在一定的范围内，这些都会构成对公司的财务限制。

(三) 短期融资券

1. 短期融资券及其分类

短期融资券按不同标准可作不同分类。

(1) 按发行人分类，短期融资券分为金融公司的融资券和非金融公司的融资券。在我国，目前发行和交易的是非金融公司的融资券。

(2) 按发行方式分类，短期融资券分为经纪人承销的融资券和直接销售的融资券。非金融公司发行融资券一般采用间接承销方式进行，金融公司发行融资券一般采用直接发行方式进行。

2. 短期融资券筹资的优缺点

短期融资券筹资主要有以下优点：① 筹资的成本低；② 筹资数额大；③ 提高公司的信誉。

但短期融资券筹资也有以下缺点：① 风险大；② 缺乏弹性；③ 条件严格。

(四) 应付费用和税金

(1) 应付费用和应交税费的特征：① 具有既定的规模；② 无资金成本。

(2) 应付费用和应交税费资金来源数的测定。

通常可采用下述公式来测定应付费用和应交税费资金来源数。

$$应付费用资金=\frac{一定期间应付项目发生额}{一定期间日数}\times 应付项目占用日数$$

式中 一定期间日数——年度、季度或月度日数；

一定期间应付项目发生额——该应付项目在相应期间的发生额

应付项目占用日数——该应付项目从形成至消失的日数。

（五）短期负债筹资方式的选择

公司短期负债筹资的方式很多，不同的筹资方式其资金成本差异很大。因此，公司在进行短期负债筹资时，必须选择适当的方式。通常在选择筹资方式时，应考虑以下几方面的因素。

(1) 配比性。

(2) 资金成本。

(3) 对信用地位的影响。

(4) 可靠性。

(5) 限制性。

(6) 伸缩性。

练 习 题

一、单项选择题(下列各小题有且只有一个正确答案，请将正确答案的标号填入题干的括号内)

1. 供货商向甲公司提供的信用条件是“2/30，n/90”。一年按 360 天计算，不考虑复利，甲公司放弃现金折扣的成本是(　　)。

A. 12%　　B. 12.24%

C. 12.62%　　D. 12.88%

2. 甲公司是一家啤酒生产企业，淡季需占用 300 万元货币资金、200 万元应收账款、500 万元存货、1 000 万元固定资产以及 200 万元无形资产(除此以外无其他资产)，旺季需额外增加 300 万元季节性存货。经营性流动负债、长期负债和股东权益总额始终保持在 2 000 万元，其余靠短期借款提供资金。甲公司的营运资本筹资策略是(　　)。

A. 保守型策略　　B. 适中型策略

C. 激进型策略　　D. 无法确定

3. 某公司 2023 年度存货资金平均占用额为 4 500 万元，其中不合理部分占 15%，预计 2024 年销售增长率为 20%，资金周转速度不变，采用因素分析法预测的 2024 年度存货资金需要量为(　　)万元。

A. 4 590　　B. 4 500

C. 5 400　　D. 3 825

4. 一般认为，企业利用闲置资金进行债券投资的主要目的是(　　)。

A. 控制被投资企业　　B. 谋取投资收益

C. 降低投资风险　　D. 增强资产流动性

5. 某公司资产总额为 9 000 万元，其中永久性流动资产为 2 400 万元，波动性流动资产为 1 600 万元，该公司长期资金来源金额为 8 100 万元，不考虑其他情形，可以判断该公司的融资策略属于(　　)。

A. 期限匹配融资策略　　B. 保守融资策略

C. 激进融资策略　　D. 风险匹配融资策略

6. 企业将资金投放于应收账款而放弃其他投资项目，就会丧失这些投资项目可能带来的收益，则该收益是(　　)。

A. 应收账款的管理成本　　B. 应收账款的机会成本

C. 应收账款的坏账成本　　D. 应收账款的短缺成本

7. 某公司全年需要零配件 72 000 件，假设一年按 360 天计算，按经济订货基本模型计算的最佳订货量为 9 000 件，订货日至到货日的时间为 3 天，公司确定的保险储备为 1 000 件，则再订货点为(　　)件。

A. 1 600　　B. 4 000

C. 600　　D. 1 075

8. 某上市公司利用随机模型确定最佳现金持有量，已知现金余额下限为 200 万元，目标现金余额为 360 万元，则现金余额上限为(　　)万元。

A. 480　　B. 560

C. 960　　D. 680

9. 下列关于存货保险储备的表现中，正确的是(　　)。

A. 较低的保险储备可降低存货缺货成本

B. 保险储备的多少取决于经济订货量的大小

C. 最佳保险储备能使缺货损失和保险储备的储存成本之和达到最低

D. 较高的保险储备可降低存货储存成本

10. 某企业根据现金持有量随机模型进行现金管理，已知现金最低持有量为 15 万元，现金余额回归线为 80 万元，如果公司现有现金 220 万元，此时应当投资于有价证券的金额是(　　)万元。

A. 65　　B. 205

C. 140　　D. 95

11. 某公司上年度存货资金平均占用额为 300 万元，其中不合理的部分是 60 万元，预计本年度销售额增长率为 5%，资金周转速度提高 3%，则预测年度存货资金需要量为(　　)万元。

A. 259.56　　B. 305.55

C. 244.44　　D. 324.45

12. 甲公司目前全年销售量 20 100 件，单价 5 元，单位变动成本 4 元，信用期为 25 天，现改变信用政策，拟将信用期改为 40 天，销售量增长 10%，其他条件不变。假设等风险投资的最低报酬率为 12%，一年按 360 天计算。则改变信用政策增加的机会成本为(　　)元。

A. 402　　B. 509.2

C. 627.12　　D. 640

13. 某企业按"2/10,n/60"的现金折扣条件购进一批商品,货款为1 000万元。若企业放弃现金折扣,在第70天付款,则其放弃现金折扣的信用成本率为(　　)。(一年按360天计算)

A. 14.69%　　B. 12.24%

C. 10.50%　　D. 16.7%

14. 某公司2024年销售额为1 000万元,资金平均占用额为5 000万元,其中不合理部分为400万元,因市场行情变差,预计公司2025年销售额为900万元。资金周转速度下降1%。根据因素分析法,预计公司2025年度资金需要量为(　　)。

A. 4 181.40万元　　B. 4 545.45万元

C. 4 099.01万元　　D. 4 455.45万元

15. 某公司采用随机模型确定目标现金余额,若现金余额的最低控制线(下限)为3 000万元,最高控制线(上限)为15 000万元,则该公司的目标现金余额为(　　)。

A. 6 000万元　　B. 5 000万元

C. 9 000万元　　D. 7 000万元

16. 某公司1月、2月、3月的预计销售额分别为20 000元、25 000元、22 000元。每月销售额在当月收回30%,次月收回70%。预计3月末的应收账款余额为(　　)元。

A. 14 100　　B. 13 500

C. 20 100　　D. 15 400

17. 某材料日需用量为50千克,经济订货批量为4 500千克,订货后平均交货时间为6天。基于扩展的经济订货模型,再订货点为(　　)千克。

A. 750　　B. 150

C. 540　　D. 300

18. 某公司信用条件为"0.8/10,n/30",预计有25%(按销售额计算)的客户选择现金折扣优惠,其余客户在信用期满时付款,则平均收现期为(　　)天。

A. 15　　B. 20

C. 30　　D. 25

19. 某公司按"2/10,n/30"的付款条件购入200万元的货物,下列说法不正确的是(　　)。

A. 如果在10天内付款,则付款额为160万元

B. 如果在10天后付款,则付款额为200万元

C. 如果在10天内付款,则付款额为196万元

D. 如果在第50天付款,放弃现金折扣成本为18.37%

20. 某公司全年(按360天计)材料采购量预计为7 200吨,假定材料日耗均衡,从订货到送达正常需要3天,鉴于延迟交货会产生较大损失,公司按照延迟天数2天建立保险储备,不考虑其他因素,材料再订货点为(　　)吨。

A. 80　　B. 40

C. 60　　D. 100

21. 某公司发现某股票的价格因突发事件而大幅度下降,预判有很大的反弹空间,但苦

于没有现金购买，这说明该公司持有的现金未能满足（　　）。

A. 投机性需求　　B. 预防性需求

C. 决策性需求　　D. 交易性需求

22. 某公司采用随机模型计算得出目标现金余额为200万元，最低限额为120万元，则根据该模型计算的现金上限为（　　）万元。

A. 280　　B. 360

C. 240　　D. 320

23. 下列选项不属于信用政策的是（　　）。

A. 信用标准　　B. 信用条件

C. 收账政策　　D. 信用期间

24. 企业在进行商业信用定量分析时，应当重点关注的指标是（　　）。

A. 发展创新评价指标　　B. 企业社会责任指标

C. 流动性和债务管理指标　　D. 战略计划分析指标

25. 下列各项中，不属于现金支出管理措施的是（　　）。

A. 推迟支付应付款　　B. 企业社会责任

C. 以汇票代替支票　　D. 争取现金收支同步

26. 一般来说，下列会导致经营周期缩短的是（　　）。

A. 存货周转期变长　　B. 应付账款周转期变长

C. 应收账款周转期变长　　D. 应收账款周转期变短

27. 下列各项因素中，不影响存货经济订货批量计算结果的是（　　）。

A. 存货年需要量　　B. 单位变动储存成本

C. 保险储备　　D. 每次订货变动成本

28. 下列筹资方式中，由企业之间商品或劳务交易活动形成的，能够作为企业短期资金经常性来源的是（　　）。

A. 融资租赁　　B. 留存收益

C. 短期借款　　D. 商业信用

29. 某公司当年的资本成本率为10%，现金平均持有量为30万元，现金管理费用为2万元，现金与有价证券之间的转换成本为1.5万元，则该公司当年持有现金的机会成本是（　　）万元。

A. 5　　B. 3.5

C. 6.5　　D. 3

30. 下列各项中，属于商业信用筹资方式的是（　　）。

A. 应付账款筹资　　B. 短期借款

C. 融资租赁发行　　D. 短期融资融券

二、多项选择题（下列各小题中有两个或两个以上符合题意的正确答案，请将正确答案的标号填入题干的括号内）

1. 下列各项措施中，可降低应收账款周转天数的有（　　）。

A. 延长信用期限　　B. 提高信用标准

C. 提高现金折扣率　　D. 提高坏账准备计提比率

2. 下列关于运营资金管理的表述中，正确的有(　　)

A. 销售稳定并可预测时，投资与流动资产的资金可以相对少一些

B. 加速营运资金周转，有助于降低资金使用成本

C. 管理者偏好高风险高收益时，通常会保持较低的流动资产投资水平

D. 销售变数较大而难以预测时，通常要维持较低的流动资产与销售收入比率

3. 下列成本费用中，一般属于存货变动储存成本的有(　　)。

A. 库存商品保险费　　B. 存货资金应计利息

C. 存货毁损和变质损失　　D. 仓库折旧费

4. 下列管理措施中，可以缩短现金周转期的有(　　)。

A. 提前偿还短期融资券　　B. 利用商业信用延期付款

C. 加大应收账款催收力度　　D. 加快制造和销售产品

5. 企业持有现金，主要出于交易性、预防性和投机性三大需求，下列各项中体现了交易性需求的有(　　)。

A. 为满足季节性库存的需求而持有现金

B. 为避免因客户违约导致的资金链意外断裂而持有现金

C. 为提供更长的商业信用期而持有现金

D. 为在证券价格下跌时买入证券而持有现金

6. 根据经济订货的基本模型，不考虑采购折扣问题，影响经济订货批量的相关存货成本有(　　)。

A. 进价成本　　B. 变动储存成本

C. 变动订货成本　　D. 固定储存成本

7. 下列各项中，对营运资金占用水平有影响的有(　　)。

A. 应收账款　　B. 存货

C. 预付账款　　D. 货币资金

8. 商业信用作为企业短期资金的一种来源，主要表现形式有(　　)。

A. 应付票据　　B. 季节性周转贷款

C. 应付账款　　D. 预收货款

9. 下列属于存货的储存变动成本的有(　　)。

A. 存货占用资金的应计利息　　B. 紧急额外购入成本

C. 存货的破损和变质损失　　D. 存货的保险费用

三、判断题(请在正确的题后括号内打√，错误的打×)

1. 企业持有现金的机会成本主要是指企业为了取得投资机会而发生的佣金、手续费等有关成本。(　　)

2. 在确定目标现金余额时，无论成本模型还是存货模型，都需要考虑持有现金的机会成本。(　　)

3. 企业为应对未来可能出现的大客户违约导致经营紧张而持有一定的现金，该现金的持有目的在于满足投机性需求。(　　)

4. 公司为应对未来可能出现的突发事件而持有一定量的现金，该现金持有动机在于满足预防性需求。（　）

5. 存货管理中，较高的保险储备增加了存货的储存成本，但降低了缺货成本。（　）

6. 如果购货付款条件为“2/10，n/30”，一年按 360 天计算，则放弃现金折扣的信用成本率为 20%。（　）

7. 企业临时融资能力强，则预防性现金需求量较低。（　）

8. 流动负债的经营劣势包括不易取得、需要持续地重新谈判或滚动安排负债。（　）

9. 企业持有现金主要出于三种需求，这三种需求是交易性需求、预防性需求和收益性需求。（　）

10. 利用存货模式确定最佳现金持有量，必须考虑机会成本、交易成本和短缺成本。（　）

11. 企业的存货总成本随着订货批量的增加而呈正方向变化。（　）

12. 不考虑其他因素的影响，如果企业临时融资能力较强，则其预防性需求的现金持有量一般较低。（　）

13. 应付账款是供应商给企业的一种商业信用，采用这种融资方式是没有成本的。（　）

四、计算题

1. 某企业按（1/10，n/40）的现金折扣条件购入货物 50 万元，企业在折扣期正好有一笔足够现金可获得现金折扣，但企业又面临一项收益率为 14%的投资项目。

请为企业决策：企业是否应享受现金折扣？

2. 某企业现金收支状况比较稳定，预计全年（按 360 天计）需要现金 100 000 元，现金与有价证券的转换成本为每次 200 元，有价证券的年收益率为 10%。

要求：

（1）计算最佳现金余额。

（2）计算转换最佳现金持有水平下的转换成本、机会成本和总成本。

（3）计算有价证券全年需要变现的次数。

3. 某企业的销售收入为 30 万元，当前的信用条件为 n/30，变动成本率为 70%，有价证券的年收益率为 12%，坏账损失率为 3%，预计收账费用为 1 万元。该企业为扩大销售拟定了两种信用条件方案。

甲方案：信用条件变更为 n/60，预计销售收入将增加至 38 万元，坏账损失率为 4%，预计收账费用为 1.6 万元。

乙方案：信用条件变更为 1/30，n/60，预计销售收入将会增加至 44 万元，坏账损失率为 2.5%，预计约有 80%的客户（按销售额计算）会利用现金折扣，预计收账费用为 1.4 万元。

要求：计算分析该企业应选择哪一种信用条件方案（假设该企业有剩余生产能力）。

4. 已知四方股份公司每年约需要使用某种材料 36 000 吨，每次订货成本 1 250 元，每吨该材料的年变动储存成本 10 元，每吨原材料的购置成本为 50 元。

要求：

（1）计算该材料的最优经济订货量。

(2) 计算在最优经济订货量下存货的总成本。

(3) 计算每年最优订货次数。

5. 丙商场季节性采购一批商品,供应商报价为 1 000 万元。付款条件为“3/10,2.5/30,n/90”。目前丙商场资金紧张,预计到第 90 天才有资金用于支付,若要在 90 天内付款只能通过借款解决,银行借款年利率为 6%。假定一年按 360 天计算。有关情况见表 6-1。

表 6-1 应付账款折扣分析表

付款日	折扣率	付款额/元	折扣额/元	放弃折扣的信用成本率	银行借款利息/元	享受折扣的净收益/元
第 10 天	3%	*	30	*	(A)	(B)
第 30 天	2.5%	*	(C)	(D)	*	15.25
第 90 天	0	1 000	0	0	0	0

注:* 表示省略的数据。

要求:

(1) 确定上表中字母代表的数值(不需要列示计算过程)。

(2) 请做出选择,并说明理由。

6. 甲公司当年销售额为 3 000 万元(全部为赊销),变动成本率为 50%,固定成本总额为 100 万元,应收账款平均收现期为 30 天,坏账损失占销售额的 0.2%。公司为扩大市场份额,计划于次年放宽信用期限并开始提供现金折扣。经测算,采用新信用政策后销售额将增至 3 600 万元(全部为赊销),应收账款平均收现期延长到 36 天,客户享受到的现金折扣占销售额的 0.5%,坏账损失占销售额的 0.3%,变动成本率与固定成本总额保持不变。一年按 360 天计算,不考虑企业所得税等其他因素,并假设公司进行等风险投资的期望收益率为 10%。

要求:

(1) 计算公司采用新信用政策而增加的应收账款机会成本。

(2) 计算公司采用新信用政策而增加的坏账损失与现金折扣成本。

(3) 计算公司采用新信用政策而增加的边际贡献。

(4) 计算新信用政策增加的损益,并据此判断改变信用政策是否合理。

7. 甲公司是一家冷冻设备生产企业,预计 2025 年全年需要使用某种型号的零件 250 000 件,该零件的进价为 350 元/件,每次的订货变动成本为 18 000 元,每个零件的年变动储存成本为 10 元。假设 2025 年开工 250 天,全年均衡耗用,每次订货后 5 天到货,保险储备量为 10 000 件。

要求:

(1) 计算经济订货批量。

(2) 计算全年最佳订货次数。

(3) 计算经济订货量平均占用资金。

(4) 计算最低存货相关总成本(不含直接进价成本)。

(5) 计算再订货点。

8. 甲公司 2023 年度全年营业收入为 4 500 万元(全部为赊销收入),应收账款平均收现期为 60 天。公司产品销售单价为 500 元/件,单位变动成本为 250 元/件,若将应收账款所占用的资金用于其他风险投资，可获得的收益率为 10%。

2024 年公司调整信用政策，全年销售收入（全部为赊销收入）预计增长 40%，应收账款平均余额预计为 840 万元。假定全年按照 360 天计算。

要求：

(1) 计算 2023 年应收账款平均余额。

(2) 计算 2023 年变动成本率。

(3) 计算 2023 年应收账款的机会成本。

(4) 计算 2024 年预计的应收账款周转率和应收账款周转天数。

9. 乙公司是一家冰箱生产企业，全年需要压缩机 360 000 台，均衡耗用。全年生产时间为 360 天，每次的订货费用为 160 元，每台压缩机持有费率为 80 元，每台压缩机的进价为 900 元。根据经验，压缩机从发出订单到进入可使用状态一般需要 5 天，保险储备量为 2 000 台。

要求：

(1) 计算经济订货批量。

(2) 计算全年最佳订货次数。

(3) 计算最低存货成本（不含直接进价成本）。

(4) 计算再订货点。

10. 丁企业上年销售收入为 4 000 万元，总成本为 3 000 万元，其中固定成本为 600 万元。假设今年该企业变动成本率维持在上年的水平，现有两种信用政策可供选用。

方案一：信用政策为（2/10，1/20，n/90），预计销售收入为 5 400 万元，将有 30% 的货款于第 10 天收到，20% 的货款于第 20 天收到，其余 50% 的货款于第 90 天收到（前两部分货款不会产生坏账，后一部分货款的坏账损失率为该部分货款的 4%），收账费用为 50 万元。

方案二：给予客户 45 天信用期限（n/45），预计销售收入为 5 000 万元，货款将于第 45 天收到，其收账费用为 20 万元，坏账损失率为货款的 2%。该企业 A 产品销售额的相关范围为 3 000 万～6 000 万元，企业的资本成本率为 8%。（为简化计算，一年按 360 天计算）

要求：

(1) 计算该企业上年的下列指标。

① 变动成本总额。

② 以销售收入为基础计算的变动成本率。

(2) 计算方案一、方案二的收益之差。

(3) 计算方案二的应收账款相关成本费用。

(4) 计算方案一的应收账款相关成本费用。

(5) 计算方案一、方案二的税前收益之差，并在两个方案之间做出选择。

11. 乙公司 2023 年采用 n/30 的信用条件，全年销售额（全部为赊销）为 10 000 万元，平均收现期为 40 天。2024 年初乙公司为了尽快收回货款，提出了“2/10，n/30”的信用条件，新的折扣条件对销售额没有影响，但坏账损失及收账费用共减少 200 万元，预计占销售额一半的客户将享受现金折扣优惠，享受现金折扣优惠的客户均在第 10 天付款，不享受现金折扣的客户平均付款期是 40 天。该公司资本成本为 15%，变动成本率为 60%。

假设一年按 360 天计算，不考虑增值税及其他因素的影响。

要求：

(1) 计算改变信用条件引起的现金折扣成本的增加额。
(2) 计算改变信用条件后应收账款的平均收现期。
(3) 计算改变信用条件引起的应收账款的机会成本增加额。
(4) 计算改变信用条件引起的税前利润增加额。
(5) 判断提出的信用条件是否可行并说明理由。

参考答案

一、单项选择题

题号	1	2	3	4	5	6	7	8	9	10
答案	B	C	A	B	B	B	A	D	C	C
题号	11	12	13	14	15	16	17	18	19	20
答案	C	B	B	A	D	D	D	D	A	D
题号	21	22	23	24	25	26	27	28	29	30
答案	A	B	D	C	B	D	C	D	D	A

二、多项选择题

题号	1	2	3	4	5	6	7	8	9	
答案	BC	ABC	ABC	BCD	AC	BC	ABCD	ACD	ACD	

三、判断题

题号	1	2	3	4	5	6	7	8	9	10
答案	×	√	×	√	√	×	√	×	×	×
题号	11	12	13							
答案	×	√	×							

四、计算题

1. 放弃现金折扣产生的年机会成本率为：1%/(1－1%)×360/(40－10)＝12.12%。由于12.12＜14%，因此企业应该放弃该现金折扣。

2. (1) 最佳现金余额$=\sqrt{2T_a/i}=\sqrt{2\times 100\ 000\times 200/0.1}$＝20 000(元)。

(3) 最佳现金持有水平下的转换次数＝100 000/20 000＝5。

(2) 转换成本＝5×200＝1 000(元)。

机会成本＝1/2×20 000＝1 000(元)。

总成本＝转换成本＋机会成本＝2 000(元)。

3. (1) 甲方案。

边际收益：(38－30)×(1－70％)＝2.4(元)。

边际成本：

收账费用：1.6－1＝0.6(元)。

坏账损失：38×4％－30×3％＝0.62(元)。

机会成本：38/(360/60)×70％×12％－30/(360/30)×70％×12％＝0.322(元)。

边际成本总额：0.6＋0.62＋0.322＝1.542(元)。

边际利润＝边际收益－边际成本＝2.4－1.542＝0.858(元)。

(2) 乙方案。

边际收益：(44－30)×(1－70％)＝4.2(元)。

边际成本：

收账费用：1.4－1＝0.4(元)。

坏账损失：44×2.5％－30×3％＝0.2(元)。

机会成本：44/(360/36)×70％×12％－30/(360/30)×70％×12％＝0.159 6(元)。

现金折扣成本：44×80％×1％＝0.352(元)。

边际成本总额：0.4＋0.2＋0.159 6＋0.352＝1.111 6(元)。

边际利润＝边际收益－边际成本＝4.2－1.111 6＝3.088 4(元)。

甲方案的边际收益小于乙方案的边际收益，因此应该选乙方案。

4. (1) 该材料的经济订货量＝($2AB/C$)1/2＝(2×36 000×1 250/10)1/2＝3 000(吨)。

(2) 最优经济订货量的存货总成本＝($2ABC$)1/2＋DP＝(2×36 000×1 250×10)×1/2＋36 000×50＝1 830 000(元)。

(3) 最优订货次数＝A/Q＝36 000/3 000＝12。

5. (1) A＝1 000×(1－3％)×6％/360×(90－10)＝12.93(万元)。

B＝30－12.93＝17.07(万元)。

C＝1 000×2.5％＝25(万元)。

D＝[2.5％/(1－2.5％)]×[360/(90－30)]×100％＝15.38％。

(2) 应当选择在第 10 天付款。

理由：在第 10 天付款，享受折扣的净收益为 17.07 万元；在第 30 天付款，享受折扣的净收益为 15.25 万元；在第 90 天付款，享受折扣的净收益为 0。因此，应当选择享受折扣的净收益最大的第 10 天付款。

6. (1) 公司采用新信用政策而增加的应收账款机会成本＝3 600/360×36×50％×10％－3 000/360×30×50％×10％＝5.5(万元)。

(2) 公司采用新信用政策而增加的坏账损失与现金折扣成本＝3 600×(0.5％＋0.3％)－3 000×0.2％＝22.8(万元)。

(3) 公司采用新信用政策而增加的边际贡献＝(3 600－3 000)×(1－50％)＝300(万元)。

(4) 新信用政策增加的损益＝300－5.5－22.8＝271.7(万元)。

新信用政策增加的损益大于零，所以改变信用政策合理。

7. (1) 经济订货批量＝$\sqrt{2AB/C}$＝(2×250 000×18 000/10)0.5＝30 000(件)。

(2) 最佳订货次数＝存货年需求总量/经济订货批量＝250 000/30 000≈8.33(次)。

(3) 经济订货量平均占用资金＝经济订货量/2×存货单价

＝30 000/2×350＝5 250 000(元)。

(4) 最低存货相关总成本＝$\sqrt{2ABC}$＝(2×250 000×18 000×10)0.5＝300 000(元)。

(5) 再订货点＝5×250 000/250＋10 000＝15 000(件)。

8.(1) 应收账款平均余额＝日销售额×平均收现期＝4 500/360×60＝750(万元)。

(2) 变动成本率＝单位变动成本/单价＝250/500＝0.5。

(3) 应收账款的机会成本＝应收账款平均余额×变动成本率×资本成本

＝750×0.5×10%＝37.5(万元)。

(4) 预计的应收账款周转率＝营业收入/应收账款平均余额

＝4 500×(1＋40%)/840＝7.5(次)。

应收账款周转天数＝计算期天数/应收账款周转次数＝360/7.5＝48(天)。

9.(1) 经济订货批量＝$\sqrt{(2\times360\ 000\times160/80)}$＝1 200(台)。

(2) 全年最佳订货次数＝$\sqrt{360\ 000/1\ 200}$＝300(次)。

(3) 最低存货成本＝$\sqrt{(2\times360\ 000\times160\times80)}$＝96 000(元)。

(4) 再订货点＝5×(360 000/360)＋2 000＝7 000(台)。

10.(1) ① 变动成本总额＝总成本一固定成本总额＝3 000—600＝2 400(万元)。

② 变动成本率＝变动成本÷销售收入×100%＝2 400/4 000×100%＝60%。

(2) 方案一、方案二的收益之差＝5 400×(1－60%)－5 000×(1－60%)＝160(万元)。

(3) ① 应收账款机会成本＝(5 000×45)/360×60%×8%＝30(万元)。

② 坏账成本＝5 000×2%＝100(万元)。

③ 收账费用为 20 万元。

则采用方案二的应收账款相关成本费用＝30＋100＋20＝150(万元)。

(4) ① 平均收账天数＝10×30%＋20×20%＋90×50%＝52(天)。

② 应收账款机会成本＝(5400×52)/360×60%×8%＝37.44(万元)。

③ 坏账成本＝5400×50%×4%＝108(万元)。

④ 现金折扣成本＝5 400×30%×2%＋5 400×20%×1%＝43.2(万元)。

⑤ 收账费用为 50 万元。

采用方案一的应收账款相关成本费用＝37.44＋108＋50＋43.2＝238.64(万元)。

(5) 方案一、方案二的税前收益之差＝160－(238.64－150)＝71.36(万元)，大于零。

所以企业应选用方案一。

11.(1) 改变信用条件引起的现金折扣成本的增加额＝10 000×2%×50%－10 000×0×0＝100(万元)。

(2) 改变信用条件引起应收账款的平均收现期＝10×50%＋40×50%＝25(天)。

(3) 应收账款的机会成本增加额＝(10 000×60%)/360×25×15%－(10 000×60%)/360×40×15%＝－37.5(万元)。

(4) 改变信用条件引起税前利润增加额＝－100－(－37.5)－(－200)＝137.5(万元)。

(5) 因为增加的税前损益 137.5 万元大于零，所以该信用政策改变是可行的。

第七章　长期筹资方式

思维导图

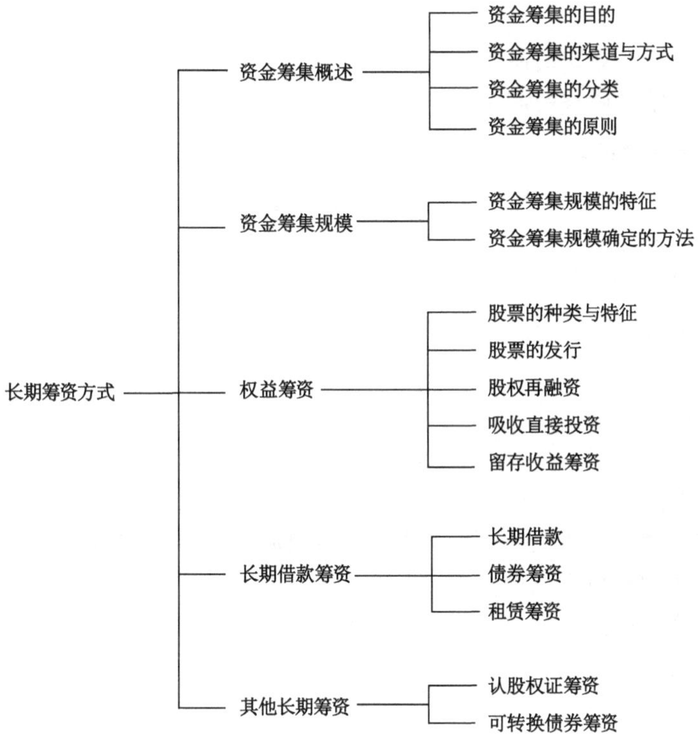

学习目的与要求

本章主要介绍企业长期资金筹资问题。首先从整体上介绍长期资金筹资的渠道、方式、规模，在此基础上具体介绍权益资金筹资和债务资金筹资的类型、特点、种类及优缺点等。通过本章的学习，学生应理解企业筹资的基本知识，掌握权益和债务筹资方式的类型、特点、手续以及优缺点。

（1）本章学习的重点内容：① 掌握企业资金筹资规模的确定方法；② 理解普通股的分类、股票上市决策及股票发行价格需要考虑的因素；③ 理解普通股筹资的优缺点；④ 理解长期借款、企业债券的种类、筹资手续及优缺点；⑤ 掌握融资租赁的种类、租金的测算方法及优缺点；⑥ 理解可转换债券的特点、构成要素及优缺点。

（2）本章学习的难点内容：对企业各种长期资金筹资方式种类、特点及优缺点的认识和理解，能够从整体上把握各种长期资金筹资方式的联系和区别。

本章核心内容

一、资金筹集概述

（一）资金筹集的目的

（1）维持正常的生产经营活动。

（2）谋求公司的发展。

（3）应付临时资金短缺的需要。

（4）满足资本结构调整的需要。

（二）资金筹集的渠道与方式

目前，我国公司的资金筹集主要有以下几个渠道。

（1）国家财政资金。

（2）银行信贷资金。

（3）非银行金融机构资金。

（4）其他公司资金。

（5）公司内部资金。

（6）境外资金。

（7）居民个人资金。

对于各种筹资渠道的资金，公司可以采用不同的筹资方式进行筹集。目前，我国公司资金筹集的方式主要有以下几种。

（1）吸收直接投资。

（2）发行股票。

（3）发行债券。

（4）银行借款。

（5）商业信用。

（6）融资租赁等。

资金筹集渠道与资金筹集方式有着密切的联系。如果说资金筹集渠道属于客观存在，那么，资金筹集方式则属于公司主观能动行为。公司资金筹集管理的重要内容是如何针对客观存在的资金筹集渠道，选择合理的资金筹集方式进行筹资。认识各种筹资方式的属性，有利于公司选择适宜的资金筹集方式并有效地进行筹资组合，降低筹资成本，提高筹资效益。

（三）资金筹集的分类

1. 按所筹资金的性质分类

（1）权益资本。

（2）借入资金。

2. 按所筹资金的期限分类

(1) 长期资金。

(2) 短期资金。

3. 按筹资活动是否通过金融机构分类

(1) 直接筹资。

(2) 间接筹资。

(四) 资金筹集的原则

(1) 规模适度原则。

(2) 及时性原则。

(3) 效益性原则。

(4) 结构合理原则。

二、资金筹集规模

(一) 资金筹集规模的特征

1. 时间性

公司筹资规模的时期选择,必须与投资需求时间相对应。由于公司投资常常是分阶段进行的,因而筹资也相应地要求分为几个阶段。公司在一定时期内可能同时有几项投资活动,它们所需要的资金会一次或分几次筹集。因此,在选择筹资规模时期时,必须明确总体投资需要和某一项目或某一年度的筹资额。

2. 对应性

对应性是指公司筹资方式规模与资产占用具有一定的对应关系。具体的对应关系取决于公司所选择的资金筹集策略类型。认识和了解资金筹集策略类型,对于公司合理选择与规划筹资方式及其规模、提高资产运营效率具有重要意义。

(二) 资金筹集规模确定的方法

常用的资金需要量预测方法包括项目预算法、线性回归分析法、销售百分比法和因素分析法,其中销售百分比法在第四章的财务模型与计划部分进行过详细讨论,此处不再赘述。

1. 项目预算法

项目预算法是指公司在投资项目额基本确定的情况下,根据项目所需要的实际投资额确定筹资规模的方法。公司在一定时期内,可能存在本期投资项目所需资金在上期已经筹足,或下期投资项目所需资金在本期需要筹集,使得项目投资额在时间安排上与公司同期内确定的筹资总规模并不完全一致的情况。在具体运用这一方法确定一定时期筹资规模时,首先应以投资规模为基本依据,同时通过分项汇总的方法来具体预计筹资总额。然后再根据公司内部资金来源,计算确定本期公司内部筹资额。用筹资总额减去公司内部筹资额,即为公司外部筹资额。

2. 线性回归分析法

线性回归分析法(Linear Regression Analysis Method)是根据资金需要量与业务量之间存在的一定关系，按照回归方法建立相关模型，然后根据历史有关资料，用回归直线方程确定参数预测资金需要量的方法。其预测模型为：

$$y = a + bx$$

式中 y——资金需要量；

a——不变资金；

b——单位业务量所需要的变动资金；

x——业务量。

运用这种方法，需要将公司的资金按其与业务量之间的关系，分为不变资金与变动资金两类。不变资金是指在一定的生产经营规模内，不随业务量变动而变动的资金，一般包括为维持正常生产经营而需要的最低数额的货币资金、原材料的保险储备、必要的产成品或商品储备，以及固定资产等长期稳定资产占用的资金。变动资金是指随业务量变动而变动的资金，一般包括最低储备以外的货币资金、应收账款、存货等波动性资产占用的资金。

运用预测模型，在利用历史资料确定 a、b 数值的条件下，即可预测一定业务量 x 所需要的资金数量 y。

3. 因素分析法

因素分析法又称分析调整法，是以有关项目基期年度的平均资金需要量为基础，根据预测年度的生产经营任务和资金周转加速的要求，进行分析调整来预测资金需要量的一种方法。因素分析法的计算公式如下：

资金需要量＝(基期资金平均占用额－不合理资金占用额)×(1±预测期销售增减额)×(1±预测期资金周转速度变动率)

三、权益筹资

(一) 股票的种类与特征

1. 股票的种类

股份公司根据筹资和投资的需要，可发行不同种类的股票。

(1) 按股东的权利和义务划分，一般可分为普通股和优先股。

(2) 按票面有无记名划分，可分为记名股票和无记名股票。

(3) 按票面是否标明金额划分，可分为面值股票和无面值股票。

(4) 按发行时间的先后划分，可分为始发股和新股。

(5) 按发行对象和上市地区划分，可分为 A 股、B 股、H 股等。

2. 股票的总体特征

(1) 无期性。

(2) 风险性。

(3) 流通性。

（4）参与性。

3. 普通股股东权利和义务特征

普通股股东主要有如下权利：

（1）出席或委托代理人出席股东大会，并依公司章程规定行使表决权。这是普通股股东参与公司经营管理的基本方式。

（2）股份转让权。股东持有的股份可以自由转让，但必须符合公司法、其他法规和公司章程规定的条件和程序。

（3）股利分配请求权。分享盈余也是普通股股东的一项基本权利。盈余的分配方案由股东大会决定，每一个会计年度由董事会根据公司的盈利数额和财务状况来决定分发股利的多少并经股东大会批准通过。

（4）对公司的账目和股东大会决议的审查权和对公司事务的质询权。

（5）分配公司剩余财产的权利。

（6）公司章程规定的其他权利。

同时，普通股股东也基于其资格，对公司负有义务。我国规定了股东具有遵守公司章程、缴纳股款、对公司负有有限责任、不得任意退股等义务。

4. 普通股的其他特性及分类

（1）普通股特性。

① 投票权。

② 优先认股权。

（2）普通股分级。

股份公司可能发行若干等级的普通股股票，按照其对股利的要求权和投票表决权，可以将普通股股票分为A级普通股和B级普通股。A级普通股通常没有投票权，B级普通股一般具有投票权。发起人对投资大众大量发售A级普通股，而自己保留B级普通股，这样就能以相对少的投资来取得公司的控制权。为了吸引广大投资者购买A级普通股，有效地筹集到A级普通股的资金，发起人必须在投票表决权与股利和资产的追索权（要求权）之间进行适当的平衡。一般来说，B级普通股持有者对股利的要求权和对资产的追索权次于A级普通股持有的相应权利。

普通股的另一个分级方法是从普通股中分出"发起人股"。发起人股类似于B级普通股，由发起人认购。发起人股持有者拥有投票权，公司创办之初的前几年没有分派股利之权。通过设立发起人股，公司的发起人能够在公司创办之初的重要发展阶段完全控制公司，同时，也可限制发起人在公司创办之初从公司大量抽走资金。

5. 普通股筹资评价

（1）普通股筹资的优点。

① 没有固定利息负担。公司有盈余，并认为适合分配股利，就可以分给股东；公司盈余较少，或虽有盈余但资金短缺或有更有利的投资机会，就可少支付或不支付股利。

② 没有固定到期日。利用普通股筹集的是永久性的资金，除非公司清算才需偿还。它对保证公司最低的资金需求有重要意义。

③ 筹资风险小。普通股没有固定到期日，不用支付固定的利息，因此风险小。

④ 能增加公司的信誉。普通股股东与留存收益构成公司所借入一切债务的基础。有了较多的自有资金,就可为债权人提供较大的损失保障,因而,普通股筹资既可以提高公司的信用价值,同时也为使用更多的债务资金提供了强有力的支持。

⑤ 筹资限制少。利用优先股或债券筹资,通常有许多限制,这些限制往往会影响公司经营的灵活性,而利用普通股筹资则没有这种限制。

(2) 普通股筹资的缺点。

① 普通股的资本成本较高。首先,从投资者的角度讲,投资于普通股风险较高,相应地要求有较高的投资报酬率。其次,对于筹资公司来讲,普通股股利从净利润中支付,不像债券利息那样作为费用从税前支付,因而不具有抵税作用。此外,普通股的发行费用一般也高于其他证券。

② 普通股筹资会增加新股东,这可能会分散公司的控制权,削弱原有股东对公司的控制。

③ 如果公司股票上市,需要履行严格的信息披露制度,接受公众股东的监督,会带来较大的信息披露成本,也增加了公司保护商业秘密的难度。

④ 股票上市会增加公司被收购的风险。公司股票上市后,其经营状况会受到社会的广泛关注,一旦公司经营或是财务方面出现问题,可能面临被收购的风险。

6. 优先股的基本特征和发行动机

(1) 优先股的特征。发行优先股股票是公司获得权益资本的一种方式,优先股股票筹集的资金称为优先股股本,优先股股票是一种兼具普通股股票和债券特点的有价证券。

优先股股票与普通股股票相比,具有许多优先权。优先股股票的请求权优于普通股股票,但次于债券。在分配股利时,优先股股东具有优先请求权,普通股股东必须在优先股股利支付后才能获得普通股股利。如果公司破产清算,优先股对剩余财产有优先的请求权。从公司的最终所有者——普通股股东的立场来看,优先股是一种促进杠杆作用的工具,可视为一种负债。如同债务一样,优先股股利有一个固定的数额或比率。一般来说,优先股没有投票权(特殊规定除外)。有的优先股可以转化为普通股,甚至附有可赎回条款。从债权人的立场来看,优先股具有普通股股份的某些特征。优先股股利是以公司税后利润来发放的,优先股股利不像债券利息能够抵免税负;优先股股利的支付也不是绝对必要的,若公司没有利润或利润不足或其他原因,可以不支付股利,以后也不一定补偿。综上所述,优先股既可以看作权益资本,但在某种情况下也可看作债务,它是一种兼有普通股和债券特点的筹资工具。

(2) 优先股的有关发行条款。发行优先股时,往往会附有很多条款。这些条款不仅包括优先股的面值、股利等规定,而且还包括诸如股利是否累积、优先股能否参与分配剩余利润、是否可以回收等方面的规定。

① 累积股利。优先股有累积和股利和不可累积股利之分,不过多数公司发行的优先股可以累积股利,即任何一年未支付的股利都可累积到以后各年去支付,公司必须付清了历年拖欠的优先股股利,然后才能支付普通股股利。

② 参与剩余利润的分配。少数的优先股可以按照规定比例参与公司剩余利润的分配。这种有参与权的优先股称为参与优先股(无参与权的优先股称为非参与优先股)。

③ 优先股股票的赎回。一般来说，优先股股票没有到期日。但是，有时公司并不考虑把优先股作为一种永久性的筹资手段，在发行时会附有赎回条款。

④ 其他条款。一般来说，优先股不拥有投票权，因此，优先股股东并不拥有对公司的管理权或控制权。但是在一些特殊情况下，如公司章程中另有规定或公司已经拖欠优先股股东过多的股利，或公司违反了优先股股东与公司之间预先签订的合同中的某些条款时，优先股股东可以拥有投票表决权，可以让优先股股东选举董事名额中的少数部分。

(3) 优先股发行目的及发行动机。股份有限公司发行优先股主要是出于筹集权益资本的需要。但是，优先股固有的基本特征，使优先股的发行会出于其他考虑。

① 防止股权分散化。优先股一般不具有表决权，因此，公司出于普通股发行会稀释其股权的考虑，在资本额一定的情况下，发行一定数额的优先股，以保护原有普通股股东对公司经营权的控制。

② 提高举债能力。由于优先股筹资属于权益资本筹资的范畴，因此，它可作为公司举债的基础，以提高公司的举债能力。

③ 增加普通股股东权益。由于优先股股利固定，且优先股股东对公司留存收益不具有要求权，因此，在公司收益一定的情况下，提高优先股的比重，会相应提高普通股股东的权益，提高每股收益净额，从而具有杠杆作用。

④ 调整资本结构。由于优先股在特定情况下具有"可转换性"和"可赎回性"，因此，可借助优先股的这些特性，来调整公司的资本结构。

(4) 优先股筹资的评价。

优先股筹资有以下优点：

① 与债券相比，不支付股利不会导致公司破产；

② 与普通股相比，发行优先股一般不会稀释股东权益；

③ 无期限的优先股没有到期期限，不会减少公司现金流，不需要偿还本金。

优先股筹资有以下缺点：

① 优先股股利不可以税前扣除，其税后成本高于负债筹资。

② 优先股的股利支付虽然没有法律约束，但是经济上的约束会使公司倾向于按时支付其股利。因此，优先股的股利通常被视为固定成本，与负债筹资没有什么差别，会增加公司的财务风险并进而增加普通股的成本。

(二) 股票的发行

1. 股票的发行条件

根据我国证券法的有关规定，公司首次公开发行新股，应当符合下列条件。

(1) 具备健全且运行良好的组织机构。

(2) 具有持续经营能力。

(3) 最近三年财务会计报告被出具无保留意见审计报告。

(4) 发行人及其控股股东、实际控制人最近三年不存在贪污、贿赂、侵占财产、挪用财产或者破坏社会主义市场经济秩序的刑事犯罪。

(5) 经国务院批准的国务院证券监督管理机构规定的其他条件。

2. 股票发行市场

股票发行市场是随着股份公司的兴起和发展而发展起来的。股票发行市场,又称一级市场和初级市场,它是以股票形式将社会闲置的货币资金转化为资本的场所。这就决定了股票发行市场必须由股票发行者、股票承销者和股票认购者三方面构成,缺一不可。股票发行者是指为筹措资金而发行股票的股份公司;股票认购者是指那些出于不同目的而购买股票的法人和个人投资者;股票承销者是指承担股票销售业务的证券公司,委托代理股票发行业务的有关银行。我国股票发行市场的发行者,目前主要是国有公司、民营公司和"三资"公司等;股票认购者,主要是社会公众、公司法人、金融机构和国有资产管理部门与所属国有资产经营公司;股票承销者,主要有专业银行、证券公司、信托投资公司等。

3. 股票发行方式

股票发行方式是指发行公司采用什么方法、通过何种渠道或途径将自己的股票投入市场,并为广大投资者所接受。股份有限公司发行股票的方式有公开发行和不公开发行。

(1) 公开发行。公开发行是指股票发行公司公开向社会公众发行股票。公开发行股票可以采用自销方式和承销方式。

(2) 不公开发行。不公开发行是指公司不公开对外发行股票,只向少数特定的对象直接发行,不经中介机构承销。我国股份有限公司采取发起设立方式和以不向社会公开募集的方式发行新股的做法属于不公开发行。这种发行方式的弹性较大,发行成本较低,但股票流动性差。

4. 股票发行价格

(1) 股票发行价格的类型。一般来说,股票发行市场上有以下几种发行价格。

① 面值发行。面值发行是指以股票的票面价值作为发行价格,即股票发行价格等于股票面值,所以又称等价发行或平价发行。这种发行方式比较简便易行,且不受股市变动的影响,但缺乏灵活性或市场性。面值发行,由于市场价格往往高于股票面值,因而可使得认购者获得差价收益,绝大多数投资者都乐于认购。所以,这种方式一般在以股东配股方式发行股票时采用。

② 溢价发行。溢价发行是指以超过股票票面价值的价格发行股票,发行价格超过票面价值的部分称为溢价。目前,我国的股份有限公司发行股票多数采用溢价发行。

③ 折价发行。折价发行是指按票面价值打个折扣,以低于面值的价格发行股票。折扣大小由发行公司和承销商协议而定。值得注意的是,我国法律规定公司发行股票不准折价发行,即不准以低于股票面额的价格发行。

(2) 股票发行价格的影响因素。股票发行价格决策属于财务决策范畴。从财务角度看,合理地确定发行价格,有利于股票的顺利发行,从而使公司筹集到投资所需资金;有利于投资者从认购股票和长期投资中取得收益,以增强投资者的信心。在确定发行价格时,公司应考虑以下因素:

① 市盈率。市盈率是每股市价与每股收益的比值,它反映股票市价与股票收益之间的关系。公司股票的发行价格一般是根据公司股份的每股税后利润额乘以一个参考市盈率确定的。在公司税后利润总额和参考市盈率一定的情况下,总股本越小,则每股税后利润越高,相应发行价格也越高。

② 每股净资产。一般认为，每股所代表的净资产越多，其发行价格可定得越高。

③ 行业特征。行业发展前景越好，公司未来盈利能力越高，股东投资的期望收益也越大，其发行价格也就越高。

④ 公司在同行业中的地位，即公司的信誉及经营管理水平，在一定程度上决定了发行价格。

⑤ 证券市场的供求状况及股价水平，它是公司发行价格确定的外部环境与条件。

5. 股票初次公开发行(IPO)的程序

IPO(Initial Public Offerings，首次公开发行股票)是指将非股份制公司改造成符合法律要求的股份有限公司并第一次向社会公众公开发行股票、募集资金的过程。公司 IPO 过程中涉及的中介机构包括保荐人(券商)、律师事务所、会计师事务所、资产评估机构、土地评估机构。公司从聘请中介机构进行改制到上市成功要经历一个较长的过程。IPO 各阶段的主要任务及工作内容如下：

(1) 前期准备阶段：定班子(确定内部协调机构、聘请中介机构)；中介机构尽职调查(从财务经营业绩、规范运作、发展战略等方面就是否符合上市条件进行初步评估、确定存在的主要问题和初步解决思路)；确定发行上市方案；改制前运作(股权结构调整、业务及组织架构整合、财务规范)。

(2) 设立股份公司阶段：进行审计、评估及验资；召开董事会、股东会、创立大会及准备各项法律文件；办理工商登记。

(3) 规范运行及辅导阶段：与券商签订辅导协议并报当地证监局备案；完善改制时未彻底规范的事项、明确募集资金投向；当地证监局辅导验收。

(4) 申报与核准阶段：准备和制作申请材料；公司董事会、股东大会通过发行方案；向证监会申报，根据初步反馈意见完善和补充申报材料，进行预披露、发审会审核、核准。

(5) 发行与上市阶段：刊登招股意向书等发行材料；路演、询价和定价；股票公开发行；募集资金到账；上市流通。

6. 股票上市的条件

股票上市，是指股份有限公司公开发行的股票经批准在证券交易所进行挂牌交易。经批准在交易所上市交易的股票则成为上市股票。

申请证券上市交易，应当向证券交易所提出申请，由证券交易所依法审核同意，并由双方签订上市协议。

申请证券上市交易，应当符合证券交易所上市规则规定的上市条件。以上海证券交易所为例，发行人首次公开发行股票后申请其股票在该所上市，应当符合下列条件。

(1) 主体资格：股份有限公司；持续经营 3 年以上；生产经营合法；股份清晰等。

(2) 规范运营：股东大会、董事会、监事会制度健全；董事、监事和高管符合任职资格要求；内控制度健全且被有效执行；无重大违法违规行为等。

(3) 财务指标：最近三个会计年度连续盈利，且累计净利润大于 3 000 万元；最近三个会计年度经营活动现金流量净额累计大于 5 000 万元，或营业收入累计大于 3 亿元；最近一期末无形资产占净资产比例不大于 20%等。

(4) 其他。

（三）股权再融资

再融资包括股权再融资、债权再融资和混合证券再融资等形式，其中股权再融资的方式包括向现有股东配股和增发新股融资。配股是指向原普通股股东按其持股比例、以低于市价的某一特定价格配售一定数量新发行股票的融资行为。增发新股指上市公司为了筹集权益资本而再次发行股票的融资行为，包括面向不特定对象的公开增发和面向特定对象的非公开增发（也称定向增发）。其中，配股和公开增发属于公开发行，非公开增发属于非公开发行。

1. 一般规定

除了满足公司法和证券法规定的股份有限公司公开发行股票的基本条件外，还必须满足《上市公司证券发行管理办法》中的一般规定：

（1）上市公司的组织机构健全、运行良好。

（2）上市公司的盈利能力具有可持续性，如：最近三个会计年度连续盈利等。

（3）财务状态良好。如：最近3年及1期财务报表未被注册会计师出具保留意见、否定意见或无法表示意见的审计报告；最近3年以现金方式累计分配的利润不少于最近3年实现的年均可分配利润的30%等。

（4）最近36个月财务会计文件无虚假记载，无其他重大违法行为。

（5）募集资金的数额和使用符合证监会的相关规定。

2. 配股

按照惯例，公司配股时新股的认购权按照原有股权比例在原股东之间分配。配股赋予公司现有股东配股权，使得现有股东拥有合法的优先购买新发股票的权利。

（1）配股的规定。除符合一般规定外，还应当符合下列规定：

① 拟配售股份数量不超过本次配售股份前股本总额的30%；

② 控股股东应当在股东大会召开前公开承诺认配股份的数量；

③ 采用证券法规定的代销方式发行。

控股股东不履行认配股份的承诺，或者代销期限届满，原股东认购股票的数量未达到拟配售数量70%的，发行人应当按照发行价并加算银行同期存款利息返还已经认购的股东。

（2）配股权。在我国，配股权是指当股份公司需再筹集资金而向现有股东发行新股时，股东可以按原有的持股比例以较低的价格购买一定数量的新发行股票。这样做的目的有：不改变老股东对公司控制权和享有的各种权利；因发行新股将导致短期内每股收益稀释，通过折价配售的方式可以给老股东一定的补偿；鼓励老股东认购新股，以增加发行量。配股权与公司公开发行的、期限很长的认股权证不同，后者是混合投资的一种形式。

（3）配股价格。配股一般采取网上定价发行的方式。配股价格由主承销商和发行人协商确定。

（4）除权价格。通常配股股权登记日后要对股票进行除权处理。除权后股票的理论除权基准价格为：

$$配股除权价格=\frac{配股前股票市值+配股价格\times 配股数量}{配股前股数+配股数量}$$

$$=\frac{\text{配股前每股价格}+\text{配股价格}\times\text{股份变动比例}}{1+\text{股份变动比例}}$$

当所有股东都参与配股时，此时股份变动比例（即实际配售比例）等于拟配售比例。除权价只是作为计算除权日股价涨跌幅度的基准，提供的只是一个基准参考价。如果除权后股票交易市价高于该除权基准价格，这种情形使得参与配股的股东财富较配股前有所增加，一般称之为“填权”；反之，股价低于除权基准价格则会减少参与配股股东的财富，一般称之为“贴权”。

（5）配股权价值。一般来说，老股东可以以低于配股前股票市价的价格购买所配发的股票，即配股权的执行价格低于当前股票价格，此时配股权是实值期权，因此配股权具有价值。利用除权后股票的价值可以估计配股权价值。

配股权的价值为：

$$\text{配股权价值}=\frac{\text{配股后股票价格}-\text{配股价格}}{\text{购买一股新股所需的认股权数}}$$

3. 增发新股

公开增发与首次公开发行一样，没有特定的发行对象，股票市场上的投资者均可以认购。而非公开增发（也称定向增发）的对象主要针对机构投资者与大股东及关联方。

（1）增发新股的特别规定。

① 公开增发。公开增发除满足上市公司公开发行的一般规定外，还应当符合以下规定：最近 3 个会计年度加权平均权益净利率平均不低于 6%；除金融类企业外，最近一期期末不存在持有金额较大的交易性金融资产和可供出售的金融资产、借予他人款项、委托理财等财务性投资的情形；发行价格应不低于公告招股意向书前 20 个交易日公司股票均价或前 1 个交易日的均价。

② 非公开增发。相对于公开增发新股、配股而言，上市公司非公开增发新股的要求要低得多。非公开增发没有过多发行条件上的限制，一般只要发行对象符合要求，并且不存在一些严重损害投资者合法权益和社会公共利益的情形，均可申请非公开发行股票。对一些以往盈利记录未能满足公开融资条件，但又面临重大发展机遇的公司而言，非公开增发提供了一个关键性的融资渠道。

（2）增发新股的发行程序。

① 公开增发。上市公司发行新股的程序包括：聘请保荐人（主承销商），公开发行股票的应由证券公司承销，并由保荐人保荐；董事会就新股发行方案、募集资金使用的可行性报告、前次募集资金使用报告等事项做出决议，股东大会就发行证券事项做出决议；编制和提交申请文献；由保荐人进行内核、出具发行保荐书，对承销商备案材料进行合规性审核；证监会受理申请文件、初审，发行审核委员会审核、核准发行；发行股票。

② 非公开增发。非公开增发新股融资相对来说操作较简便，不需要进行刊登招股说明书、公开询价等程序，从而在操作时间上要比公开增发少很多，发生的筹资费用也较低。

（3）增发新股的定价。

① 公开增发。上市公司公开增发新股的定价通常按照“发行价格应不低于公告招股意向书前 20 个交易日公司股票均价或前 1 个交易日的均价”的原则确定增发价格。

② 非公开增发。非公开发行股票的发行价格应不低于定价基准日前 20 个交易日公司

股票均价的80%。

(4) 增发新股的认购方式。

① 公开增发。公开增发新股的认购方式通常为现金认购。

② 非公开增发。非公开增发新股的认购方式不限于现金，还包括权益、债权、无形资产、固定资产等非现金资产。通过非现金资产认购的非公开增发往往以重大资产重组或者引进长期战略投资为目的。因此，非公开增发除了能为上市公司带来资金外，往往还能带来具有盈利能力的资产、提升公司治理水平、优化上下游业务等。但需要注意的是，使用非现金资产认购股份有可能滋生通过不公平资产定价等手段侵害中小股东利益的现象。

4. 股权再融资对公司的影响

(1) 对公司资本结构的影响。一般来说，权益资本成本高于债务资本成本，采用股权再融资会降低资产负债率，可能会使资本成本增大；但如果股权再融资有助于公司目标资本结构的实现、增强公司财务稳健性、降低债务的违约风险，就会在一定程度上降低公司的加权平均资本成本，增加公司的整体价值。

(2) 对公司财务状况的影响。在公司运营及盈利状况不变的情况下，采用股权再融资的形式筹集资金会降低公司的财务杠杆水平，并降低权益净利率。但公司如果能将股权再融资筹集的资金投资于具有良好发展前景的项目，获得正的投资活动净现值，或者能够改善公司的资本结构、降低资本成本，就有利于增加公司的价值。

(3) 对控制权的影响。就配股而言，由于全体股东具有相同的认购权利，控股股东只要不放弃认购的权利，就不会削弱控制权。公开增发会引入新的股东，股东的控制权受到增发认购数量的影响。非公开增发相对复杂，若多为财务投资者和战略投资者增发，则会降低控股股东的控股比例，但财务投资者和战略投资者大多与控股股东有良好的合作关系，一般不会对控股股东的控制权形成威胁。若面向控股股东的增发是为了收购其优质资产或实现集团集体上市，则会提高控股股东的控股比例，增强控股股东对上市公司的控制权。

(四) 吸收直接投资

吸收直接投资是指公司以协议等形式吸收国家、其他公司、个人和外商等主体直接投入资金。它不以股票为媒介，因此主要针对非股份制公司，是非股份制公司筹集权益资本最重要的方式。

1. 吸收直接投资的分类

(1) 吸收现金投资。吸收现金投资是公司吸收直接投资最为主要的形式之一。这是因为，现金在使用上具有比其他出资方式更大的灵活性，它可以用于购置资产或支付费用。因此，公司在筹建时，吸收一定量的现金将十分有利。也正因为如此，各国法律法规对现金在资本总额中的比例均有一定要求。

(2) 吸收非现金投资。吸收非现金投资又可分为两类：一是吸收实物资产投资，即投资者以房屋、建筑物、设备等固定资产和材料、产品等流动资产作价出资；二是吸收无形资产投资，即投资者以专利权、商标权、非专有技术、土地使用权等无形资产投资。

2. 吸收直接投资应注意的事项

(1) 合理确定吸收投资的需要量。

(2) 选择合理的出资方式。

(3) 明确投资过程中的产权关系。

(4) 认真确认投资者的投资能力。

3. 吸收直接投资的评价

(1) 吸收直接投资的优点。

① 筹资方式简便、快捷。与股票等筹资方式相比,吸收直接投资履行的法律程序相对简单,不须经过审批等中间环节,投资双方协商一致即可完成。

② 吸收直接投资所筹资本属于权益资本,与债务资本相比,能提高公司资信程度和举债能力,减少财务风险,增强公司信誉。

③ 有利于尽快形成生产力。吸收直接投资不仅可以筹措资金,而且可以直接获取投资者的先进设备和技术,从而能尽快形成公司的生产能力。

(2) 吸收直接投资的缺点。

① 吸收直接投资所筹资金是权益资金,与债务资金相比,投资者的分红不能像债务利息那样在所得税前扣减,没有避税效应,因而资金成本相对较高。

② 如果吸收的是非现金投资,存在资产不易作价的问题。

③ 由于没有以证券为媒介,在产权关系不明确时容易产生纠纷,也不便于产权的转移。

④ 容易分散公司的控制权。如果有新的直接投资者参加,会造成公司原有投资者控制权的减弱和分散。

(五) 留存收益筹资

1. 留存收益的性质

从性质上看,公司通过合法有效地经营所实现的税后净利润,都属于公司的所有者。公司将本年度的利润部分甚至全部留存下来的原因很多,主要包括:第一,收益的确认和计量是建立在权责发生制基础上的,公司有利润,但公司不一定有相应的现金净流量增加,因而公司不一定有足够的现金将利润全部或部分派给所有者。第二,法律法规从保护债权人利益和要求公司可持续发展等角度出发,限制公司将利润全部分配出去。我国公司法规定,公司每年的税后利润,必须提取10%的法定公积金。第三,公司基于自身扩大再生产和筹资的需求,也会将一部分利润留存下来。

2. 留存收益的筹资途径

(1) 提取法定公积金。法定公积金是从当期公司净利润中提取的积累资金,其提取基数是本年度的净利润。公司的公积金用于弥补公司的亏损、扩大公司生产经营或者转为增加公司资本。

(2) 未分配利润。未分配利润,是指未限定用途的留存净利润。未分配利润有两层含义:第一,这部分净利润本年没有分配给公司的股东投资者;第二,这部分净利润未指定用途,可以用于公司未来的经营发展、转增资本(实收资本)、弥补以前年度的经营亏损及以后年度的利润分配。

3. 利用留存收益的筹资特点

(1) 不用发生筹资费用。公司从外界筹集长期资本,与普通股筹资相比较,留存收益筹资不需要发生筹资费用,资本成本较低。

(2) 维持公司的控制权分布。利用留存收益筹资,不用对外发行新股或吸收新投资者,由此增加的权益资本不会改变公司的股权结构,不会稀释原有股东的控制权。

(3) 筹资数额有限。留存收益的最大数额是公司到期的净利润和以前年度未分配利润之和,不像外部筹资一次性可以筹集大量资金。如果公司发生亏损,那么当年就没有利润留存。另外,股东和投资者从自身期望出发,往往希望公司每年发放一定的利润,保持一定的利润分配比例。

四、长期借款筹资

(一) 长期借款

1. 长期借款的概念及特征

长期借款(long-term loans)是指公司向银行等金融机构以及向其他单位借入的、期限在一年以上的各种借款,主要用于购建固定资产和满足长期流动资金占用需要。长期借款筹资主要有以下基本特征。

(1) 定期偿还性。

(2) 规定借款利率。

(3) 需要编制还款计划。

(4) 约束性条款。

2. 长期借款的种类

长期借款的种类很多,公司可根据自身的情况和各种借款条件选用。

(1) 按贷款有无担保,分为抵押贷款和信用贷款。

(2) 按提供贷款的机构,分为政策性银行贷款、商业银行贷款、保险公司贷款等。

(3) 按照贷款的用途,分为固定资产投资借款、更新改造借款、科技开发和新产品试制借款等。

(4) 按借款利率是否固定,分为固定利率借款和变动利率借款。

3. 长期借款的原因

(1) 公司为了扩大生产能力,急需购置一定数量的设备和其他设施,或要对原设备进行更新改造等,通常可采用长期借款筹资。因为长期借款速度快,效益高,资金到位及时。

(2) 公司为了扩大经营能力,需要增加适量的持续使用的资金,但公司又不想盲目扩大其注册资本。

(3) 有时公司虽有能力发行证券进行筹资(如发行债券),但当时证券市场的利率水平过高,其状况对公司不利。

(4) 公司有时对未来资金需求情况还不能十分准确地预测,但根据资金市场情况看,未来资金供应将日趋紧张,目前资本市场上的借款利率还十分有利。这时公司可先取得长期借款,以备未来需要。

4. 长期借款的原则及条件

我国金融部门对贷款发放规定的原则是：按计划发放，择优扶植，有物资保证，按期归还。公司申请借款，一般应具备以下几个条件。

(1) 借款公司实行独立核算，自负盈亏，具有法人资格。

(2) 借款公司经营方向和业务范围符合国家政策，借款用途属于银行贷款办法规定的范围。

(3) 借款公司具有一定的物资和财产保证，担保单位具有相应的经济实力。

(4) 借款公司具有偿还贷款本金的能力。

(5) 借款公司财务管理和经济核算制度健全，资金使用效益及公司经济效益良好。

(6) 借款公司在银行开立有账户，可办理结算。

5. 长期借款的程序

(1) 公司提出申请。

(2) 贷款单位进行审批。

(3) 签订借款合同。

(4) 公司取得借款。

(5) 公司偿还长期借款。

6. 长期借款的分析

长期借款的利率一般要比短期借款的利率高，这是由于长期借款期限长，资金需用量大、风险大的缘故。至于具体的长期借款利率水平，则决定于当时的资本供求关系、公司的贷款金额、有无担保以及公司的资信状况等。一般认为，借款期限越长，银行承担的风险也越大，从而要求借款利率也越高；反之，则相反。在期限一定的条件下，信用好或抵押品流动性强的公司，其借款利率相对较低；反之，借款利率高。长期借款的利率有固定利率与变动利率两类，不同的利率政策，对公司的筹资成本有很大影响。

公司财务人员在进行长期借款筹资时，应根据具体情况合理地应用不同的利率政策，同时还应对还款和单复利计算等各种借款条件进行仔细研究，因为这对公司未来的偿债压力、实际利率水平均有影响，所以应选择对公司最有利的借款和还款方式。

7. 长期借款筹资的优缺点

(1) 长期借款筹资的优点。

① 筹资速度快。发行各种证券筹集长期资金，需做好发行前的各种工作，如宣传、印制证券等，且发行也需一定时间，因而需时较长. 而长期借款通过借贷双方直接洽谈，公司即可与贷款方签署借款合同并取得长期的资金，资金到位迅速，并在短期内解决公司资金的需要。

② 筹资成本低。利用长期借款筹资，利息可在税前支付，使公司实际少负担利息费用，有明显的抵税作用，所以比股票筹资的成本低。此外，由于借款是借贷双方直接商定的，因而大大减少了交易成本。

③ 筹资弹性大。在借款之前，借贷双方直接商定贷款期限、数额、利率等。因为公司与银行进行一对一的协商，在借款期间，如公司财务状况发生某些变化，亦可与贷款方再协

商，变更借款数量及条件。因而，借款筹资对公司具有较大的灵活性，如果是发行有价证券筹资，公司想单方面修改某些条款，几乎是不可能的。

④ 具有财务杠杆作用。利用长期借款筹资，使公司资金总额中负债比例提高，从而改变了公司原有的资本结构。由于贷款人只能收取固定的利息，在公司投资报酬率大于其借款利率时，公司便可获得超过借款利率的差额利润，提高公司的每股收益。

⑤ 易于公司保守财务秘密。向银行办理借款，可以避免向公众提供公开的财务信息，因而易于减少财务信息的披露，对保守财务秘密有好处。

(2) 长期借款筹资的缺点。

① 筹资风险高。扩大公司长期借款筹资规模，增大了公司的财务风险。由于固定的到期日及定期支付利息，在公司经营状况不佳时，有不能够及时还本付息的风险。同时，由于通货膨胀的影响，贷款利率的变化，加大利息开支，削减预期收益，使公司的偿债能力下降，影响公司信誉。再者，加大了公司再从其他渠道筹资的风险。

② 限制条款多。为了保证债权人的权益，对借款公司有很多限制性条款，公司必须遵循，限制了公司自主调配与运用资金的功能，从而使公司在财务管理和生产经营上受到某种程度的制约，可能会影响公司以后的筹资和投资活动。

③ 筹资数量有限。筹资数量受贷款机构本身贷款能力的制约，不能像发行有价证券那样，一次筹集到大笔资金。

（二）债券筹资

1. 债券筹资的概念与特点

债券是公司作为债务人为了筹集资金，向债权人承诺在未来一定时期还本付息而发行的一种有价证券筹资方式。发行债券是公司筹集借入资金的重要方式。按照我国公司法和国际惯例，股份有限公司和有限责任公司发行的债券为公司债券，这主要是相对于国家和地方政府及金融机构发行的政府债券和金融债券而言的。公司发行债券通常是为建设和发展筹措大笔长期资金，其实质是公司向债券投资者获取资金的使用权，并支付一定的利息代价。

公司发行债券筹集资金主要有以下一些特点。

(1) 约束性和偿还性。债券发行时明确规定还本付息时间、期限，发行债券公司到期必须还本付息。

(2) 收益固定性。债券在发行时就已约定债券的收益率，无论公司经营如何，都要按时按固定的收益率向债权人支付利息。

(3) 流动性。大多数债券都可以在证券市场上转让流通，或出售转化为货币，或可转换债券转换为公司股票。

(4) 安全性。相对于股票等有价证券而言，债券持有人具有优先取得债券清偿的权利，因而投资风险相对小于股票投资。

2. 债券的基本要素

债券的基本要素是指发行的债券上必须载明的基本内容，这是明确债权人和债务人权利义务的主要约定。

(1) 面值。债券的面值是指债券的票面价值，也是债券持有人在债券到期后应偿还的本金数额，也是公司向债券持有人按期支付利息的计算依据。债券面值包括币种和票面金额两个基本内容，币种是指以何种货币作为债券价值的计量标准。票面金额是指票面所标明金额的大小。债券的面值与债券实际发行价格并非一致，公司可以在特定情况下溢价或折价发行债券。从吸引投资者和便于流通的角度看，公司债券的面值不宜过大，因为面值过大的债券，会使一般大众投资者的能力所不及，从而影响了其销售和流通，使公司难以达到筹资目的。

(2) 利率。债券的利率是指债券利息与债券面值的比率，也是债券发行公司承诺以后一定时期支付给债券持有者资金使用报酬的计算标准。债券利率与发行当时的市场利率可能不一致，故称为“名义利率”。债券利率的确定受到许多因素影响。债券利率一经确定一般在发行期内是不变的，并大多用年利率表示。当公司债券的名义利率大于发行当时的市场利率时，这种债券可溢价发行，即按大于债券面值金额发行。相反，当债券的名义利率小于发行当时的市场利率时，这种债券可折价发行。这些都是为了吸引投资者、完成筹资目标而采用的手段。

(3) 付息期。债券的付息期是指公司发行债券的利息是如何支付的，它可以是到期一次支付，或一年、半年或三个月支付一次。由于债券面值和利率是固定不变的，所以，不论每年付息次数多少，全年或整个债券期限内的付息额是不变的，付息次数越多，每次付息额越小。每次付息额的计算公式如下：

$$\text{每次债券付息额}=\text{债券面值}\times\frac{\text{年名义利率}}{\text{全年付息次数}}\times\text{全年付息额}$$

$$=\text{债券面值}\times\text{年名义利率}$$

$$=\text{每次债券付息额}\times\text{年付息次数}$$

$$\text{一次性付息额}=\text{债券面值}\times\text{年名义利率}\times\text{债券年限}$$

(4) 偿还期。债券偿还期是指公司债券上载明的偿还债券本金的期限，即债券发行日至到期日之间的时期。筹资者在确定债券偿还期时，首先要考虑债券资金的周转期长短，如公司长期占用此项资金的，则偿还期要延长。同时要充分考虑市场利率的变动趋势，市场利率呈上升趋势的，宜采用长期债券，市场利率呈下降趋势的，宜采用较短期的债券，这样才能使公司不受损失。另外，偿还期的确定还要考虑到债券流通市场的发达程度等因素。

3. 债券的分类

(1) 按债券是否记名，分为记名债券和不记名债券。

(2) 按能否转换为公司股票，分为可转换债券和不可转换债券。

(3) 按有无担保，分为有担保债券与无担保债券。

(4) 按债券是否参加公司盈余分配，分为参加公司债券和不参加公司债券。

(5) 按利率的不同，分为固定利率债券和浮动利率债券。

(6) 按能否上市，分为上市债券和非上市债券。

(7) 按照偿还方式，分为到期一次债券和分期债券。

(8) 按照其他特征，分为收益公司债券、附认股权债券、附属信用债券等。

4. 债券与股票的区别

(1) 代表的权利不同。股票持有者对公司拥有所有权，也具有相应的控制权；债券持有者对公司拥有债权，只能定期收取本息，无权参与公司的管理。

(2) 筹集资本的性质不同。股票筹集的资本是公司的股本，即自有资金或叫权益资本；债券吸收的资金是公司的债务，即借入资金。

(3) 本金处理的原则不同。股票筹资无须还本；债券到期则必须偿还本金。

(4) 资金成本与风险不同。股利依公司经济效益高低及税后利润大小确定，不固定，财务风险小；债券利息固定，按时支付，到期还本，财务风险较大。

(5) 发行主体不同。股票筹资仅适用股份有限公司；债券筹资则不局限于股份有限公司，还包括有限责任公司和其他公司等。

(6) 税收受益不同。债券利息大都低于股票股利，且债券利息计入财务费用可减少所得税；股利则必须在税后支付，不能抵扣所得税。

5. 债券的发行

(1) 债券发行的条件。根据我国证券法的规定，公开发行公司债券，应当符合下列条件：

① 具备健全且运行良好的组织机构；

② 最近三年平均可分配利润足以支付公司债券一年的利息；

③ 国务院批准的国务院证券监督管理机构规定的其他条件。

(2) 债券发行的方式。

① 自营发行。

② 委托代理发行。

(3) 债券发行的程序。发行公司债券要经过一定的程序，办理规定的手续。现简述如下：

① 做出发行债券的决议或决定；

② 提出发行债券的申请予以批准；

③ 制作募集办法并予公告；

④ 委托证券机构募集借款；

⑤ 交付债券，收缴债券款，登记债券存根簿。

(4) 债券发行的价格。债券的发行价格通常有三种：平价发行、溢价发行和折价发行。平价发行(等价发行)是指以债券的面值作为发行价格。溢价发行是指按高于债券面值的价格发行。折价发行是指按低于债券面值的价格发行。当债券票面利率低于发行当时市场利率，公司仍以面值发售则不能吸引投资者，故一般要折价发行。折价部分可理解为债券发行公司预先支付给债券投资者的一笔利息，该笔补偿性预支利息，将在以后各付息期通过债券折价摊销，陆续增加债券发行公司的利息费用。反之则溢价发行，即当债券的票面利率高于发行当时市场利率，潜在的投资者必然乐于购买。

债券发行价格由两部分构成：一是债券到期还本面额按发行当时的市场利率折成的现值；二是债券票面利率规定的各期利息按发行当时的市场利率折成的现值。

(5) 债券的付息方式。

① 一次性付息。一次性付息有两种形式：一是利随本清，即在债券到期时利息连同本金一次付给投资者。二是利息预扣方式，即投资者在购买债券时就获得利息，以后只获得

本金。此种情况下，投资者购买债券时，只需交付发行价格与利息之间的差额。

② 分期付息。分期付息分按年、半年和季度付息三种具体方式。分期付息对筹资者和投资者双方都有好处，对筹资者而言，可以减轻集中付息的压力，各期平均分担利息支付；对投资者而言，每期都可获得一定的现金利息收入，便于安排现金收支。分期付息可用期利率来表示。

$$期利率=\frac{年利率}{每年支付利息次数}$$

(6) 债券发行的利率。确定发行债券利率的总体原则是：一要符合国家有关规定；二要适应发行公司的支付能力；三要对投资者有吸引力，以利于债券的推销。

(7) 债券偿还期。偿还期的长短，影响债券发行的利率及公司资金周转循环。故确定债券偿还期，应综合考虑以下因素。

① 投资项目性质。投资项目的期限是决定偿债期的主要依据，若为生产性建设项目筹措资本而发行债券时，期限应长一些。因为只有该项目投产获利之后，才有偿债能力。若是设备更新改造筹资，则期限相对可以短些。总之，债券期限要与筹资用途或者投资项目的性质相适应，目的是付出最小的代价，最大限度地利用发行债券筹资。

② 债券交易的方便程度。即指证券市场是否完善发达。如果证券市场十分完善，债券易于流通、变现能力强、交易方便，则债券购买者便有勇气购买长期债券，因为必要时，他能很方便地将其所持有的债券变换成现金。反之，如证券市场不发达，债券难以流通、转让，债券发行者就只能发行短期债券。

③ 证券市场利率变化趋势的预测。以利率变化为例，如预计一两年后，利率将要降低，就适合发行短期债券，因为一两年以后发行者便可以较低的债券利率发行新的债券，以降低全部资金的筹措成本；反之，则发行较长期限的债券。

(8) 债券发行数量。确定合理的债券发行数量应主要从以下几方面着手。

① 确定公司扩大再生产规模。以公司合理的资金占用量和投资项目的资金需要量为前提，对公司的扩大再生产进行规划，对投资项目进行可行性研究。

② 分析公司的财务状况，尤其是偿债能力和获利能力的大小。偿债能力、获利能力强的公司，债券筹资的数量就可以多一些；反之，筹资数量就相对少些。

③ 比较各种筹资方式的资金成本和方便程度。筹集长期资金的方式不同，资金成本就不同，取得资金的难易程度也不同，公司应选择最经济、最方便的筹资方式。如果通过比较分析，认为债券发行是唯一可取的方案，那么，债券发行的数量界限就是公司资本的合理需要量或某个投资项目的资本需要量。如果其他更优的方案能够提供和筹集的资本不足以满足公司资本的合理需要量或某投资项目的资本需要量，那么，债券筹资的数量就是资本需要量减去其他更优方案所能筹集的资本数额之差。

公司发行债券的规模不能超过负债界点。负债界点是财务上表明公司偿债能力的指数，反映公司偿还债务、支付本息的盈利状况。如果筹资规模超过负债界点，不仅偿还债务有问题，而且由于支付利息过大，还会发生亏损。负债界点的计算公式如下。

$$\begin{aligned}负债界点&=销售收入\times负债界点比率\\&=销售收入\times\frac{销售息税前利润率}{负债年利率}\end{aligned}$$

6. 债券筹资的优缺点

(1) 优点。

① 具有抵税作用。

② 能保障股东对公司的控制权。

③ 能充分利用财务杠杆的作用。

④ 筹资方式相对灵活。

⑤ 有利于调整资本结构。

(2) 缺点。

① 财务风险高。

② 限制条件严格。

③ 筹资数量有限。

④ 对财务管理的要求高。

(三) 租赁筹资

1. 融资租赁的特点

(1) 租赁期限较长。一般超过租赁资产经济寿命期的75%。

(2) 承租人对设备和供应商具有选择的权利和责任。出租方只是根据承租方的要求融通资金购入设备,然后再租给承租方。因此,对于租赁设备的质量、数量、技术上的检验都由承租方负责。

(3) 租赁合同比较稳定。租赁合同一经签订,租赁双方就必须严格履行。在融资租赁期内,承租人必须连续支付租金,非经双方同意,中途不得退租。这样既能保证承租人长期使用资产,又能保证出租人在基本租期内收回投资并获得一定利润。

(4) 租约期满后,按照协议或合同规定,承租人可以将租赁资产退回给出租人,或将设备作价转让给承租人或延长租期续租。一般采取转让给承租人的形式,使租赁公司省去处理设备的麻烦。

(5) 在租赁期内,出租方一般不提供维修和保养方面的服务,有关设备的保养、维修等费用全由承租人承担。同时,使用设备所产生的效益也全部由承租人独享。

(6) 租金较高。融资租赁的租金总额一般要高出其设备价款的30%~40%。

2. 融资租赁的种类

(1) 直接租赁。直接租赁是指承租人直接向出租人承租取得资产使用权的方式。一般来说,直接租赁的出租人主要是产品制造商、金融公司、租赁公司等。除产品制造商外,其他金融公司、租赁公司都是向产品制造公司或流通公司购置资产后,再出租给承租人。

(2) 转租。转租就是由一家租赁公司从另一家租赁公司或设备制造厂租进一项设备,然后再租给用户。即出租人根据用户要求,先作为承租人(第一承租人)向其他租赁机构(第一出租人)租入机器设备,然后再将该机器设备以出租人(第二出租人)的身份租赁给使用单位(第二承租人)的一种融资租赁方式。和直接租赁相比,做转租业务的租赁公司在租赁设备上并不需要投入很多资金,因此,承担的风险较低。转租方式适用于引进外国的先进技术设备。公司先与国内租赁机构洽谈并签订合同,再由国内租赁机构和国外租赁公司洽谈并签订合同,设备的所有者与设备的使用者之间没有任何的直接的经济或法律关系。承租人支付的租金通常比直接租赁方式要高。

(3) 售后回租。售后回租亦称“返租赁”,它是指物主将拥有的设备卖给租赁公司,然后再将出售的设备租回的租赁形式。这种租赁方式的实质是公司通过暂时出让设备的所有权而获得一笔急需的流动资金,同时,通过保留设备的使用权,而不至影响公司的正常生产。当租赁结束后,一般可低价购回原设备。售后回租有些类似于抵押贷款,其优点是可以使公司的固定资产变为现金,增强了公司的流动性,有利于公司转移投资,灵活调整产品结构,从而提高资金的使用效益。

(4) 杠杆租赁。杠杆租赁亦称“平衡租赁”或“借贷式租赁”,它指出租人对较大的资本项目只提供一部分投资(相当于租赁资产价款20%～40%的资金),其余部分的资金通过以出租的设备为抵押,向银行、保险公司或投资公司等金融机构借款支付,然后出租人将设备使用权出租给承租公司使用的一种租赁形式。出租人依靠租金收入收回全部设备投资,包括长期债权人提供的部分。长期债权人对其提供的债权无追索权,该项设备的所有权归出租人,这样出租人以少量资金带动巨额的租赁业务,就如杠杆原理一样,故称之为杠杆租赁。

3. 融资租赁的决策

(1) 融资决策中应考虑的主要因素。

① 租金。租赁作为一种筹资方式,租金是承租公司的筹资成本,它直接影响到公司的财务状况和经营成果,是进行租赁筹资决策的主要依据之一。

② 税收因素。折旧、营业费用与租金等可得到税收扣除,使公司享有相应的经济利益。因而,税收成为租赁与购买决策需考虑的重要因素之一。

③ 风险因素。在租赁决策中,有许多因素需予以考虑。这些因素随着时间、地点、条件的变化而变化,变化着的诸多因素都是不确定的,因而构成租赁决策中的风险因素。

(2) 融资租赁决策的方法。

在租赁与购买决策中,使用的基本决策标准是将租赁成本与购买成本的全部现值减少到最小值,即先确定租赁资产时的目前成本,再测定购买同一资产时的目前成本,最后比较二者的现值成本总额,选择现值成本总额较低的方案,为最优方案。

4. 租赁筹资的优缺点

(1) 租赁筹资的优点。

① 迅速获得所需资产。

② 限制较少。

③ 保存公司的举债能力。

④ 免遭设备陈旧过时的风险。

⑤ 取得所有权不能转让的资产。

⑥ 有利于利用外资,获得国际上的优惠贷款。

⑦ 有利于提高外汇的利用效果。

⑧ 取得全额资金融通。

(2) 租赁筹资的缺点。

① 成本较高。

② 对公司的偿付能力形成类似债务的风险。

③ 对租赁的资产没有所有权,这可能使公司失去对所有权的满足。

④ 如不能享有设备残值,也可视为承租公司的一种机会损失。

⑤ 在租赁期间,承租公司如要对设备进行改造,往往不易同出租人取得一致意见;而且租赁契约期间,承租公司不得中途解约,在此期间,即便察觉到设备陈旧速度过快也无济于事。

五、其他长期筹资

(一) 认股权证筹资

1. 认股权证的概念、特点及种类

认股权证是由股份公司发行的可认购其股票的买入期权。它赋予持有者在一定期间以事先约定的价格购买发行公司一定股份的权利。其特征具体表现为:

(1) 可以根据认股权证规定的价格在适当的时间内购买普通股票。

(2) 认购股数固定。

(3) 认购价格可变。

(4) 认购期限限制。

(5) 自身具有价值。

在国内外公司筹资实务中,认股权证形式灵活多样,可区分为不同种类。

(1) 长期与短期认股权证。认股权证按允许购股的期限分为长期认股权证和短期认股权证。长期认股权证的购股期限通常持续几年,有时是永久性的。短期认股权证的认股期限比较短,一般在90天以内。

(2) 单独发行与附带发行认股权证。按发行方式,认股权证可分为单独发行认股权证和附带发行认股权证。单独发行认股权证容易理解,附带发行认股权证是指依附于债券、优先股、普通股或短期票据发行的认股权证。

(3) 备兑认股权证与配股认股权证。备兑认股权证由独立于其指定证券的发行人及其附属公司的个体(通常是投资银行)所发行。指定资产可以是股本证券以外的资产,如指数、货币、商品、债券又或一揽子证券。备兑认股权证所赋予的权利可以是购买的权利(认购权证)或出售的权利(认沽权证)。备兑的含义指其发行人将权证的指定证券或资产存放在独立的受托人、托管人或存管处,作为其履行责任的抵押,而受托人、托管人或存管处则代表权证持有人的利益。配股认股权证是确认老股东配股权的证书,它按照股东持股比例定向派发,赋予其以优惠价格认购公司一定份数新股的权利。

2. 认股权证的作用

认股权证在筹资中的运用十分灵活,对发行公司具有一定的作用。

(1) 为公司筹集额外现金。认股权证不论是单独发行还是附带发行,大多都为公司额外筹集一笔现金,从而增强公司的资本实力。

(2) 促进其他筹资方式的运用。单独发行认股权证有利于将来发售股票。附带发行认股权证可促进相关证券筹资的效率。例如,认股权证依附债券发行,以促进债券的发售。

3. 认股权证的价值衡量

(1) 认股权证的理论价值。在认股权证可以公开时，它们就有自己的市场，有的在交易所上市，有的通过场外交易。股票市场价格与认股权证的预购股票价格之间的差额就是认股权证的理论价值。其公式如下。

$$当 P > E 时, V = (P - E) \times N$$

式中　P——股票市场价格；

E——股票认购价格；

N——转换比率。

(2) 认股权证溢价。认股权证的市场价格超过其理论价值的部分，被称为认股权证的溢价。其公式如下。

溢价＝认股权证的市场价格－理论价值

4. 认股权证筹资的优缺点

(1) 优点。

① 认股权证是一种融资促进工具，它能促使公司在规定的期限内完成股票发行计划，顺利实现融资。

② 有助于改善上市公司的治理结构。

③ 作为激励机制的认股权证有利于推进上市公司的股权激励机制。

(2) 缺点。

① 不能确定投资者将在何时行使认股权，使公司陷入被动。

② 潜在的高资本成本的风险。

③ 可能稀释每股普通股收益。

(二) 可转换债券筹资

1. 可转换债券的概念及特征

可转换债券是一种可以在特定时间，按照特定条件转换为普通股股票的特殊公司债券。可转换债券一般具有固定的利率和期限，其发行者按规定只能是上市公司或即将取得上市资格的公司。可转换债券的特征主要包括以下方面。

(1) 证券期权性。可转换债券给予债券持有者未来的选择权，在事先约定的期限内，投资者可以选择将债券转换为普通股票，也可以放弃转换权利，持有至债券到期还本付息。由于可转换债券持有人具有在未来按一定的价格购买股票的权利，因此可转换债券实质上是一种未来的买入期权。

(2) 资本转换性。可转换债券在正常持有期，属于债权性质；转换成股票后，属于股权性质。在债券的转换期间中，持有人没有将其转换为股票，发行公司到期必须无条件地支付本金和利息。转换成股票后，债券持有人成为公司的股权投资者。资本双重性的转换，取决于投资者是否行权。

(3) 赎回与回售。可转换债券一般都会有赎回条款，发债公司在可转换债券转换前，可以按一定条件赎回债券。通常，公司股票价格在一段时期内连续高于转股价格达到某一幅度时，公司会按事先约定的价格买回未转股的可转换公司债券。同样，可转换债券一般也会有回售条款,公司股票价格在一段时期内连续低于转股价格达到某一幅度时,债券持有人可按事先约定的价格将所持债券回卖给发行公司。

2. 可转换债券的基本要素

(1) 标的股票。可转换债券转换期权的标的物,就是可转换成的公司股票。标的股票一般是发行公司自己的普通股票,不过也可以是其他公司的股票,如该公司的上市子公司的股票。

(2) 票面利率。可转换债券的票面利率一般会低于普通债券的票面利率,有时甚至低于同期银行存款利率。因为可转换债券的投资收益中,除了债券的利息收益外,还附加了股票买入期权的收益部分。一个设计合理的可转换债券在大多数情况下,其股票买入期权的收益足以弥补债券利息收益的差额。

(3) 转换期。可转换债券的转换期长短与可转换债券的期限相关。我国规定,可转换公司债券的期限最短为1年,最长为6年。

(4) 转换比率。转换比率是指每一份可转换债券在既定的转换价格下能转换为普通股股票的数量。在债券面值和转换价格确定的前提下,转换比率为债券面值除以转换价格

$$转换比率=\frac{债券面值}{转换价格}$$

(5) 转换价格。可转换债券通过转换价格和转换比率来转换成股票。可转换债券的转换价格是用可转换债券交换股票的每股价格。转换价格通常由发行公司在发行可转换债券时约定。转换价格的计算公式如下。

$$转换价格=\frac{债券面值}{转换比率}$$

(6) 赎回条款。赎回条款是指发债公司按事先约定的价格买回未转股债券的条件规定,赎回 般发生在公司股票价格在一段时期内连续高丁转股价格达到某一幅度时。赎回条款通常包括:不可赎回期间与赎回期;赎回价格(一般高于可转换债券的面值);赎回条件(分为无条件赎回和有条件赎回)等。

(7) 回售条款。回售条款是指债券持有人有权按照事前约定的价格将债券卖回给发债公司的条件规定。回售一般发生在公司股票价格在一段时期内连续低于转股价格达到某一幅度时。回售对于投资者而言实际上是一种卖权,有利于降低投资者的持券风险。与赎回一样,回售条款也有回售时间、回售价格和回收条件等规定。

(8) 强制性转换调整条款。强制性转换调整条款是指在某些条件具备之后,债券持有人必须将可转换债券转换为股票,无权要求偿还债权本金的规定。可转换债券发行之后,其股票价格可能出现巨大波动。如果股价长期表现不佳,又未设计回售条款,投资者就不会转股。公司可设置强制性转换调整条款,保证可转换债券顺利地转换成股票,预防投资者到期集中挤兑引发公司破产的悲剧。

3. 可转换债券筹资的优缺点

(1) 优点。

① 筹资成本较低。

② 便于筹集资金。

③ 有利于稳定股票价格和减少对每股收益的稀释。

④ 减少筹资中的利益冲突。

（2）缺点。

① 股价上扬风险。

② 财务风险。

③ 丧失低息优势。

练　习　题

一、单项选择题（下列各小题有且只有一个正确答案，请将正确答案的标号填入题干的括号内）

1. 与股票筹资方式相比，银行借款筹资的优点不包括（　　）。

A. 筹资速度快　　B. 借款弹性大

C. 使用限制少　　D. 筹资费用低

2. 将股票分为A股、B股、H股和N股等的标准是（　　）。

A. 以股东享有权利和承担义务的大小为标准

B. 以股票票面上有无金额为标准

C. 以发行对象和上市地区为标准

D. 以发行时间的先后为标准

3. 相对于发行股票而言，发行公司债券筹资的优点为（　　）。

A. 筹资风险小　　B. 限制条款少

C. 筹资额度大　　D. 资本成本低

4. 发行股票所普遍采用的销售方式是（　　）。

A. 自行销售方式　　B. 委托销售方式

C. 公开间接发行　　D. 不公开直接发行

5. 对于借款企业来讲，若预测市场利率将下降，应与银行签订的合同是（　　）。

A. 固定利率合同　　B. 浮动利率合同

C. 固定加浮动利率合同　　D. 固定或浮动利率合同

6. 在市场利率大于票面利率的情况下，（　　）。

A. 债券的发行价格大于其面值　　B. 债券的发行价格小于其面值

C. 债券的发行价格等于其面值　　D. 不确定

7. 下列关于优先股的说法中，正确的是（　　）。

A. 优先股属于兼具债务融资特征和权益融资特征的混合筹资工具

B. 公司配股增发时优先股股东相比于普通股股东具有优先配股权

C. 优先股股东仅在公司发行优先股时拥有表决权

D. 公司破产清算时优先股股东将优先于无担保债权人求偿

8. 甲公司采用配股方式进行融资，每10股配5股，配股价20元；配股前股价27元。

最终参与配股的股权占80%。乙在配股前持有甲公司股票1 000股，若其全部行使配股权，乙的财富（　　）。

A. 增加500元　　B. 增加1 000元

C. 减少1 000元　　D. 不发生变化

9. 甲公司股票每股10元，以配股价格每股8元向全体股东每10股配售10股。拥有甲公司80%股权的投资者行使了配股权。乙持有甲公司股票1 000股，未行使配股权，配股除权使乙的财富（　　）。

A. 增加220元　　B. 减少890元

C. 减少1 000元　　D. 不发生变化

10. 甲公司有普通股20 000股，拟采用配股的方式进行融资。每10股配3股，配股价为16元/股，股权登记日收盘市价20元/股。假设共有1 000股普通股的原股东放弃配股权，其他股东全部参与配股，配股后除权参考价是（　　）元。

A. 18　　B. 19.11

C. 19.2　　D. 20

11. 下列各项中，不计入融资租赁租金的是（　　）。

A. 租赁手续费　　B. 承租公司的财产保险费

C. 租赁公司垫付资金的利息　　D. 设备的买价

12. 与发行债务筹资相比，发行普通股股票筹资的优点是（　　）。

A. 可以稳定公司的控制权　　B. 可以降低资本成本

C. 可以利用财务杠杆　　D. 可以形成稳定的资本基础

13. 与发行公司债券相比，银行借款筹资的优点是（　　）。

A. 资本速度比较快　　B. 资金使用的限制条件少

C. 能提高公司的社会声誉　　D. 单次筹资数额较大

14. 某公司从租赁公司融资租入一台设备，价格为350万元，租期为8年，租赁期满时预计净残值15万元归租赁公司所有，假设年利率为8%，租赁手续费为每年2%，每年年末等额支付租金，则每年租金为（　　）万元。

A. $[350-15\times P/A(8\%,8)]/[P/F(8\%,8)]$

B. $[350-15\times P/F(10\%,8)]/[P/A(10\%,8)]$

C. $[350-15\times P/F(8\%,8)]/[P/A(8\%,8)]$

D. $[350-15\times P/A(10\%,8)]/[P/F(10\%,8)]$

15. 下列筹资方式中，属于间接筹资的是（　　）。

A. 银行借款　　B. 发行债券

C. 发行股票　　D. 合资经营

16. 与公开间接发行股票相比，非公开直接发行股票的优点是（　　）。

A. 有利于筹集足额的资本　　B. 有利于引入战略投资者

C. 有利于降低财务风险　　D. 有利于提升公司知名度

17. 下列关于优先股筹资的表述中，不正确的是（　　）。

A. 优先股筹资有利于调整股权资本的内部结构

B. 优先股筹资兼有债务筹资和股权筹资的某些性质

C. 优先股筹资不利于保障普通股的控制权

D. 优先股筹资会给公司带来一定的财务压力

18. 下列筹资方式中，既可以筹集长期资金，也可以融通短期资金的是(　　)。

A. 向金融机构借款　　B. 发行股票

C. 利用商业信用　　D. 吸收直接投资

19. 与配股相比，定向增发的优势是(　　)。

A. 有利于社会公众参与

B. 有利于保持原有的股权结构

C. 有利于促进股权的流通转让

D. 有利于引入战略投资者和机构投资者

20. 对于可转换债券的投资者而言，有助于降低持券风险的条款是(　　)。

A. 强制性转换条款　　B. 回售条款

C. 赎回条款　　D. 限制转让条款

21. 下列筹资方式中，筹资速度较快，但在资金使用方面往往具有较多限制条款的是(　　)。

A. 发行债券　　B. 融资租赁

C. 发行股票　　D. 银行借款

22. 某租赁公司购进设备并出租，设备价款为1 000万元，该公司出资200万元，余款通过设备抵押贷款解决，并用租金偿还贷款，该租赁方式是(　　)。

A. 售后回租　　B. 经营租赁

C. 杠杆租赁　　D. 直接租赁

23. 下列属于债务筹资方式的是(　　)。

A. 吸收直接投资　　B. 融资租赁

C. 留存收益　　D. 发行优先股

24. 下列各项中，既可以作为长期筹资方式又可以作为短期筹资方式的是(　　)。

A. 银行借款　　B. 发行可转换债券

C. 发行普通股　　D. 融资租赁

25. 下列筹资方式中，更有利于上市公司引入战略投资者的是(　　)。

A. 配股　　B. 发行债券

C. 定向增发股票　　D. 公开增发股票

26. 关于直接筹资和间接筹资，下列表述错误的是(　　)。

A. 直接筹资仅可以筹集股权资金

B. 直接筹资的筹资费用较高

C. 发行股票属于直接筹资

D. 融资租赁属于间接筹资

27. 与普通股筹资相比，下列属于优先股筹资优点的是(　　)。

A. 有利于降低公司财务风险

B. 优先股股息可以抵减所得税

C. 有利于保障普通股股东的控制权

D. 有利于减轻公司现金支付的财务压力

28. 下列各项中,属于外部权益筹资的是(　　)。

A. 利用商业信用　　B. 发行债券

C. 利用留存收益　　D. 吸收直接投资

29. 下列关于企业筹资分类的说法中,不正确的是(　　)。

A. 按企业取得资金的权益特性不同,分为股权筹资、债务筹资及混合筹资

B. 按资金来源范围不同,分为内部筹资和外部筹资

C. 按筹集资金的资本成本不同,分为直接筹资和间接筹资

D. 按筹集资金的使用期限不同,分为长期筹资和短期筹资

30. 公司在创立时首先选择的筹资方式是(　　)。

A. 融资租赁　　B. 向银行借款

C. 吸收直接投资　　D. 发行企业债券

31. 某航空公司为开通一条国际航线,需增加两架空客飞机,为尽快形成航运能力,下列筹资方式中,该公司通常会优先考虑(　　)。

A. 普通股筹资　　B. 债券筹资

C. 优先股筹资　　D. 融资租赁筹资

32. 下列各项中,不属于债务筹资优点的是(　　)。

A. 可形成企业稳定的资本基础　　B. 筹资弹性较大

C. 筹资速度较快　　D. 筹资成本负担较轻

33. 甲公司 2024 年营业收入 4 000 万元,敏感资产销售百分比为 40%,敏感负债销售百分比为 10%,且销售百分比以后年度保持不变。预计 2025 年营业收入为 5 000 万元,营业净利率 10%,股利支付率 50%,2025 年为了扩大生产经营规模,需购置一台设备,价款 200 万元,采用销售百分比法预测 2025 年外部融资需求量为(　　)万元。

A. 50　　B. 100

C. 300　　D. 250

34. 下列各项优先权中,属于普通股股东所享有的一项权利是(　　)。

A. 优先剩余财产分配权　　B. 优先股利分配权

C. 优先股份转让权　　D. 优先认股权

二、多项选择题(下列各小题中有两个或两个以上符合题意的正确答案,请将正确答案的标号填入题干的括号内)

1. 下列各项中,影响债券发行价格的因素有(　　)。

A. 票面利率　　B. 市场利率

C. 债券期限　　D. 付息期数

2. 以下关于股票上市的目的说法中,正确的有(　　)。

A. 股票上市可以使得资本大众化,分散风险

B. 股票上市可以提高股票变现力

C. 股票上市便于提高公司知名度

D. 股票上市便于确定公司价值

3. 下列说法中，正确的有（　　）。
A. 市场利率上升，公司的债务成本会上升
B. 税率变化直接影响税后债务成本以及公司加权平均资本成本
C. 根据资本资产定价模型可以看出，市场风险溢价会影响股权成本
D. 公司股利政策的变化，对资本成本不产生影响
4. 与权益筹资相比，债务筹资的特征包括（　　）。
A. 债务筹资产生合同义务
B. 归还债权人本息的请求权优于优先股股东的股利
C. 提供债务资金的投资者，没有权利获得高于合同规定利息之外的任何收益
D. 债务筹资的成本比权益筹资的成本高
5. 与股权筹资方式相比，下列各项中，属于债务筹资方式优点的有（　　）。
A. 资本成本低　　B. 筹资规模大
C. 财务风险较低　　D. 筹资弹性较大
6. 下列关于杠杆租赁的表述中，正确的有（　　）。
A. 出租人既是债权人又是债务人
B. 涉及出租人、承租人和资金出借人三方当事人
C. 租赁的设备通常是出租方已有的设备
D. 出租人只投入设备购买款的部分资金
7. 与发行股票筹资相比，融资租赁的特点有（　　）。
A. 筹资限制条件较少　　B. 形成生产能力较快
C. 资本成本负担较低　　D. 财务风险较小
8. 下列可转换债券条款中，有利于保护债券发行者利益的有（　　）。
A. 赎回条款　　B. 回售条款
C. 强制性转换条款　　D. 转换比率条款
9. 上市公司定向增发的优势在于（　　）。
A. 有利于引入战略投资者和机构投资者
B. 有利于提升母公司的资产价值
C. 有利于集团企业整体上市
D. 减轻并购的现金流压力
10. 下列各项中，属于间接筹资方式的有（　　）。
A. 发行股票　　B. 杠杆租赁
C. 发行债券　　D. 银行借款
11. 若公司发行债券的契约中设有提前赎回条款，则下列表述正确的有（　　）。
A. 当预测利率下降时，公司可提前赎回债券，然后以较低的利率发行新债券
B. 提前赎回条款降低了公司筹资的弹性
C. 提前赎回条款会增加公司的还款压力
D. 当公司资金有结余时，可以提前赎回债券，以减轻利息负担
12. 下列筹款方式中，可以降低财务风险的有（　　）。
A. 普通股筹资　　B. 留存收益筹资

C. 银行借款筹资　　D. 融资租赁筹资

13. 下列关于认股权证筹资特点的说法中，正确的有(　　)。

A. 是一种融资促进工具

B. 有助于改善上市公司的治理结构

C. 有利于降低企业资本成本

D. 有利于推进上市公司的股权激励机制

14. 发行普通股股票筹资的特点包括(　　)。

A. 没有固定的股息负担，资本成本较低

B. 不利于公司自主管理、自主经营

C. 不易及时形成生产能力

D. 能增强公司的社会声誉，促进股权流通和转让

15. 与银行借款相比，公开发行股票筹资的特点有(　　)。

A. 资本成本较低　　B. 增强公司的社会声誉

C. 不受金融监管政策约束　　D. 信息披露成本较高

16. 与银行借款筹资相比，公开发行股票筹资的优点有(　　)。

A. 提升企业知名度　　B. 不受金融监管政策约束

C. 资本成本较低　　D. 筹资对象广泛

17. 与增发新股筹资相比，留存收益筹资的优点有(　　)。

A. 筹资成本低　　B. 有助于增强公司的社会声誉

C. 有助于维持公司的控制权分布　　D. 筹资规模大

18. 企业在制定流动资产融资策略时，下列各项中被视为长期资金来源的有(　　)。

A. 实收资本　　B. 临时性流动负债

C. 留存收益　　D. 长期负债

19. 下列各项中，属于长期借款保护性条款的有(　　)。

A. 限制企业租赁固定资产的规模

B. 限制企业支付现金股利和再购入股票

C. 限制企业高级职员的薪金和奖金总额

D. 限制企业投资于短期内不能收回资金的项目

20. 股票上市对公司可能的不利影响有(　　)。

A. 商业机密容易泄露　　B. 公司价值不易确定

C. 资本结构容易恶化　　D. 信息披露成本较高

21. 一般而言，与发行普通股相比，发行优先股的特点有(　　)。

A. 可以降低公司的资本成本　　B. 可以增加公司的财务杠杆效应

C. 可以保障普通股股东的控制权　　D. 可以降低公司的财务风险

三、判断题(请在正确的题后括号内打√，错误的打×)

1. 长期借款的例行性保护条款，有利于全面保护债权人的权益。　　(　　)

2. 企业吸收直接投资有时能够直接获得所需的设备和技术，及时形成生产能力。　　(　　)

3. 直接筹资是企业直接从社会取得资金的一种筹资方式，一般只能用来筹集股权资金。（　）

4. 间接筹资，形成的主要是债务资金，主要用于满足企业资金周转的需要。（　）

5. 采用销售百分比法预测资金需求量时，若其他因素不变，非敏感性资产增加，则外部筹资需求量也将相应增加。（　）

6. 与债券筹资相比，股权筹资的信息沟通与披露成本较大。（　）

7. 对于吸收直接投资这种筹资方式，投资人可以用土地使用权出资。（　）

8. 采用销售百分比法预测筹资需求量的前提条件是公司所有资产及负债与销售额保持稳定百分比关系。（　）

9. 企业向银行借款，如果银行要求一定比例的补偿性余额，则提高了借款的实际利率水平。（　）

10. 基于优序融资理论，在成熟的金融市场中，企业筹资方式的优先顺序依次为内部筹资、股权筹资和债务筹资。（　）

11. 留存收益在实质上属于股东对企业的追加投资，因此留存收益资金成本的计算也应像普通股筹资一样考虑筹资费用。（　）

12. 不考虑其他因素的影响，通货膨胀一般导致市场利率下降，从而降低了企业的筹资难度。（　）

13. 对于股东而言，优先股比普通股有更优厚的回报，有更大的吸引力。（　）

14. 优先股和可转换债券既具有债务筹资性质，又具有股权筹资性质。（　）

15. 债券的发行价格与股票的发行价格一样，只允许平价或溢价发行，不允许折价发行。（　）

16. 股票按照发行时间的先后可分为始发股和新股。两者的股东权利和义务都是一样的。（　）

17. 一般情况下，长期借款无论是资本成本还是筹资费用均较股票、债券低。（　）

18. 我国的B股股票仅供国外和我国的港澳台地区投资者购买，我国境内的个人、法人投资者目前无法购买。（　）

19. 发行认股权证是上市公司的一种特殊筹资手段，其主要功能是辅助公司的股权性筹资，但不可以直接筹措现金。（　）

20. 可转换债券是常用的员工激励工具，可以把管理者和员工的利益与企业价值成长紧密联系在一起。（　）

四、计算题

1. 星辰公司于 2024 年 1 月 1 日购入同日发行的公司债券，该公司债券的面值为 80 000 元，期限为 5 年，票面利率为 10%，每年的 6 月 30 日和 12 月 31 日支付两次利息，到期时一次偿还本金。

要求：

(1) 当市场利率为 8%时，计算该债券的发行价格。

(2) 当市场利率为 12%时，计算该债券的发行价格。

2. (1) Prufrock 公司 2023 利润表见表 7-1。公司管理层预计，下一年度的销售收入增长20%。假设公司成本与销售收入同比例增加(即公司营业净利率保持不变),公司采取固定股利支付率的股利政策(即公司的股利支付额随可分配利润的变化而变化)。

表7-1 Prufrock公司2023年利润表 单位:万元

项目	2023年	2024年
销售收入	1 000	
销售成本	800	
利润总额	200	
所得税(25%)	50	
净利润	150	
股利	50	
留存收益增加额	100	

Prufrock公司2023年资产负债表见表7-2。按照与销售收入是否直接相关,公司资产(负债)项目可以分为经营性资产(经营性负债)和非经营性资产(非经营性负债)。假设公司所有资产项目均是经营性资产,而应付账款属于经营性负债,非经营性资产(负债)用"*n*/*a*"标记。

表7-2 Prufrock公司2023年资产负债表 单位:万元

项目	2023年	百分比	2024年	项目	2023年	百分比	2024年
流动资产				流动负债			
现金	160			短期借款	100		
应收账款	440			应付账款	300		
存货	600			流动负债小计	400		
流动资产小计	1 200			长期负债	800		
固定资产				负债小计	1 200		
厂房和设备净额	1 800			所有者权益			
				普通股与股本溢价	800		
				留存收益	1 000		
				所有者权益小计	1 800		
资产合计	3 000			负债与所有者权益合计	3 000		
				外部融资量			

要求根据销售百分比法,完成:

(1) 2024年利润表的预测。

(2) 2024年资产负债表的预测,并确定公司的筹资总量。

参考答案

一、单项选择题

题号	1	2	3	4	5	6	7	8	9	10
答案	C	C	D	B	B	B	A	A	B	B
题号	11	12	13	14	15	16	17	18	19	20
答案	B	D	A	B	A	B	C	A	D	B
题号	21	22	23	24	25	26	27	28	29	30
答案	D	C	B	A	C	A	C	D	C	C
题号	31	32	33	34						
答案	D	A	D	D						

二、多项选择题

题号	1	2	3	4	5	6	7	8	9	10
答案	ABCD	ABCD	ABC	ABC	AD	ABD	ABC	AC	ABCD	BD
题号	11	12	13	14	15	16	17	18	19	20
答案	AD	AB	ABD	CD	BD	AD	AC	ACD	ABCD	AD
题号	21									
答案	ABC									

三、判断题

题号	1	2	3	4	5	6	7	8	9	10
答案	√	√	×	√	√	√	√	×	√	×
题号	11	12	13	14	15	16	17	18	19	20
答案	×	×	×	√	×	√	√	×	×	×

四、计算题

1. (1) 当市场利率为8%时，该债券的发行价格＝80 000×P/F(4%,10)＋80 000×5%×P/A(4%,10)＝86 491.6(元)。

(2) 当市场利率为12%时，该债券的发行价格＝80 000×P/F(6%,10)＋80 000×5%×P/A(6%,10)＝74 112.4(元)。

2. (1) 2024 年利润表的预测,见表 7-3。

表 7-3 Prufrock 公司 2024 年利润表 单位:万元

项目	2023 年	2024 年
销售收入	1 000	1 200
销售成本	800	960
利润总额	200	240
所得税(25%)	50	60
净利润	150	180
股利	50	60
留存收益增加额	100	120

(2) 2024 年资产负债表的预测,见表 7-4。

表 7-4 Prufrock 公司 2016—2017 年资产负债表 单位:万元

项目	2023 年	百分比	2024 年	项目	2023 年	百分比	2024 年
流动资产				流动负债			
现金	160	0.16	192	短期借款	100	*n/a*	100
应收账款	440	0.44	528	应付账款	300	0.3	360
存货	600	0.6	720	流动负债小计	400	*n/a*	460
流动资产小计	1 200	1.2	1 440	长期负债	800	*n/a*	800
固定资产				负债小计	1 200	*n/a*	1 260
厂房和设备净额	1 800	1.8	2 160	所有者权益			
				普通股与股本溢价	800	*n/a*	800
				留存收益	1 000	/	1 120
				所有者权益小计	1 800	*n/a*	1 920
资产合计	3 000	3	3 600	负债与所有者权益合计	3 000	*n/a*	3 180
				外部融资量			420

第八章　长期筹资决策

思 维 导 图

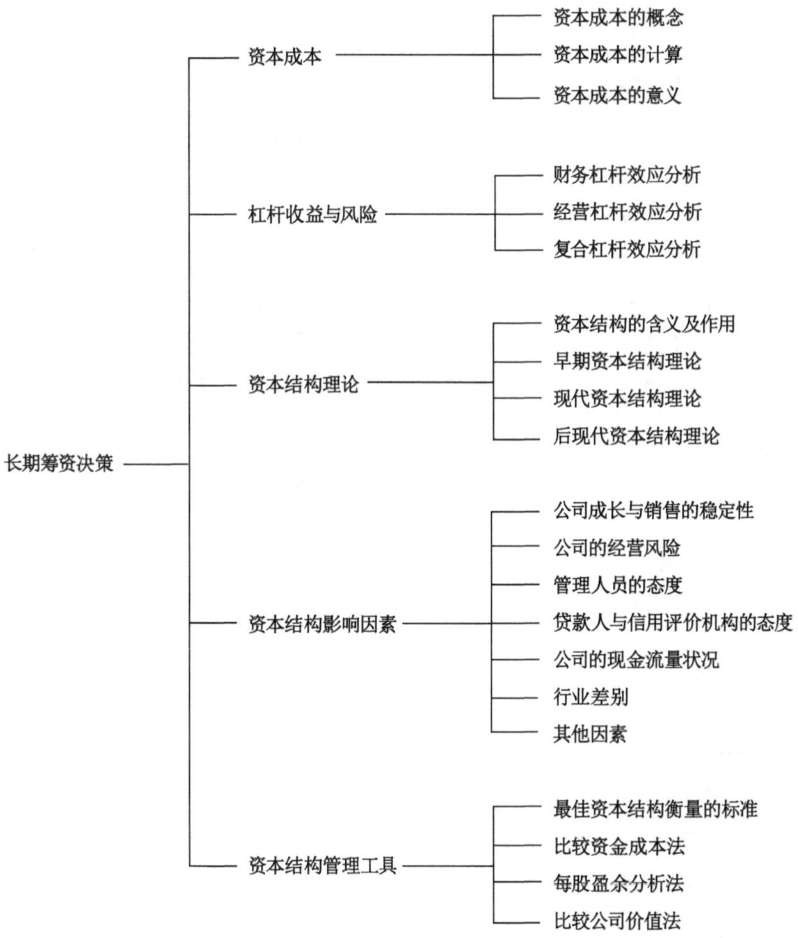

学习目的与要求

本章主要介绍企业长期筹资决策问题，具体阐述资本成本的概念、各类资金资本成本的计算、资本成本的意义，还介绍了财务杠杆、经营杠杆和综合杠杆的原理及测算方法，最后梳理了资本结构的相关理论观点及资本结构管理工具。

（1）本章学习的重点内容：① 掌握个别资本成本和综合资本成本的计算方法；② 理解

资本成本的意义和作用;③ 理解财务杠杆、经营杠杆和综合杠杆的原理、收益与风险;④ 理解资本结构相关理论的演进过程及各自主要观点;⑤ 掌握资本结构管理的具体方法。

(2) 本章学习的难点内容:① 综合理解资本结构决策需要考虑的因素;② 理解资本结构理论发展演进;③ 掌握比较资金成本法、每股盈余分析法和比较公司价值法等资本结构的决策方法。

本章核心内容

一、资本成本

(一) 资本成本的概念

资本成本是指公司为筹集和使用资金而付出的代价。资本成本包括资本的筹集费用和使用费用两部分。资本筹集费用是指公司在资本筹集过程中支付的各项费用,如发行股票、债券等支付的印刷费、发行手续费、律师费、资信评估费、公证费、担保费和广告费等。资本使用费用是指公司在生产经营过程中因使用资本而支付的费用,如向银行等金融机构支付的借款利息、向股东支付的股利、向债券持有者支付的债券利息等。

资本成本可以用绝对数表示,也可以用相对数表示。但是,为了便于分析和比较,一般用资本成本率这一相对数表示。资本成本率是公司资本使用费用与实际筹集资本的比率,用公式表示如下:

$$K=\frac{D}{P-F}\times 100\%$$

或

$$K=\frac{D}{P(1-f)}\times 100\%$$

式中 K——资本成本率;

D——资本使用费;

P——筹资金额;

F——筹资费用;

f——筹资费用率,即筹资费用与筹资金额的比率。

(二) 资本成本的计算

1. 个别资本成本

个别资本成本是指使用各种长期资金的成本。个别资本成本分为长期借款成本、债券成本、优先股成本、普通股成本和留存收益成本。

(1) 长期借款成本。长期借款成本是指借款利息和筹资费用。由于借款利息一般允许在所得税前支付,因此,公司实际负担的利息为:利息×(1－所得税税率)。所以,一次还本、分期付息借款的成本公式如下。

$$K_L=\frac{I_L(1-T)}{L(1-f)}$$

式中　K_L——长期借款成本；

I_L——长期借款年利息，等于 $K_L \times R_L$；

R_L——长期借款年利率；

T——所得税税率；

L——长期借款总额；

f——长期借款筹资费用率。

(2) 债券成本。债券成本是指债券利息和筹资费用。债券利息的处理与长期借款利息的处理相同，应以税后的债务利息为计算依据。债券的筹资费用一般比较高，不可在计算资本成本时省略。按照一次还本、分期付息的方式，债券资本成本的计算公式如下。、

$$K_b = \frac{P \times i \times (1-T)}{B(1-f)} \times 100\%$$

$$= \frac{I_b(1-T)}{B(1-f)} \times 100\%$$

式中　K_b——债券成本；

P——债券面值总额；

i——债券票面利率；

T——所得税税率；

B——债券筹资总额；

f——筹资费用率；

I_b——债券年利息。

(3) 优先股成本。公司发行优先股需要支付筹资费用，且优先股的股息通常是固定的。但它与债券不同，股利在税后支付，因此优先股成本计算公式如下。

$$K_P = \frac{D_P}{P_P(1-f)}$$

$$K_P = \frac{R_P}{(1-f)}$$

式中　K_P——优先股成本；

D_P——优先股年股息；

P_P——优先股筹资总额；

R_P——优先股年股息率。

(4) 普通股成本。普通股成本同优先股的成本计算方法基本相同，但普通股的股利是不固定的，其股利率将随着公司经营状况的变动而变化，正常情况下呈逐年增长的趋势。当公司资不抵债时，普通股持有人参与剩余财产的分配在优先股持有人之后，因而其投资风险最大，资本成本也最高。

普通股成本的计算方法有以下三种。

① 股利增长模型法。股利增长模型法依照股票投资收益率不断提高的思路计算普通股成本。一般假定股利以固定的年增长率递增，普通股成本的计算公式如下。

$$K_S = \frac{D_1}{P_0(1-f)} + g$$

式中　K_S——普通股成本；

D_1——第一年的预计股利额；

g——普通股股利的预计年增长率；

P_0——普通股筹资总额，按发行价格计算；

f——筹资费用率。

② 资本资产定价模型法。按照资本资产定价模型，普通股成本的计算公式为：

$$K_S = K_F + \beta(K_m - K_F)$$

式中　K_S——普通股成本；

K_F——无风险报酬率；

K_m——市场上所有证券的平均报酬率（平均风险股票报酬率）；

β——某种普通股股票的贝他系数。

③ 风险溢价法。根据风险与报酬平衡原理，普通股股东对公司的投资风险大于债券投资者，因而会在债券投资者要求的收益率基础上再要求一定的风险溢价。依照这一理论，普通股的成本公式如下。

$$K_S = K_b + RP_c$$

式中　K_S——普通股股本；

K_b——债务成本；

RP_c——股东比债权人承担更大风险所要求的风险溢价。

(5) 留存收益成本。留存收益是股东大会同意不作为股利分配，留存在公司使用的那部分税后利润。它是股东对公司的追加投资。股东放弃一定的普通股股利，意味着以期将来获取更多的股利，自然要求与普通股股票一样的收益。因此，留存收益的成本应视为与普通股成本相同，计算方法与普通股成本相似，差别在于它不必考虑发行费用。

2. 加权平均资本成本

所谓综合资本成本，是指公司全部长期资本成本的总成本，通常以各种资本占全部资本的比重为权数，对个别资本成本进行加权平均确定，故称为加权平均资本成本。其计算公式如下。

$$K_W = \sum_{i=1}^{n} W_i K_i$$

式中　K_W——加权平均资本成本；

W_i——第 i 种个别资本占全部资本的比重；

K_i——第 i 种个别资本成本。

3. 边际资本成本

边际资本成本，是指公司新增一元资金所需负担的成本。由于公司无法以某一固定的资本成本来筹措无限的资金，当其筹集的资金超过一定限度时，原来的资本成本就会增加。

（三）资本成本的意义

(1) 资本成本是比较筹资方式、选择追加筹资方案的依据。

① 个别资本成本是比较各种筹资方式的重要标准。公司筹集长期资金有多种方式可供选择，它们的筹资费用与使用费用各不相同，通过资本成本的计算与比较，按成本高低进

行排列，并从中选出成本较低的筹资方式。

② 综合资本成本是公司进行资本结构决策的基本依据。公司全部长期资金通常是采用多种方式筹资组合构成的，这种筹资组合有多个方案可供选择，综合资本成本的高低将是比较各筹资组合方案、做出资本结构决策的依据。

③ 边际资本成本是公司追加筹资时的成本。通过边际资本成本的计算，能对追加筹资量就单一筹资或组合筹资方式的资本成本进行比较，从而确定追加筹资的方案。

(2) 资本成本是评价投资项目、比较投资方案和追加投资决策的主要经济标准。一般来说，项目的投资收益率只有大于其资本成本率，才是经济合理的；否则投资项目不可行。这就表明，资本成本率是公司项目投资的"最低收益率"，或者是判断项目可行性的"取舍率"。

(3) 资本成本还可作为评价公司经营成果的依据。从资本的投资者角度看，资本成本是投资者的收益，这种收益是对资本使用者所获利润的一种分割，如果资本使用者不能使公司的经营产生收益，从而不能满足投资者的收益需要，那么，投资者将不会把资本再投资于公司，从而公司的生产经营活动也就无法正常开展。因此，资本成本在一定程度上成为判断公司经营业绩的重要依据，只有在公司资本利润率大于资本成本率时，投资者的收益期望才能得到满足，才能表明公司经营有方；否则被认为是经营不利。

二、杠杆收益与风险

公司杠杆效应分析主要指公司各种杠杆运用情况对公司息税前利润和每股盈余的影响，以及最终对公司资本结构决策的影响。公司主要的杠杆有三种形式：财务杠杆、经营杠杆和复合杠杆。

(一) 财务杠杆效应分析

公司负债经营，无论利润多少，债务利息都是不变的。当利润增大时，每一元利润所负担的利息就会相对减少，从而给投资者收益带来更大幅度的提高。这种债务对投资者收益的影响称作财务杠杆。

财务杠杆作用的大小通常用财务杠杆系数表示。它是公司的每股盈余变动率与息税前利润变动率之间的比率。财务杠杆系数越大，表明财务杠杆作用越大，财务风险也就越大；反之，财务杠杆系数越小，表明财务杠杆作用越小，财务风险也就越小。财务杠杆系数的计算公式如下

$$DFL = \frac{\Delta EPS/EPS}{\Delta EBIT/EBIT}$$

式中　DFL——财务杠杆系数；

$\Delta EBIT$——息税前利润变动额；

EPS——变动前的普通股每股盈余；

ΔEPS——普通股每股盈余变动额；

$EBIT$——变动前的息税前利润。

上述公式还可以推导为：

$$DFL = \frac{EBIT}{EBIT - I}$$

在有优先股的条件下，优先股股利也是固定的，但应以税后利润支付。此时财务杠杆

系数的计算公式变成下列形式：

$$DFL=\frac{EBIT}{EBIT-I-PD/(1-T)}$$

式中 DFL——财务杠杆系数；

$EBIT$——息税前利润；

PD——优先股年股利；

T——所得税税率；

I——年利息。

（二）经营杠杆效应分析

经营杠杆的实质是指公司固定成本比重对利润的影响作用。因为固定成本在公司一定的产销范围内，并不随着产销量的变动而变动。因此，在相关的产销范围内，如果产销量增长，单位产销量所承担的固定成本就会相对减少，从而增加公司的利润。固定成本的这种效果，被称为经营杠杆作用。

在某一固定成本比重下，销售量变动对利润产生的作用，被称为经营杠杆。经营杠杆的利用程度通常用经营杠杆系数反映，它是公司息税前利润的变动率与销售额变动率之间的比率。其计算公式如下。

$$DOL=\frac{\Delta EBIT/EBIT}{\Delta S/S}$$

式中 DOL——经营杠杆系数；

ΔS——销售变动量；

S——变动前销售量。

为了便于应用，经营杠杆系数可通过销售额和成本来表示。其计算公式如下。

$$DOL=\frac{Q(P-V)}{Q(P-V)-F}$$

式中 DOL——经营杠杆系数；

Q——销售量；

P——单位产品销售价格；

V——单位产品变动成本；

F——总固定成本。

如上式用销售金额表示，则有如下计算公式。

$$DOL=\frac{S-V_C}{S-V_C-F}$$

式中 DOL——经营杠杆系数；

V_C——变动成本总额；

S——销售量；

F——总固定成本。

（三）复合杠杆效应分析

经营杠杆是通过扩大销售影响息税前利润的；财务杠杆是通过扩大息税前利润影响每股收益的。如果两种杠杆共同作用，那么销售额稍有变动就会使每股收益产生更大的变动。通常把这两种杠杆的复合作用称为总杠杆作用。因此，复合杠杆系数又称总杠杆系数。

总杠杆的作用程度，可用总杠杆系数(DTL)表示，它是经营杠杆系数(DOL)和财务杠杆系数(DFL)的乘积。

$$\begin{aligned} DTL &= DOL \cdot DFL \\ &= \frac{\Delta EBIT/EBIT}{\Delta S/S} \cdot \frac{\Delta EPS/EPS}{\Delta EBIT/EBIT} \\ &= \frac{\Delta EPS/EPS}{\Delta S/S} \end{aligned}$$

总杠杆系数还可以根据实际数据来源，作如下推导，以方便计算。

$$\begin{aligned} DTL &= DOL \cdot DFL \\ &= \frac{Q(P-V)}{Q(P-V)-F} \cdot \frac{EBIT}{EBIT-I} \end{aligned}$$

由于

$$Q(P-V)-F=EBIT$$

所以

$$DTL=\frac{Q(P-V)}{Q(P-V)-F-I}$$

总杠杆系数的意义在于：

(1) 为经营者预计销售额变动对每股收益的影响提供依据。

(2) 为达到符合财务管理目标要求的总杠杆系数和总风险水平，经营杠杆和财务杠杆可以有很多不同的组合。通过复合杠杆系数的测定，财务人员对于较大的经营风险能用较小的财务风险来抵消，反之亦然。这样能使公司管理当局运用适当的杠杆系数，使公司负担的风险与预期收益之间进行权衡，使公司总风险降低到一个适当的期望水平。

三、资本结构理论

(一) 资本结构的含义及作用

资本结构是指公司各种资本的构成及其比例关系。它有广义与狭义之分。广义的资本结构是指全部资金的来源构成，不但包括长期资本，还包括短期负债。狭义的资本结构仅指长期资本(长期债务资本与权益资本)的构成及其比例关系。

在资本结构中，合理地利用负债筹资，安排债务资本的比率，对公司具有重要的意义。

1. 一定程度的负债有利于降低公司资本成本

由于债务利息率通常低于股票股利率，而且债务利息可以从税前支付，因此可减少公司缴纳所得税的数额，从而使债务资本的成本明显低于权益资本的成本。因此，在一定限度内合理提高债务资本的比率，可以降低公司的综合资本成本；反之，降低债务资本的比率，则综合资本成本就会上升。

2. 负债筹资具有财务杠杆作用

无论公司利润多少，债务利息通常都是固定不变的，当息税前利润增大时，每一元利润所负担的固定利息就会相应减少，从而可分配给公司所有者的税后利润就会相应增加。因此，利用负债筹资可以发挥财务杠杆的作用，给公司所有者带来财务杠杆利益。

3. 负债筹资会加大公司的财务风险

运用负债筹资，虽然可以发挥财务杠杆的作用，但同时也给公司带来一定的财务风险，包括按期还本付息的风险和导致所有者收益下降的风险。

（二）早期资本结构理论

1. 净收益理论

净收益理论认为，负债可以降低公司的资本成本，负债程度越高，公司的价值就越大。其理论基础是：负债的利息及权益资本的成本均不受财务杠杆的影响，亦即无论负债程度多高，公司原有的负债资本成本和权益资本成本均固定不变。在此前提下，如果负债成本低于权益成本，则负债越多，公司的加权平均资本成本就越低，因而公司的价值就越大。当负债程度为100%时，公司的加权平均资本成本将降至最低，此时公司的价值将达到最大值。

2. 净经营收益理论

净经营收益理论认为，公司无法利用财务杠杆提高其价值。其理论基础是：公司利用负债筹资，财务杠杆作用扩大，便会增加公司权益资本的风险，因而权益资本成本会随之提高。这样，公司的加权平均资本成本并不会因为负债比率的提高而降低，而是维持不变。因此，公司价值也会固定不变。

3. 传统理论

传统理论实际上是介于净收益理论和净经营收益理论两种极端理论之间的一种折中理论。这种理论认为，公司在一定的负债限度内利用财务杠杆作用时，权益资本和负债资本的风险都不会明显增加，故其资本成本基本保持不变，而此时，公司的价值却开始上升，并且可能在此限度内达到最高点。但是，当公司的负债筹资超出这个限度，由于风险明显增加，因而会使公司的负债成本和权益成本增加，从而使加权平均资本成本提高。负债比率超出此限度越大，其加权平均资本成本上升得越快。而在负债超出此限度后，公司的价值则随着加权平均资本成本的上升而开始下降。加权平均资本成本从下降变为上升的转折点，是加权平均资本成本的最低点，这时的负债比率就是公司的最佳资本结构。

（三）现代资本结构理论

1. MM 理论

MM 理论有着严格的假设前提：① 公司筹资时没有交易成本或佣金；② 投资者无须缴纳个人所得税；③ 投资者的个人借款成本与公司的借款成本相同；④ 所有负债没有任何风险存在；⑤ 息税前利润处于“零增长状态”，即 EBIT 是常量。

MM 理论在受到实践的挑战后，作了修正，在考虑缴纳公司所得税的情况下，MM 理论得出的修正结论是：负债杠杆对公司价值和融资成本确有影响，如果公司负债率达到100%，则公司价值就会最大，而融资成本最小。也就是说，最佳资本结构应该全部是债务，不应发行股票。然而，这一结论仍与现实不相符。MM 修正理论虽考虑了负债带来的纳税利益，但忽略了负债导致的风险和额外费用。

2. 权衡理论

权衡理论认为，制约公司无限追求免税优惠或负债的最大值的关键因素是由债务上升而形成的公司风险和费用，公司债务增加使公司陷入财务危机甚至破产的可能性也增加。随着公司债务增加而提高的风险和各种费用会增加公司的额外成本，从而降低其市场价值。因此，公司最佳资本结构应当是在负债价值最大化和债务上升带来的财务危机成本以及代理成本之间选择最佳点。换言之，正是这些约束条件(其中最重要的是破产机制)致使公司不可能实现100%的债权融资结构，理想的债务与股权比率就是税前付息的好处与破产和代理成本之间的平衡。这一理论也可以说是对MM理论的再修正，从而更接近实际。

(四) 后现代资本结构理论

1. 新优序融资理论

优序融资理论的中心思想是：偏好内部融资，如果需要外部融资，则偏好债券融资。之后，在与迈基里夫共同合作的《公司知道投资者所不知道信息的融资和投资决策》一文中建立的梅耶斯-迈基里夫模型，系统地论证了这一观点。这一“先后顺序”论在美国1965—1982年公司融资结构中得到证实，这段时期美国公司内部积累资金占资金来源总额的61%，发行债券占23%，发行股票仅占2.7%。

2. 代理成本理论

代理成本学说的创始人詹森和麦克林(Jensen & Meckling，1976)认为，代理成本理论是以代理理论、公司理论和财产所有权理论来系统地分析和解释信息不对称下的公司资本结构问题的学说。詹森和麦克林在对股权和债权的代理成本进行分析的基础上得出的基本结论是：均衡的公司所有权结构是由股权代理成本和债权代理成本之间的平衡关系来决定的，公司的最优资本结构是使两种融资方式的边际代理成本相等从而总代理成本最小。

3. 控制权理论

控制权理论研究学派基本上延续了詹森和麦克林的研究思路。其代表成就主要包括哈里斯-雷斯夫(Harris & Raviv，1990)模型以及阿洪-伯尔顿(Aghion & Bolton，1992)模型等，理论主要是基于公司资本结构在决定公司现金流分配的同时，也决定了公司控制权的分配。哈里斯-雷斯夫模型主要探讨了詹森和麦克林所提出的股东与管理者之间利益冲突所引发的代理成本问题，“最优的负债数量取决于在信息和惩戒管理者机会的价值与发生调查成本的概率之间的平衡”。阿洪与伯尔顿在交易成本和合约不完全的基础上提出一种与财产控制权非常相关的公司融资理论。在阿洪-伯尔顿模型中有三种情况：① 如果融资方式是发行普通股(有投票权的股票)，那么投资者掌握剩余控制权；② 如果融资方式是发行优先股(无投票权的股票)，那么公司拥有剩余控制权；③ 如果融资方式是发行债券，那么在管理者能按期偿还债务的前提下，他拥有剩余控制权。

4. 信号传递理论

西方财务学家的研究表明，在信息不对称下，公司向外界传递公司内部信息的常见信号有三种：① 利润宣告；② 股利宣告；③ 融资宣告。与利润的会计处理可操纵性相比，股利宣告是一种比较可信的信号模式。信号传递理论在财务领域的应用始于罗斯的研究，他发现拥有大量高质量投资机会信息的经理，可以通过调整公司资本结构来传递有关获利能力和风险方面的信息，以及公司如何看待股票市价的信息。

按照资本结构的信号传递理论，公司价值被低估时会增加债权资本；反之，公司价值被高估时会增加股权资本。当然，公司的筹资选择并非完全如此。爱莫瑞、芬尼特认为，公司有时可能并不希望通过筹资行为告知公众公司的价值被高估的信息，而是模仿被低估价值的公司去增加债权资本。

四、资本结构影响因素

（一）公司成长与销售的稳定性

如果一家公司是高速成长并且销售又相当稳定的公司，那么它对外界的资金融通能力也很强。因为这种公司一般有较好的销售前景，因而能承受较多负债引起的利息费用。因此，这种公司比一般成长慢、销售不稳定的公司能使用更多的负债筹资，充分利用财务杠杆作用，使公司每股净收益有更大提高。如公用事业单位的销售较为稳定，故可采用较高的财务杠杆。但是，财务杠杆的运用必须限制在不危及公司长期稳定经营的范围内；否则，会对公司长远发展造成危害。

（二）公司的经营风险

公司的经营风险对筹资方式有很大影响。如果公司的经营风险较大，为使公司的整体风险不超过某一限度，公司必须降低财务风险，减少负债筹资；反之，较低的经营风险，就可以承担较高的财务风险，因而需较多的负债筹资。

（三）管理人员的态度

如果管理人员不愿使公司的控制权旁落，则可能不愿增发新股票，而尽量采用负债筹资。如果管理人员厌恶风险，那么，可能较少利用财务杠杆，尽量减少债务资本的比例。

（四）贷款人与信用评价机构的态度

贷款人的态度和信用等级评估机构的态度始终在公司筹资决策中占有举足轻重的地位。如果公司运用过高的财务杠杆，或对公司的前景过于乐观，而贷款人则持不同观点，或者评估公司认为公司潜在风险增大，信用等级应有所下降，在这种情况下，社会公众对公司风险的评价会倾向于贷款人或资信评估机构的意见。这样便会使更多的贷款人不愿意向公司贷款，甚至已经贷款的债权人要求收回贷款，等等。

（五）公司的现金流量状况

债务的利息和本金通常必须以现金支付，这就要涉及公司现金流量问题。公司现金流入量越大，举债筹资能力就越强。因此，公司产生现金的能力，对提高全部资本结构中债务资本比率有着重要的作用。

（六）行业差别

实际工作中，不同行业以及同一行业的不同公司，在运用债务筹资的策略和方法上大不相同，从而也会使资本结构产生差别。在资本结构决策中，应掌握本公司所处行业资本结构的一般水准，作为确定本公司资本结构的参照，分析本公司与同行业其他公司的差别，以便决定本公司的资本结构。同时还必须认识到，资本结构不会停留在一个固定的水准上，随着时间的推移，情况发生变化，资本结构也会发生一定的变动。这就需要根据具体情况进行合理的调整。

（七）其他因素

（1）资产结构。有些公司的固定资产比重较大，而另一些公司的流动资产比重较大。对于前者而言，权益资本可多一些；对于后者而言，债务资本可多一些。

（2）公司的增长率。在其他因素相同的条件下，公司的发展速度低，则可能只通过留存收益来补充资本；而发展较快的公司会在很大程度上依赖于外部筹资。由此相比而言，增长率高的公司会倾向于使用更多的债务资本。

（3）获利能力。通常情况下，具有较高获利水平的公司往往并不使用大量的债务资本，因其可以利用较多的留存收益来满足增资需要。

五、资本结构管理工具

（一）最佳资本结构衡量的标准

从上述资本结构理论分析可知，最佳资本结构是指公司在一定期间内，使加权平均资本成本最低、公司价值最大时的资本结构。其主要衡量标准可以归纳以下三个方面。

（1）加权平均资本成本最低，公司为筹集资金所花费的代价最少。

（2）股票市价上升，股东财富最大，公司总体价值最大。

（3）资本结构具有弹性，使公司筹集的资金能确保公司长短期经营和发展的需要。

（二）比较资金成本法

比较资本成本法是计算不同资本结构（或筹资方案）的加权平均资本成本，并以此为标准相互比较进行资本结构决策的方法。

一般而言，按照最佳资本结构的要求，选择追加筹资方案可有两种方法：一种方法是直接测算比较各备选追加筹资方案的边际资本成本，从中选择边际资本成本最低筹资方案即为最优方案；另一种方法是将备选追加筹资方案与原有最优资本结构汇总，测算各追加筹资条件下汇总资本结构的综合资本成本，比较确定最优追加筹资方案。

（三）每股盈余分析法

资本结构是否最优，还可通过每股盈余的变化来分析。一般来说，凡能提高每股盈余的资本结构都是合理的；反之，则认为不够合理。然而，每股盈余的变化，不仅受资本结构的影响，还受到销售收入的影响，要处理这三者之间的关系，必须运用筹资“每股盈余无差别点”的方法来分析。所谓每股盈余无差别点，是指每股盈余不受筹资方式影响的息税前利润水平。根据每股盈余无差别点，可以分析判断在什么情况下运用负债筹资来安排和调整资本结构较为合适。

每股盈余 EPS 的计算公式为：

$$EPS=\frac{(EBIT-I)(1-T)-PD}{N}$$

式中　$EBIT$——息税前利润；

I——负债利息；

T——所得税率；

PD——优先股股息；

N——流通在外的普通股股数。

在每股盈余无差别点上，无论是采用负债筹资，还是采用权益资本筹资，每股盈余都是相等的。若以 EPS_1 代表负债筹资，以 EPS_2 代表权益资本筹资，有 $EPS_1 = EPS_2$。

$$\frac{(EBIT_1 - I_1)(1-T) - PD_1}{N_1} = \frac{(EBIT_2 - I_2)(1-T) - PD_2}{N_2}$$

能使上式成立的 $EBIT$ 为每股盈余无差别点的息税前利润。

（四）比较公司价值法

每股盈余无差别分析的缺陷在于没有考虑风险因素。从根本上讲，财务管理的目标在于追求公司价值的最大化或股价最大化。然而只有在风险不变的情况下，每股盈余的增长才会直接导致股价的上升，实际上经常是随着每股盈余的增长，风险也加大。如果每股盈余的增长不足以补偿风险增加所需的报酬，尽管每股盈余增加，股价仍然会下降。所以，公司的最佳资本结构应当是可使公司的总价值最高，而不一定是每股收益最大的资本结构。同时，在公司总价值最大的资本结构下，公司的资本成本也是最低的。

练 习 题

一、单项选择题（下列各小题有且只有一个正确答案，请将正确答案的标号填入题干的括号内）

1. 下列各项中，属于资金占用费的是（　　）。

A. 借款手续费　　B. 债券利息费

C. 借款公证费　　D. 债券发行费

2. 在采用债券收益率风险调整模型估计普通股资本成本时，风险溢价是（　　）。

A. 目标公司普通股相对短期国债的风险溢价

B. 目标公司普通股相对长期国债的风险溢价

C. 目标公司普通股相对目标公司债券的风险溢价

D. 目标公司普通股相对可比公司长期债券的风险溢价

3. 下列属于资本成本中筹资费用的是（　　）。

A. 融资租赁的资金利息　　B. 银行借款的手续费

C. 债券的利息费用　　D. 优先股的股利支出

4. 下列说法中，不正确的是（　　）

A. 如果企业产销业务量稳定，则该企业可以较多地负担固定的财务费用

B. 拥有大量固定资产的企业主要通过长期负债和发行股票筹集资金

C. 当国家执行紧缩的货币政策时，市场利率较低，企业债务资本成本降低

D. 稳健的管理当局偏好于选择低负债比例的资本结构

5. 企业目标资本结构是使加权平均资本成本最低的资本结构。假设其他条件不变，该资本结构也是（　　）。

A. 使利润最大的资本结构　　B. 使每股收益最高的资本结构

C. 使股东财富最大的资本结构　　D. 使股票价格最高的资本结构

6. 下列方法中，能够用于资本结构优化分析并考虑了市场风险的是（　　）。

A. 利润敏感分析法　　B. 比较公司价值法

C. 比较资金成本法　　D. 每股盈余分析法

7. 某企业预计的资本结构中，产权比率为3/5，债务税前资本成本为12%。目前市场上的无风险报酬率为5%，市场上所有股票的平均收益率为10%，公司股票的β系数为1.2，所得税税率为25%，则加权平均资本成本为（　　）。

A. 10.25%　　B. 9%

C. 11%　　D. 10%

8. 某公司适用的所得税税率为50%，发行总面值为1 000万元、票面利率为10%、偿还期限4年、发行费率4%的债券，该债券发行价为1 075.385 4万元，则债券税后资本成本为（　　）。

A. 8%　　B. 9%

C. 4.5%　　D. 10%

9. 已知某普通股的β值为1.2，无风险利率为6%，市场组合的期望收益率为10%，该普通股目前的市价为10元/股，预计第一期的股利为0.8元，不考虑筹资费用。假设根据资本资产定价模型和股利增长模型计算得出的普通股成本相等，则该普通股股利的年增长率为（　　）。

A. 6%　　B. 2%

C. 2.8%　　D. 3%

10. 下列各项中，通常资本成本最大的是（　　）。

A. 长期借款　　B. 长期债券

C. 优先股　　D. 普通股

11. 某公司经营杠杆系数为1.5，财务杠杆系数为1.8，该公司目前每股收益为2元，若使销售量增加20%，则每股收益将增长为（　　）元。

A. 3. 08　　B. 0.54

C. 1. 08　　D. 5.4

12. 某公司当期利息全部费用化，其已获利息倍数为3，则该公司的财务杠杆系数是（　　）。

A. 1.25　　B. 1.5

C. 1.33　　D. 1.2

13. 某公司股票预计第一年股利为每股2元，股利年增长率为2%，据目前的市价计算出的股票资本成本为12%，则该股票目前的市价为（　　）元。

A. 20.4　　B. 20

C. 30　　D. 40

14. ABC公司变动前的息税前利润为150万元，每股收益为6元，财务杠杆系数为1.5。若变动后息税前利润增长到210万元，则每股收益增加（　　）元。

A. 6　　B. 9.6

C. 3.6　　D. 9

15. 在最佳资本结构下，（　　）。

A. 资本成本最低　　B. 每股收益最高

C. 经营风险最小　　D. 财务风险最低

16. 某企业发行5年期债券,债券面值为1 000元,票面利率10%,每年付息一次,发行价为1 100元,筹资费率为3%,所得税税率为30%,则该债券的资本成本是(　　)。

A. 9.37%　　B. 6.56%

C. 7.36%　　D. 6.66%

17. 企业向银行取得借款100万元,年利率5%,期限3年。每年付息一次,到期还本,所得税税率为30%,手续费忽略不计,则该项借款的资本成本为(　　)。

A. 3.5%　　B. 5%

C. 4.5%　　D. 3%

18. 某公司普通股目前的股价为10元/股,筹资费率为8%,刚刚支付的每股股利为2元,股利固定增长率为3%,则该股票的资金成本为(　　)。

A. 22.39%　　B. 21.74%

C. 24.74%　　D. 25. 39%

19. 某公司普通股目前的股价为10元/股,筹资费率为8%,刚刚支付的每股股利为2元,股利固定增长率为3%,则该企业利用留存收益的资金成本为(　　)。

A. 22.39%　　B. 25.39%

C. 20.6%　　D. 23.6%

20. 甲公司拟发行优先股筹资,发行费用率和年股息率分别为2%和8%,每半年支付一次股利,企业所得税税率为25%。根据税法规定,该优先股股利不能抵税。该优先股资本成本为(　　)。

A. 7.84%　　B. 8.00%

C. 8.16%　　D. 8.33%

21. 甲公司的经营杠杆系数为1.5,财务杠杆系数为2。如果该公司销售额增长80%,则每股收益增长(　　)。

A. 120%　　B. 160%

C. 240%　　D. 280%

22. 甲公司采用债券收益率风险调整模型估计股权资本成本,税前债务资本成本为8%,股权相对债券风险溢价6%。企业所得税税率为25%。甲公司的股权资本成本是(　　)。

A. 6%　　B. 8%

C. 12%　　D. 14%

23. 甲公司2024年净利润150万元,利息费用100万元,优先股股利37.5万元。企业所得税税率为25%。甲公司财务杠杆系数为(　　)。

A. 1.85　　B. 2

C. 2.15　　D. 3

24. 下列各项中,属于修正的MM理论观点的是(　　)。

A. 企业有无负债均不改变企业价值

B. 企业负债有助于降低两权分离所带来的代理成本

C. 企业可以利用财务杠杆增加企业价值

D. 财务困境成本会降低有负债企业的价值

25. 某公司发行普通股的筹资费率为6%，当前股价为10元/股，本期已支付的现金股利为2元/股，未来各期股利按2%的速度持续增长。则该公司留存收益的资本成本为(　　)。

A. 23.7%　　B. 22.4%

C. 21.2%　　D. 20.4%

26. 在进行资本结构优化的决策分析中，可以采用的方法不包括(　　)。

A. 比较每股收益法　　B. 比较资本成本比较法

C. 比较公司价值法　　D. 因素分析法

27. 某公司2024年普通股收益为100万元，2025年息税前利润预计增长20%，假设财务杠杆系数为3，则2025年普通股收益预计为(　　)万元。

A. 100　　B. 120

C. 160　　D. 300

28. 某公司发行优先股，面值总额为8 000万元，年股息率为8%，股息不可税前抵扣，发行价格为10 000万元，发行费用占发行价格的2%，则该优先股的资本成本为(　　)。

A. 6.4%　　B. 6.53%

C. 8%　　D. 8.16%

29. 有一种资本结构理论认为，有负债企业的价值等于无负债企业价值加上税赋节约现值，再减去财务困境成本的现值。这种理论是(　　)。

A. 代理理论　　B. 权衡理论

C. MM理论　　D. 优序融资理论

30. 某公司经营风险较大，准备采取系列措施降低杠杆程度。下列措施中，无法达到这一目的的是(　　)。

A. 降低利息费用　　B. 降低固定成本水平

C. 降低变动成本　　D. 提高产品销售单价

31. 某企业权益和负债资金的比例为6∶4，债务资本成本为7%，股东权益资本成本为15%，所得税税率为25%，则平均资本成本为(　　)。

A. 8.4%　　B. 11.1%

C. 11.8%　　D. 13%

32. 甲公司某笔长期借款的筹资费用为筹资总额的5%，年利率为4%，所得税税率为25%。假设用一般模式计算，则该长期借款的资本成本为(　　)。

A. 3%　　B. 3.16%

C. 4%　　D. 4.21%

33. 某公司2024年平均负债为1 000万元，负债的平均利率为10%，2024年财务杠杆系数为2，则该公司2024年的利息保障倍数为(　　)。

A. 2　　B. 3

C. 4　　D. 6

34. 下列各项中，通常会引起资本成本上升的情形是(　　)。

A. 预期通货膨胀率呈下降趋势

B. 投资者要求的预期报酬率下降

C. 证券市场流动性呈恶化趋势

D. 企业总体风险水平得到改善

35. 下列筹资方式中，能给企业带来财务杠杆效应的是(　　)。

A. 发行普通股　　B. 认股权证

C. 融资租赁　　D. 留存收益

36. 计算下列筹资方式的资本成本时需要考虑企业所得税因素影响的是(　　)。

A. 留存收益资本成本　　B. 债务资本成本

C. 普通股资本成本　　D. 优先股资本成本

37. 某公司基期息税前利润为1 000万元，基期利息费用为400万元，假设与财务杠杆相关的其他因素保持不变，则该公司计划期的财务杠杆系数为(　　)。

A. 2.5　　B. 1.67

C. 1.25　　D. 1.88

38. 甲公司是一家传统制造业企业，拟投资新能源汽车项目，预计期限为10年。乙公司是一家新能源汽车制造企业，与该项目具有类似的商业模式、规模、负债比率和财务状况。下列各项中，最适合作为该项目税前债务资本成本的是(　　)。

A. 乙公司刚刚发行的10年期债券的到期收益率6.5%

B. 刚刚发行的10年期政府债券的票面利率5%

C. 乙公司刚刚发行的10年期债券的票面利率6%

D. 刚刚发行的10年期政府债券的到期收益率5.5%

二、多项选择题(下列各小题中有两个或两个以上符合题意的正确答案，请将正确答案的标号填入题干的括号内)

1. 影响资本成本的外部因素包括(　　)。

A. 利率　　B. 市场风险溢价

C. 投资政策　　D. 税率

2. 权衡理论认为企业在选择资本结构时，需要考虑的因素有(　　)。

A. 利息抵税收益　　B. 破产清算费用

C. 折旧抵税收益　　D. 客户流失成本

3. 下列关于有企业所得税情况下MM理论的说法中，正确的有(　　)。

A. 高杠杆企业的价值大于低杠杆企业的价值

B. 高杠杆企业的债务资本成本大于低杠杆企业的债务资本成本

C. 高杠杆企业的权益资本成本大于低杠杆企业的权益资本成本

D. 高杠杆企业的加权平均资本成本大于低杠杆企业的加权平均资本成本

4. 下列因素中，会使得企业采用高负债比率的资本结构的有(　　)。

A. 企业财务状况良好，信用等级高

B. 企业处于发展成熟阶段，产品市场稳定

C. 高新技术企业

D. 所得税税率较高

5. 关于资本结构理论，下列说法正确的有(　　)。

A. 修正的MM理论认为，企业价值与企业的资产负债率无关

B. 根据优序融资理论，当企业需要外部筹资时，债务筹资优于股权筹资

C. 根据代理理论，债务筹资可能带来债务代理成本

D. 最初的MM理论认为，有负债企业的股权资本成本随着资产负债率的增大而增大

6. 关于企业经营杠杆系数，下列表述正确的有(　　)。

A. 只要企业存在固定性经营成本，经营杠杆系数总是大于1

B. 若经营杠杆系数为1，则企业不存在经营风险

C. 经营杠杆系数就是息税前利润对销售量的敏感系数

D. 经营杠杆系数等于息税前利润除以边际贡献

7. 关于经营杠杆和财务杠杆的表述，错误的有(　　)。

A. 经营杠杆反映了权益资本收益的波动性

B. 经营杠杆效应使得企业的业务量变动率大于息税前利润变动率

C. 财务杠杆反映了资产收益的波动性

D. 财务杠杆效应使得企业的普通股收益变动率大于息税前利润变动率

8. 下列影响经营杠杆效应的因素有(　　)。

A. 销售量　　B. 单价

C. 固定成本　　D. 利息费用

9. 关于银行借款筹资的资本成本，下列说法错误的有(　　)。

A. 银行借款手续费会影响银行借款的资本成本

B. 银行借款的资本成本仅包括银行借款利息支出

C. 银行借款的资本成本率一般等于无风险利率

D. 银行借款的资本成本与还本付息方式无关

10. 平均资本成本计算涉及对个别资本的权重选择问题，对于有关权重的说法，正确的有(　　)。

A. 账面价值权数不适合评价现时的资本结构合理性

B. 目标价值权数一般以历史账面价值为依据

C. 目标价值权数更适用于企业未来的筹资决策

D. 市场价值权数能够反映现时的资本成本水平

11. 下列筹资方式中，可以降低财务风险的有(　　)。

A. 银行借款筹资　　B. 留存收益筹资

C. 普通股筹资　　D. 融资租赁筹资

三、判断题(请在正确的题后括号内打√，错误的打×)

1. 使企业税后利润最大的资本结构是最佳资本结构。(　　)

2. 因为公司债务必须付息，而普通股不一定支付股利，所以普通股资本成本小于债务资本成本。(　　)

3. 财务杠杆系数等于普通股收益变动率除以产销量变动率。(　　)

4. 其他条件不变的情况下，企业财务风险大，投资者要求的预期收益率就高，企业筹资

的资本成本相应就大。 ( )

5. 根据资金期限匹配相关理论，固定资产比重较大的上市公司主要应通过长期负债和发行股票筹集资金。 ( )

6. 留存收益在实质上属于股东对企业的追加投资，因此留存收益资金成本的计算也应像普通股筹资一样考虑筹资费用。 ( )

7. 在计算加权平均资本成本时，采用市场价值权重能够反映企业期望的资本结构，但不能反映筹资的现时资本成本。 ( )

8. 根据企业所得税法的规定，企业债务的利益不允许从税前利润中扣除。 ( )

9. 当资本结构不变时，个别资本成本率越低，则综合资本成本率越高；反之，个别资本成本率越高，则综合资本成本率越低。 ( )

10. 根据企业所得税法的规定，公司以税后利润向股东分派股利，故股权资本成本没有抵税利益。 ( )

11. 在企业一定的营业规模内，变动成本随营业总额的增加而增加，固定成本也是因营业总额的增加而增加，而不是保持固定不变。 ( )

12. 每股收益分析法的决策目标是股东财富最大化或股票价值最大化，而不是公司价值最大化。 ( )

13. 净收益观点认为，在公司的资本结构中，债务资本的比例越小，公司的净收益或税后利润就越多，从而公司的价值就越高。 ( )

14. 企业如无负债，则财务杠杆系数等于1。 ( )

15. 企业在一定的资本结构的基础上，现有销售规模扩大，并不影响企业的财务杠杆系数。 ( )

16. 净营业收益观点认为，在公司的资本结构中，债务资本的比例越高，公司的价值就越高。 ( )

四、计算题

1. 某公司按面值发行3年期的债券3 000万元，票面利率为年利率12%，发行费率为3%，该公司所得税税率为25%。

要求：计算债券的资本成本。

2. 某股份有限公司普通股现行市价为每股20元，现准备增发50 000股，预计筹资费率为5%，第一年发放股利每股2元，以后每年股利增长率为5%。

要求：计算该公司本次增发普通股的资本成本。

3. 某公司资本总额为750万元，负债比率为40%，负债利率为12%。该公司年销售额为400万元，息税前利润为80万元，固定成本为80万元，变动成本率为60%。

要求：计算该公司的财务杠杆系数、经营杠杆系数和综合杠杆系数。

4. 乙公司是一家服装企业，只生产销售某种品牌的西服。该公司2023年度固定成本总额为20 000万元，单位变动成本为0.4万元，单位售价为0.8万元，销售量为100 000套。乙公司2023年度发生的利息费用为4 000万元。

要求：

(1) 计算2023年度的息税前利润。

(2) 以 2023 年为基数，计算下列指标：

① 经营杠杆系数；② 财务杠杆系数；③ 总杠杆系数。

5. 乙公司生产和销售 A 产品，其总成本习性模型为 $Y=30\,000+12X$，其中 Y 表示总成本，X 表示产品产量。假定该企业 2023 年度 A 产品销售量为 10 000 件，每件售价为 20 元；按市场预测 2024 年 A 产品的销售数量将增长 20%。

要求：

(1) 计算 2023 年该企业的息税前利润。

(2) 计算 2024 年的经营杠杆系数。

(3) 计算 2024 年的息税前利润增长率。

(4) 假定企业 2023 年发生负债利息 25 000 元，且无优先股股息，计算总杠杆系数。

(5) 假定该企业拟将 2024 年总杠杆系数控制在 2.4 以内，则在其他因素不变的情况下，2023 年负债利息最多为多少？

6. 某公司正准备为一新项目筹集资金，预计需要 1 000 万元，其中：

(1) 长期银行借款 400 万，银行贷款利率 8%，手续费率为 4%。

(2) 发行债券 100 万元，票面利率为 7.76%，发行费用为市价的 3%。

(3) 发行 50 万股普通股，每股发行价 10 元，筹资费用率为 5%，预计之后每年将发放每股现金股利为 0.76 元。

另外，公司适用的所得税税率为 25%。

要求：

(1) 计算公司三种筹资方式的个别资本成本。

(2) 计算该筹资方案的综合资本成本。

7. 某公司原有资本 1 000 万元，其中债务资本 400 万元(每年负担利息 30 万元)，普通股资本 600 万元(发行普通股 12 万股，每股面值 50 元)，企业所得税税率为 30%。由于扩大业务，需追加筹资 300 万元，其筹资方式有两种：一是全部发行普通股，即增发 6 万股，每股面值 50 元；二是全部按面值发行债券，债券利率为 10%。

要求：

(1) 分别计算普通股筹资与债券筹资每股盈余无差别点的息税前利润。

(2) 假设扩大业务后的息税前利润为 300 万元，确定公司应当采用哪种筹资方式(不考虑风险)。

8. 甲公司 2023 年年末长期资本为 5 000 万元，其中长期银行借款 1 000 万元，年利率为 6%，所有者权益(包括普通股股本和留存收益)为 4 000 万元。

公司计划在 2024 年追加筹集资金 5 000 万元，其中按面值发行债券 2 000 万元，票面年利率为 6.86%，期限 5 年，每年付息一次，到期一次还本，筹资费率为 2%；发行优先股筹资 3 000 万元，固定股息率为 7.76%，筹资费用率为 3%。公司普通股 β 系数为 2，一年期国债利率为 4%，市场平均报酬率为 9%，公司适用的所得税税率为 25%。

假设不考虑筹资费用对资本结构的影响，发行债券和优先股不影响借款利率和普通股股价。

要求：

(1) 计算甲公司长期银行借款的资本成本。

(2) 计算发行债券的资本成本(不用考虑货币时间价值)。

(3) 计算甲公司发行优先股的资本成本。

(4) 利用资本资产定价模型计算甲公司留存收益的资本成本。

(5) 计算公司追加投资后的加权平均资本成本。

9. 甲公司适用的企业所得税税率为25%,计划追加筹资20 000万元,方案如下。

方案一:向银行取得长期借款3 000万元,借款年利率为4.8%,每年付息一次。

方案二:发行面值为5 600万元、发行价格为6 000万元的公司债券,票面利率为6%,每年付息一次。

方案三:增发普通股11 000万元,假定资本市场有效,当前无风险收益率为4%,市场平均收益率为10%,甲公司普通股的β系数为1.5。

不考虑筹资费用、货币时间价值等其他因素。

要求:

(1) 计算长期借款的资本成本率。

(2) 计算发行债券的资本成本率。

(3) 利用资本资产定价模型,计算普通股的资本成本率。

(4) 计算追加筹资方案的平均资本成本率。

10. 甲股份有限公司目前息税前利润为5 400万元,拥有长期资本12 000万元,其中长期债务3 000万元,年利息率10%,普通股9 000万股,每股面值1元。当前有较好的投资项目,需要追加投资2 000万元,有两种筹资方式可供选择:① 增发普通股2 000万股,每股面值1元;② 增加长期借款2 000万元,年利息率为8%。甲公司的所得税税率为25%,股权资本成本率为12%。

要求:

(1) 计算追加投资前甲公司的综合资本成本率。

(2) 如果你是该公司的财务经理,根据资本成本比较法,说明你将选择哪种筹资方式。

(3) 比较两种筹资方式下甲公司的每股收益。

(4) 如果你是该公司的财务经理,根据每股收益分析法,说明你将选择哪种筹资方式。

参考答案

一、单项选择题

题号	1	2	3	4	5	6	7	8	9	10
答案	B	C	B	C	C	B	A	C	C	D
题号	11	12	13	14	15	16	17	18	19	20
答案	A	B	B	C	A	B	A	D	D	D
题号	21	22	23	24	25	26	27	28	29	30
答案	C	C	B	C	B	D	C	B	B	A
题号	31	32	33	34	35	36	37	38		
答案	B	B	A	C	C	B	B	A		

二、多项选择题

题号	1	2	3	4	5	6	7	8	9	10
答案	ABD	ABD	AC	ABD	BCD	AC	ABC	ABC	BCD	ACD
题号	11									
答案	BC									

三、判断题

题号	1	2	3	4	5	6	7	8	9	10
答案	×	×	×	√	√	×	×	×	×	√
题号	11	12	13	14	15	16				
答案	×	√	×	√	×	×				

四、计算题

1. 债券的资本成本＝12％/(1－3％)×(1－25％)＝9.28％。

2. 该公司本次增发普通股的资本成本＝2/[20×(1－5％)]＋5％＝15.53％。

3. 该公司的财务杠杆系数＝80/(80－750×40％×12％)＝1.82。

经营杠杆系数＝(80＋80)/80＝2。

综合杠杆系数＝1.82×2＝3.64。

4. (1) 2023 年度的息税前利润＝(0.8－0.4)×100 000－20 000＝20 000(万元)。

(按照习惯性表述，固定成本总额是指经营性固定成本，不含利息费用)

(2) ① 经营杠杆系数＝(0.8－0.4)×100 000/20 000＝2。

② 财务杠杆系数＝20 000/(20 000－4 000)＝1.25。

③ 总杠杆系数＝2×1.25＝2.5。

5. (1) 2019 年息税前利润＝销售量×(单价－单位变动成本)－固定成本

＝10 000×(20－12)－30 000＝50 000(元)。

(2) 经营杠杆系数＝基期边际贡献/基期息税前利润

＝10 000×(20－12)/50 000＝1.6。

(3) 息税前利润增长率＝经营杠杆系数×销售增长率＝1.6×20％＝32％。

(4) 总杠杆系数＝基期边际贡献/基期税前利润＝10 000×(20－12)/(50 000－25 000)＝3.2。

(5) 财务杠杆系数＝总杠杆系数/经营杠杆系数＝2.4/1.6＝1.5。

50 000/(50 000－利息)＝1.5。

利息＝16 666.67(元)。

即负债的利息最多只能为 16 666.67 元。

6. (1) 长期银行借款的资本成本：8％/(1－4％)×(1－25％)＝6.25％。

企业债券的资本成本：7.76％/(1－3％)×(1－25％)＝6％。

普通股的资本成本：0.76/[10×(1－5%)]＝8%。

(2) 该筹资方案的综合资本成本＝400/1 000×6.25%＋100/1 000×6%＋500/1 000×8%＝7.1%。

7. (1) ($EBIT$－30)/(12＋6)×(1－30%)＝($EBIT$－30－30)/12×(1－30%)

$EBIT$＝120。

(2) 扩大业务后的息税前利润为 300 万元，大于每股盈余无差别点的息税前利润，因此采用债券融资更合理。

8. (1) 借款资本成本＝6%×(1－25%)＝4.5%。

(2) 债券资本成本＝6.86%×(1－25%)/(1－2%)＝5.25%。

(3) 优先股资本成本＝7.76%/(1－3%)＝8%。

(4) 留存收益资本成本＝4%＋2×(9%－4%)＝14%。

(5) 公司追加投资后的加权平均资本成本。＝1 000/10 000×4.5%＋4 000/10 000×14%＋2 000/10 000×5.25%＋3 000/10 000×8%＝9.5%。

9. (1) 长期借款的资本成本率＝4.8%×(1－25%)＝3.6%。

(2) 发行债券的资本成本率＝5 600×6%×(1－25%)/6 000＝4.2%。

(3) 普通股的资本成本率＝无风险收益率＋β×(平均收益率—无风险收益率)

＝4%＋1.5×(10%－4%)

＝13%。

(4) 平均资本成本率＝3.6%×3 000/20 000＋4.2%×6 000/20 000＋13%×11 000/20 000＝8.95%。

10. (1) 追加投资前综合资本成本：

K_W＝3 000/12 000×10%×(1－25%)＋9 000/12 000×12%＝10.88%。

(2) 采用增发股票方式时综合资本成本：

K_W＝3 000/(12 000＋2 000)×10%×(1－25%)＋(9 000＋2 000)/(12 000＋2 000)×12%＝11.04%。

采用长期借款方式时综合资本成本：

K_W＝3 000/(12 000＋2 000)×10%×(1－25%)＋2 000/(12 000＋2 000)×8%×(1－25%)＋9 000/(12 000＋2 000)×12%＝10.18%。

采用长期借款方式筹资后，综合资本成本率要低于采用增发股票方式后的综合资本成本率，所以应选择长期借款的方式筹资。

(3) 采用增发股票方式时的每股收益：

EPS＝(5 400－3 000×10%)×(1－25%)/(9 000＋2 000)＝0.35(元/股)。

采用长期借款方式时的每股收益：

EPS＝(5 400－3 000×10%－2 000×8%)×(1－25%)/9 000＝0.41(元/股)。

采用长期借款方式筹资时每股收益为 0.41 元，比采用增发股票方式时的每股收益 0.35 元要高。

(4) 两种筹资方式下每股收益的无差别点为：

$EBIT$－3 000×10%×(1－25%)/(9 000＋2 000)＝(EBT－3 000×10%－2 000×8‰)×(1－25)/9 000

$EBIT=1\ 180$（万元）。

当前的息税前利润为 5 400 万元，比每股收益的无差别点 1 180 万元要大，因此应该选择长期借款方式筹资。

第九章　利润分配决策

思维导图

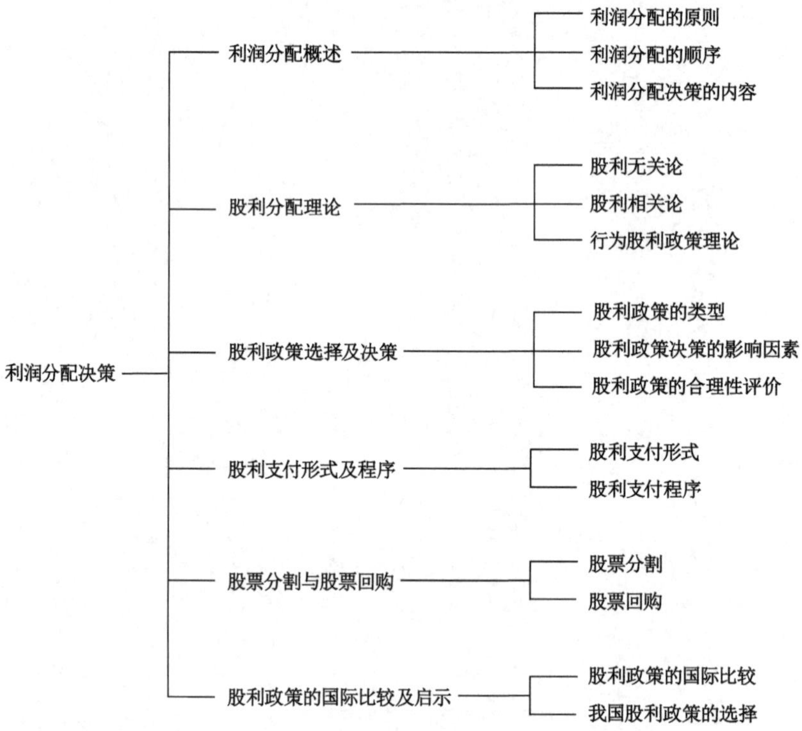

学习目的与要求

本章主要介绍企业利润分配问题。首先介绍利润分配的原则、顺序及具体内容，其次从理论上梳理股利无关论、股利相关论、行为股利政策理论等相关理论的观点，再次从实践上讨论企业股利政策的类型及股利政策决策需要考虑的因素，并介绍股利支付的形式及程序，最后讨论股票分割与股票回购。通过本章的学习，学生能理解企业利润分配中的有关规定、股利理论和股利政策类型等问题。

(1) 本章学习的重点内容：① 理解公司股利政策与其普通股市场价格之间的关系；② 理解公司股利政策相关理论的观点；③ 掌握公司经常采用的股利政策类型及优缺点；④ 掌握与公司股利政策相关的实际考虑因素。

(2) 本章学习的难点内容：① 正确理解公司股利政策相关理论演进及其主要观点；② 掌握公司经常采用的股利政策类型及优缺点。

本章核心内容

一、利润分配概述

（一）利润分配的原则

（1）依法分配原则

（2）资本保全原则

（3）充分保护债权人利益原则

（4）多方及长短期利益兼顾原则

（二）利润分配的顺序

按照我国公司法的有关规定，利润分配应按下列顺序进行：

（1）弥补以前年度亏损。

（2）计提法定盈余公积金。

（3）分配优先股股利。

（4）计提任意盈余公积金。

（5）向股东（投资者）支付股利（分配利润）。

（三）利润分配决策的内容

在实际工作中，企业应考虑法律因素、股东因素、公司因素、行业因素及契约因素等，在股利分析框架之内，以企业价值最大化为目标，选择合适的股利分配政策，具体包括：① 股利支付率的高低；② 股利支付的具体形式，是否采用股票回购、股票分割等形式；③ 股利支付率的稳定增长政策；④ 股利发放策略；⑤ 股利发放程序等。

二、股利分配理论

（一）股利无关论

股利无关论认为，股利决策对公司的市场价值（或股票价格）或资本成本不会产生任何影响，公司对留存收益的运用以及由此产生的股利政策，仅是公司筹资决策的一个重要组成部分。

股利无关论主要包括下述基本观点：

（1）公司的股票价格或资本成本不取决于公司的盈利在股利和留存收益之间的分配比例。

（2）公司的股票价格由公司投资方案和获利能力决定。

（3）在上述假设基础上，如果公司发放较高的股利，投资者会寻求新的投资机会；如果公司将较多的留存利润用于投资会使公司股票价值上升，投资者可以出售部分股票换取现金。假若公司有理想的投资机会，即使公司支付了较高的股利，公司仍可以招募同等金额的新股。

（二）股利相关论

总的来说，该类理论认为：股利支付不是可有可无的，而是非常必要的，并且具有策略性，股利政策与公司价值是密切相关的。由于视角不同，又形成了不同的理论分支。

1.“一鸟在手”理论

股利相关论认为，公司的股利决策与公司的价值有较大的相关性。在现实生活中，不存在无关论提出的假设前提，公司的股利分配是在种种制约因素下进行的，在各种因素不确定的情况下，投资者最为关心的是用什么形式取得自己的投资回报。一般来说，投资者更喜欢现金股利，而不大喜欢将利润留给公司。这是因为：对投资者来说，现金股利是“抓在手中的鸟”，是实在的，而公司留利则是“躲在林中的鸟”，随时都可能飞走。既然现在的留利并不一定转化为未来的股利，那么，在投资者看来，公司分配的股利越多，公司的市场价值也就越大。所以，对于股利收益与资本收益的选择是以可靠性为前提的。从投资者的角度看，股利收益要比留存收益带来的资本收益更为可靠，换言之，1 元的股利收入价值实际上超过了 1 元资本收益的价值。因此，这种理论的观点是：由于投资者对投资风险有天生的抵触情绪，因而喜欢近期有确定收入的股利，而不喜欢远期并不确定的资本收益。在这种理论指导下，需要公司定期向股东支付较高的股利。

2. 税收效应理论

在不存在税收因素的情况下，公司选择何种股利支付方式并不重要。但是，如果对现金红利和来自股票买卖的资本利得课以不同的税赋（如现金股利的税赋高于资本利得的税赋），那么，在公司及投资者看来，支付现金股利就不再是最优的股利分配政策。由此可见，在存在差别税赋的前提下，公司选择不同的股利支付方式，不仅会对公司的市场价值产生不同的影响，而且会使公司及个人的税收负担出现差异。即使在税率相同的情况下，由于资本利得只有在实现之时才缴纳资本增值税，因此，相对于现金股利保税而言，其仍然具有延迟纳税的好处。诚然如此，从逻辑上讲，一个好的股利政策除了应使融资成本和代理成本最小化之外，还应使税收成本最小化。

3. 信号传递理论

信号传递理论认为，在信息不对称的情况下，公司可以通过股利政策向市场传递有关公司未来盈利能力的信息。一般说来，高质量的公司往往愿意通过相对较高的股利支付率把自己同低质量的公司区别开来，以吸引更多的投资者。对市场上的投资者来说，股利政策的差异或许是反映公司质量差异的极有价值的信号。如果公司连续保持较为稳定的股利支付率，那么，投资者就可能对公司未来的盈利能力与现金流量抱有较为乐观的预期。

4. 代理理论

股利分配的代理理论认为，股利政策实际上体现的是公司内部人与外部股东之间的代理问题。在存在代理问题的前提下，适当的股利政策有助于保证经理们按照股东的利益行事。而所谓适当的股利政策，是指公司的利润应当更多地支付给股东；否则，这些利润就有可能被公司的内部人所滥用。较多地派发现金股利至少具有以下几点好处：一是公司管理者要将公司的很大一部分盈利返还给投资者，于是公司可以支配的“闲余现金流量”就相应减少了，而这又可在一定程度上抑制公司管理者为满足个人成为“帝国营造者”的野心，过度地扩大投资或进行特权消费，进而保护了外部股东的利益；二是较多地派发现金股利，可能迫使公司重返资本市场进行新的融资，如再次发行股票。这一方面使得公司更容易受到市场参与者的广泛监督，另一方面，再次发行股票不仅为外部投资者借股份结构的变化对“内部人”进行控制提供了可能，而且再次发行股票后，公司的每股税后盈利被摊薄，公司要维持较高的盈利水平，则需要付出更大的努力。这些均有助于缓解代理问题，并降低代理成本。

5. 追随者理论

追随者理论也译为顾客效应理论，该理论最先是由米勒和莫迪格利安尼提出来的，是税收效应理论的扩展。从股东的边际所得税税率出发，每个投资者所处的税收等级不同：有的边际税率高，如富有的投资者；而有的边际税率低，如养老基金等。由此会引起他们对待股利的态度不一样，前者偏好低股利支付率或不支付股利的股票，后者喜欢高股利支付率的股票。因此，公司会相应调整其股利政策，使股利政策符合股东的愿望。达到均衡时，高股利支付率的股票将吸引一类追随者，由处于低边际税率等级的投资者持有；低股利支付率的股票将吸引另一类追随者，由处于高边际税率等级的投资者持有。这种股东聚集在满足各自偏好的股利政策的公司的现象，就叫作“追随者效应”。

按照该理论的观点，公司的任何股利政策都不可能满足所有股东对股利的要求，公司股利政策的变化，只是吸引了喜爱这一股利政策变化的投资者前来购买公司的股票，而另一些不喜爱新的股利政策的投资者则会卖出股票。因此，当市场上喜爱高股利的投资者的比例大于发放高股利的公司的比例时，则支付高股利公司的股票处于短缺状况，按照供求理论，它们的价格会上扬，直到二者的比例相等，市场会达到一个动态平衡。一旦市场处于均衡状态，则没有公司能够通过改变股利政策来影响股票价格。因此，这一理论强调，公司应当根据本公司股东的具体目的和偏好以及公司的投资方案进行股利决策，而不应强求一致。

（三）行为股利政策理论

1. 早期行为学派

早期行为学派或行为模型（behavior model）（Frankfurter & Wood，2002；Dong 等，2005），从心理和行为的角度提出了一些观点。行为学派早期成果虽然为数不多，却都是大名鼎鼎，并且他们所研究的问题恰好是传统股利政策始终解决不好的两个问题。

第一个问题是关于管理者观点和股利平滑的问题。管理者考虑的是每一期股利的变化，而不是股利的绝对数量；影响股利支付的最重要因素是股利支付率相对目标股利支付率的偏离。公司的管理者倾向于把实际的股利支付率朝目标股利支付率进行调整，把股利变化平滑化，这是因为管理者相信，股东总是偏好稳定的现金股利支付而不是波动的股利。

第二个问题是投资者为什么偏好现金股利，行为学派的观点认为正是投资者的现金偏好驱动了公司的股利政策。根据自我控制理论，现金股利能够帮助投资者减少自我控制带来的痛苦，增加投资者的主观效用。投资者限制自己只能利用股利来满足日常消费，而不是动用资本（出售股票），对投资者而言，股利政策成为一种外在的控制机制，所以他们更偏好支付现金股利的公司。根据前景理论，投资者对损失和收益抱有不同的风险态度，他们对确定性的股利、不确定的收入或损失有不同的判断。他们把股票增值的潜在的收入当作一个额外增加的好处，而当股票价值跌破买价时，他们可以用现金股利安慰自己。这种观点后来被发展为心理账户理论。根据后悔厌恶理论，对投资者来说为了消费而出售股票后，万一股价上升，带来后悔的程度要比用股利进行消费高得多。投资者偏好现金股利是因为对后悔的厌恶。

2. 迎合理论

关于迎合理论的研究框架，是在非有效市场下研究投资者非理性而管理者理性。通过理论推导和实证分析发现，管理者支付股利的行为是由投资者对股利支付公司表现出来的需求所驱动的。这种需求导致支付股利和不支付股利的股票之间形成所谓的"股利溢价"(dividend premium)。当投资者愿意为支付股利的公司股票付出股利溢价时，管理者开始支付股利，反之，当投资者为支付股利的公司股票付出的股利溢价为负数时，管理者就不支付股利了。管理者理性地迎合了投资者对现金股利的不断变化的需求，这就是著名的股利迎合理论。

3. 管理者羊群行为

经济学和金融学借鉴了社会心理学中对从众心理的研究成果，用以研究金融市场中和经济管理决策中的群体性行为收敛现象，称之为"羊群行为"(herding behavior)。行为公司财务的大量研究表明，即使是作为社会精英阶层的公司的管理者也不可避免地存在追随他人的羊群行为。那么为什么管理决策比一般决策更容易产生羊群行为呢？社会心理学对从众产生原因的研究也有助于回答这个问题。一方面，管理者与普通人一样希望自己行事正确，这容易产生信息影响。而且社会心理学研究指出，现实越模糊、任务的难度越大，他人就越可能成为有价值的信息来源。管理者的决策过程恰恰是一个庞大而复杂的系统工程，其模糊性和难度水平比起一般决策相对较高，信息获取的难度和获取成本使管理者在决策中更有可能相信和借鉴别人的行为中所含的"信息"，从而更可能产生羊群行为。另一方面，管理者作为社会精英，通常对自己的社会形象和公司的声誉非常关注，这就容易产生规范性影响。凯恩斯有名句说"败于习俗好过胜于脱俗"，中国也有"枪打出头鸟""木秀于林、风必摧之"的古谚。迈尔斯指出，与群体保持一致可能会带来正的回报，并且使人们特别容易获得自己决策正确的证据，而偏离群体将产生高昂的代价，这些原因可能迫使人们压制自己的反对性意见。声誉上的考虑会导致管理者避免偏离羊群，管理者愿意选择次优但符合标准的行为，让市场可以找到一个评价他们的基准。

三、股利政策选择及决策

(一) 股利政策的类型

1. 剩余股利政策

剩余股利政策就是在公司有着良好的投资机会时，根据一定的目标资本结构，测算出投资所需要的权益资本，先从盈余当中留用，然后将剩余的盈余作为股利予以分配。在采用这一政策时，应遵循以下四个步骤。

(1) 设定目标资本结构，即确定权益资本与债务资本的比率。

(2) 确定目标资本结构下投资所需的股东权益数额。

(3) 最大限度地利用留存收益来满足投资方案所需权益资本数额。

(4) 投资方案所需权益资本已经满足后若有剩余盈余，再将其作为股利发放给股东。

奉行剩余股利政策的根本理由在于保持理想的资本结构，使综合资本成本最低，从而使公司价值达到最大。

2. 固定或稳定增长的股利政策

这一股利政策是将每年发放的股利固定在一个固定水平上，并在较长时期内保持不变，只有当公司认为未来盈余将会显著地、不可逆转地增长时，才提高年度的股利发放额，这时便成为稳定增长的股利政策。

固定或稳定增长的股利政策的主要目的是避免出现由于经营不善而削减股利的情况。采用这一股利政策的理由在于：

(1) 稳定的股利向市场传递着公司正常发展的信息，有利于树立公司良好的形象，增强投资者对公司的信心，稳定股票的价格。

(2) 稳定的股利额有利于投资者安排股利收入和支出。尽管投资者在股利不足以满足当期现金需要时，可以出售部分股票以获得收入，但许多投资者往往因要支付交易成本而不愿意出售股票，更何况当公司削减股利时，盈利通常已下滑，股价也会随之下跌。因此，投资者将更喜欢稳定的股利。

(3) 具有稳定股利的股票有利于机构投资者购买。一个有稳定股利发放记录，并且股利呈稳步增长的公司，必然受到银行、退休养老基金、保险公司等各类投资者的青睐。

(4) 固定或稳定增长型股利政策，可以消除投资者关于未来股利的不安全感。管理当局相信，投资者将对稳定的公司股票支付更高的价格，由此可以降低公司权益资本成本。

当然，这种政策也有不足之处，主要是：稳定不变的股利可能会成为公司的一项财务负担，因为股利支付没有与公司当期的盈利挂钩，当公司经营处于不利状态时，依然按照既定的股利支付股利，长此下去就可能造成公司资金短缺，财务状况趋于恶化，从而影响公司的发展。

3. 固定股利支付率政策

固定股利支付率政策，是公司确定一个股利占盈余的比率，并长期按此比率支付股利的政策。在这一政策下，当公司盈余有波动时，每股股利便随之产生上下波动。

主张实行固定股利支付率政策的公司认为，这样做能使股利与公司盈余紧密地配合，以体现多盈多分、少盈少分、不盈不分的原则。只有这样，才真正做到了公平对待每一位股东。但是，这种政策由于各年的股利变动较大，极易造成公司不稳定的印象，不利于稳定股票价格。因此，这种政策不可能使公司的价值达到最大。

4. 低正常股利加额外股利政策

这一政策是对前两种股利政策的一种折中。采用这种股利政策，公司必须将每年支付的股利固定在一个较低的水平，这个较低水平的股利称为正常股利。然后，公司可根据盈利状况，确定在盈利较高的年份，向股东支付额外的股利。这种股利政策有以下优点。

(1) 给公司以较大的灵活性。当公司盈余较少或投资需要较多资金时，可维持设定的较低但正常的股利，股东不会有股利跌落感；而当盈余有较大幅度增加时，则可适度增发股利，把经济繁荣的部分利益分配给股东，使他们增强对公司的信心，这有利于稳定股票的价格。

(2) 这种股利政策可以使那些依靠股利度日的股东每年至少可以得到虽然较低、但比较稳定的股利收入,从而吸引住这部分股东。

（二）股利政策决策的影响因素

影响利润分配决策的因素主要有以下几个方面。

1. 法律因素

(1) 资本保全。资本保全条款要求公司不能因支付股利而引起资本减少,以保证公司产权之完整,保护债权人的利益。各国对该条款中“资本”的界定不尽一致,有的仅指公司普通股面值,也有的指普通股面值与超过面值缴入资本之和。这一条款的目的,在于保证公司有完整的产权基础,由此保护债权人的利益,任何导致资本减少的股利发放都是违法的。

(2) 股利出自盈利。该条款规定公司年度累计净利润必须为正数时才可发放股利,以前年度亏损必须足额补偿。要求公司只能用当期及过去的收益支付股利,即支付的股利不能超过累积的留存盈余,以保护债权人利益。这一条款要求公司确有盈利才能支付股利,但它并不限制公司股利的支付额大于当期利润,公司股利的支付不能超过当期与过去的留存盈余之和。

(3) 无偿付能力规则。如果公司已经无力偿还债务或因发放股利将极大地影响公司的偿债能力,则不准发放股利。该条款要求公司已无力偿付到期债务或因支付股利将使其失去偿债能力,则不能支付现金股利。无偿债能力条款有两种情况:一是公司出现资不抵债,如果向股东支付股利,股东侵占本属于债权人的清算资产;二是公司尚未陷入资不抵债的境地,但由于资产流动性不足、财务困难,无力偿付到期的债务,这时向股东支付股利,也是对债权人利益的侵犯。

2. 股东因素

股东从自身需要出发,对公司的股利分配往往产生以下影响。

(1) 稳定的收入和避税。许多股东往往依靠定期的股利来维持生活,他们要求公司在一定时期内维持固定的股利,不希望把盈余全部保留。另外,由于股利所得税税率比资本收益所得税税率高,因而,较富有的股东出于避税的考虑,又限制股利的支付。

(2) 控制权的稀释。公司支付较高的股利,留存收益就会相应减少,这就意味着将来发行新股的可能性增大,而发行新股,尤其是普通股,必然稀释公司的控制权;相反,降低股利发放率可避免这种所有权的稀释,但股利发放过少,可能引起股东不满。

(3) 为逃避风险而要求支付股利。有些股东认为,目前所得股利是确定的,通过留存收益引起股价上涨而获得的资本收益是有风险的,因而比较偏好现在较多的股利,而对未来较多的资本利得不感兴趣。

(4) 为寻求投资机会。如果公司将留存收益用于再投资,所得报酬低于股东个人单独将股利收入投资于其他投资机会所得的报酬,则该公司就不应多留存盈利,而应多支付现金股利给股东。尽管难以对每位股东的投资机会及其投资报酬率加以评估,至少公司应对风险相同的企业外部投资机会可获得的投资报酬率加以评估,如果评估结果显示企业外部股东有更好的投资机会,则公司应选择多支付现金股利、少留存盈利的股利政策。

3. 公司因素

(1) 筹资需求。股利政策在很大程度上取决于公司的筹资需求，而公司的筹资需求往往与其投资需求直接相关。如果一个公司有较多的有利可图的投资机会，往往采用低股利、高留存收益的政策；反之，如果投资机会较少，就可能采用高股利政策。正是基于这种原因，许多成长中的公司，往往采取低股利政策，将较大比例的盈余留存下来用于公司再投资，这样不仅可以满足公司发展所需资金，而且其成本也低于发行新股筹资的成本。另外，将盈余留存下来还可以扩大公司的权益资本，有助于改善公司的资本结构，进一步提高公司潜在的筹资能力。相反，许多处于经营收缩期的公司，往往采取高股利政策。由此可见，公司对资金的需求程度是决定公司盈余分配的一个重要因素。

(2) 盈利的稳定性。公司的股利政策在很大程度上受其盈利稳定性的影响。一般来说，盈利稳定的公司可能支付比盈利不稳定的公司更高的股利。这是因为，盈利稳定的公司其经营和财务风险较小，因而比其他收益不稳定的公司更能以较低的成本筹集负债资金。公用事业公司是具有相对稳定的盈利模式和较高股利支付率的典型例子。

(3) 现金支付能力。公司盈利并不表明有相应的现金流量，作为留存收益持有的利润一般已投资于各种形式的资产和项目，而不是以现金形式反映在账上。公司若发放现金股利，就会受其现金支付能力的制约。一般来说，公司现金越多，资产流动性越大，支付股利的能力也就越强。反之，有些公司留存利润账户中的金额虽然较大，但仍然会因资金的流动性不足或有紧迫的资金需要而无法发放现金股利。

(4) 筹资能力。公司的股利政策也受其筹资能力的限制，包括筹资成本和筹资所需时间的限制。一般来说，规模大、获利丰厚的成熟型大公司比一些正在快速发展的公司具有更多的外部筹资渠道。因此，它们都比较倾向于多支付股利，而较少地保留盈余。对于规模小、创办新、正在快速发展的公司，由于具有较大的经营和财务风险，总要经历一段困难时期，才能较顺畅地从外部筹集所需的长期发展资金，因而，它们往往限制现金股利的支付。

(5) 投资机会。公司在制定股利政策时会考虑未来投资对资本的需求。在公司有良好的投资机会时，就应当考虑少发放现金股利，增加留存收益用于再投资，这样可以加速公司的发展，增加未来收益；反之，公司往往倾向于多发放现金股利。理论研究表明，成长快的公司经常采用低股利支付率的政策，而处于稳定或收缩中的公司多采用高股利支付率政策。

(6) 资本成本。资金成本是公司选择筹资方式的基本依据。留存利润是公司内部筹资的一种重要方式，它同发行新股票相比，具有成本低的特点。因此，在制定股利政策时，应充分考虑资本的需求和资本成本等问题。

(7) 公司所处的生命周期。公司的生命周期主要包括初创阶段、成长阶段、稳定期、成熟阶段和衰退阶段 5 个发展阶段。在不同的发展阶段，由于公司的经营状况和经营风险不同，对资本的需求状况也有很大的差异，这就必然影响到公司的股利政策的选择。

4. 行业因素

不同行业的股利支付率存在系统性差异。其原因在于：投资机会在行业内是相似的，而在不同行业之间则存在差异。调查研究显示，成熟行业的股利支付率通常比新兴行业的高，公用事业的公司大多实行高股利支付率政策，而高科技行业的公司股利支付率通常较低。这说明了股利政策具有明显的行业特征。

5. 其他因素

(1) 债务合同限制。公司负债，尤其是长期负债通常在取得时都要签订债务合同，为保护债权人的利益，合同中常常限制公司支付现金股利的能力。通常规定：① 未来股利只能用签订贷款合同以后的盈利支付，而不能用以前的留存收益支付；② 公司应保持一定的净营运资本，当净营运资本低于某一规定数量时不能支付股利。

(2) 通货膨胀。由于通货膨胀使公司的资金购买力下降，导致公司没有足够的资金来源重置固定资产，这时，公司往往不得不考虑留用更多的留存收益以应付物价的持续上涨。因而，在通货膨胀时期，公司倾向于采用偏紧的股利政策。

(三) 股利政策的合理性评价

1. 股利的稳定性

合理的股利政策需要股利的稳定性，企业股利政策的稳定性是非常重要的。投资机会、利润、现金流量会有变化，似乎应该是企业股利分派也随着发生变化，当现金流量多、企业对资金的需求量又少时应增加股利；相对于投资机会而言，现金少时应减少股利。然而，许多股东是依靠股利来支付费用的，如果股利不稳定，他们就会受到影响。而且，减少股利来提供投资资金会给传递出负面信号，引起股价的下降。为了使股价最大化，这就需要企业对其内部资金的需求和股东的需求进行平衡。

2. 股利政策的评价指标

偏好股利的投资者在购买股票进行投资时，通常也会对公司的股利政策的合理性做出评价。用来评价公司股利政策的指标主要有两个：股利支付率和股利收益率。

(1) 股利支付率。股利支付率是公司年度现金股利总额与净利润总额的比率，或者是公司年度每股股利与每股收益的比率。其计算公式为：

$$P = D/E \times 100\%$$

或

$$P = DPS/EPS \times 100\%$$

式中 P——股利支付率；

D——年度现金股利总额；

E——年度净利润总额；

DPS——年度每股股利；

EPS——年度每股利润。

股利支付率用来评价公司实现的净利润中有多少用于股东分配红利。股利支付率反映了公司所采取的股利政策是高股利政策还是低股利政策。根据前面的股利理论可知，股利支付率的高低并不是区分股利政策优劣的标准。基于各种不同的原因，不同的公司会选择不同的股利支付率。

(2) 股利收益率。股利收益率是公司年度每股股利与每股价格的比率。其计算公式为：

$$K = DPS/P \times 100\%$$

式中　K——股利收益率；

DPS——年度每股股利；

P——每股股价。

股利收益率是投资者评价公司股利政策的一个重要指标，它反映了投资者进行股票投资所取得的红利收益，是投资者判断投资风险、衡量投资收益的重要标准之一。较高的股利收益率说明公司股票具有较好的投资回报，投资者通常倾向于购买高股利收益率的股票。

（四）股利政策的综合分析

股利政策不是一个孤立的决策，应与资本预算决策和资本结构决策结合起来，还应该考虑企业的自由现金量和资金使用成本，同时要考虑由于不对称信息给投资者的正向或负向的信号作用，综合分析才能得出适合于企业的股利政策。

四、股利支付形式及程序

（一）股利支付形式

1. 现金股利

现金股利是以现金支付的股利，它是股利支付中最常见、最普通的形式。现金股利也称“红利”或“股息”。现金股利是股利支付的主要方式，为多数投资者所欢迎，在国际股票交易所上市的股票，有 80%以上是支付现金股利的。优先股通常有固定的股息率，在公司经营正常并有足够利润的情况下，优先股的年股利额是固定的。而普通股则没有固定的股息率。发放现金股利的次数和金额主要取决于公司股利政策和经营业绩等因素。西方国家的许多公司按季度发放现金股利，而我国一般半年或一年发放一次。由于现金股利是从公司的净利润中提取支付给股东的，所以支付现金股利会减少公司的留存收益，但并不会增加股东的财富总额。不同的股东对现金股利的偏好是不同的。现金股利的发放会对股票价格产生直接的影响，在除息日之后，一般来说股票价格会下跌。公司支付现金股利除了要有累计盈余外，还要有足够的现金，因此公司在支付现金股利前需要准备充足的现金。用这种方式支付股利，要求公司必须具有足够的现金支付能力。

2. 财产股利

财产股利是以现金以外的资产支付的股利。具体有：

(1) 实物股利。以实物资产或实物产品作为股利发给股东，多用于额外股利的发放形式。但是，这种形式在实务中很少被采用。

(2) 证券股利。以公司所拥有的其他企业的有价证券，如债券、股票等作为股利支付给股东。由于有价证券有较强的流动性，类似于现金，因此股东愿意接受。对公司而言，将为控制其他公司而购入的大量股票等证券作为股利发放给股东，可谓一举两得。

3. 负债股利

负债股利是公司通过建立一项负债来发放股利，是公司以一定的债权授予股东作为投资报酬，也称债权式股利。通常负债股利都是以应付公司债券、应付票据和临时借据来抵已宣告分派的股利。

4. 股票股利

股票股利是公司以增发的股票作为股利的支付形式，是仅次于现金股利的一种常用的股利支付方式。通常是按现有股东持有股份的比例来送股，并且采用增发普通股的形式分发给股东。

5. 混合股利

混合股利是上述几种股利支付形式的结合，最常见的就是“部分现金、部分股票”的股利形式。许多公司乐于采用这种支付方式。

(二) 股利支付程序

股份有限公司向股东支付股利，需要一定的过程，主要经历股利公告日、股权登记日、除息日和股利支付日。

1. 股利公告日

股利公告日即公司董事会将股利支付情况予以公告的日期。在公告中将宣布每股股利的支付金额、股权登记期限、除息日和股利支付日。

2. 股权登记日

股权登记日即有权领取本期股利的股东资格登记截止日期，通常在股利公告日以后的2周至1月内。在股权登记日当天收盘时，把当天持有该股票的股东列一清单，凡在册的股东均有资格领取股利，未登记的股东均不能领取本次发放的股利。

3. 除息日

除息日即除去股利的日期。凡在除息日当天或以后购买该股票的股东，将不能获取公司本次发放的股利。这是因为股票买卖的交割日和办理过户手续可能有数天时间，只有在公司规定的股权登记日数天前进行股票交易的新股东才可能列入股权登记日的股东名册。为此，一般规定股权登记日的前4天为除息日。在除息日之前，红利从属于股票，这种股票称为含权股；除息日(含此日)之后红利不再从属于股票，公司股票的交易称为无息交易，其股票称为无息股或除权股。因此，一个新股东要想取得本期股利，必须在股权登记日的4天前购入股票，否则即使持有股票也无权领取股利。

4. 股利支付日

股利支付日即将股利实际支付给股东的日期，也称付息日。在这一天，公司既可以将股利寄给有资格获得股利的股东，也可以通过中央清算登记系统直接将股利打入股东账户，由股东向其证券代理商领取。

五、股票分割与股票回购

(一) 股票分割

股票分割是指将一张面额较高的股票交换成数股面额较小的股票的行为。就会计而言，股票分割对公司的资本结构并不产生影响，一般只会使发行在外的股数增加、每股面值降低，并由此使每股市价下跌，而资产负债表中的股东权益总额及其内部结构都维持不变。

就公司管理当局而言，实行股票分割的主要目的和动机在于以下方面。

1. 降低股票市价

股票分割的主要目的在于降低股票的市场价格。因为股票价格过高，不利于股票的交易活动；而具有较低市场价格的股票有助于股票的交易。因此，许多公司通过股票分割降低股价，使公司股票更为广泛地分散在投资者手中，促进股票交易的活跃。

2. 为新股发行做准备

股票价格太高，会使许多潜在投资者力不从心而不敢轻易对公司股票进行投资。在新股发行之前，利用股票分割降低股票价格，有利于提高股票的可转让性和促进市场交易活动，由此增加投资者对股票的兴趣，促进新发行股票的畅销。

3. 有助于公司兼并、合并政策的实施

当一个公司兼并或合并另一个公司时，首先将自己的股票加以分割，有助于增强被兼并方股东的吸引力。

（二）股票回购

1. 股票回购的动机

股票回购是指公司出资购回其本身所发行的流通在外的股票。股票回购的实施，使其流通在外股票收回作为“库藏股票”，其动机主要有以下几种。

（1）用于公司兼并或收购。在收购或兼并的场合，产权交换的支付方式一般分现金购买或以股票换股票两种方式。如果公司有库藏股票，即可以使用公司本身的库藏股票来交换被购并公司的股票。由此可以减少公司的现金支出。

（2）满足可转换条款和有助于认股权的行使。在公司发行可转换证券或附认股权证证券的情况下，公司通过购回股票，即可使用库藏股票来满足认股权证持有人以特定的价格认购股票，以及可转换证券持有人将可转换成普通股的要求，而不必另行发行新股票。

（3）分配公司超额现金。如果一个公司的现金超过其投资机会的需要量，但又没有足够的盈利性投资机会可以使用这笔资金，则公司为股东利益着想，就有可能通过股票回购的方式，而不使用现金股利的方式，将资金分配给股东。这是因为，在盈利保持不变的情况下，股票回购可使流通在外的股数减少，由此使每股盈余(EPS)和每股市价提高。假定市盈率保持不变，则股东持有股份的总价值将由此而达到最大化。

（4）改善公司的资本结构。当负债对权益的比率失衡时，公司就有可能对外举债，并用举债所得资金去购回自身股票，由此实现合理的资本结构，并发挥财务杠杆的作用。

2. 股票回购的方式

股票回购的方式主要有公开市场购买、投标出价购买和议价购买三种。

公开市场购买是指上市公司通过经纪人在公开市场上购回其自身的股票。当公司向公开市场购回股票时，应注意披露购回股票的意图、数量等信息。投标出价购买是指公司按某一特定价格向股东提出购回若干股份的正式出价。

投标出价通常高于当时市价，以吸引股东出售其持有的股票。投标出价的时间一般为2～3个星期。如果股东愿意出售的总股数，多于公司原定想要购买的股数，则公司可自行决定购买部分或全部超过股数。相反，如果投标出价未能购买满足公司原定想要购回的股数，则公司可以通过公开市场购回余下的不足数。由于公司披露了购回股票的意图，同时股东有选择依据投标出价出售其股票或继续持有其股票的机会，因此，当公司想购回大量股票时，投标出价购买方式比较适用。

议价购买方式以议价为基础、直接向一个或一个以上的大股东购回股票。在此购买方式下，公司同样必须披露其购回股票的目的、数量等信息，并使其他股东相信公司的购买价格是公平的，以及他们的利益和机会并未受到损害。

3. 股票回购的结论

(1) 由于资本利得税较低和其推迟纳税的作用，作为给股东分派收益，回购股票比支付股利有很大的税收上的优势。

(2) 由于信号作用，公司对于股利的支付不应有很大变化，否则将降低投资者对公司的信心，对权益成本和股价都有不利的影响。但不同时间的现金流量、投资机会都是有变化的，公司可有一较低的股利分派率而将额外的现金回购股票。

(3) 对于那些正在整顿并期望在短期内大幅度提高其负债比率以及那些想要处置其拍卖资产所得现金的公司来说，回购之举尤为有效。

六、股利政策的国际比较及启示

(一) 股利政策的国际比较

1. 美国股利政策

美国绝大多数公司实行的是高支付率的稳定股利政策，股利支付率一般在50%左右。美国股利政策形成的主要原因如下。

(1) 分散化的股权结构。美国的法律对金融混业经营和机构集中持股做出了限制，使得美国公司的股权结构分散，其机构投资者的投资行为与个人投资者比较相似，对红利和股价十分敏感。因此美国公司为了保持股价稳定，不得不实行高股利的稳定股利政策。

(2) 较高的国际化程度。20世纪80年代后期以来，美国公司利润中来源于国外的比例逐步上升，由于海外公司的代理问题较国内更加严重，为此股东自然会要求更高的股利支付率，以降低代理成本。这样，利润构成中，国外利润比例的加大相应就提高了股利支付率。

2. 日本股利政策

日本一直执行低支付率的稳定股利政策，股利支付率一般在35%以下，明显低于美国。其主要原因如下。

(1) 法人交叉持股的股权结构。日本公司法人持股比例很大，并且法人往往交叉持股，股权结构往往非常稳定。在这种股权结构下，法人的投资目的主要是在生产经营上与被持股企业建立长期稳定的业务关系，对股利的要求不高；而且，在法人交叉持股情况下，如果提高分红，其实是互相支付，股利相互抵消，只有个人股东得利，因此日本公司具有压低分红的动机。

(2) 追求长期发展的经营目标。日本公司一般把追求公司长期发展放在第一位,股东投资回报则放在次要地位。这样,在利润分配上就表现为公司普遍重积累、轻分配。

(3) 税收方面的影响。日本税法对资本利得的课税较低,因此投资者对资本利得的偏好高于现金分红。

(4) 融资偏好。日本的银行贷款利率较高,外部融资的资金成本较大,这样公司往往就倾向于从留存收益中获取资金,从而减少了现金股利分派。

3. 德国股利政策

德国大多数公司实行稳定的股利政策,股利支付率介于美国和日本之间。其主要原因如下。

(1) 以银行为中心的公司治理结构。德国法律对银行持股没有严格限制,德国银行通过自行持股和接受小股东委托的方式获得了德国大部分公司的控制权。因为具有债权人和大股东的双重角色,所以银行希望减少股息支付,使公司有能力偿还贷款。

(2) 员工参与型的共同治理模式。德国公司中,监事会是权力核心,由 3 至 21 人组成,其中股东代表和员工代表分别占 50%,此外一般还包括一名独立监事。股东大会只能选举监事会中的股东代表,而公司员工通过选举员工代表可以实现公司的共同治理。这种模式导致了公司行为既不是美国式的股东支配型,也不是日本式的法人主导型,是德国式的平衡型,在股利政策上能平衡内部积累与股东的股利要求,综合考虑股东利益和公司的长远发展。因此,其股利支付率也介于美国和日本之间。

(二) 我国股利政策的选择

目前我国上市公司股利政策中存在一些问题,诸如不分配股利的公司自2009年以来虽逐年下降但比例仍偏高、过高地送股、股利政策没有长远性等,而这些问题也可以从公司治理等方面来探寻原因。

1. 公司治理结构

由于历史原因,我国许多企业第一大股东持股比例非常高,所以形成了上市公司常有的“一股独大”现象,造成了公司往往只考虑大股东的利益,其他股东往往很难影响公司的财务决策。表现在股利政策上,就是大股东过度“圈钱”,而经常不发放股利。即使分配股利,也是采用股票股利形式而不是发放现金股利。

2. 资金成本

虽然我国采用了积极的财政政策,央行也降低利率鼓励投资,但公司的经营业绩不尽如人意,为此银行“惜贷”现象严重、债务融资的资金成本较高,这就导致了公司的债权资本融资困难,转而热衷于发放股票股利来留住资金。

3. 证券市场

我国证券市场还处于成长期,长期以来,投资者缺乏价值投资的意识,他们最关心的不是来自上市公司的现金红利,而是股票股利的发放以及由此在二级市场形成的填权效应,上市公司自然也就经常送红股来迎合投资者的需求。

练 习 题

一、单项选择题(下列各小题只有一个正确答案,请将正确答案的标号填入题干的括号内)

1. 如果不考虑股票交易成本,下列股利理论中,认为少发股利较好的是(　　)。

A. 税差理论　　B. "一鸟在手"理论

C. 客户效应理论　　D. 股利无关论

2. 某公司原发行普通股 200 000 股,拟发放 25 000 股股票股利。已知原每股盈余为 2.46 元,假设盈利总额不变,则发放股票股利后的每股盈余将为(　　)元。

A. 1.35　　B. 2.19

C. 3.32　　D. 4.21

3. 下列各项中不可以用于支付股利的是(　　)。

A. 资本公积　　B. 盈余公积

C. 未分配利润　　D. 净利润

4. 按照我国公司法的规定,关于公积金的提取和使用,下列说法不正确的是(　　)。

A. 法定公积金可以用于弥补公司亏损

B. 公司分配当年税后利润时应当按照 10%的比例提取法定公积金

C. 当法定公积金累计额达到公司注册资本的 50%时,不能再继续提取

D. 任意公积金的提取由股东会根据需要决定

5. 公司制定股利分配政策时,需要考虑股东的要求。下列股东中往往希望公司采取低股利政策的是(　　)。

A. 以股利为主要收入来源的股东　　B. 收入较低的股东

C. 中小股东　　D. 控股权股东

6. 当公司盈余较低时,最有可能造成公司财务状况恶化的股利政策是(　　)。

A. 剩余股利政策　　B. 固定股利政策

C. 固定股利支付率政策　　D. 低正常股利加额外股利政策

7. 某企业某年度的净利润在提取公益金和公积金之后的余额为 1 000 万元,下一年度计划追加的投资额为 2 000 万元,该企业的最佳资本结构为权益资金占 40%,借入资金占 60%。如果该企业采取剩余股利政策,则应向投资者分红的数额为(　　)万元。

A. 250　　B. 200

C. 120　　D. 150

8. 下列说法不正确的是(　　)。

A. 处于经营收缩的公司,由于资金短缺,因此多采取低股利政策

B. 在通货膨胀时期公司股利政策往往偏紧

C. 盈余不稳定的公司一般采取低股利政策

D. 举债能力弱的公司往往采取较紧的股利政策

9. 主要依靠股利维持生活的股东最赞成的公司股利政策是(　　)。

A. 剩余股利政策　　B. 固定或持续增长的股利政策

C. 固定股利支付率政策　　D. 低正常股利加额外股利政策

10. 关于股利分配政策，下列说法不正确的是（　　）。

A. 剩余股利分配政策能充分利用筹资成本最低的资金资源，保持理想的资本结构

B. 固定或持续增长的股利政策有利于公司股票价格的稳定

C. 固定股利支付率政策体现了风险投资与风险收益的对等

D. 低正常股利加额外股利政策不利于股价的稳定和上涨

11. 公司董事会将有权领取股利的股东有资格登记截止日称为（　　）。

A. 股利宣告日　　B. 股利支付日

C. 股权登记日　　D. 除息日

12. 公司采用剩余股利政策进行利润分配的根本理由是（　　）。

A. 稳定股东各年收　　B. 体现风险投资与风险收益的对等

C. 使公司利润分配灵活性较大　　D. 降低加权平均资本成本

13. 甲公司采用固定股利支付率政策，股利支付率为60%。公司2024年实现净利润8 000万元。提取10%法定公积金。甲公司2024年应分配现金股利（　　）万元。

A. 5 600　　B. 4 800

C. 4 000　　D. 4 320

14. 甲公司2023年度利润分配方案：向全体股东每10股送2股转增4股并派发现金股利2元。2024年5月12日是股利宣告日，当日收盘价108元；5月18日是股权登记日，当日收盘价107元。甲公司股票的除权参考价为（　　）元/股。

A. 66.75　　B. 67.38

C. 76.29　　D. 77

15. 根据“一鸟在手”理论，公司的股利政策应采用（　　）。

A. 不分配股利　　B. 低股利支付率

C. 高股利支付率　　D. 用股票股利代替现金股利

16. 目前，甲公司有累计未分配利润1 000万元，其中上年实现的净利润500万元。公司正在确定上年利润的具体分配方案。按法律规定，净利润要提取10%的盈余公积金。预计今年需增加长期资本800万元。公司的目标资本结构是债务资本占40%、权益资本占60%，公司采用剩余股利政策，应分配的股利是（　　）万元。

A. 0　　B. 20

C. 480　　D. 540

17. 股票回购对上市公司的影响是（　　）。

A. 有利于保护债权人利益　　B. 分散控股股东的控制权

C. 有利于降低公司财务风险　　D. 降低资产流动性

18. 下列股利理论中，支持“低现金股利有助于实现股东利益最大化目标”观点的是（　　）。

A. 信号传递理论　　B. 所得税差异理论

C. “一鸟在手”理论　　D. 代理理论

19. 当公司宣布高股利政策后，投资者认为公司有充足的财务实力和良好的发展前景，

从而使股价产生正向反映。持有这种观点的股利理论是(　　)。

A. 所得税差异理论　　B. 信号传递理论

C. 代理理论　　D. “一鸟在手”理论

20. 下列股利政策中，具有较大财务弹性，且可使股东得到相对稳定股利收入的是(　　)。

A. 剩余股利政策　　B. 固定或稳定增长的股利政策

C. 固定股利支付率政策　　D. 低正常股利加额外股利政策

21. 厌恶风险的投资者偏好确定的股利收益，而不愿将收益存在公司内部去承担未来的投资风险，因此公司采用高现金股利政策有利于提升公司价值，这种观点的理论依据是(　　)。

A. 代理理论　　B. 所得税差异理论

C. 信号传递理论　　D. “一鸟在手”理论

22. 下列各项中，属于固定股利支付率政策的优点的是(　　)。

A. 股利与公司盈余紧密地配合　　B. 有利于树立公司的良好形象

C. 股利分配有较大灵活性　　D. 有利于稳定公司的股价

23. 要获得收取股利的权利，投资者购买股票的最迟日期是(　　)。

A. 股利宣告日　　B. 股利发放日

C. 除息日　　D. 股权登记日

24. 按照剩余股利政策，某公司目前流通在外的普通股股数为 1 000 万股，该公司在 2023 年的税后利润为 1000 万元，2024 年拟投资 1 500 万元，且该公司想要维持目前 50%的负债比率。那么 2023 年年末股利分配时，该公司发放的每股现金股利为(　　)元。

A. 0.5　　B. 0.25

C. 1　　D. 0.75

25. 关于股票分割和股票股利，下列说法正确的是(　　)。

A. 均会改变股票面值　　B. 均会增加股份数量

C. 均会增加股东权益总额　　D. 均会改变股东权益的结构

26. 下列各项中，不影响股东权益总额变动的股利支付形式是(　　)。

A. 现金股利　　B. 股票股利

C. 负债股利　　D. 财产股利

27. 股票股利与股票分割都将增加股份数量，二者的主要差别在于是否会改变公司的(　　)。

A. 资产总额　　B. 股东权益总额

C. 股东权益的内部结构　　D. 股东持股比例

28. 有种观点认为，企业支付高现金股利可以减少管理者对于自由现金流量的支配，从而在一定程度上抑制管理者的在职消费，持这种观点的股利分配理论是(　　)。

A. 所得税差异理论　　B. 代理理论

C. 信号传递理论　　D. “一鸟在手”理论

二、多项选择题(下列各小题中有两个或两个以上符合题意的正确答案,请将正确答案的标号填入题干的括号内)

1. 下列关于股票回购的说法中,正确的有(　　)。

A. 股票回购可以降低财务杠杆

B. 股票回购可以调节所有权结构

C. 股票回购能向市场传递股价被低估的信号

D. 股票回购可以避免股利波动带来的负面影响

2. 下列关于股票回购和现金股利影响的说法中,属于二者共同点的有(　　)。

A. 均减少公司现金　　B. 均减少所有者权益

C. 均降低股票市场价格　　D. 均改变所有者权益结构

3. 甲持有乙公司股票,乙公司 2024 年利润分配及资本公积转增股本方案是每 10 股派发现金股利 2 元,同时以资本公积金向全体股东每 10 股转增 10 股。假设利润分配及资本公积金转增股本后股价等于除权参考价,下列关于该方案结果的说法中,正确的有(　　)。

A. 乙股价不变　　B. 甲财富不变

C. 甲持有乙的股数不变　　D. 甲持有乙的股份比例不变

4. 甲公司拟按 1 股换 2 股的比例进行股票分割,分割前后其下列项目中保持不变的有(　　)。

A. 净资产　　B. 每股收益

C. 股权结构　　D. 资本结构

5. 对公司而言,发放股票股利的优点有(　　)。

A. 减轻公司现金支付压力

B. 使股权更为集中

C. 可以向市场传递公司未来发展前景良好的信息

D. 有利于股票交易和流通

6. 下列各项中,属于固定股利支付率政策的缺点的有(　　)。

A. 股利波动容易给投资者带来投资风险较大的不良印象

B. 难以确定合适的固定股利支付率

C. 股利的支付与公司盈利脱节

D. 股利波动容易向投资者传递公司经营状况不稳定的负面信号

7. 某公司发放股利前的股东权益如下:股本 30 00 万元(每股面值 1 元),资本公积 2 000 万元,盈余公积 2000 万元,未分配利润 5 000 万元。若每 10 股发放 1 股普通股作为股利,股利按市价(每股 10 元)计算,则公司发放股利后,下列说法正确的有(　　)。

A. 未分配利润的金额为 2 000 万元　　B. 股东权益的金额为 12 000 万元

C. 股本的金额为 3 300 万元　　D. 盈余公积的金额为 4 700 万元

8. 下列各项中,属于公司回购股票动机的有(　　)。

A. 改变公司的资本结构　　B. 替代现金股利

C. 巩固控股股东的控制权　　D. 传递公司股价被高估的信息

9. 下列各项中,属于固定或稳定增长的股利政策的优点的有(　　)。

A. 稳定的股利有利于稳定股价
B. 稳定的股利有利于树立公司的良好形象
C. 稳定的股利使股利与公司盈余密切挂钩
D. 稳定的股利有利于优化公司资本结构

10. 下列各有关项目中，成为公司股利分配的制约因素的有（　　）。
A. 法律因素　　B. 股东因素
C. 公司因素　　D. 债务合同的约束

11. 下列各项目中，属于股利无关论所依据的假设的有（　　）。
A. 不存在个人或公司所得税　　B. 不存在股票的发行和交易费用
C. 公司的投资决策与股利决策彼此独立　　D. 市场是一个完整无缺的市场

12. 下列各有关项目中，影响股利分配的公司内部因素有（　　）。
A. 盈余的稳定性　　B. 资产的流动性
C. 举债能力的大小　　D. 投资机会的多少

三、判断题（请在正确的题后括号内打√，错误的打×）

1. 在上市公司股利分配中，除息日当天购买股票的投资者拥有领取本次股利的权利。（　　）

2. 某公司目标资本结构要求权益资本占60%，2023年的净利润为2 000万元，预计2024年的投资需求为1 000万元。按照剩余股利政策，2023年可发放的现金股利为1 400万元。（　　）

3. 与固定股利政策相比，低正常股利加额外股利政策赋予公司股利发放较大的灵活性。（　　）

4. 在其他条件不变的情况下，股票分割会使发行在外的股票总数增加，进而降低公司资产负债率。（　　）

5. 由于信息不对称和预期差异，投资者会把股票回购当作公司认为其股票价格被高估的信号。（　　）

6. 根据“无利不分”原则，当企业出现年度亏损时，一般不进行利润分配。（　　）

7. 对于盈余不稳定的公司而言，低股利政策不仅可以减少因盈余下降造成的股利无法支付、股价急剧下降的风险，而且还可以减少企业的财务风险。（　　）

8. 与发行新股或筹措债务相比，保留盈余不需要花费筹资费用，资金成本较低，是一种比较经济的筹资渠道。（　　）

9. 在通货膨胀期间，由于固定资产按原始成本计提折旧，公司盈余较高往往采用较为宽松的股利政策。（　　）

10. 低正常股利加额外股利政策可以使公司具有较大的灵活性，同时也是一种有利于稳定股票价格的股利分配政策。（　　）

11. 从除息日开始，股利权与股票相分离，新购入股票的人不能分享股利。（　　）

12. 在股利支付的程序中，股权登记日一般在股利支付日之前，而在股利宣告日之后。（　　）

13. 财产股利是公司以其所拥有的其他企业的债券、股票等有价证券等非现可发放现

金股利，是现金股利的替代。（　）

14. 在股利理论中，“一鸟在手”理论认为，股利分配对公司的市场价值不会产生影响，即投资者并不关心公司股利的分配，股利的支付比率不影响公司价值。（　）

15. 公司采用股票股利进行股利分配，会减少公司的股东权益。（　）

16. 股票分割可以直接增加股东财富。（　）

17. 根据信号理论，公司回购股票主要是传递股价被低估的信号。（　）

18. 公司进行股票回购可以预防或抵制敌意并购。（　）

19. 代理理论主张低股利支付率政策，认为提高现金股利不利于降低代理成本。（　）

20. 采取剩余股利政策可以保证公司各年的股利水平比较均衡。（　）

四、计算题

1. 某公司本年实现的净利润为 200 万元，年初未分配利润为 600 万元，年末公司讨论决定股利分配的数额。上年实现净利润 180 万元，分配的股利为 108 万元。

要求计算回答下列互不关联的问题：

(1) 若公司采用固定股利政策，公司本年应发放多少股利？

(2) 若公司采用固定股利支付率政策，公司本年应发放多少股利？

(3) 若公司采用低正常股利加额外股利政策，规定每股正常股利为 0.1 元，按净利润超过正常股利部分的 30%发放额外股利，该公司普通股股数为 500 万股，公司本年应发放多少股利？

2. 甲公司是一家能源类上市公司，当年取得的利润在下年分配。2023 年公司净利润 10 000 万元，2024 年分配现金股利 3 000 万元。预计 2024 年净利润 12 000 万元，2025 年只投资一个新项目，总投资额 8 000 万元。

要求：

(1) 如果甲公司采用固定股利政策，计算 2024 年净利润的股利支付率。

(2) 如果甲公司采用固定股利支付率政策，计算 2024 年净利润的股利支付率。

(3) 如果甲公司采用剩余股利政策，目标资本结构是负债/权益等于 2/3，计算 2027 年净利润的股利支付率。

(4) 如果甲公司采用低正常股利加外股利政策，低正常股利为 2 000 万元，额外股利为 2024 年净利润扣除低正常股利后余额的 16%，计算 2024 年净利润的股利支付率。

(5) 比较上述各种股利政策的优点和缺点。

3. 甲公司发放股票股利前，投资者张某持有甲公司普通股 20 万股，甲公司的股东权益账户情况如下，股本为 2 000 万元（发行在外的普通股为 2 000 万股，面值 1 元），资本公积为 3 000 万元，盈余公积为 2 000 万元，未分配利润为 3 000 万元。公司每 10 股发放 2 股股票股利，按市值确定的股票股利总额为 2 000 万元。

要求：

(1) 计算股票股利发放后的“未分配利润”项目金额。

(2) 计算股票股利发放后的“股本”项目金额。

(3) 计算股票股利发放后的“资本公积”项目金额。

(4) 计算股票股利发放后张某持有公司股份的比例。

4. 丁公司2023年年末的资产总额为60 000万元,权益资本占资产总额的60%,当年净利润为7 200万元,丁公司认为其股票价格过高,不利于股票流通,于2023年年末按照1∶2的比例进行股票分割,股票分割前丁公司发行在外的普通股股数为2 000万股。根据2024年的投资计划,丁公司需要追加9 000万元,基于公司目标资本结构,要求追加的投资中权益资本占60%。

要求:

(1) 计算丁公司股票分割后的下列指标:① 每股净资产;② 权益净利率。

(2) 如果丁公司针对2023年度净利润采取固定股利支付率政策分配股利,股利支付率为40%,计算应支付的股利总和。

(3) 如果丁公司针对2023年度净利润采取剩余股利政策分配股利。计算下列指标:① 2024年追加投资所需要的权益资本额;② 可发放的股利总额。

5. E公司为一家稳定成长的上市公司,2023年度公司实现净利润8 000万元。公司上市三年来一直执行稳定增长的现金股利政策,年增长率为5%,吸引了一批稳健的战略性机构投资者。公司投资者中个人投资者持股比例占60%。2022年度每股派发0.2元的现金股利。公司2024年计划新增一投资项目,需要资金8 000万元。公司目标资产负债率为50%。公司有良好的财务状况和成长能力,公司与多家银行保持着良好的合作关系。

公司2023年12月31日资产负债表有关数据见表9-1。

表9-1　资产负债表相关数据　　单位:万元

货币资金	12 000
负债	20 000
股本(面值1元,发行在外10 000万股普通股)	10 000
资本公积	8 000
盈余公积	3 000
未分配利润	9 000
股东权益总额	30 000

2024年3月15日公司召开董事会会议,讨论了甲、乙、丙三位董事提出的2023年度股利分配方案。

(1) 甲董事认为考虑到公司的投资机会,应当停止执行稳定增长的现金股利政策,将净利润全部留存,不分配股利,以满足投资需要。

(2) 乙董事认为既然公司有好的投资项目,有较大的现金需求,应当改变之前的股利政策,采用每10股送5股的股票股利分配政策。

(3) 丙董事认为应当维持原来的股利分配政策,因为公司的战略性机构投资者主要是保险公司,他们要求固定的现金回报,且当前资本市场效率较高,不会由于发放股票股利使股价上涨。

要求:

(1) 在维持稳定增长的股利分配政策下，计算公司 2023 年度应当分配的现金股利总额。

(2) 分别站在企业和投资者的角度，比较分析甲、乙、丙三位董事提出的股利分配方案的利弊，并指出最佳股利分配方案。

参考答案

一、单项选择题

题号	1	2	3	4	5	6	7	8	9	10
答案	A	B	A	C	D	B	B	A	B	D
题号	11	12	13	14	15	16	17	18	19	20
答案	C	D	B	A	C	B	D	B	B	D
题号	21	22	23	24	25	26	27	28		
答案	D	A	D	B	B	B	C	B		

二、多项选择题

题号	1	2	3	4	5	6	7	8	9	10
答案	BCD	ABD	BD	ACD	ACD	ABD	ABC	ABC	AB	ABCD
题号	11	12								
答案	ABCD	ABCD								

三、判断题

题号	1	2	3	4	5	6	7	8	9	10
答案	×	√	√	×	×	√	√	√	×	√
题号	11	12	13	14	15	16	17	18	19	20
答案	√	√	√	×	×	×	√	√	×	×

四、计算题

1. (1) 本年发放的股利＝上年发放的股利＝108(万元)。

(2) 固定股利支付率＝108/180×100%＝60%。

本年发放的股利＝200×60%＝120(万元)。

(3) 正常股利＝500×0.1＝50(万元)。

额外股利＝(200－50)×30%＝45(万元)。

本年发放的股利＝50＋45＝95(万元)。

2.(1)股利＝3 000(万元)。

股利支付率＝3 000÷12 000＝25％。

(2)股利支付率＝3 000÷10 000＝30％。

(3)股利＝12 000－8 000×60％＝7 200(万元)。

股利支付率＝7 200÷12 000＝60％。

(4)股利＝2 000＋(12 000－2 000)×16％＝3 600(万元)。

股利支付率＝3 600÷12 000＝30％。

(5)比较上述各种股利政策的优点和缺点。

① 固定股利政策。

优点:避免由于经营不善而削减股利,有利于稳定股价。

缺点:股利支付与盈余脱节,导致资金短缺,且不利于保持较低的资本成本。

② 固定股利支付率政策。

优点:股利与盈余紧密结合,体现多盈多分、少盈少分、不盈不分的原则。

缺点:股利波动较大,不利于稳定股价。

③ 剩余股利政策。

优点:保持目标资本结构,使加权平均资本成本最低。

缺点:股利波动,不利于稳定股价。

④ 低正常股利加额外股利政策。

优点:具有较大的灵活性;兼具固定股利政策和固定股利支付率政策的优点。

缺点:股利不稳定,兼具固定股利政策和固定股利支付率政策的缺点。

3.(1)股票股利发放后的“未分配利润”项目金额＝3 000－2 000＝1 000(万元)。

(2)股票股利发放后的“股本”项目金额＝2 000＋2 000/10×2×1＝2 400(万元)。

(3)股票股利发放后的“资本公积”项目金额＝3 000＋(2 000－2 000/10×2×1)＝4 600(万元)。

(4)发放股票股利会因普通股股数增加而引起每股利润下降,每股市价有可能因此而下跌,但股东持股比例不变,股东所持股票的市场价值总额仍能保持不变。故张某持有公司股份的比例＝20/2 000＝1％。

4.(1)① 每股净资产＝期末普通股净资产/期末发行在外的普通股股数＝60 000×60％/(2 000＋2 000)＝9(元/股)。

② 权益净利率＝(净利润/平均所有者权益)×100％＝7 200/(60 000×60％)×100％＝20％。

(2)应支付股利＝7 200×40％＝2 880(万元)。

(3)① 2024 年追加投资所需要的权益资本额＝9 000×60％＝5 400(万元)。

② 可发放的股利总额＝7 200－5 400＝1 800(万元)。

5.(1)公司 2024 年度应当分配的现金股利总额＝0.2×(1＋5％)×10 000＝2 100(万元)。

(2)对于甲董事提出的股利分配方案。

站在企业的角度,在公司面临较好的投资机会时,可以迅速获取所需资金,但不能确保公司股价的稳定,不利于公司树立良好的形象。

站在投资者的角度，甲董事提出的股利分配方案不利于投资者安排收入与支出。

对于乙董事提出的股利分配方案。

站在企业的角度：① 不需要向股东支付现金，在再投资机会较多的情况下，可以为公司再投资保留所需资金；② 可以降低公司股票的市场价格，既有利于促进股票的交易和流通，又有利于吸引更多的投资者成为公司股东，进而使股权更为分散，有效地防止公司被恶意控制；③ 可以传递公司未来发展前景良好的信息，从而增强投资者的信心，在一定程度上稳定股票价格。

站在投资者的角度：① 既可以获得股利，又可以获得股票价值相对上升的好处；② 并且由于股利收入和资本利得税率的差异，如果投资者把股票股利出售，还会给其带来资本利得纳税上的好处。

对于丙董事提出的股利分配方案。

站在企业的角度，该方案向市场传递着公司正常发展的信息，有利于树立公司的良好形象，增强投资者对公司的信心，稳定股票的价格。稳定的股利额有利于吸引那些打算进行长期投资并对股利有很高依赖性的股东。

站在投资者的角度，稳定的股利额有助于投资者安排股利收入和支出。

综上，应该选择丙董事提出的方案，原因如下。

① 题干中提到“2023 年的净利润为 8 000 万元，投资需求的金额为 8 000 万元，企业要求的目标资金结构资产负债率为 50%”，根据条件可以分析得出：

净利润中有 8 000×50%＝4 000(万元)的资金可以用于满足投资需求，剩余的 4 000 万元可以用于发放现金股利。且通过计算可知，2024 年需发放的现金股利为 10 000×0.2×(1＋5%)＝2 100(万元)，所以企业完全有能力进行现金股利的发放。

② 题干中提到“由于公司有良好的财务状况和成长能力，公司与多家银行保持着良好的合作关系”，说明企业有足够的能力筹集到投资所需资金。

根据现阶段该公司的情况，选择丙董事的方案较为合适。

第十章 公司并购

思维导图

- 公司并购
  - 兼并与收购概述
    - 兼并与收购的定义
    - 并购的类型
    - 并购的动因分析
  - 并购的财务分析方法
    - 并购目标公司估价方法
    - 并购成本分析
    - 并购风险分析
    - 并购后对公司财务影响分析
    - 并购的资金筹措
  - 剥离与分立
    - 剥离与分立的含义
    - 剥离与分立的类型
    - 剥离与分立的动因
    - 剥离与分立对公司价值的影响
  - 反收购手段
    - 反收购的经济手段
    - 反收购的法律手段

学习目的与要求

本章主要介绍企业兼并和收购方面的理论知识和实践。学习本章后，学生应掌握兼并与收购的概念、类型、动因等，并能采用合理方法对并购目标公司进行估值。

（1）本章学习的重点内容：① 理解兼并与收购的类型与动因；② 掌握公司并购的价值评估方法；③ 理解剥离与分立对企业价值的影响。

（2）本章学习的难点内容：① 理解公司并购的相关理论；② 正确运用并购标的各种价值评估方法。

本章核心内容

一、兼并与收购概述

（一）兼并与收购的定义

从狭义角度考察，兼并和收购这两个概念是有区别的。

兼并(merger)通常是指一家公司以现金、证券或其他形式购买取得其他公司的产权，使其他公司丧失法人资格或改变法人实体，并取得对这些公司决策控制权的经济行为。从这个意义上讲，兼并等同于我国公司法中的吸收合并，指一个公司吸收其他公司而存续，被吸收公司解散。

收购(acquisition)是指公司用现金、债券或股票购买另一家公司的部分或全部资产或股权，以获得该公司的控制权。收购作为公司资本经营的一种形式，既具有经济意义，又具有法律意义。收购的经济意义是指一家公司的经营控制权易手，原来的投资者丧失了对该公司的经营控制权。所以，收购的实质是取得控制权。收购，按我国证券法的规定是：持有一家上市公司发行在外的股份的30%时发出要约收购该公司股票的行为。收购在法律意义上是指购买被收购公司的股权和资产。

（二）并购的类型

1. 按照所有权与控制权侧重点的不同划分

按照所有权与控制权侧重点的不同划分，公司并购区分为所有权交易与对所有权交易的防御两个方面。

所有权交易及其防御是广义兼并收购的两个不同侧面。对所有权交易的防御，强调的是公司现有管理层对公司所有权交易的防御和抵制，所以，可以将其看作一种控制权交易。所有权交易又可区分为扩张收缩与结构重组两类，而对所有权交易的防御，则包括溢价回购与停顿协议、反接管修正案和代理权争夺案。

2. 按并购双方产品与产业的联系划分

(1) 横向并购。当并购方与被并购方处于同一行业、生产或经营同一产品，并购使资本在同一市场领域或部门集中时，则称之为横向并购。如奶粉罐头食品厂合并咖啡罐头食品厂，两厂的生产工艺相近，并购后可按购受公司的要求进行生产或加工。这种并购投资的目的主要是确立或巩固公司在行业内的优势地位，扩大公司规模。

(2) 纵向并购。纵向并购是对生产工艺或经营方式上有前后关联的公司进行的并购，是生产、销售的连续性过程中互为购买者和销售者(即生产经营上互为上下游关系)的公司之间的并购。如加工制造公司并购与其有原材料、运输、贸易联系的公司。其主要目的是组织专业化生产和实现产销一体化。纵向并购较少受到各国有关反垄断法律或政策的限制。

(3) 混合并购。混合并购是对处于不同产业领域、产品属于不同市场，且与其产业部门之间不存在特别的生产技术联系的公司进行并购，如钢铁公司并购石油公司，因而产生多种经营公司。采取这种方式可通过分散投资、多样化经营降低公司风险，达到资源互补、优化组合、扩大市场活动范围的目的。

3. 按并购的实现方式划分

(1) 承担债务式并购。在被并购公司资不抵债或资产债务相等的情况下，并购方以承担被并购方全部或部分债务为条件，取得被并购方的资产所有权和经营权。

(2) 现金购买式并购。现金购买式并购有两种情况：① 并购方筹集足额的现金购买被并购方全部资产，使被并购方除现金外没有持续经营的物质基础，成为有资本结构而无生产资源的空壳，不得不从法律意义上消失。② 并购方以现金通过市场、柜台或协商购买目标公司的股票或股权，一旦拥有其大部分或全部股本，目标公司就被并购了。

(3) 股份交易式并购。股份交易式并购也有两种情况：① 以股权换股权。这是指并购公司向目标公司的股东发行自己公司的股票，以换取目标公司的大部分或全部股票，达到控制目标公司的目的。通过并购，目标公司或者成为并购公司的分公司或子公司，或者解散并入并购公司。② 以股权换资产。并购公司向目标公司发行并购公司自己的股票，以换取目标公司的资产，并购公司在有选择的情况下承担目标公司的全部或部分责任。目标公司也要把拥有的并购公司的股票分配给自己的股东。

4. 按涉及被并购公司的范围划分

(1) 整体并购。整体并购指资产和产权的整体转让，是产权的权益体系或资产不可分割的并购方式。其目的是通过资本迅速集中，增强公司实力，扩大生产规模，提高市场竞争能力。整体并购有利于加快资金、资源集中的速度，迅速提高规模水平与规模效益。实施整体并购也在一定程度上限制了资金紧缺者的潜在购买行为。

(2) 部分并购。部分并购指将公司的资产和产权分割为若干部分进行交易而实现公司并购的行为。部分并购具体包括三种形式：① 对公司部分实物资产进行并购。② 将产权划分为若干份等额价值进行产权交易。③ 将经营权分成几个部分(如营销权、商标权、专利权等)进行产权转让。部分并购的优点在于可扩大公司并购的范围；弥补大规模整体并购的巨额资金“缺口”；有利于公司设备更新换代，使公司将不需要的厂房、设备转让给其他并购者，更容易调整存量结构。

5. 按公司并购双方是否友好协商划分

(1) 善意并购。善意并购指并购公司事先与目标公司协商，征得其同意并通过谈判达成收购条件的一致意见而完成收购活动的并购方式。善意收购有利于降低并购行动的风险与成本，使并购双方能够充分交流、沟通信息，目标公司主动向并购公司提供必要的资料。同时善意行为还可避免因目标公司抗拒而带来额外的支出。但是，善意并购使并购公司不得不牺牲自身的部分利益，以换取目标公司的合作，而且漫长的协商、谈判过程也可能使并购行动丧失其部分价值。

(2) 敌意并购。敌意并购指并购公司在收购目标公司股权时虽然遭到目标公司的抗拒，仍然强行收购，或者并购公司事先并不与目标公司进行协商，而突然直接向目标公司股东开出价格或收购要约的并购行为。敌意并购的优点在于并购公司完全处于主动地位，不用被动权衡各方利益，而且并购行动节奏快、时间短，可有效控制并购成本。但敌意并购通常无法从目标公司获取其内部实际运营、财务状况等重要资料，给公司估价带来困难，同时还会招致目标公司抵抗甚至设置各种障碍。所以，敌意并购的风险较大，要求并购公司制定严密的收购行动计划并严格保密、快速实施。另外，由于敌意并购易导致股市的不良波动，甚至影响公司发展的正常秩序；各国政府不对敌意并购予以限制。

6. 按并购交易是否通过证券交易所划分

(1) 要约收购。要约收购指并购公司通过证券交易所的证券交易，持有一个上市公司(目标公司)已发行的股份的30%时，依法向该公司所有股东发出公开收购要约，按符合法律的价格以货币付款方式购买股票，获取目标公司股权的收购方式。要约收购直接在股票市场中进行，受到市场规则的严格限制，风险较大，但自主性强，速战速决。敌意并购多采取要约收购的方式。

(2) 协议收购。协议收购指并购公司不通过证券交易所，直接与目标公司取得联系，通过谈判、协商达成共同协议，据以实现目标公司股权转移的收购方式。协议收购易取得目标公司的理解与合作，有利于降低收购行动的风险与成本，但谈判过程中的契约成本较高。协议收购一般都属于善意并购。

7. 按并购交易是否利用被并购企业本身资产来支付划分

(1) 杠杆并购。并购企业利用被并购企业的经营收入来支付并购价款，或作为此种支付的担保。在这种并购中，并购企业不需要拥有巨额资金，只需要准备少量现金(用以支付并购过程中必需的律师、会计师等费用)，加以被并购企业资产及运营所得作为融资担保和还贷资金，便可并购任何规模的企业。

(2) 非杠杆并购。并购企业不用被并购企业自有资金及营运所得来支付或担保支付并购价格的并购方式。早期并购浪潮中的并购形式多属于此类。但是，采用此种并购方式并不意味着并购企业不需要举债便可承担并购价格，实践中，几乎所有的并购都是利用贷款来完成的，只是贷款数额的多少、贷款抵押的对象不同而已。

(三) 并购的动因分析

1. 谋求管理协同效应

如果某公司有一支高效率的管理队伍，其管理能力超出管理该公司的需要，但这批人才只能集体实现其效率，公司不能通过解聘释放能量，那么该公司就可并购那些由于缺乏管理人而效率低下的公司，利用这支管理队伍通过提高整体效率水平而获利。

2. 谋求经营协同效应

经营协同效应产生于经营规模经济。即由生产、流通和管理的规模经济产生的效益。公司通过兼并，对公司的资产进行补充和调整，达到最佳规模经济的要求，使公司保持尽可能低的生产成本；而且能够使公司在保持整体产品结构情况下，实现产品的单一化生产，避免由于产品品种的转换带来的生产时间的浪费；再者，特别是纵向兼并，可以有效地解决由于专业化引起的各生产流程的分离，减少生产过程中的环节间隔，降低操作成本、运输成本和充分利用生产能力。

3. 谋求财务协同效应

兼并给公司在财务方面带来各种效益，这种效益的取得不是由于效率的提高而引起的，而是由于税法、会计处理惯例以及证券交易等内在规律的作用而产生的一种纯金钱上的效益。

4. 谋求公司新的发展

在竞争性经济条件下，公司只有不断发展才能保持和增强其在市场中相对地位，才能够生存，所以公司有很强的发展欲望，且通过兼并获得行业内原有生产能力，较之通过内部投资新建生产能力的效率要高。

二、并购的财务分析方法

（一）并购目标公司估价方法

并购过程中，对目标公司的估价是并购要约的重要组成部分。目标公司估价取决于并购公司对其未来收益的大小和时间的预期。公司一般可以使用以下方法对目标公司估价。

1. 资产价值基础法

资产价值基础法指通过对目标公司的资产进行估价来评估其价值的方法。确定目标公司资产的价值，关键是选择合适的资产评估价值标准。目前国际上通行的资产评估价值标准主要有以下四种。

(1) 账面价值。账面价值是指会计核算中账面记载的资产价值。例如，对于股票来说，资产负债所揭示的公司某时点所拥有的资产总额减去负债总额即为公司股票的账面价值（账面净资产），再减去优先股价值，即为普通股价值。这种估价方法不考虑现时资产市场价格的波动，也不考虑资产的收益状况，因而是一种静态的估价标准。我国公司并购活动中有不少收购方以账面价值作为收购价格的实例。账面价值取数方便，其缺点是只考虑了各种资产在入账时的价值而脱离现实的市场价值。

(2) 市场价值。市场价值与账面价值不同，是指把该资产视为一种商品在市场上公开竞争，在供求关系平衡状态下确定的价值。当公司的各种证券在证券市场上进行交易时，它们的交易价格就是这种证券的市场价值。它可以高于或低于账面价值。

(3) 清算价值。清算价值是指在公司出现财务危机而破产或歇业清算时，把公司中的实物资产逐个分离而单独出售的资产价值。清算价值是在公司作为一个整体已经丧失增值能力情况下的资产估价方法。对于股东来说，公司的清算价值是清算资产偿还债务以后的剩余价值。

(4) 公允价值。公允价值是指将目标公司在未来持续经营情况下所产生的预期收益，按照设定的折扣率（市场资金利润率或平均收益率）折算成现值，并以此确定其价值。它把市场环境和公司未来的经营状况与目标公司价值联系起来，最适宜于评估目标公司的价值。

2. 现金流量法

并购价格的制定往往是兼并双方各自按自己的估价模型所得出的两个有差距的兼并价格，兼并方会竭力以最低价格收购，而被兼并方则要争取以最高价格出售，最后的成交价格将由谈判来决定。一般来说，协同效应越大，谈判余地越大，兼并圆满成功的概率也越高。兼并价格(P)一般是兼并底价(P_0)、公司的自然地理环境(G)、购买者的经营预期(E)、竞争者竞争强弱(C)、支付能力及认购方式(B)以及其他各种自变量(O)的函数。

$$P = f(P_0、G、E、C、B、O)$$

对于被兼并方，决定兼并价格时，假定公司能继续经营，采用未来收益贴现值法。

未来收益贴现值法是根据公司实际的创利能力来确定公司的现金流量。其原则是预测公司今后一段时期的税后净收益，计算出未来收益的总现值，加上公司资产残值的现值，减去公司的债务，由此得出期望收入中现金流量的现值。其具体步骤及计算公式如下。

(1) 设公司在有效年限(n)内继续经营。

(2) 预算出公司在有效年限内每年的税后净收益(j_t)。

(3) 预算出有效年限后公司的残值(r)。

(4) 选择合适的贴现率(i)。

(5) 计算未来税后收益的总现值与残值的现值之和(PV)。

$$PV=\sum_{t=1}^{n}\frac{j_t}{(1+i)^t}+\frac{r}{(1+i)^n}$$

式中　t——年度,取值为从 $1\to n$。

(6) 设公司债务为 D,公司资产价值 V 的计算公式如下。

$$V=\sum_{t=1}^{n}\frac{j_t}{(1+i)^t}+\frac{r}{(1+r)^n}-D$$

以此得出的卖方公司资产价值,可作为卖方转让产权的最低价格的标准。在选择贴现率时,要考虑市场的通货膨胀率。

对于兼并方来说,更注重兼并后卖方公司能给买方带来多大的创利能力。同样采用未来收益贴现值法。具体步骤及计算公式如下:

(1) 预测兼并后买方每年收入的净增量(t)(已扣除追加的固定资本和流动资金)。

(2) 选择适当的贴现率(i),选择时可综合考虑市场长期利息率、通货膨胀率、投资风险等因素,i 可适当高于利息率 3～4 个百分点。

(3) 计算净收入增量的总现值(PV),其公式如下。

$$PV=\sum_{t=1}^{n}\frac{\Delta E_t}{(1+i)^t}$$

式中　ΔE_t——净收入增量;

t——年度,取值为从 $1\to n$。

(4) 设公司债务为 D(在买方承担卖方债务情况下),计算净现值 NPV 的公式如下。

$$NPV=PV-D$$

需要说明的是,这种分析方法存在以下难点:

(1) 兼并方必须能估计出从兼并中获得的利润或现金流量。

(2) 要估计兼并对公司股东资本收益率的影响。

(3) 如果不是以交换股票形式,兼并方还需决定采用何种支付方式。

(4) 在预计兼并获利的基础上,兼并公司、被兼并公司的经营者还要就如何瓜分这些利益讨价还价。

(5) 必须选择适中的贴现率。

3. 收益法(市盈率模型)

收益法是根据目标公司的收益和市盈率确定其价值的方法,也可称为市盈率模型。因为市盈率的含义非常丰富,它可能暗示着公司股票收益的未来水平、投资者投资于公司希望从股票中得到的收益、公司投资的预期回报、公司在其投资上获得的收益超过投资者要求收益的时间长短。

应用收益法(市盈率模型)对目标公司估值的步骤如下。

(1) 检查、调整目标公司近期的利润业绩。在检查目标公司最近的损益账目时,并购公司必须仔细考虑这些账目所遵循的会计政策。若有必要,则需调整目标公司已公布的利润，以便使其与并购公司的政策一致。例如，当目标公司已经投资于开发费用时，并购公司就可以注销所有的研究与开发费用，从而将夸张的报告利润降下来。

(2) 选择、计算目标公司估价收益指标。一般来说，最简单的估价收益指标可采用目标公司最近一年的税后利润，因为其最贴近目标公司的当前状况。但是，考虑到公司经营中的波动性，尤其是经营活动具有明显周期性的目标公司，采用其最近三年税后利润的平均值作为估价收益指标将更为适当。实际上，对目标公司的估价还应当更多地注重其被并购后的收益状况。比如，当并购公司在管理方面具有很强的优势时，假设目标公司被并购后在有效的管理下，也能获得与并购公司同样的资本收益率，那么以据此计算出目标公司被并购后的税后利润作为估价收益指标，可能对公司并购决策更具有指导意义。

(3) 选择标准市盈率。通常可选择的标准市盈率有如下几种：在并购时点目标公司的市盈率、与目标公司具有可比性的公司的市盈率或目标公司所处行业的平均市盈率。选择标准时必须确保在风险和成长性方面的可比性，该标准应当是目标公司并购后的风险——成长性结构，而不应仅仅是历史数据。同时，实际运用中通常需要依据预期的结构对上述标准加以调整，因为难以完全准确地把握市盈率与风险、成长性之间的关系。

(4) 计算目标公司的价值。利用选定的估价收益指标和标准市盈率，就可以比较方便地计算出目标公司的价值。

目标公司的价值＝估价收益指标×标准市盈率

（二）并购成本分析

公司并购是资本经营的基本方式和实现快速扩张的主要途径。公司并购包含一系列工作，其经营成本不只是一个普通的财务成本概念，而应该是由此发生的一系列代价的总和。这些成本既包括并购工作完成的成本，也包括并购以后的整合成本；既包括并购发生的有形成本，也包括并购发生的无形成本。为了真正实现低成本扩张，公司并购运作必须了解和把握并购的各项成本要素。具体来说，公司并购应该分析的成本项目有：并购完成成本、整合与营运成本、并购退出成本和并购机会成本。

（三）并购风险分析

公司并购是高风险经营，财务分析应在关注其各种收益、成本的同时，更重视并购过程中的各种风险，具体包括：营运风险、信息风险、融资风险、反收购风险、法律风险和体制风险等。

（四）并购后对公司财务影响分析

并购活动会对并购双方的财务指标产生明显影响。由于公司并购投资决策以投资对股票价格的影响为依据，而股票价格的影响又取决于投资对公司每股收益的影响，所以公司评估并购方案的可行性时，应将其对并购后存续公司每股盈余的影响列入考虑范围，具体包括每股收益分析、盈利增长率分析和股票市场价格分析。

（五）并购的资金筹措

目前适合我国国情的融资方式和途径有内部留存、增资扩股、金融机构信贷、公司发行债券、卖方融资、杠杆收购等。

三、剥离与分立

（一）剥离与分立的含义

剥离是指公司将现有部分子公司、部门、产品生产线、固定资产等出售给其他公司，并取得现金或有价证券作为回报。

分立是指将母公司在子公司中所拥有的股份按比例分配给母公司的股东，形成与母公司股东相同的新公司，从而在法律上和组织上将子公司从母公司中分立出去。

（二）剥离与分立的类型

1. 剥离的类型

（1）按照剥离是否符合公司的意愿，划分为自愿剥离和非自愿或强迫剥离。

（2）按照所出售资产的形式，划分为出售资产、出售生产线、出售子公司、分立和清算等形式。

（3）按出售的交易方身份不同，主要有出售给非关联方、管理层收购和职工收购三种。

2. 分立的类型

（1）按被分立公司是否存续，划分为派生分立与新设分立。

（2）按照股东对公司的所有权结构变化形式划分，为并股和拆股。

（三）剥离与分立的动因

（1）适应经营环境变化，调整经营战略。

（2）提高管理效率。

（3）谋求管理激励。

（4）提高资源利用效率。

（5）弥补并购决策失误或成为并购决策的一部分。

（6）获取税收或管制方面的收益。

（四）剥离与分立对公司价值的影响

1. 剥离与分立的宣布期效应。

国外有关实证研究显示：

（1）如果以剥离或分立公告宣布日后两日的超常收益率计算，卖方公司股东的超额收益率一般在1%～2%，但买方公司的股东却不一定能取得超额收益。

（2）如果卖方在最初的资产剥离公告中不宣布出售价格，则对卖方公司的股票价格没有重大影响。若卖方公司宣布出售价格，对其股价的影响则取决于公司的售出比例，该比例用宣布的出售价格与宣布期前一个月最后一天的股票价格之比来衡量。当售出比例低于10%时，不会对股价产生重大影响；以后随着出售比例的增加，卖方的平均超常收益也将增加。当公司采取分立的形式时，宣布影响的大小与分离出的子公司相对于母公司的规模大小正向相关。在金额上，公司的全部收益约等于被分离出的子公司的价值。因为母公司价值经过重组实际上并未改变，而子公司有了自身独立的市场价值。

（3）不同的剥离或分立形式会对卖方公司股票产生不同的超额收益率。一般来说，剥离出售的超额收益率在1%～2%之间,而分立产生的超额收益率为2%～3%。

2. 剥离与分立对公司持续经营价值影响的原因

西方财务理论研究提出了许多观点,用以说明公司剥离与分立导致持续经营下公司价值提高的原因。其主要包括:① 投资者"主业突出"偏好学说;② 管理效率学说;③ 债权人的潜在损失学说;④ 选择权学说。

四、反收购手段

反收购手段包括经济手段和法律手段。

(一) 反收购的经济手段

反收购时可以运用的经济手段主要有四大类:提高收购者的收购成本、降低收购者的收购收益、收购收购者、适时修改公司章程等。

(二) 反收购的法律手段

反收购的法律手段主要是指采用诉讼策略。诉讼的目的通常包括:逼迫收购方提高收购价以免被起诉;避免收购方先发制人,提起诉讼,延缓收购时间,以便另寻"白衣骑士";在心理上重振目标公司管理层士气诉讼策略的第一步,往往是目标公司请求法院禁止收购继续进行。

练 习 题

一、单项选择题(下列各小题有且只有一个正确答案,请将正确答案的标号填入题干的括号内)

1. A公司与B公司合并,合并后A、B两家公司解散,成立一家新的公司,这种合并是(　　)。

A. 吸收合并　　B. 新设合并
C. 横向并购　　D. 混合并购

2. 一家整车生产企业并购一家汽车配件生产企业,这种并购属于(　　)。

A. 横向并购　　B. 纵向并购
C. 新设并购　　D. 混合并购

3. 收购公司仅利用少量的自有资本,主要以被收购公司的资产和将来的收益作抵押筹集大量资本用于收购,这种收购属于(　　)。

A. 横向并购　　B. 纵向并购
C. 敌意并购　　D. 杠杆并购

4. 经营协同效应理论对(　　)提供了较现实的解释。

A. 横向并购　　B. 纵向并购
C. 混合并购　　D. 杠杆并购

5. 下列关于管理主义的说法中,不正确的是(　　)。

A. 管理者的报酬取决于公司规模大小

B. 管理者有动机通过收购来扩大公司规模

C. 公司并购是解决并购公司代理问题的有效途径

D. 公司并购可能浪费了并购公司股东的财富

6. 下列评估方法中，考虑了资产实际价值的是（　　）。

A. 账面价值法　　B. 清算价值法

C. 市场价值法　　D. 市场比较法

7. 公司并购采用股票支付方式的优点是（　　）。

A. 目标公司原有股东不会丧失其股权　　B. 并购公司原有股东控制不会被稀释

C. 手续简便快捷，可迅速完成并购　　D. 不会引起股票价格波动

8. 下列收购案例中，属于横向并购的是（　　）。

A. 酒业公司收购肉联厂　　B. 饮料公司收购百货公司

C. 织布厂收购印染厂　　D. 啤酒厂收购啤酒厂

9. 金泰公司欲收购恒信公司，恒信公司是一家上市公司，则按我国法律规定，金泰公司持有恒信公司股份的（　　）时，应向恒信公司的股东发出公开收购要约。

A. 25%　　B. 18%

C. 30%　　D. 2%

10. A公司通过证券交易市场以股票交换的方式，获得B公司60%的股份，则A、B公司之间发生的事项属于（　　）。

A. 兼并　　B. 收购

C. 合并　　D. 并股

11. CD公司是一个混合联合公司，因为经营项目过多，公司总部决定将几个下属子公司售出，这种行为属于（　　）。

A. 剥离　　B. 分立

C. 公司改组　　D. 反收购措施

12. 为了降低公司中的代理成本，必须设计出一套完善的激励与约束机制。下面一系列措施中，属于内部机制的有（　　）。

A. 经理人市场的调节　　B. 控制权市场潜在购并者的威胁

C. 解雇或替换表现不佳的经营者　　D. 资本市场上的监管者

二、多项选择题（下列各小题中有两个或两个以上符合题意的正确答案，请将正确答案的标号填入题干的括号内）

1. 公司并购按照并购双方所处行业性质不同可以分为（　　）。

A. 吸收合并　　B. 混合并购

C. 横向并购　　D. 纵向并购

2. 公司并购按照出资方式不同可以分为（　　）。

A. 出资购买资产式并购　　B. 出资购买股票式并购

C. 以债券换取资产式并购　　D. 以股票换取资产式并购

3. 采用现金支付方式进行公司并购的主要优点有（　　）。

A. 简便快捷，易于为并购双方所接受

B. 不会形成沉重的财务负担

C. 可以保证并购公司股权结构不受影响

D. 目标公司股东可以立即收到现金,承担的风险较小

4. 下列价值评估方法中,属于市场比较法的有(　　)。

A. 市场价值法　　B. 市盈率法

C. 市净率法　　D. 市销率法

5. 甲公司欲以现金购买式并购收购乙公司,则下列可行的措施是(　　)。

A. 用现金购买乙公司的全部资产　　B. 用现金购买乙公司的部分资产

C. 用现金购买乙公司的全部股票　　D. 用现金购买乙公司的大部分股票

6. 并购的协同效应具体包括的形式有(　　)。

A. 管理协同效应　　B. 经营协同效应

C. 财务协同效应　　D. 利润协同效应

7. 目标企业价值评估方法的类别主要有(　　)。

A. 资产价值基础法　　B. 现金流量法

C. 收益法　　D. 面向未来的评估方法

8. 杠杆收购的主体可以是(　　)。

A. 其他公司　　B. 个人

C. 机构投资者　　D. 公司自身

9. 企业并购按实现方式可划分为(　　)。

A. 协议收购　　B. 股份交易式并购

C. 现金购买式并购　　D. 承担债务式并购

三、判断题(请在正确的题后括号内打√,错误的打×)

1. 公司通过横向并购可以消除竞争,扩大市场份额。(　　)

2. 公司通过纵向并购可以实现纵向产业一体化,有利于相互协作,压缩生产经营周期,节约费用。(　　)

3. 公司通过混合并购可以实现多元化经营,分散投资风险。(　　)

4. 公司并购采用现金支付方式会改变并购公司的股权结构。(　　)

5. 采用股票支付方式进行公司并购会使并购公司原有股东的控制权被稀释。(　　)

6. 财务协同效应理论认为,公司并购可以在公司中形成一个"内部资本市场",从而提高资本分配效率。(　　)

7. 根据代理理论,公司并购是解决公司中代理问题的一种重要途径,可以降低代理成本。(　　)

8. 对并购公司而言,杠杆收购是一种高收益、低风险的收购方式。(　　)

9. 如果企业并购的目的在于获得某项特殊资产,那么采用账面价值更为恰当。(　　)

10. 剥离与分立的动因之一是提高资源的利用效率。(　　)

11. 负债率较高的并购目标企业,并购方应采取杠杆并购。(　　)

12. 要约收购直接在股票市场中进行,自主性强,速战速决。敌意收购才采用这种方式。(　　)

四、计算题

1. 天辉公司计划收购长风公司的全部股份，经过综合比较，天辉公司管理层决定采用市盈率法对长风公司价值进行评估。调查发现，资本市场上与长风公司具有可比性的公司的平均市盈率为12倍。天辉公司确定的决策期间为未来3年，在未来3年中，长风公司预计年均可实现净利润为5 000万元。

要求：评估长风公司的价值。

2. A公司正考虑采用股票支付方式收购B公司。A公司净利润总额为4 000万元，发行在外普通股数量为2 000万股，每股收益2元，当前市盈率为12；B公司净利润总额为1 000万元，发行在外普通股数量为800万股，每股收益1.25元，当前市盈率为8。A公司计划向B公司支付高于其股票市价的20%溢价。

要求：

(1) 计算换股比例，并确定A公司需要发行新股的数量。

(2) 计算并购完成后A公司的每股收益。

参考答案

一、单项选择题

题号	1	2	3	4	5	6	7	8	9	10
答案	B	B	D	A	C	C	A	D	C	B
题号	11	12								
答案	A	C								

二、多项选择题

题号	1	2	3	4	5	6	7	8	9	
答案	BCD	ABD	ACD	BCD	ACD	ABC	ABC	ABC	BCD	

三、判断题

题号	1	2	3	4	5	6	7	8	9	10
答案	√	√	√	×	√	√	√	×	×	√
题号	11	12								
答案	×	√								

四、计算题

1. 参考答案：长风公司价值＝5 000×12＝6 000(万元)。

2. (1) A 公司股价=2×12=24(元)。

B 公司股价=1.25×8=10(元)。

A 公司的收购价格为 10×(1+20%)=12(元)。

换股比例为 12/24=0.5。

A 公司需要发行新股的数量=800×0.5=400(万股)。

(2) 并购完成后 A 公司的每股收益=(4 000+1 000)/2 400=2.08(元)。

第十一章　国际财务管理

思 维 导 图

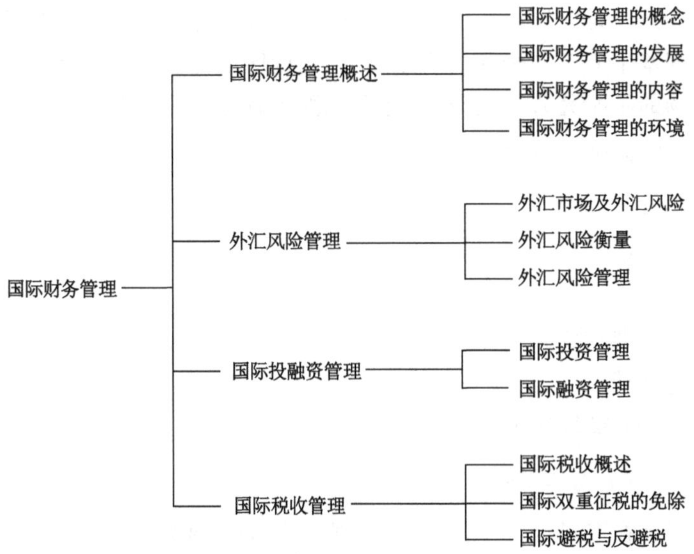

学习目的与要求

本章主要介绍国际财务管理问题。首先介绍国际财务管理的概念、内容、特点和环境，然后从外汇风险管理、国际投融资管理和国际税收管理等方面进行具体阐述。学习本章后，要理解国际财务管理具体内容等问题。

(1) 本章学习的重点内容：① 理解国际财务管理产生、发展及其所依赖的环境；② 理解外汇风险管理的程序和方法；③ 理解国际投资的方式和动机。

(2) 本章学习的难点内容：外汇风险的衡量及管理方法。

本章核心内容

一、国际财务管理概述

(一) 国际财务管理的概念

国际财务管理研究国际化公司在组织财务活动、处理财务关系时所遇到的特殊问题。

国际化公司是相对国内公司而言的，它泛指一切超越国境从事生产经营活动的公司。可以概括地说，国际化公司是从事国际经营活动的经济实体的统称。因此，一个国际化公司可能不是跨国公司，但任何跨国公司都属于国际化公司，跨国公司是国际化公司发展的较高阶段，是公司国际化程度较高的组织形式。综上所述，我们将国际财务管理的定义表述为：

国际财务管理是财务管理的一个分支领域，它是按照国际惯例和国际经济法的有关条款，根据国际化公司资金运动的特点，组织国际财务活动，处理国际财务关系的一项经济管理工作。

（二）国际财务管理的发展

（1）国际企业尤其是跨国公司的迅猛发展，是国际财务管理形成和发展的基础。

（2）财务管理基本原理在全球的广泛传播，是国际财务管理形成和发展的根源。

（3）金融市场的不断完善与全球化，是国际财务管理发展的动力。

（三）国际财务管理的内容

（1）国际财务管理环境。

（2）外汇风险管理。

（3）国际投资管理。

（4）国际融资管理。

（5）国际税收管理。

（四）国际财务管理的环境

1. 国际财务管理的经济环境

（1）经济周期。在市场经济条件下，经济通常不会出现较长时间的持续增长或较长时间的衰退，而是在波动中前进，这种循环叫作经济周期。资本主义经济周期是人们共知的现象，但它并非以同样方式和程度影响所有产业和公司。由于经济周期影响的严重性，西方财务学者探讨了公司在财务周期中的经营理财策略。

（2）经济发展水平。财务管理水平是和经济发展水平密切相关的。经济发展水平越高，财务管理水平也越高；经济发展水平较低，财务管理水平也低。发展中国家的经济发展水平不是很高，目前呈现出基础较薄弱、发展速度比较快、经济政策变更频繁、国际交往日益增多的特征。这些特征决定了发展中国家财务管理的总体水平在世界上处于中间位置，但发展较快。

（3）经济体制。经济体制是指对有限资源进行配置而制定并执行决策的各种机制。现在世界上典型的经济体制有计划经济体制和市场经济体制。显然，在计划经济体制下，公司财务管理的权利比较小，筹资权、投资权都归高层决策机构，财务管理的内容比较单一，财务管理的方法比较简单。在市场经济体制下，公司筹资、投资的权利归公司所有，必须根据自身条件和外部环境做出相应的财务决策并组织实施，因此，财务管理的内容比较丰富，方法比较复杂，财务管理发展水平较高。

（4）金融环境。金融环境是指一个国家在一定的金融体制和制度下，影响经济主体活动的各种要素的集合。金融环境的变化对国际理财有着十分重要的影响，财务管理人员必须了解金融市场、金融机构及相关的各种制度。金融市场是指资金供应者和资金需求者双方通过某种形式融通资金达成交易的场所。金融机构是为资金供应者与资金需求者提供交易的途径，包括商业银行、投资银行等。金融体系则是由金融市场、金融机构和资金供应者、需求者所构成的资金集中与分配的系统。

(5) 税收环境。国际税收是涉及两个或两个以上的国家财权利益的税收活动，它反映着业务发生国家或地区之间的税收分配关系。国际税收的纳税人与国家税收的纳税人的不同之处在于，不论其国籍如何，一般其收入来源于两个或两个以上的国家，并在这些国家负有双重纳税的义务。但有时收入来源于一个国家的自然人或法人，也可能成为国际税收的纳税人。如美国规定，凡美国公司，不论经营在哪个国家，都必须就其收入向美国政府纳税。

(6) 具体的经济因素。除了上述几项因素外，一些具体的经济因素发生变化也会对公司财务管理产生重要影响。这些因素主要包括：通货膨胀率、利息率、外汇汇率、财税政策、产业政策、对外经贸政策等。

2. 国际财务管理的社会环境

(1) 政治环境。政治属于上层建筑，以经济为基础，是经济的集中体现。在开展国际财务管理业务之前，应以相当的精力来分析有关国家的政治环境，切实理解、把握关系国的政治环境。世界各国政府对于工商业活动的干预程度是不同的，作为国际化公司，必须努力使自己的活动在政治上能为东道国所接受，否则会因政治上的原因引起种种麻烦。此外，还有政府政策能否保持连续性的难题。

(2) 法律环境。财务管理的法律环境是指影响财务管理的各种法律因素。法律是体现统治阶级意志，由国家制定或认可，并以国家强制力保证实施的行为规范的总和。按照法律对财务管理内容的影响情况，对公司财务管理具有普遍影响的法律主要有公司法、证券交易法、税法、经济法、合同法等。

(3) 社会文化环境。社会文化环境包括教育、科学、文学、艺术、新闻出版、广播电视、卫生体育、世界观、理想、信念、道德、习俗以及同社会制度相适应的权利义务观念、道德观念、组织纪律观念、价值观念等。作为人类的一种社会实践活动，财务管理必然受社会文化的影响，而且不同方面的影响程度不尽相同。

二、外汇风险管理

(一) 外汇市场及外汇风险

1. 外汇市场

外汇市场是国际金融市场重要的组成部分。国际贸易和国际投资的飞速发展，离不开外汇市场及外汇业务的不断完善。国际货币市场与资本市场的资金往来活动几乎都要通过外汇市场才得以完成，同时，现代外汇市场也是各国货币当局干预市场、稳定本币汇率的重要场所。

2. 外汇风险

外汇风险是指一家公司受汇率变动影响的程度，主要包括交易风险、经济风险和折算风险。

（二）外汇风险衡量

1. 交易风险的衡量

（1）商品或劳务进出口交易中以外币计价，由成交日到结算日汇率变动带来的外汇风险。以中国公司为例，如果出口以美元计价结算，当人民币贬值时，收回的美元货款折合成人民币的数额就会增加；当人民币升值时，收回的美元货款折合成人民币的数额就会减少。进口交易的外汇风险，原理与出口相同，只是方向相反。

（2）以外币计价的债权债务带来的外汇风险。这种情况与以外币计价的进出口赊买赊卖相类似。赊买实际上等于取得一笔短期借款，赊卖实际上等于提供一笔短期贷款。但是以外币计价的债权债务包含长期的债权债务，在长期内汇率波动幅度可能较大，因而带来较大的外汇风险。

（3）外汇买卖风险。公司买入外汇，持有一段时间后将其卖出，由于买入到卖出这一期间汇率发生变动，从而产生使公司发生损失的风险。

（4）远期外汇交易风险。远期外汇交易风险是指在期汇交易中，由于合约的远期汇率与合约到期日的即期汇率不一致，而使交易的一方按远期汇率换得（或付出）的货币数额多于或少于按即期汇率换得（或付出）的货币数额而发生的风险。

（5）对海外分支机构的投资、利润汇回和资本撤回的风险。公司对海外分支机构的投资，一部分要兑换成当地货币，以满足当地经营的需要。在经营结束后，又要兑换成母国货币汇回，在此期间汇率的变动会使公司面临外汇风险。在海外分支机构产生的以当地货币形态而存在的利润，从利润产生到兑换成母国货币汇回为止，也存在外汇风险。

2. 经济风险的衡量

衡量经济风险的常用方法有两种。

一种是根据一项预测汇率水平分别预计利润表项目（或现金流量）的水平，然后改变预测的汇率，再次进行预测。通过分析税前利润（或现金流量）随不同的预测汇率变化的值，就可以衡量汇率变动对公司税前利润（或现金流量）的影响。

另一种是对历史现金流量和汇率水平进行回归分析。假设它们之间存在下式中的关系：

$$PCF_t = a_0 + a_1 PER_t + u_t$$

式中 PCF_t——一段时间 t 以公司本国货币衡量的贴现现金流量变化百分比；

PER_t——一段时间 t 汇率变动百分比；

u_t——随机误差；

a_1——斜相关系数。

这个模型修改一下可以用来处理更复杂的情况。通常公司现金流量会受多种汇率的影响，我们更关心现金流量对全部汇率波动的敏感程度而不是对单项汇率波动的敏感程度。用 $PERI_t$ 表示一段时间 t 汇率混合指数的变动百分比，其中权重为各种外币现金流量占全部现金流量的百分比。上式可以修改为：

$$PCF_t = b_0 + b_1 PERI_t + u_t$$

汇率波动对现金流量的影响有时滞效应，这也可以通过回归分析模型来表示。

$$PCF_t = b_0 + b_1 PERI_t + b_2 PERI_{t-1} + u_t$$

3. 折算风险的衡量

影响折算风险的因素有如下方面。

(1) 外国分支机构业务所占的比重。国际化公司的国外分支机构业务在公司总的业务中比重越大，一项给定的财务报表项目受折算风险影响越大。比如，一家在全球广泛直接投资的公司和一家很少直接投资而主要出口的公司相比，前者的折算风险将大于后者，尽管后者的交易风险可能较高。

(2) 外国分支机构所在国。外国分支机构的财务报表一般使用当地货币。当地货币价值的变动剧烈程度决定着折算风险的大小。如对一家美国公司来说，在加拿大设公司会比在德国设公司的折算风险小，因为美元对加元的汇率波幅要小于对欧元的汇率波幅。

(3) 使用的折算方法。国际上常用的方法主要有流动/非流动法、货币/非货币法、时态法和当期汇率法。

按照流动/非流动法，子公司的所有流动资产和流动负债都按照当前汇率折算，其他资产、负债和所有者权益则按历史汇率折算。这种方法遵循的依据是只有在国外发生的短期项目或流动性项目才会有风险，而长期项目或非流动性项目则被看作按母公司的货币固定下来。

货币/非货币法区分货币资产负债和非货币资产负债，进行不同的折算。对货币资产负债以当前汇率折算，对非货币资产负债采用历史汇率折算，所有者权益也按历史汇率折算。如果所有物质资产均以历史成本表示，则此法较正确，但如果物质资产已按当前汇率重新估价，则此法不能显示其真实情况。

时态法与货币/非货币法十分近似，唯一的不同在于存货的处理。如果存货以当前市价表示，则按当前汇率折算；如果存货以历史成本表示，则以历史汇率折算，此时与货币/非货币法一致。

当期汇率法将外国子公司的所有资产和负债统统按当期汇率折算，因此，所有国外的资产和负债均面临折算风险，真正的风险暴露是国外子公司的净资产。有学者认为，由于当前汇率法对所有资产负债都按当前汇率折算，而不是一些项目采用当前汇率，另一些项目采用历史汇率，从而消除了对母公司合并报表的一些歪曲。从这个意义上讲，使用当前汇率法降低了折算风险。

(三) 外汇风险管理

1. 外汇风险管理程序

(1) 确定风险管理目标。企业进行外汇风险管理时必须明确管理的对象，即确定对哪一类型的外汇风险进行管理，是交易风险、经济风险还是折算风险。因为如果企业要同时对几种外汇风险进行管理，就会遇到一定困难：针对不同外汇风险管理手段的实施效果可能会相互抵消。例如，一国货币贬值会使有折算风险的公司遭受折算风险损失，但货币贬值却可能使该公司在国内外市场的竞争力增强。这样，针对折算风险所采取的管理措施可能并不符合该公司的总体利益要求。

(2) 进行风险识别。外汇风险识别，就是在财务公司周围纷繁复杂的宏观、微观环境和内部经营环境中识别出可能给财务公司带来意外损失或者额外收益的风险因素。风险识别需要管理者对财务公司的经营环境、经营业务充分熟悉和了解，需要丰富的实践经验、完备快捷的信息处理和深刻敏锐的预见力。运用各种科学的方法对金融风险进行系统的分析与诊断,找出各种风险的根源及具体表现,揭示潜在的风险及其性质。

(3) 风险预测。预测汇率的变动情况。预测有关汇率变动主要包括以下内容:一是预测汇率变动的方向,即确定某种货币是升值还是贬值;二是预测汇率变动的幅度;三是预测汇率变动的时间。其中,汇率变动的幅度和时间是确定外汇变动的关键。为管理外汇风险,企业必须建立定期预测汇率变动的程序,除了基本经济因素外,有时还须注意政府对外汇市场进行干预的时间和规模。当然,预测汇率变动非常困难,即便如此,许多国际企业仍花费大量人力物力对汇率的变动进行预测。外汇风险识别完成后,应按照风险敞口类型和不同货币,进行量化并确定存续期间,据此制定套期保值策略。所有风险敞口的预测都需要按照标准模板和方法进行,以便于合并分析和集中管理。为提高现金风险预测的可信度,还需要把实际数据与预测数据进行对比检验。

(4) 风险评估和计量。风险管理的首要原则是不承担超过损失承受能力的风险。因此,风险评估和计量是公司风险管理的重要环节。因为通过风险评估,公司可以了解各种风险可能的损失级别或损失值从而确定是否承担该风险。风险计量和评估涉及对风险发生可能性评估、风险事项发生损失的可能性评估、对损失级别或损失值进行评估和计量,从而计算出各项风险事项本身的风险级别或风险值。

(5) 选择恰当的外汇风险管理方案并加以实施。抵消由汇率变动而造成的外汇损失的方法很多。在确定恰当的外汇管理对策时必须对多种方法的性质和成本仔细权衡,以尽可能地缩小汇率变动给企业带来的不利影响。一旦确定了外汇风险管理对策,公司必须要迅速有效地加以实施。为此,企业必须建立一定的组织结构来协调和执行风险管理对策,此外,企业还应设立适当的政策以便指导风险管理部门,并处理各部门之间可能发生的冲突。

2. 交易风险的管理

(1) 在进行交易决策时采取避险方法。在交易决策时,财务管理人员就应考虑交易风险的防范,此时可以采用的方法有如下几个。

① 选择有利的计价货币。即对未来的现金流入项目选择硬货币,对未来现金流出的项目选择软货币。但上述仅仅是理论说法,实际上选择货币是个复杂的问题。而且,货币的选择往往是由双方共同协商决定,不是单方的意愿。所以,财务管理人员需要权衡利弊,做出适当决策。

② 适当调整商品价格。有时公司不得不在计价货币上做出适当让步,接受不利的计价货币。为弥补风险,可采取加价保值和压价保值两种方法。加价保值法主要用于出口交易中,当出口商接受软币计价时,可将部分汇价损失摊入出口商品价格中,以转嫁汇价风险。压价保值法主要用于进口交易中,当进口商接受硬币计价时,要求将部分汇价损失从进口商品价格中剔除,以转嫁汇价风险。

③ 在合同中订立汇率风险分摊条款或货币保值条款。当交易双方为使用何种计价货币发生争执时,多数情况下会在合同中加列一些条款以共同承担风险。汇率风险分摊是指如计价货币汇率发生变动,即以汇率变动幅度的一半重新调整价格,由双方分摊汇率变动带来的损失或利益。使用货币保值实际上是用一种价值稳定的货币计价,这样交易双方均不吃亏。

④ 提前或延期结汇。其基本原理是，通过预测货币汇率的变动趋势，当预计计价货币将贬值时，可以要求提前收取款项或延期支付款项；当预计计价货币将升值时，可要求提前支付款项或延期收取款项。

(2) 在金融市场上利用金融工具进行避险。除了在交易决策时进行风险管理外，公司可利用金融市场，使用有关套期保值工具以达到防范风险的目的。管理短期交易风险可使用的方法有如下几种。

① 利用期货交易防范风险。外汇期货交易是在期货交易所内，交易双方通过公开竞价，买卖在未来某一日期根据协定价格交割标准数量外汇的合约交易。由于期货价格与现货价格有同样的趋势，期货到期价格基本与现货价格一致，财务管理人员可以利用期货交易来套期保值，即在期货市场上做一笔与现货市场上方向相反、金额和时期相同的交易。

② 利用远期外汇交易防范风险。进行远期外汇交易时，公司与银行签订远期合同，规定买入卖出货币的名称、金额、远期汇率、交割日期等。利用远期外汇交易，锁定了公司收支外币的汇率，排除了汇率变动风险。

③ 在货币市场上套期保值防范风险。与远期外汇套期保值相类似，货币市场套期保值也涉及一项合同，只不过合同是一项借款协议而非远期外汇合同。货币市场套期保值也涉及成本，不过是由两种货币利差决定，而非由远期汇率的升水或贴水决定。当公司有一笔未来的外币现金流入时，可先在货币市场上按一定利率借入该种外币，随即换成本国货币存入本国银行按本国利率收取利息，在债权到期后将该笔外汇收入用来偿还外币借款本息，公司本身也收回本国货币存款的本息。同样，当公司有一笔外币现金流出，可先从本国银行借入本国货币，随即换成外币存入银行收取利息，使其本息与外币债务相等，到时用该外币的存款本息偿还外币债务。

④ 利用期权交易防范风险。与期货和远期不同，期权不是一种“对等”的交易，而是一种“不对等”的交易。期权的买方在购买期权后只有权利，没有义务；期权的卖方在出售期权后只有义务，没有权利。这是因为买方购买时要支付一定费用给卖方，这笔费用就是期权的价格。

(3) 长期外汇风险的管理方法。

① 长期远期外汇合同。许多大的国际银行定期对几种主要货币报价，期限可达五年。这种交易方式对那些签订了长期以固定价格进出口协议的公司特别有吸引力。但是这种交易方式的运用范围比较小，只有信用极高的客户才能同银行签订这种远期合同，因为银行必须确保它的顾客能履行长期义务。

② 货币互换交易。货币互换是指两家公司拥有相反的优势货币和货币需求，相互交换货币的交易。货币互换有多种形式。假使一家美国公司在英国投资，预计五年中有大量的英镑收入，同时一家英国咨询公司为美国银行提供长期服务，也会在五年内收到大量美元。这两家公司可以安排一项货币互换交易，在五年内以协定价格以美元换英镑。这样，美国公司可以锁定五年内英镑收入兑成美元的数量，英国公司也可以锁定其美元收入兑成英镑的数量。货币互换能使交易双方都避免外汇风险，其协议汇率可能对双方来说都比利用长期远期外汇交易有利。

③ 平行贷款。平行贷款也是一种互换交易。比如一家美国跨国公司想为其设在英国的子公司提供长期融资，同时一家英国跨国公司也想为其设在美国的子公司长期融资，这

样两家公司可以签订协议分别为对方的子公司提供长期贷款。平行贷款的借贷均使用居住国货币,从而对利用平行借贷的双方来说均避免了外汇风险。

3. 经济风险的管理

经济风险的管理决策多数超越了财务经理的职权,因为它涉及公司运营的各个重要方面,包括生产、销售、原料供应等。经济风险的重要管理思想就是走多元化路线,不仅有财务多元化,更重要的是经营多元化。

(1) 财务多元化。对国际化公司来说,财务多元化十分重要。财务多元化包括筹资多元化和投资多元化。公司从多个国家的金融市场筹集资金,用多种货币结算,如果有的外币贬值,有的外币升值,就可以使外汇风险相互抵消。同样,公司可以在多个国家投资,创造多种外币收入,也可以避免外汇风险。

(2) 经营多元化。经营多元化既指在不同业务领域经营,又指在不同国家分散经营。分散经营既能自然地抵消一部分经济风险,同时也便于管理人员对公司产品经营情况及时加以比较,迅速做出调整策略,如增加有利产品或有利地区分支机构的生产销售,适当减少某些不利产品或不利地区分支机构的生产销售。

4. 折算风险的管理

防范折算风险的主要方法是资产负债表套期保值。资产负债表套期保值要求公司合并会计报表中受险外币资产和外币负债的数额相等。从理论上讲,如果公司的每种外币均能达到这一要求,那么净折算风险就会等于零。

资产与负债的受险部分,取决于公司采用的折算方法。如果公司采用货币/非货币法,便需把某种货币的债务总额增加到与该种货币的资产相等,或将该种货币的资产总额减少到与该种货币的负债总额相等。但如果公司采用当前汇率法,则不可能使资产与债务完全相等。所以,这种管理方法有局限性。

三、国际投融资管理

(一) 国际投资管理

1. 国际投资的方式

(1) 国际直接投资。国际直接投资又称对外直接投资(FDI),是指投资者在其所投资的公司中拥有足够的所有权或控制权的投资。具体表现为投资者以控制公司经营管理权为核心,以营利为目的。也就是说,国际直接投资的投资者直接到国外设厂开办公司或从事经营活动,直接参与所投资的国外公司的经营和管理活动。它是以资金、技术、经营管理知识等国际资本由投资流入东道国为标志的。如果股票投资达到了对某公司足以控制的程度,这时股票投资就可由间接投资转化为直接投资。

(2) 国际间接投资。国际间接投资又称对外间接投资,是指投资者不直接掌握公司的动产或不动产的所有权,或在投资对象中没有足够的控制权的投资。具体表现为以购买外国公司的股票和其他有价证券以及中长期国际信贷为主要方式取得股息或债息、利息等形式的资本增值为目的的投资。一般不涉及对投资所形成资产的经营和管理活动,投资活动主要在国际资本市场进行,因此也称为金融投资,其中以国际证券投资为主要对象。

(3) 国际灵活投资。国际灵活投资是指与国际贸易相结合的各种资金形态、实物形态、技术形态的国际技术经济合作。具体包括:信贷、国际租赁、信托投资、项目贷款、技术引进、补偿贸易、合作经营与开发、国际工程承包等。

2. 国际投资环境分析

国际投资环境是指影响国际化公司对外投资活动和效果的各种外部情况和条件的综合体。具体来说,国际投资环境是指受资国吸收国际直接投资所具备的条件,一般由硬环境和软环境两方面构成。

硬环境是那些具有物质形态且影响国际投资运行效果的各种外部条件和因素,主要指自然地理环境、基础设施等。

软环境是指那些没有具体物质形态而影响国际直接投资运行效果的一些社会因素,主要指政治法律、经济、社会文化和教育等因素。

3. 国际直接投资的动机

(1) 获取国外的原材料。国际企业为了避免进口原材料而发生的一系列不必要的成本费用,最好的办法就是对原产地进行直接投资,这样可以实现原材料供应渠道的多元化,保证原材料的及时供应,从而确保企业的正常运转,获取更多的利益。

(2) 利用国外廉价的劳动力等生产要素降低成本,增加利润。由于市场的不完善,各国的劳动力和土地等生产要素的价格是不同的,因此通过对外直接投资,异地利用比较廉价的生产要素,可以降低生产成本,提高企业的投资收益率。

(3) 扩大市场份额,提高竞争力。随着某一行业的不断发展,行业内的企业不断增加,产品的竞争也越来越激烈,这时对行业内的企业而言,最好的办法就是向潜在的需求市场发展。同时随着跨国公司的迅猛发展,跨国公司之间争夺世界市场竞争的日益激烈,各跨国公司为避免市场被竞争对手抢占,纷纷将目光移向海外,进行海外投资,以试图迅速占领国际市场,稳固竞争地位。

(4) 寻求先进技术和管理经验。跨国公司往往希望以某种方式学到其想得到的技能、信息及科学的管理经验,以期给企业带来丰厚的超额利润,因此与当地高科技企业合资经营或收购、兼并当地高科技企业等。

(5) 追求规模经济效果。在一些竞争性市场中,产品价格有时被迫接近于产品的边际成本,因此,在一些固定成本比例较高行业中的企业,必须从事大批量销售才能保本。在有些行业,特别是资本密集型企业,由于其产品的研制需要投入大量的研究与开发费用,因此这些企业必须大批量生产并销售其产品,才能降低单位产品成本,以保本并盈利。严峻的形势要求企业寻求更多的产品市场,而国内市场毕竟有限并趋于饱和,因而就决定了这些企业要将视野移向海外,开辟新的海外市场,以此提高产品销量,降低成本,充分发挥有利的经营杠杆作用,提高企业的生产效率和盈利能力,从而实现规模经济。

(6) 分散经营风险。由于国内的投资项目都会受到本国一般经济情况的影响,因此国内投资项目的收益相关性很大;而不同国家之间的投资项目,由于各国经济发展的不致性,其相关性较同属一国的相关性要小得多。因此,将资金在国际范围内进行多样化投资较国内多样化投资而言,更能有效地减少相对预期收益的波动,分散企业的经营风险。

4. 国际直接投资的方式

国际直接投资的方式主要包括合资(joint venture)经营、合作(cooperation)经营、独资(wholly owned)经营、新建企业和收购现有企业五种。

5. 国际投资管理的政治风险及其防范

政治风险(political risk)是指东道国发生的政治事件以及东道国与母国甚至第三国之间的政治关系变化对国际化公司利润和其他目标产生影响的可能性。

(1) 政治风险的来源。政治风险的来源主要有:国际化公司与东道国之间的目标冲突;国际化公司与政府经济政策之间的目标冲突,包括货币政策、财政政策、国际收支与汇率政策、经济保护主义与经济发展政策等目标冲突;国际化公司与政府非经济政策目标之间的冲突,包括经济侵略主义、国家安全和对外政策、与东道国宗教或文化遗产不相容等,以及政府法规对外资投资经营的限制,包括非歧视性法规、歧视性法规、财富剥夺性法规等。

(2) 政治风险的预测过程及办法。政治风险预测过程包括以下四个步骤:

① 需要对政府目前的能力、政治行为的类型及稳定的程度作深刻的了解;② 必须分析国际化公司产品及经营特点,以确定在特定地区可能遇到的政治风险类型;③ 对这些风险的可能来源应做出确定的评价;④ 从概率与时间角度上表明将来政治风险的可能性。

(3) 政治风险的管理对策。在投资前应对政治风险采取回避、保险、投资协定和策略调整的做法。其中策略调整包括:控制市场或原料供给;限制技术转移;缩小权益资本;多渠道融资;分享所有权等。

在投资后如果出现政治风险,可以采取以下措施:有计划撤资、短期利润最大化、改变征用的成本效益比率、发展当地的利益相关者、适应性调整。

(二) 国际融资管理

1. 国际融资的特点

(1) 资金需求量大。由于国际企业实施的是全球战略,从事的是跨国界的生产经营活动,因此其对资金的需求相对于国内企业较大。

(2) 资金来源广泛。由于国际企业资金需求量大,除了从企业内部获得资金外,更多地需要跨越国界,在国际市场上筹措资金,因此国际企业具有较广泛的资金来源。

(3) 融资机会与方式较多。由于国际企业不但可以通过集团内部融通资金,还可以在国际资本市场上融通资金,因此融资的机会比国内企业相对较多。同时,可选择的融资方式也相对较多,国际企业可采用国际债券、国际股票、国际贸易及国际租赁等多种方式筹集资金。

(4) 融资风险较大。由于国际企业可以面向国际金融市场融资,融资中所受的影响因素也就比较多,如各国的政治气候、法律环境、经济条件及文化背景等,且大部分因素都处于不断变化之中,不确定性较大,因此国际融资的风险也相对较大。

2. 国际融资的战略

融资战略是国际企业跨国融资管理的重要部分。不同融资渠道与融资方式所决定的融资成本高低的不同,直接影响着国际企业的经营成本和理财成效。与融资机会俱增的融资风险影响着公司总体的风险水平和融资来源。融资结构的合理与否也会直接影响国际企业的后续融资能力，进而影响其成长与发展水平。因此，国际企业应从全球战略的高度，权衡各种可利用的资金来源，从中择优并加以合理的组合，以达到总体融资成本最小、融资风险最低、融资结构最佳的三大融资战略目标。

(1) 融资成本最低。由于各种人为和非人为因素的影响，国际资本市场可细分为众多的差异市场，不同市场上的资金风险不同，同时受政府补贴或税收等因素影响，再加之国际资金借贷一般都采用浮动利率且汇率变动频繁，因此，其融资成本各异。国际企业应充分利用机会尽可能寻找资金成本最低的融资方式

(2) 融资风险最小。任何一种融资安排都有可能给企业带来一定的风险。这些风险包括国际风险和经济风险。因此，国际企业在进行融资安排时，无论由母公司还是子公司融资，都必须考虑到风险因素，并尽量规避或降低融资风险。

(3) 资本结构最佳。在寻求低成本和低风险的筹资渠道和方式时，国际企业必须设定最佳资本结构，主要是确定最佳的债务资本比率。为此，国际企业必须关注与债务筹资有关的违约或破产风险、子公司或投资项目的资本结构以及母公司未担保或未合并子公司的债务对企业整体价值的可能性影响。

3. 国际融资方式

融资方式是指公司融资所采取的具体形式，体现了融资性质。对于各种渠道的资本，公司可以采取不同的方式予以筹集。融资方式主要有：

(1) 国际股权融资。国际股权融资是国际化公司通过投资银行等中介机构在国际上发行股票或吸收直接投资来筹集权益资本的一种方式，主要有吸收直接投资、发行股票等形式。

(2) 国际债券融资。国际债券融资是国际化公司通过投资银行等中介机构在国际金融市场上发行债券筹集资本的一种方式。国际债券的特点是它的发行人和投资人分属于不同的国家，债券总是卖给借款人以外的国家。国际化公司可以发行不同种类和不同时期兑现的各种债券。

(3) 国际信贷融资。国际信贷筹资是国际化公司利用贷款的形式来筹集资金的一种融资方式，包括国际商业银行贷款、国际金融机构贷款和政府贷款。

(4) 国际租赁融资。国际租赁筹资是国际化公司通过国际租赁市场向国际租赁公司租赁所需设备，以租金形式取得设备使用权，以融物的形式达到融资目的的一种筹资方式。它是一种建立在所有权与使用权相分离基础上的，集融资与融物于一身的信用形式。

(5) 国际贸易融资。国际贸易融资是国际化公司在进出口国际贸易业务过程中，通过银行提供资金融通的一种融资方式。它包括对外贸易信贷、国际保理业务和结算融资三大类。国际贸易融资是我国公司采用最多、历史最长的一种方式，其融资的形式随着国际贸易和金融业发展而不断推陈出新。

(6) 国际项目融资。国际项目融资是为某一工程项目而发放的贷款。它是以项目所产生的现金流形式的收益直接用于偿还项目贷款并且以项目资产作为贷款抵押的一种融资方式。这种融资方式是国际银行界在总结 20 世纪 70 年代贷款过程中的经验教训而提出的一种新型的融资方式，一般用于大型建设项目，如能源矿藏开采和大型农业基础设施建设等。目前，项目融资已成为国际化公司筹建大型项目的一种特殊的融资方式。

4. 国际融资预测与决策

(1) 融资规模预测。融资规模是一定时期国际化公司需要的融资总额。国际化公司国内和国际资金的筹措具有不同的性质,筹措资金的一般原则是优先考虑利用内部资金,其次再决定是否筹措外部资金。研究国际融资时将涉及融资总规模以及内部融资规模,一般是先确定总规模,再确定内部融资规模。每个国家和地区所能提供资金的政策、法律、数量和成本等都是不一样的,要加以选择。

(2) 资本成本。由于在国际范围内融资,影响资本成本的因素大大增加。这些影响因素概括起来主要是两类:一类是直接因素,如利率、筹资费、筹资数额和红利等,这些因素可以直接计量;另一类是间接因素,如各国的市场差异、融资渠道的国际化和外汇风险的影响等,这些因素很多是无法直接计量的。

(3) 资本结构。资本结构是指公司债务、权益以及其他融资工具相互组合的比例关系。资本结构与单项资本成本共同影响着公司的综合资本成本。寻求最优的资本结构是筹资决策所要考虑的核心问题。最优的资本结构是指能给公司带来最佳经济效益的资本结构,它取决于两个因素:筹资风险的大小和资金成本的高低。只有以恰当的融资风险与融资成本相配合,才能达到追求公司价值最大或股价最高的目标。

5. 国际融资风险

(1) 国际融资风险主要是汇率风险、利率风险以及其他一些风险。

① 汇率风险。这种风险是指从借款到偿还期间由于借贷所用货币的汇率变化而给借款方造成的风险。在借贷合同中,双方都确认了借贷期限、借贷币种、偿还方式及时间等内容,可以用一种货币借入和偿还,也可以借入一种货币,用另一种货币偿还。它们一般是非债务货币,常常是西方主要货币,如美元、日元、欧元、英镑等。如果本币与这些货币之间的汇率是浮动的,借款合同签订时与债务清偿时,汇率水平的不同就会给债务带来不同的损失。而且,借贷期限越长,汇率波动的不稳定性就越强,债务人承担的汇率风险也就越大。

② 利率风险。这种风险是指由于利率的上升或下降而造成的外币资产减少或负债增加的风险。利率变动引起的风险可以说是外汇风险的具体形式之一,在债务风险构成中,它与汇率变动引起的风险是两种最主要的风险形式。

(2) 国际融资风险的规避。

① 汇率风险的防范。在国际经济活动中,弥补与防范汇率风险的方法主要有以下几种:准确预测货币汇率变化趋势;选择有利的计价货币;货币保值措施;远期外汇交易法;提前或延期结汇法;货币调换交易;金融期货和外汇期权保值措施;货币风险保险法。

② 利率风险的防范。利率风险的防范一般采用的是利率和货币调换方法,以及资金来源最佳结构方法。

利率调换法是指两个独立的筹资者分别借到币种、数量和期限相同,但计息方式不同的债务。根据各自的筹资优势,通过中间人对利率部分进行调换,以各自获得较合适的利率种类。

货币调换法是指两个独立的筹资者,各自筹集到等值的、期限相同的,但以不同货币计息的债务,通过计息货币的调换满足各自调整债务货币结构的需要,达到避免货币汇率风险的目的。

③ 选择适当的资本结构法。这里的资本结构主要是指借款结构和固定利率与浮动利率结构。利用债务资本，可以获得财务杠杆利益，但也将面临财务风险。因此，公司要在财务杠杆利益和财务风险之间做出权衡，安排好主权资本和借入资本之间的比例。同时，各种借款的利率是不同的，需要借款的品种在期限、使用条件等方面作合理的安排。再则，安排好固定利率与浮动利率之间的比例。

四、国际税收管理

（一）国际税收概述

1. 国际税收制度的种类

就公司所得税而言，世界上现行的税收制度可以概括为三种：传统制度、分割税率制和转嫁或抵减制度。在传统制度下，公司所得税按单一的税率征收，分配给股东的股利则作为股东个人收入按个人所得税率计征。采用传统税制的国家有意大利、荷兰、西班牙、瑞典、美国，以及多数英联邦国家或地区。分割税率支付，是根据收益的处理情况采用不同的税率计征，即对未分配收益和已分配收益采用两种不同的税率。采用这种制度的国家主要有日本、挪威和德国。税额转嫁或抵免制度，是指对公司收益按同一税率征税，但已纳税款中的部分可作为股东应纳个人所得税的减项，予以扣除。比利时、法国等都采用这种制度。三种税务制度并不是相互排斥的，同一国家可以将这些支付结合运用。

2. 国家税收管辖权

税收管辖权是国家主权在税收领域的体现。税收管辖权可分为两类：居民税收管辖权和收入来源税收管辖权。居民税收管辖权是指国家对其居民的所有收入都有权征收所得税。收入来源税收管辖权是指国家对来源于本国境内的所得征税，而对来自国外的所得免于征税。

除少数国家和地区放弃对所得税的税收管理权外，大多数国家与地区都同时采用居民管辖权和收入来源地管辖权，既对来源于本国境内的所得拥有征税权，又对本国居民的世界所得拥有征税权。

3. 国际税收协定

国际税收协定是指两个或两个以上的主权国家，为了协调相互之间的税收分配关系和处理税务方面的问题，通过谈判所签订的书面协议。

按照税收协定涉及的主体划分，国际税收协定可以分为双边税收协定和多边税收协定。所谓双边税收协定是指两个国家为了协调双方处理跨国纳税人征税事务和其他有关方面的税收关系，经过谈判而签订的一种书面协议。多边税收协定则是指超过两个以上的国家所缔结的税收协定。

按照税收协定涉及的内容范围划分，国际税收协定又可以分为一般税收协定和特定税收协定。一般税收协定广泛涉及相互间的各种税收关系，如全面避免国际间双重征税的协定；特定税收协定是缔约国之间就某一特定税种或税收问题所签订的协议，如对关税、增值税等的协定。

4. 国际税收管理的目标

国际税收管理是国际财务管理中一个十分复杂和极其重要的问题。国际化公司在从事跨国经营时，把资本投向不同的国家，就会涉及多个国家的税法。就国际化公司而言，税法是最直接影响其利益的法律。为了合理地做出财务决策，国际化公司的财务人员应具备一些必要的国际税收方面的知识，科学地进行国际税收管理。总的来说，国际税收管理的目标是合理降低总税负，可以概括为：

(1) 根据有关国家的税法、税收协定来避免出现双重征税的情况。

(2) 利用有关国家为吸引外资而采取的优惠政策，实现最多的纳税减免。

(3) 利用各种“避税港”来减少纳税支出。

(4) 利用内部转移价格把利润转移至低税国家和地区，使总纳税额最少。

(5) 利用其他方法来减少所得税的支付。

(二) 国际双重征税的免除

国际双重征税是指两个国家对同一纳税人的同一所得额，同时按本国税法课征所得税。国际双重征税现象的存在，对国际经济的发展和跨国经营的推行，都会产生不利的影响。首先，国际双重征税违背了税负公平的原则，它造成了地位同等的纳税人在税收及相关的范围内处于不同的竞争状态，不利于国际化公司在平等竞争的环境中发展。其次，国际双重征税大大加重了纳税人的负担，一笔收入两国同时征税，这会严重限制国际化公司的生产经营活动，阻碍国际经济和技术合作的发展。

1. 免税法

免税法是对本国居民来源于国外的所得和放在国外的财产并已在国外纳税的那部分跨国收益、所得或财产价值予以免税，以避免国际双重征税的一种方法。实行免税制的国家主要是欧洲大陆和拉丁美洲的一些国家，如法国、海地、多米尼加、巴拿马、委内瑞拉等。免税法有全额免税和累进免税两种。全额免税是征税国在确定纳税人总所得的适用税率时，完全不计入免税的国外所得。累进免税是征税国对境外所得虽给予免税，但在确定纳税人总所得的适用税率时，却要将免税所得并入计算。实行累进免税法，征税国往往会取得较多的税款，故目前大多数国家都采用累进免税法。

2. 抵免法

抵免法是指居住国允许本国居民纳税人在本国税法规定的限度内，用已在来源国缴纳的税款，抵免应就其世界范围内所得向居住国缴纳税款的一部分，以避免双重征税的一种方法。我国目前采用这种方法。抵免法有全额抵免和限额抵免两种。全额抵免是不管纳税人在收入来源国纳税多少，全部都给予抵免。限额抵免是抵免额不得超过纳税人在外国按居住国所得税税率所应缴纳的税款。当收入来源国的所得税税率低于或等于居住国的所得税率时，全额抵免和限额抵免并无区别。当收入来源国的所得税率高于居住国所得税率时，超过居住国应缴纳税款的部分则不能抵免。这对跨国纳税人是不利的，但对征税国有利，因此世界上大多数国家都采用限额抵免法，我国也实行这种方法。

3. 税收协定法

税收协定法是通过有关国家签订双边税收协定，以避免国际纳税人被重复征税的一种方法。所谓双边税收协定，是指两个国家为了协调双方处理跨国纳税人征税事务和其他有关方面的税收关系，经过谈判而签订的一种书面协议。运用税收协定避免国际双重征税主要有两种方法：一是将征税权完全划归一方，从而完全排除了另一方对该纳税对象的征税权，使国际双重征税得以免除；二是通过税收协定，缔约国双方可以确定各自税收管辖权的范围，明确哪些所得应由来源国一方优先行使来源地税收管辖权，哪些所得应限制其税收管辖权的行使等，如此也能避免双重征税。

（三）国际避税与反避税

国际避税是指国际化公司利用税法规定的差别，利用选择合适的地点和经营方式等种种合法手段，来减少或消除其纳税义务的一种行为。

1. 利用内部转移价格避税

内部转移价格是国际化公司内部母公司与子公司之间或子公司与子公司之间转移商品或劳务的价格。内部转移价格避税则是国际化公司利用各国间税率和税法的差异，通过调节内部转移价格来达到避税目的的一种手段。国际化公司利用内部转移价格避税的主要做法是：对由低税国子公司向高税国子公司的出口业务采取高价，而对由高税国向低税国的出口业务采取低价。这样就把实现利润的一部分由高税国子公司转入低税国子公司，使整个公司的纳税额减少。

2. 利用避税港避税

避税港又称低税乐园或避税地，是指以免征某些税收或压低税率的方法，为外国投资者提供不纳税或少纳税的国家或地区。避税港避税则是指国际化公司将其所得与资产转移至避税港，以减轻税负的一种方法。

3. 国际反避税

近几十年来，国际化公司避税规模有增无减，避税方式更是不断翻新，还往往与国际偷税漏税结合在一起，造成财富的不正当分配，歪曲了国际竞争条件，影响了一些国家的财政收入。为此，许多国家特别是发达国家纷纷采取对策，完善税收立法，加强征税管理，以防止和消除国际避税的泛滥。在长期实践中，一些国家逐渐形成了一些反避税的方法。虽然这些方法离真正消除避税行为的目标还有相当大的差距，但对抑制避税行为确实产生了良好效果。

练　习　题

一、单项选择题（下列各小题有且只有一个正确答案，请将正确答案的标号填入题干的括号内）

1. 关于国际财务管理学与财务管理学的关系，下列表述正确的是（　　）。

A. 国际财务管理是学习财务管理的基础

B. 国际财务管理与财务管理是两门截然不同的学科

C. 国际财务管理是财务管理的一个新的分支

D. 国际财务管理研究的范围要比财务管理的窄

2. 企业的（　　）管理与财务管理密切结合，是国际财务管理的基本特点。

A. 资金　　B. 人事
C. 外汇　　D. 成本

3. 下列一般不作为长期外汇风险的管理方法的是(　　)。

A. 远期外汇合同　　B. 货币互换交易
C. 平行贷款　　D. 拒绝与国外客户交易

4. 国际债券是指(　　)。

A. 一国借款人在国际证券市场上以本国货币为面值,向外国投资者发行的债券
B. 一国借款人在本国证券市场上以本国货币为面值,向外国投资者发行的债券
C. 一国借款人在国际证券市场上以外国货币为面值,向外国投资者发行的债券
D. 一国借款人在国际证券市场上以外国货币为面值,向本国投资者发行的债券

5. 一国政府、金融机构、公司等在某一外国债券市场上发行的,不是以该外国的货币为面值的债券,称为(　　)。

A. 普通债券　　B. 国内债券
C. 欧洲债券　　D. 外国债券

二、多项选择题(下列各小题中有两个或两个以上符合题意的正确答案,请将正确答案的标号填入题干的括号内)

1. 国际财务管理的内容应该包括(　　)。

A. 国际投资管理　　B. 外汇风险管理
C. 合并财务报表管理　　D. 国际税收管理

2. 国际企业面临的新的风险来源包括(　　)。

A. 经营风险　　B. 外汇风险
C. 政治风险　　D. 国外运营风险

3. 国际财务管理的经济环境包括(　　)。

A. 经济周期　　B. 经济发展水平
C. 经济体制　　D. 金融环境

4. 短期外汇借款的成本包括(　　)。

A. 本金　　B. 利息
C. 筹资费用　　D. 外币折合差额

5. 外汇风险主要包括(　　)。

A. 交易风险　　B. 经济风险
C. 折算风险　　D. 经营风险

三、判断题(请在正确的题后括号内打√,错误的打×)

1. 外汇风险通常被定义为汇率变动有可能受到的影响,特使是有可能蒙受的损失,但不仅指损失,还有可能产生收益。(　　)

2. 国际企业必须认真预测外汇汇率的变动情况,适当地利用各种避险方法,消除或减少外汇风险。(　　)

3. 一般来说,外汇风险防范的重点为经营风险。(　　)

4. 经济风险的影响是长期的，而折算风险和交易风险的影响则是一次性的。（　　）
5. 企业可以利用内部转移价格进行避税。（　　）

四、简答题

1. 简述国际直接投资的动机。
2. 简述国际双重征税的免除方法。
3. 简述国际避税的主要方法。
4. 简述外汇交易风险的管理方法。

参考答案

一、单项选择题

题号	1	2	3	4	5					
答案	C	C	D	C	C					

二、多项选择题

题号	1	2	3	4	5					
答案	ABD	BCD	ABCD	BCD	ABC					

三、判断题

题号	1	2	3	4	5					
答案	√	√	×	√	√					

四、简答题

答案略，参见教材。

第十二章　大数据与财务决策

思维导图

- 大数据与财务决策
  - 大数据概述
    - 大数据的产生与发展
    - 大数据的特征
    - 大数据的分类
  - 大数据对企业财务决策的影响与挑战
    - 大数据时代传统企业财务决策面临的突出问题
    - 大数据对企业财务决策的积极影响
    - 大数据时代财务管理理论与实践的变革

学习目的与要求

本章主要介绍大数据的概念、特征、分类，大数据时代传统企业财务决策面临的突出问题，大数据对企业财务决策的积极影响和大数据时代财务管理理论与实践的变革等内容。学习本章后，学生应了解大数据的产生与发展过程，掌握大数据特征、大数据类型和大数据典型应用的主要内容，能够分析大数据对企业财务决策的影响及挑战。

（1）本章学习的重点内容：充分理解大数据时代传统企业财务决策面临的突出问题，掌握大数据对企业财务决策的积极影响，理解大数据时代财务管理理论与实践的变革。

（2）本章学习的难点内容：大数据对企业财务决策的积极影响的认识和理解，能够从整体上把握大数据时代财务管理理论与实践的变革。

本章核心内容

一、大数据概述

（一）大数据的产生与发展

在麦肯锡公司看来，所谓大数据就是其大小超出了传统数据库软件的采集、存储、管理和分析等能力的数据集。研究机构 Gartner 认为，运用传统工具无法处理的信息，可以采用大数据完成，即大数据是需要新处理模式，才能具有更强的决策力、洞察发现力和流程优化能力来适应海量、高增长率和多样化的信息资产。一般而言，大数据是指数据庞大且结构复杂，增长速度快但价值密度低，短时间内难以用现有的软件进行数据处理的数据集。

大数据是一个较为宽泛的概念，并不存在一个较为严格的定义，不同的人在不同的时期对大数据的理解并不完全相同。一方面，随着人工智能和物联网的发展，数据信息在以几何指数的速度增长，符合大数据标准的数据集会随着时间推移和技术进步而不断增长；另一方面，对于不同行业和部门的主体，符合大数据标准的数据集也会存在差别，对于刚成立的小型企业认定的大数据标准，可能并不适用于资产规模超千亿元的大型企业。

（二）大数据的特征

大数据应该满足一些基本的共性特征，代表性观点如 IBM 公司提出大规模性（huge Volume）、高速性（high Velocity）、多样性（huge Variety）、不确定真实性（uncertain Veracity）和低价值密度性（low Value density），即大数据 5V 特性。

（三）大数据的分类

1. 根据数据结构分类

（1）结构化数据。结构化数据又称定量数据，是能够用数据或统一的结构加以表示的信息，如数字、符号，可以使用关系型数据库表示和存储，表现为二维形式的数据。结构化数据是高度组织和整齐格式化的数据，它是可以放入表格和电子表格中的数据类型。在项目中，当使用结构化查询语言或 SQL 时，计算机程序很容易搜索这些结构化术语。

（2）非结构化数据。非结构化数据是指数据结构不规则或不完整，没有预定义的数据模型，不方便用数据库二维逻辑表呈现的数据，各种文档、图片、视频、音频等都属于非结构化数据。对于这类数据，我们一般直接整体进行存储，而且一般存储为二进制的数据格式。非结构化数据本质上是结构化数据之外的一切数据。它不符合任何预定义的模型，因此它存储在非关系数据库中，并使用 NoSQL 进行查询。它可能是文本的或非文本的数据，也可能是人为的或机器生成的数据。总之，非结构化数据是字段可变的数据。

2. 根据数据产生方式分类

（1）交易数据。交易数据是指通过股票、期权、期货、电子商务等交易平台，或企业间直接交易所产生的一系列数据。由于存在信息不对称等问题，股票等金融市场并非完全有效，因此历史的交易数据仍然具有价值。通过大数据平台和有效的算法分析和预测交易数据，有助于企业进行更加科学的决策。

（2）交互数据。交互数据是指博客、微博、微信等社交媒体互动所产生的数据。当前，随着信息技术的不断发展，通过社交媒体发布信息愈发便捷，产生数据量愈加丰富，且主要以非结构化数据为主，使得大数据分析的重点从交易数据向交互数据发展，如京东等电商平台网站追踪用户从进入到离开网站的浏览情况，建立起企业和用户之间的一种互动联系，并通过对交互数据的分析，了解用户的个人需求，向用户推荐合适的商品，以此提升企业的销售业绩。

（3）传感数据。传感数据是指利用 GPS、RFID、视频监控等感知设备或传感设备感受、测量及传输的数据，这些感知设备或传感设备实时和动态地收集大量的时序传感数据。这些传感数据又可以分为实时状态数据和累加数据，前者表示某个时刻运行状态，如速度、功率等，后者表示一定范围内的数据累加量，如里程、热消耗等。通常情况下，传感器以一定的频率采集数据，并将数据发送至相应的数据接收端，数据接收端将收到一组或多组在时间上存在严格先后顺序的观测值序列，即"时间序列数据"。这些数据精准地记录着某个具体参数的实时变化情况，并在一定的时间范围内反映该参数的发展趋势和变化规律。

3. 根据数据产生主体分类

(1) 企业数据。企业数据主要指企业通过 ERP 等信息系统里有关企业生产、运营和管理等方面的数据。希捷科技的一项研究预测，到 2025 年，企业存储的数据量将达到 13.6 ZB，超过全球总数据量的 80%，每天都会有无数的数据被收集、交换、分析和整合。在经济领域，大数据扮演着非常重要的角色，大数据不仅能够帮助企业预测经济形势，还能更好地解消费者的需求，控制产品成本，具有强大的商业价值。麦肯锡公司预计，数据将与企业的固定资产和人力资源一样，成为生产过程中的基本要素。

(2) 机器数据。机器数据是由服务器、存储、互联网及物联网中的设备或程序生成的大量结构化、非结构化的数据，包括了日志文件、各种历史记录、Web 服务器日志、手机数据、传感器数据等。在大数据中，机器数据是增长较快的一种数据，通过机器自动记录的实时数据，可以实现商业智能的价值从后知后觉转向实时分析，帮助组织能快地了解运营及顾客数据，从而实现组织的持续创新和竞争力提升。

(3) 社会化数据。社会化数据是指利用终端设备收集、追踪与用户相关的数据信息，包括评论、视频、照片、地理位置、个人资料、社交关系等由用户在社会化媒体中产生或分享的各类信息。通过社会化数据可以更好地了解用户的需求，以此为用户提供更好的服务，增强用户体验。与传统的市场调研等静态数据相比，社会化数据具有实时性和流动性等特点，人们在社会化媒体上通过交流、购买、出售及其他日常生活活动以免费的方式提供着大量信息，这使得人们的行为和情绪的细节化测量成为可能，挖掘用户的行为习惯和喜好，从凌乱纷繁的数据背后找到更符合用户兴趣和习惯的产品和服务，并对产品和服务进行针对性调整和优化，以此不断增加企业的价值。

二、大数据对企业财务决策的影响与挑战

(一) 大数据时代传统企业财务决策面临的突出问题

1. 财务决策数据的时效性较差

传统的企业财务决策主要基于财务会计数据，由于信息技术及成本收益的限制，现有财务报表主要以年度、半年度、季度等定期报告的形式提供，即使是供企业管理使用的内部报表至少也是按月度汇总。随着业务量的增加，汇总的工作量越来越大，加之财务部门架构越来越复杂，财务数据生成的流程和周期都越来越长，导致财务决策数据时效性越来越差。较差的数据时效性无法及时发现企业日常经营活动存在问题，也无法及时反映出企业与供应商、客户等利益相关者之间关系的变化，从而影响了企业财务决策制定的有效性。

2. 财务决策数据的共享性较低

在企业内部存在许多部门，数据往往分散在不同的职能部门和业务部门，不同部门对于数据的定义、存储和处理存在很大的差异，加之企业财务会计部门与业务等部门之间信息往来较少，各部门基于自身利益的考虑往往也不愿进行及时沟通，从而导致企业数据碎片化，出现所谓的“数据孤岛”效应，数据尤其是财务数据在不同部门之间的共享性较差，不利于数据的正常流转，从而影响了企业财务决策制定的科学性。

3. 财务决策对非财务信息关注不足

一方面，由于财务数据的时效性较差，其在反映企业财务状况、经营成果等方面存在一

定的滞后性，导致企业财务数据生成时财务报告中存货、交易性交融资产、无形资产等资产的价值可能发生很大变化；另一方面，随着信息技术的发展和"业财融合"的深入推进，企业日常经营业务等非财务信息更容易被及时追踪和反映出来，非财务数据在企业管理中的作用日益突出。Lev 和 Zarowin(1999)等相关研究指出，财务会计数据在企业股票价值方面的解释力已经越来越弱，尤其是对于那些知识密集型的企业和高科技企业，财务数据的信息含量越来越低，过度依赖财务数据将会影响财务决策制定的质量。

4. 财务决策风险意识不强

在现代企业的经营管理中，随着经济全球化的发展，外部环境复杂多变，企业在市场竞争中将面对各种各样的风险，如何辨识、评估、监测、控制风险无疑是企业管理决策中应该考虑的重要内容。在我国，当前风险管理是企业管理中的一个相对薄弱环节，风险意识不强，风险管理工作薄弱，是企业发生重大风险事件的重要原因。财务管理作为企业管理的一项重要内容，在企业风险识别和防控方面发挥着重要的作用，当前企业风险管理已经进入全面风险管理的新阶段，然而现有的财务理论与实践缺乏从整体角度考虑企业风险管理问题，大多强调如何降低企业的流动性风险，在风险防范策略方面也主要是对企业资本结构进行适当的动态调整，而对企业所面临的市场风险、运营风险等与企业财务风险密切相关的风险关注不足，导致企业风险管理效果不佳。

（二）大数据对企业财务决策的积极影响

1. 大数据有助于提升财务决策效率

传统的财务决策主要依赖财务数据，而财务数据生成往往工作量大、周期长，导致数据时效性差，影响了企业财务决策制定的有效性。在大数据时代，借助大数据和云端先进的数据存储、处理和分析技术，企业可以更加智能化地提取财务信息，充分挖掘潜在信息辅助决策，有助于为企业财务决策提供更加及时和准确的数据支持，提升企业财务决策效率。

2. 大数据有助于打破财务"数据孤岛"

企业传统的组织结构分工使得数据在不同部门之间流转不畅，影响了企业决策制定的科学性。随着信息技术的发展，企业内部组织结构边界在不断扩展，通用电气原 CEO 杰克·韦尔奇提出无边界管理理念，强调组织各种边界的有机性和渗透性，从而谋求企业对外部环境的变化做出敏捷且具有创造力的反应，大数据为实施无边界管理理念提供了有力支撑。在大数据时代，企业业务流程、财务流程、管理流程将有机融合，使信息突破部门和专业的壁垒，打破企业内部"数据孤岛"，提高整个组织信息传递、扩散和渗透的能力。

3. 大数据有助于为财务决策提供丰富的非财务数据支持

在非大数据和互联网时代，企业财务决策主要关注企业未来的盈利能力或现金流水平，而对市场份额、了解用户的体验和偏好等非财务数据信息没有给予足够的重视。在大数据时代，借助丰富的海量数据资源，基于企业不同的产品和市场，企业可以通过大数据提取丰富的有关企业自身、客户、供应商等主体的非财务数据，实现财务信息与非财务信息的融合，有助于避免单纯依靠财务信息决策的不可控风险，使得企业财务决策更加科学合理。

4. 大数据有助于拓展财务风险管理的范畴

限于组织结构分工的不同和数据的可得性，现有的财务风险理论和实践主要关注企业的偿债风险，缺乏对市场风险、运营风险等与企业财务紧密相关的一系列风险的研究。在大数据时代，先进的数据采集、存储和分析技术，能够给企业带来及时、准确的财务信息和非财务信息，在此基础上采用智能化的风险预警系统，帮助企业对偿债风险、市场风险、运营风险等进行科学的识别和判断，有助于从企业整体的角度对企业风险进行管理。

（三）大数据时代财务管理理论与实践的变革

1. 企业价值内涵及驱动因素变化

在大数据时代，投资者对公司价值的判断已经不再局限于企业现在的利润、现金流等财务信息，更多的是考虑企业商业模式和核心能力等资源，这些资源包括点击率、客户群甚至数据本身。然而，这些商业模式等内容大多被传统的财务理论所忽视。从近期的企业财务实践看，创新和"触网"是大数据环境对企业商业模式的基本要求，企业只有"触网"，才能充分利用大数据进行精细化管理，实时把握差异化的客户需求，基于客户的兴趣和需求提供相应的产品或服务，这种商业模式不是以财务资本投入为关键驱动因素，而是基于技术创新、信息系统、流程再造等关键无形资本。

2. 企业财务决策去边界化

企业组织中主要存在外部边界、水平边界、垂直边界和地理边界，这四种边界在相当程度上阻碍了信息在企业内部的流通，是影响企业职能发挥的主要障碍。基于无边界的财务决策的主要目标就是打破以上四种边界，突破信息在企业间、上下级、部门和地理上的限制，打破企业内部的"信息孤岛"，提高财务决策的科学性和有效性。

(1) 打破财务决策的外部边界。当前企业间的竞争已经逐渐从单一企业的竞争演变为供应链之间的竞争，合作伙伴、战略联盟和合资企业等供应链合作的形式的发展越来越广泛，企业的"边界"也越来越大，因此企业财务决策不能只局限于企业内部分析，还应该将财务决策的边界向供应商和客户等供应链利益相关者扩展。在大数据时代，及时获取供应商和客户等供应链利益相关者的供需信息成为可能，这将在原材料订购、客户需求变化、专用性资产投资等方面降低信息不对称程度，从而有助于提高财务决策质量。

(2) 打破财务决策的水平边界。现代企业的组织结构一般按照部门分工划分，如研发部门、生产部门、销售部门、财务部门、人力资源部门等，每个部门在各自分工领域内行使相应的职能，但由于不同部门对于数据的定义、存储和处理存在很大的差异，加之各职能部门会更多考虑本部门的利益，致使数据无法在各部门之间正常流转。大数据时代，借助强大的数据采集、存储和分析技术，可以打破企业各职能部门之间的"数据孤岛"，使财务部门与其他部门共享数据，突破财务决策的水平边界。最近实践中强调的"业财融合"就是要求财务部门深入挖掘业务数据，通过结合企业业务的具体情况，分析企业的运营和财务状况，以此实现财务业务一体化。

(3) 打破财务决策的垂直边界。传统的财务组织架构存在较为严格的内部等级制度，不同职位具有不同的职责和职权匹配，较长的财务组织结构层次有助于贯彻高层管理者的决策部署，但也容易造成信息传递失真和客户需求变化的响应时间过长。随着客户需求复杂多变，大数据为收集客户偏好等数据提供了可能，在财务等组织结构方面，减少财务部门的管理层次、实现扁平化管理、建立富有弹性的上下级关系等都将会减少企业财务等部门的市场响应时间，有助于打破财务决策的垂直边界，提高财务决策的效率。

（4）打破财务决策的地理边界。随着企业规模的扩张和全球化进程的推进，企业各个分部的地理位置越来越分散，财务部门也呈现出地理上的分散状态。如何加强对不同地区财务部门的管控及节约相关成本，成为有多个地区分部企业面临的重要问题。大数据技术为打破各个地区的财务边界提供了重要的技术支持，如财务共享中心、云财务等新型财务管理模式，将企业各地区分部分散进行的重复性业务整合到财务共享中心处理，将会在很大程度上节约财务核算方面的成本，加强对地区分部的管控，提高财务决策的效率和效果。

3. 基于实时全面数据的企业财务分析决策

（1）财务分析实时化。构建实时财务报告系统，进行实时财务分析至少包含以下内容：① 将企业内部的会计信息系统与管理信息系统的数据进行整合，建立企业实时数据库，实时反映企业的生产经营活动状况；② 及时采集与企业生产经营活动相关的宏观经济、行业企业及主要竞争对手等外部数据，将企业实时数据库与外部数据进行对接，便于全面分析企业的生产经营和财务状况；③ 基于企业实时数据库，构建实时财务报告系统，便于不同层次、不同部门的使用者及时阅读、分析和利用，尤其是要注意可视化操作，从而为使用者提供实时的财务信息。

（2）财务分析全面化。众所周知，现有财务分析主要依赖财务数据，而财务数据往往是汇总后的统计数据，在某种程度上会带来信息的损失。大数据为突破传统财务分析提供技术支持，财务分析将不再限于传统的财务报表，而是延伸到外部的宏观、行业及竞争环境和内部的生产经营过程，这些分析将会提供更加丰富的非财务数据。而这些非财务数据在很大程度上是财务数据的先行指标，通过对相关财务数据和非财务数据结合分析，将会使分析的结果更加准确和可靠。

4. 基于多维度和实时评价的企业投资决策

在大数据时代，企业可以获取海量、多样、实时的信息，如宏观经济预测、行业景气度、客户需求信息、相关交易数据等，这些信息是企业进行投资判断的重要依据。利用大数据可以有效解决投资项目评价方法的诸多弊端：

（1）大数据本身具有大规模性、高速性、多样性和真实性等特征，这有利于准确预测投资项目未来的现金流量。

（2）对于现金流较少或不确定的战略性投资项目，大数据能从企业获取的资源与前景等方面进行全面评价，如点击率、客户群、产业链、市场份额等。

（3）大数据技术还可以对投资项目实施过程前后形成的新数据进行实时、准确和全面的收集并评价，并将项目实施后的实施数据与投资前项目的预期进行对比，动态监控投资项目的实施。

5. 企业融资决策调整

在大数据和互联网时代，大数据带来的海量、实时和多样的信息，使得企业经营透明度越来越高，有助于打破各利益主体之间的信息不对称，让各方的连接更有效率，企业的融资成本将会明显降低,企业的融资方式也将发生显著调整。

大数据与金融行业结合产生了互联网金融产业,逐渐扭转了传统金融行业赖以生存的信息不对称格局,对中小企业而言,其匹配资金供需的效率要远高于传统银行等金融机构。如阿里金融,将大数据充分利用在小微企业和创业者的金融服务上,依托淘宝、天猫等平台汇集的物流、资金流、信息流及买家投诉、评价等第一手资料展开征信,基于阿里云平台的大数据与云计算,可以对客户进行风险评级及违约概率计算,从而为优质的中小企业提供信贷服务,使得中小企业逐渐摆脱传统商业银行基于"重资产"的财务报表与抵押资产的信贷审核。

6. 企业财务风险理论与实践重构

(1) 财务风险概念框架重构。在全面风险管理的框架下,财务风险应该是一个多视角、多元化和多层次的综合性概念。在大数据时代,能够便捷地采集到与市场风险、运营风险相关数据,一个较为现实的财务风险概念框架除了包括传统的偿债风险,还应该将那些与企业财务紧密相关的风险纳入分析的范畴,从而有助于从整体上把握企业财务风险的形成机理及其变化。

(2) 财务风险策略优化。良好的风险预警能力是风险管理的基础。大数据时代,企业应该围绕如何建立有效的财务风险状况预警系统进行优化,同时降低对防范风险金融工具的依赖。基于海量、丰富和实时的大数据资源,能够有效增强企业对财务风险的预警能力,并推动企业内部控制各环节、各层次之间的信息共享和透明化,从而有效防范财务风险。

练 习 题

一、单项选择题(下列各小题有且只有一个正确答案,请将正确答案的标号填入题干的括号内)

1. 以下选项不属于大数据的特点的是(　　)。

A. 数据传输速度快　　B. 大数据都是有价值的数据

C. 数据类型的多样化　　D. 大数据的价值密度相对较低

2. 以下数据形式是半结构化数据的是(　　)。

A. 声音　　B. XML

C. 表格　　D. 图片

3. 关于大数据思维,下列描述错误的是(　　)。

A. 因果思维　　B. 总体思维

C. 相关思维　　D. 容错思维

4. 关于财务大数据,下列说法错误的是(　　)。

A. 促进财务部门职能转变

B. 大数据更加智能,降低财务人员能力要求

C. 模糊财务部门与业务部门的界限

D. 提升财务数据质量

5. 下列关于大数据时代财务管理理论与实践变革的表述中，错误的是（　　）。

A. 企业财务决策去边界化

B. 企业价值评估不再局限于利润、现金流等财务数据

C. 财务分析趋向于实时化和全面化

D. 企业投资决策可以完全抛开传统的评价方法

二、多项选择题（下列各小题中有两个或两个以上符合题意的正确答案，请将正确答案的标号填入题干的括号内）

1. 关于大数据思维，描述正确的是（　　）。

A. 大数据思维要从样本思维转向总体思维

B. 大数据思维要从精确思维转向容错思维

C. 大数据思维要从因果思维转向相关思维

D. 大数据时代所有数据都是结构化数据

2. 关于财务大数据，说法正确的是（　　）。

A. 大数据时代，大量的财务报表数据由程序自动处理，工作效率大大提升

B. 大数据时代，财务共享中心是未来的趋势

C. 大数据能够使财务人员更精准地制定预算管理，为领导层提供决策依据

D. 大数据时代，财务人员只关注自己企业的数据即可，不需关注行业数据

3. 大数据包含的类别有（　　）。

A. 结构化数据　　　　B. 非结构化数据

C. 半结构化数据　　　D. 类结构化数据

4. 大数据对财务部门影响主要有（　　）。

A. 大数据可促进财务部门职能转变

B. 大数据模糊财务部门与业务部门的界限

C. 促使财务从前端走向后端，从事后核算转向事前预测决策

D. 提升财务数据质量，提高财务管理效率

5. 下列关于大数据对企业财务决策影响的表述中，正确的有（　　）。

A. 大数据有助于提升财务决策效率

B. 大数据有助于打破财务决策边界

C. 大数据有助于拓展财务风险管理的范畴

D. 大数据有助于为财务决策提供丰富的非财务数据支持

三、简答题

1. 简述大数据的产生与发展过程。

2. 简述大数据的5V特征。

3. 根据数据的产生方式和产生主体，大数据有哪些分类？并举例说明。

4. 大数据时代，传统企业财务决策面临哪些挑战？

5. 大数据时代，财务管理理论与实践面临哪些变革？

参考答案

一、单项选择题

题号	1	2	3	4	5					
答案	B	B	A	B	D					

二、多项选择题

题号	1	2	3	4	5					
答案	ABC	ABC	ABC	ABD	ABCD					

三、简答题

答案略,参见教材。

综合模拟试题(一)

一、单项选择题(下列各小题有且只有一个正确答案,请将正确答案的标号填入题干的括号内。本题型共 20 题,每题 1 分,共 20 分)

1. 下列企业各项财务管理目标中,最容易导致企业短期行为的是(　　)。

A. 企业价值最大化　　B. 股东财富最大化

C. 利润最大化　　D. 相关者利益最大化

2. 下列企业应对通货膨胀风险的各种策略中,错误的是(　　)。

A. 进行长期投资　　B. 签订长期购货合同

C. 取得长期借款　　D. 签订长期销货合同

3. 已知某股票的 β 系数等于 2,则该证券(　　)。

A. 无风险　　B. 与证券市场所有股票的平均风险一致

C. 是证券市场所有股票平均风险的 1/2　　D. 是证券市场所有股票平均风险的 2 倍

4. 在其他因素不变条件下,市场利率越高,企业债券的价值(　　)。

A. 越小　　B. 越大

C. 不变　　D. 无法确定

5. 已知企业营业净利率为 20%,总资产净利率为 30%,则总资产周转率为(　　)。

A. 0.67　　B. 0.1

C. 0.5　　D. 1.5

6. 企业某年速动比率很高而现金比率很低,原因通常是(　　)。

A. 公司有大量存货　　B. 公司有大量流动负债

C. 公司有大量应收账款　　D. 公司有大量流动资产

7. 在总资产报酬率和负债利率不变的条件下,若总资产报酬率小于负债利率,则负债比率和权益净利率将呈(　　)。

A. 同方向变动　　B. 反方向变动

C. 都有可能　　D. 不存在任何关系

8. 下列有关营运能力比率分析指标的说法正确的是(　　)。

A. 应收账款周转天数以及存货周转天数越少越好

B. 非流动资产周转次数=销售成本/非流动资产

C. 总资产周转率=流动资产周转率+非流动资产周转率

D. 在应收账款周转率用于业绩评价时,最好使用多个时点的平均数,以减少季节性、偶然性和人为因素的影响

9. 企业大量增加速动资产可能导致的结果是(　　)。

A. 减少资金的机会成本　　B. 增加资金的机会成本

C. 增加财务风险　　D. 提高流动资产的报酬率

10. 下列关于企业长期偿债能力指标的说法，正确的是(　　)。

A. 权益乘数表明1元的股东权益借入的债务数额

B. 资产负债率、权益乘数之间是反方向变化的

C. 资产负债率与产权比率是同方向变化的

D. 权益乘数和产权比率反方向变动

11. 根据有税的MM理论，下列各项中会影响企业价值的是(　　)。

A. 财务困境成本　　B. 债务代理成本

C. 债务代理收益　　D. 债务利息抵税

12. 如果企业经理人员不愿意承担风险，则股东或管理人员可能尽量采用的增资方式是(　　)。

A. 发行债券　　B. 发行股票

C. 融资租赁　　D. 向银行借款

13. 采用每股收益无差别点进行企业资本结构分析时，当预计企业实际的EBIT高于每股盈余无差别点时，采用(　　)筹资方式对股东更有利。

A. 留存收益　　B. 股权

C. 债务　　D. 优先股

14. 假定某公司现金收支状况比较稳定，预计未来一年需要现金400万元，现金与有价证券的转换成本每次为2 000元，有价证券的年利率为10%，则该公司最佳现金持有余额为(　　)元。

A. 60万　　B. 50万

C. 40万　　D. 70万

15. 以下关于回收期法的描述错误的是(　　)。

A. 回收期越短的项目风险越低，因为时间越长越难以预计，风险越大

B. 有战略意义的长期投资往往早期收益较高，而中后期收益较低

C. 回收期法优先考虑急功近利的项目，可能导致放弃长期成功的项目

D. 为了克服回收期法不考虑时间价值的缺点，人们提出了折现回收期法

16. 肯定当量法的基本思想是先用一个系数把不确定的各年现金流量折算为大约相当于确定的现金流量，然后用(　　)去计算净现值。

A. 内部收益率　　B. 资本成本率

C. 无风险的折现率　　D. 有风险的折现率

17. 某汽车公司在考虑成立一个竞赛车队。该车队本身在可预期的未来是亏损的，在最乐观的情况下，车队本身的净现值为－0.55亿元，但竞赛车队的存在将使消费者关注并对该公司的其他产品产生兴趣，公司顾问估计竞赛车队的存在将增加公司其他产品现金流的净现值为0.85亿元，则成立竞赛车队项目的净现值是(　　)。

A. －0.55　　B. 0.85

C. 0.3　　D. 0

18. 在固定资产投资决策分析方法中，没有考虑折现现金流量的方法是(　　)。

A. 净现值法　　B. 投资回收期法

C. 现值指数法　　D. 内含报酬率法

19. 要获得收取股利的权利,投资者购买股票的最迟日期是(　　)。

A. 除息日　　B. 股权登记日

C. 股利宣告日　　D. 股利发放日

20. 如果不考虑股票交易成本,下列股利理论中,认为应该多发股利较好的是(　　)。

A. 税差理论　　B. "一鸟在手"理论

C. 客户效应理论　　D. 股利无关论

二、多项选择题(下列各小题中只有两个或两个以上符合题意的正确答案,请将正确答案的标号填入题干的括号内。本题型共10题,每题2分,共20分)

21. 关于递延年金,下列说法正确的是(　　)。

A. 递延年金是指若干期以后才开始发生的系列等额收付款项

B. 递延年金终值的大小与递延期无关

C. 递延年金现值的大小与递延期有关

D. 递延期越长,递延年金的现值越大

22. 下列各项影响企业风险的因素中,属于系统性风险的有(　　)。

A. 公司研发风险　　B. 国家税法变化引起的风险

C. 货币政策变化引起的风险　　D. 公司破产风险

23. 市场上有两种风险证券X和Y,下列情况中两种证券的投资组合风险低于二者加权平均风险的有(　　)。

A. X和Y期望报酬率的相关系数为0　　B. X和Y期望报酬率的相关系数为-1

C. X和Y期望报酬率的相关系数为1　　D. X和Y期望报酬率的相关系数为-0.5

24. 下列各项因素中,会降低企业短期偿债能力的表外因素有(　　)。

A. 售出产品可能发生的质量事故赔偿　　B. 为其他企业的银行借款提供担保

C. 近期准备变现土地　　D. 可动用的银行贷款指标

25. 下列关于优先股的说法中,正确的有(　　)。

A. 具有优先分配股利的权力　　B. 可以优先分配企业的剩余财产

C. 股利一般固定　　D. 享有优先表决权

26. 影响融资租赁每期租金的因素有(　　)。

A. 设备买价　　B. 设备残值

C. 租赁手续费　　D. 租金支付方式

27. 企业在确定因预防性动机而持有的现金数额时,需考虑的因素有(　　)。

A. 企业销售水平的高低　　B. 企业临时借款能力的强弱

C. 企业愿意承受风险的程度　　D. 货币资金收支预测的可靠程度

28. 确定订货点时需要考虑的因素有(　　)。

A. 平均每天的正常耗用量　　B. 预计每天的最大耗用量

C. 发出订单到材料入库的正常时间　　D. 发出订单到材料入库的最长时间

29. 在考虑所得税因素后,计算投资项目各年营业现金净流量时,可按公式(　　)来计算。

A. NCF=年营业收入—年付现成本—所得税

B. NCF＝税后利润＋折旧

C. NCF＝营业收入×(1－所得税税率)－付现成本×(1－所得税税率)－折旧×所得税税率

D. NCF＝营业收入×(1－所得税税率)－付现成本×(1－所得税税率)＋折旧×所得税税率

30. 下列关于股票股利的说法中，正确的有(　　)。

A. 发放股票股利可以增加公司股东财富

B. 发放股票股利不会改变公司股东权益总额

C. 发放股票股利会增加公司股本总额

D. 发放股票股利不会增加公司现金流出量

三、判断题(请在正确的题后括号内打√，错误的打×本题型共 10 题，每题 1 分，共 10 分)

31. 资金时间价值是由时间创造的，因此所有的资金都有时间价值。(　　)

32. 由于企业举债引起的风险属于经营风险。(　　)

33. 永续年金既有现值，又有终值。(　　)

34. 证券组合的风险报酬是指投资者因承担非系统性风险而要求的额外报酬。(　　)

35. 现金的管理成本是相对固定的，因此在确定现金最佳持有量时，可以不考虑其影响。(　　)

36. 某债券每年付息一次，到期一次还本，当溢价购买时，债券到期收益率大于票面利率。(　　)

37. 可持续增长率实质是公司仅运用内部积累资金所能支持的最大销售增长率。(　　)

38. ROE 是杜邦分析体系的核心指标。(　　)

39. 企业花费的收账费用越多，坏账损失越少，两者是线性关系。(　　)

40. “一鸟在手”理论认为投资者对收到的现金股利比较有信心，认为其属于相对稳定收入；而对由于留存收益而导致股票升值获得资本利得的信心较小，认为其属于相对不稳定的收入。(　　)

四、计算题(本题型共 4 题。第 41 题 7 分，第 42 题 9 分，第 43 题 10 分，第 44 题 12 分，共 38 分。计算过程精确到小数点后 4 位，计算结果精确到小数点后 2 位)

41. 某股票投资者拟购买甲公司的股票，该股票刚支付每股股利 2.4 元。已知现行国库券的利率为 12%，股票市场的平均报酬率为 16%，该股票的 β 系数为 1.5。

要求：

(1) 计算该股票的投资者期望报酬率。

(2) 假设该股票股利固定增长，增长率为 4%，则该股票的价值是多少？

(3) 假设股票在未来时间里股利保持不变，该股票的市价为 15 元/股，该投资者是否应该购买？

42. 某企业拟采用普通股、银行贷款和债券三种方式筹资新建一条生产线，预计筹资总额约为 2 000 万元,其中股票预计发行 100 万股,每股发行价 10 元,筹资费用率为 1%。预计第一年每股股利为 0.99 元,以后每年按 2.5%的比例固定递增;银行贷款 500 万元,年利率为 12%,期限 5 年,每年付息一次,无借款手续费率;债券按面值发行 500 万元,票面利率为 7.68%,5 年期,每年付息一次,发行费用率为 4%;企业所得税率为 25%。预计该项目第一年息税前利润可达 350 万元。(假定该企业无其他资本及项目)

要求:

(1) 计算项目综合资本成本率。

(2) 计算项目投产后,该企业第一年的财务杠杆系数。

(3) 若该企业第一年的经营杠杆系数为 2,计算该企业第一年综合杠杆系数。

43. 某企业原有折扣条件为"2/15、n/30",销售收入为 100 万元,有 60%的客户享受折扣,不享受折扣的客户,有一半准时付款,而另一半则拖欠 10 天付款,估计坏账损失率为 2%。该企业考虑折扣条件改变为"3/10、n/30",预计销售收入可增加 20 万元,估计会有 70%的客户享受新的折扣条件,未享受折扣条件的客户,其付款方式与原条件相同,估计坏账损失率不变。已知该企业产品的变动成本率为 75%,资金利润率为 12%。

要求:通过计算说明企业是否应采用新的信用政策。

44. 某企业原有设备一套,购置成本为 150 万元,预计使用 10 年,已使用 5 年,预计残值为原值的 10%,该企业采用直线法计提折旧。现该企业拟购买新设备替换旧设备,以提高生产效率,降低成本。新设备购置成本为 200 万元,使用年限为 5 年,同样采用直线法计提折旧,预计残值为购置成本的 10%,使用新设备后企业每年的销售额可以从 1 500 万元上升的 1 650 万元,每年付现成本将从 1 100 万元上升到 1 150 万元,企业如果购置新设备,旧设备出售可得收入 100 万元。假设新旧设备使用到期后均按残值金额出售。已知该企业适用的所得税税率为 25%,资本成本率为 10%。

要求:利用净现值方法分析该设备是否应更新。

五、材料分析题(本题型共 1 题,共 12 分)

45. 资料一:自 2006 年实行现行上市公司再融资制度以来,再融资在上市公司整体融资方式中的所占比重就不断提高,十年共计募资达 65 115.68 亿元。据证监会统计,2016 年再融资规模 1.15 万亿,创历史新高,较 2015 年上涨 71.62%,而同年 IPO 规模仅为 1 496.09 亿元。

资料二:中国证监会于 2017 年 2 月 15 日公布修订的《上市公司非公开发行股票实施细则》,同时发布《发行监管问答——关于引导规范上市公司再融资行为的监管要求》,从定价基准日、发行股份比例、融资间隔、融资必要性等四个角度明确了再融资新规。

业内人士认为,再融资新规意在遏制随意"圈钱"、限制"不缺钱"定增、改善定价机制,将有助于融资行为正本清源,引导上市公司更加合理地规划融资需求,压缩定价套利空间,避免频繁融资带来的资金闲置和资源浪费。同时,由于采用了"疏堵结合"的做法,再融资新规将有利于改善融资结构。

要求:近年来,我国很多上市公司利润表中的财务费用为负值,请结合上述材料,从企业融资的角度谈谈该现象产生的原因,将对企业产生何种影响,以及如何克服该现象的弊端。

综合模拟试题(一) 参考答案

一、单项选择题

题号	1	2	3	4	5	6	7	8	9	10
答案	C	D	D	A	D	C	B	D	B	C
题号	11	12	13	14	15	16	17	18	19	20
答案	D	B	C	C	B	C	C	B	B	B

二、多项选择题

题号	21	22	23	24	25	26	27	28	29	30
答案	ABC	BC	ABD	AB	ABC	ABCD	BCD	ABCD	ABD	BCD

三、判断题

题号	31	32	33	34	35	36	37	38	39	40
答案	×	×	×	×	√	×	×	√	×	√

四、计算题

41.（1）投资者期望收益率＝12%＋1.5×(16%－12%)＝18%。

（2）股票的内在价值 V＝2.4×(1＋4%)/(18%－4%)＝17.83(元)。

（3）股票的内在价值 V＝2.4/18%＝13.33(元)。

由于股票的市价为15元，大于其内在价值，因此不应该购买甲公司股票。

42.（1）各种筹资方式的资本成本如下。

普通股资本成本＝0.99/[10×(1－1%)]＋2.5%＝12.5%。

银行贷款资本成本＝12%×(1－25%))＝9%。

长期债券资本成本＝7.68%×(1－25%)/(1－4%)＝6%。

加权平均资本成本＝1 000/2 000×12.5%＋500/2 000×9%＋500/2 000×6%＝10%。

（2）负债筹资产生的利益费用 I＝500×0.12＋500×0.768＝98.4(元)。

$DFL=EBIT/(EBIT-I)$＝350/(350－98.4)＝1.39。

（3）$DTL=DFL\times DOL$＝1.39×2＝2.78。

43.（1）信用条件改变前平均收账期＝60%×15＋20%×30＋20%×40＝23(天)。

信用条件改变后平均收账期=70%×10+15%×30+15%×40=17.5(天)。

(2) 旧方案下应收账款平均余额=100×75%×23/360=4.791 7(万元)。

新方案下应收账款平均余额=120×75%×17.5/360=4.375(万元)。

(3) 旧方案下应收账款机会成本=4.791 7×12%=0.575(万元)。

新方案下应收账款机会成本=4.375×12%=0.525(万元)。

(4) 旧方案下折扣额=100×2%×60%=1.2(万元)。

新方案下折扣额=120×3%×70%=2.52(万元)。

(5) 旧方案下坏账损失额=100×2%=2(万元)。

新方案下坏账损失额=120×2%=2.4(万元)。

(6) 收益增加:20×25%=5(万元)。

成本费用增加:1.67 万元。

净利润=5-1.67=3.33(万元)。

因此,变更有效。

44. (1) 继续使用旧设备 NPV。

旧设备年折旧额=150×(1-10%)/10=13.5(万元)。

每年产生的营业现金净流量=(1 500-1 100-13.5)×0.75+13.5=303.375(万元)。

第 5 年年末现金流量=150×10%=15(万元)。

使用旧设备的净现值=303.375×P/A(10%,5)+15×P/F(10%,5)=1 159.35(万元)。

(2) 更新设备 NPV。

设备账面价值=150-13.5×5=82.5(万元)<变现价值 100 万元。

旧设备变现对新设备期初现金流量的影响=100-(100-82.5)×0.25=95.625(万元)。

新设备年折旧额=200×(1-10%)/10=36(万元)。

每年产生的营业现金净流量=(1 650-1 150-36)×0.75+36=384(万元)。

第 5 年年末现金流量=200×10%=20(万元)。

更新设备的净现值=-200+95.625+384×P/A(10%,5)+20×P/F(10%,5)=1 363.71(万元)。

(3) 更新设备的净现值大于继续使用旧设备的净现值,因此应该选择更新。

五、材料分析题

45.(1) 现象成因。

银行存款利息大于借款利息,具体可以从债务融资偏少(股权融资偏好)、缺少投资机会、货币资金管理、公司治理机制等方面展开。言之有理即可。

(2) 对企业的影响。

消极方面:货币资金机会成本增大,不能充分利用债务筹资的好处(低成本)。

积极方面:可以降低企业财务风险。

言之有理即可。

(3) 改善措施。

优化融资结构、完善公司治理、加强货币资金管理等方面。

言之有理即可。

综合模拟试题(二)

一、单项选择题(下列各小题有且只有一个正确答案,请将正确答案的标号填入题干的括号内。本题型共 20 题,每题 1 分,共 20 分)

1. 下列有关财务管理利润最大化目标的论述中,错误的是(　　)。

A. 没有考虑所获利润和投入资本额的关系

B. 考虑了风险因素

C. 没有考虑利润的取得时间

D. 不是最理想的财务管理目标

2. 已知某股票的 β 系数等于 1.5,则该证券(　　)。

A. 无风险　　B. 与证券市场所有股票的平均风险一致

C. 是证券市场所有股票平均风险的 1/2　　D. 是证券市场所有股票平均风险的 1.5 倍

3. 以下指标中,(　　)属于上市公司所特有的指标。

A. 资产负债率　　B. 市盈率

C. 速动比率　　D. 流动比率

4. 在其他因素不变条件下,市场利率越高,企业债券的价值(　　)。

A. 越小　　B. 越大

C. 不变　　D. 无法确定

5. 某投资者持有甲、乙、丙三种股票,三种股票所占资金的比例分别为 20%、30% 和 50%,其 β 系数分别为 1.5、1.6 和 1.8,则该投资组合的综合 β 系数为(　　)。

A. 1.5　　B. 3.8

C. 1.68　　D. 1.58

6. 某公司某年流动比率很高而速动比率很低,原因通常是(　　)。

A. 公司有大量存货　　B. 公司有大量流动负债

C. 公司有大量应收账款　　D. 公司有大量流动资产

7. 某股票每股收益为 0.8 元,市盈率为 20,该行业平均市盈率为 25,则该股票的价值为(　　)。

A. 17.5 元　　B. 20 元

C. 15 元　　D. 22 元

8. 企业大量增加速动资产可能导致的结果是(　　)。

A. 增加资金的机会成本　　B. 减少资金的机会成本

C. 增加财务风险　　D. 提高流动资产的报酬率

9. 属于分析企业盈利能力的指标是(　　)。

A. 总资产周转率　　B. 权益净利率

C. 资产负债率　　D. 速动比率

10. 下列有关营运能力比率分析指标的说法正确的是(　　)。

A. 在应收账款周转率用于业绩评价时,最好使用多个时点的平均数,以减少季节性、偶然性和人为因素的影响

B. 非流动资产周转次数=销售成本/非流动资产

C. 总资产周转率=流动资产周转率+非流动资产周转率

D. 应收账款周转天数以及存货周转天数越少越好

11. 信用条件“1/10,n/40”表示(　　)。

A. 信用期限10天,折扣期限40天　　B. 在10～40天内付款可享受1%的折扣

C. 信用期为40天,现金折扣为10%　　D. 在10天内付款可享受1%的现金折扣

12. 关于资本成本,下列(　　)叙述是不正确的。

A. 资本成本等于资金占用费除以筹资净额

B. 一般而言,主权资本成本要高于债务资本成本

C. 在长期资金中,从理论上讲,普通股资本成本应是最高

D. 使用留存收益资金不必付出任何代价,故其资本成本为零

13. 如果企业经理人员不愿意承担风险,则股东或管理人员可能尽量采用的增资方式是(　　)。

A. 发行债券　　B. 发行股票

C. 融资租赁　　D. 向银行借款

14. 下列各项中,属于商业信用的筹资方式的是(　　)。

A. 应付工资　　B. 应交税金

C. 应付股利　　D. 应付账款

15. 假定某公司现金收支状况比较稳定,预计未来一年需要现金300万元,现金与有价证券的转换成本每次为6 000元,有价证券的年利率为10%,则该公司最佳现金持有余额为(　　)。

A. 600 000　　B. 500 000

C. 400 000　　D. 700 000

16. 某汽车公司在考虑成立一个竞赛车队,该车队本身在可预期的未来是亏损的,在最乐观的情况下,车队本身的净现值为−4亿元,但竞赛车队的存在将使消费者关注并对该公司的其他产品产生兴趣,公司顾问估计竞赛车队对其他产品产生的协同效应的净现值为4.5亿元,则从整个公司角度看,这个车队的净现值是(　　)。

A. 4　　B. 5.5

C. 0.5　　D. 0

17. 下列哪一项属于企业的筹资渠道(　　)。

A. 国家资金　　B. 发行股票

C. 发行债券　　D. 银行借款

18. 在固定资产投资决策分析方法中,没有考虑折现现金流量的方法是(　　)。

A. 净现值法　　B. 现值指数法

C. 投资回收期法　　D. 内含报酬率法

19. 要获得收取股利的权利,投资者购买股票的最迟日期是(　　)。

A. 除息日　　B. 股权登记日
C. 股利宣告日　　D. 股利发放日
20. 能够体现"多盈多分,少盈少分,无盈不分"原则的股利分配政策是(　　)。
A. 固定或持续增长的股利政策　　B. 固定股利支付率政策
C. 剩余股利政策　　D. 低正常股利加额外股利政策

二、多项选择题(下列各小题中只有两个或两个以上符合题意的正确答案,请将正确答案的标号填入题干的括号内。本题型共10题,每题2分,共20分)

21. 下列各项因素中,影响企业短期偿债能力的表外因素有(　　)。
A. 售出产品可能发生的质量事故赔偿　　B. 为其他企业的银行借款提供担保
C. 近期准备变现土地　　D. 可动用的银行贷款指标
22. 市场上有两种风险证券X和Y,下列情况中两种证券的投资组合风险低于二者加权平均风险的有(　　)。
A. X和Y期望报酬率的相关系数为−0.6
B. X和Y期望报酬率的相关系数为0.6
C. X和Y期望报酬率的相关系数为0.8
D. X和Y期望报酬率的相关系数为0.5
23. 属于分析企业偿债能力的指标有(　　)。
A. 资产负债率　　B. 流动比率
C. 总资产周转率　　D. 速动比率
24. 下列经济业务中,通常会影响流动比率的有(　　)。
A. 以高于成本的价格销售产成品　　B. 偿还应付账款
C. 用银行存款购买固定资产　　D. 用固定资产对外进行长期投资
25. 企业在确定因预防性动机而持有的现金数额时,需考虑的因素有(　　)。
A. 企业销售水平的高低　　B. 企业临时借款能力的强弱
C. 企业愿意承受风险的程度　　D. 货币资金收支预测的可靠程度
26. 下列关于优先股的说法中,正确的有(　　)。
A. 具有优先分配股利的权利　　B. 可以优先分配公司的剩余财产
C. 股利一般固定　　D. 享有优先表决权
27. 普通股筹资的特点包括(　　)。
A. 公司发行新股时,普通股股东具有优先认股权,可以优先认购公司所发行的股票
B. 公司破产清算时,普通股股东对公司剩余财产的请求权位于优先股股东之后
C. 普通股股利分配在优先股之后进行,并以公司盈利情况而定
D. 普通股一般不允许转让
28. 信用条件是指企业要求客户支付赊销款项的条件,包括(　　)。
A. 信用期限　　B. 现金折扣
C. 折扣期限　　D. 坏账成本
29. 下列关于股票股利的说法中,正确的有(　　)。
A. 发放股票股利不会增加公司的现金流出量

B. 发放股票股利会增加公司的股本总额

C. 发放股票股利不会改变公司的股东权益总额

D. 发放股票股利不会增加股东财富

30. 下列各项影响企业风险的因素中,属于公司特有风险的有(　　)。

A. 公司工人罢工风险　　B. 通货膨胀引起的风险

C. 公司研发失败风险　　D. 公司破产风险

三、判断题(请在正确的题后括号内打√,错误的打×本题型共10题,每题1分,共10分)

31. 资金时间价值是由时间创造的,但不是所有的资金都有时间价值。(　　)

32. 由于企业举债引起的风险属于财务风险。(　　)

33. 递延年金既有现值,又有终值。(　　)

34. 名义利率一般可以分解为纯利率、通货膨胀率和风险溢价三部分。(　　)

35. 现金的管理成本是相对固定的,在确定现金最佳持有量时,必须考虑其影响。(　　)

36. 股东对公司收益具有固定索取权,债权人对公司收益享有剩余索取权。(　　)

37. 如果项目净现值小于零,即表明该项目的预期利润小于零。(　　)

38. ROE是杜邦分析体系的核心指标。(　　)

39. 现金是流动资产中变现能力最强的资产,它具有普遍的可接受性。(　　)

40. 根据股利政策的“一鸟在手”理论,股利政策对公司不会产生任何影响。(　　)

四、计算题(本题型共4题。第41题7分,第42题9分,第43题10分,第44题12分,共38分。计算过程精确到小数点后4位,计算结果精确到小数点后2位)

41. 某企业按(1/10,*n*/40)的现金折扣条件购入货物50万元,企业在折扣期正好有一笔足够现金可获得现金折扣,但企业又面临一项收益率为14%的投资项目。

请为企业决策:企业是否应享受现金折扣?

42. A公司股票的β系数为2.5,无风险利率为2%,市场上所有股票的平均报酬率为6%。

要求:

(1) 该股票投资者的预期收益率为多少?

(2) 若该股票的股利一直保持为2.5元/股不变,,则该股票的价值为多少?

(3) 若该股票为固定成长股,成长率为8%,预计一年后的股利为2.5元/股,则该股票的价值为多少?

43. 某股份公司2023年有关资料如下:

金额单位:万元

项目	年初数	年末数	本年数或平均数
存货	14 400	19 200	
流动负债	12 000	16 000	

表(续)

项目	年初数	年末数	本年数或平均数
总资产	30 000	34 000	
流动比率		1.5	
速动比率	0.8		
资产负债率			1/3(或 33.33%)①
流动资产周转次数			4
净利润			5 760

注:① 此处的资产负债率为平均资产负债率,计算公式为负债平均总额/资产平均总额。

要求:

(1) 计算流动资产年初、年末余额(假定流动资产由速动资产和存货构成)。

(2) 计算产品销售收入净额和总资产周转率。

(3) 计算营业净利率和权益资本净利率。

44. 已知某企业某生产线投资 3 000 万元,当年投产,设年销售收入为 1 100 万元,年成本费用为 750 万元,生产线受益期为 10 年,净残值为 0,采用直线法折旧,所得税税率为 25%,贴现率为 10%,已知 $P/A(10\%,10)=6.145$,$P/F(10\%,2)=0.826\ 4$。

要求:

(1) 用净现值法分析该投资项目可行性。

(2) 若施工期因故延期两年,则可行性如何?

五、材料分析题(本题型共 1 题,共 12 分)

45. 当前部分上市公司筹措大量资金放在银行,导致财务费用为负值。请从债务融资与资本成本的角度谈谈产生这一现象的原因,这一现象将对企业的影响,以及如何克服这一现象的弊端。

综合模拟试题(二)参考答案

一、单项选择题

题号	1	2	3	4	5	6	7	8	9	10
答案	B	D	B	A	C	A	B	A	B	A
题号	11	12	13	14	15	16	17	18	19	20
答案	D	D	B	D	A	C	A	C	B	B

二、多项选择题

题号	21	22	23	24	25	26	27	28	29	30
答案	ABCD	ABCD	ABD	ABC	BCD	ABC	ABC	ABC	ABCD	ACD

三、判断题

题号	31	32	33	34	35	36	37	38	39	40
答案	√	√	√	√	×	×	×	√	√	×

四、计算题

41. 放弃现金折扣的年机会成本率＝1%/(1－1%)×360/(40－10)＝12.12%，小于项目的投资收益率14%，因此应放弃折扣。

42. (1) $\beta=2.5$，$R_m=6\%$，$R_f=2\%$。

$R=R_f+\beta(R_m-R_f)=2\%+2.5\times(6\%-2\%)=12\%$。

(2) $V=2.5/12\%=20.833$(元)。

(3) $V=2.5/(12\%-8\%)=62.5$(元)。

43. (1) 流动资产年初余额＝0.8×12 000＋14 400＝24 000(万元)。

流动资产年末余额＝1.5×16 000＝24 000(万元)。

(2) 产品销售收入净额＝4×24 000＝96 000(万元)。

总资产周转率＝96 000/(30 000＋34 000)/2＝3。

(3) 营业净利率＝5 760/96 000＝6%。

权益资本净利率＝5 760/(2/3×32 000)＝27%。

44. (1) 受益期每年产生的营业现金净流量＝(1 100－750)×(1－25%)＋3 000/10＝562.5(万元)。

$NPV = 562.5 \times 6.145 - 3\ 000 = 456.56$(万元)。

因此,项目可行。

(2) 施工期因故延期两年,则其 $NPV = 562.5 \times 6.145 \times 0.826\ 4 - 3\ 000 = -143.15$(万元)。

因此,项目不可行。

五、材料分析题

45. (1) 成因:银行存款利息大于借款利息,具体可以从债务融资偏少(股权融资偏好)、缺少投资机会、货币资金管理、公司治理机制等方面展开。言之有理即可。

(2) 影响:消极方面,货币资金机会成本增大,不能充分利用债务筹资的好处(低成本);积极方面,可以降低企业财务风险。言之有理即可。

(3) 改善:优化融资结构、完善公司治理、加强货币资金管理等。言之有理即可。

附　　录

附录一　复利终值系数表

n \ i	1%	2%	3%	4%	5%	6%	7%	8%	9%	10%
1	1.010 0	1.020 0	1.030 0	1.040 0	1.050 0	1.060 0	1.070 0	1.080 0	1.090 0	1.100 0
2	1.020 1	1.040 4	1.060 9	1.081 6	1.102 5	1.123 6	1.144 9	1.166 4	1.188 1	1.210 0
3	1.030 3	1.061 2	1.092 7	1.124 9	1.157 6	1.191 0	1.225 0	1.259 7	1.295 0	1.331 0
4	1.040 6	1.082 4	1.125 5	1.169 9	1.215 5	1.262 5	1.310 8	1.360 5	1.411 6	1.464 1
5	1.051 0	1.104 1	1.159 3	1.216 7	1.276 3	1.338 2	1.402 6	1.469 3	1.538 6	1.610 5
6	1.061 5	1.126 2	1.194 1	1.265 3	1.340 1	1.418 5	1.500 7	1.586 9	1.677 1	1.771 6
7	1.072 1	1.148 7	1.229 9	1.315 9	1.407 1	1.503 6	1.605 8	1.713 8	1.828 0	1.948 7
8	1.082 9	1.171 7	1.266 8	1.368 6	1.477 5	1.593 8	1.718 2	1.850 9	1.992 6	2.143 6
9	1.093 7	1.195 1	1.304 8	1.423 3	1.551 3	1.689 5	1.838 5	1.999 0	2.171 9	2.357 9
10	1.104 6	1.219 0	1.343 9	1.480 2	1.628 9	1.790 8	1.967 2	2.158 9	2.367 4	2.593 7
11	1.115 7	1.243 4	1.384 2	1.539 5	1.710 3	1.898 3	2.104 9	2.331 6	2.580 4	2.853 1
12	1.126 8	1.268 2	1.425 8	1.601 0	1.795 9	2.012 2	2.252 2	2.518 2	2.812 7	3.138 4
13	1.138 1	1.293 6	1.468 5	1.665 1	1.885 6	2.132 9	2.409 8	2.719 6	3.065 8	3.452 3
14	1.149 5	1.319 5	1.512 6	1.731 7	1.979 9	2.260 9	2.578 5	2.937 2	3.341 7	3.797 5
15	1.161 0	1.345 9	1.558 0	1.800 9	2.078 9	2.396 6	2.759 0	3.172 2	3.642 5	4.177 2
16	1.172 6	1.372 8	1.604 7	1.873 0	2.182 9	2.540 4	2.952 2	3.425 9	3.970 3	4.595 0
17	1.184 3	1.400 2	1.652 8	1.947 9	2.292 0	2.692 8	3.158 8	3.700 0	4.327 6	5.054 5
18	1.196 1	1.428 2	1.702 4	2.025 8	2.406 6	2.854 3	3.379 9	3.996 0	4.717 1	5.559 9
19	1.208 1	1.456 8	1.753 5	2.106 8	2.527 0	3.025 6	3.616 5	4.315 7	5.141 7	6.115 9
20	1.220 2	1.485 9	1.806 1	2.191 1	2.653 3	3.207 1	3.869 7	4.661 0	5.604 4	6.727 5
21	1.232 4	1.515 7	1.860 3	2.278 8	2.786 0	3.399 6	4.140 6	5.033 8	6.108 8	7.400 2
22	1.244 7	1.546 0	1.916 1	2.369 9	2.925 3	3.603 5	4.430 4	5.436 5	6.658 6	8.140 3
23	1.257 2	1.576 9	1.973 6	2.464 7	3.071 5	3.819 7	4.740 5	5.871 5	7.257 9	8.954 3
24	1.269 7	1.608 4	2.032 8	2.563 3	3.225 1	4.048 9	5.072 4	6.341 2	7.911 1	9.849 7
25	1.282 4	1.640 6	2.093 8	2.665 8	3.386 4	4.291 9	5.427 4	6.848 5	8.623 1	10.835
26	1.295 3	1.673 4	2.156 6	2.772 5	3.555 7	4.549 4	5.807 4	7.396 4	9.399 2	11.918
27	1.308 2	1.706 9	2.221 3	2.883 4	3.733 5	4.822 2	6.213 9	7.988 1	10.245	13.110
28	1.321 3	1.741 0	2.287 9	2.998 7	3.920 1	5.111 7	6.648 8	8.627 1	11.167	14.421
29	1.334 5	1.775 8	2.356 6	3.118 7	4.116 1	5.418 4	7.114 3	9.173 0	12.172	15.863
30	1.347 8	1.811 4	2.427 3	3.243 4	4.321 9	5.743 5	7.612 3	10.063	13.268	17.449
40	1.488 9	2.208 0	3.262 0	4.801 0	7.040 0	10.286	14.974	21.725	31.409	45.259
50	1.644 6	2.691 6	4.383 9	7.106 7	11.467	18.420	29.457	46.902	74.358	117.39
60	1.816 7	3.281 0	5.891 6	10.520	18.679	32.988	57.946	101.26	176.03	304.48

续表

n \ i	12%	14%	15%	16%	18%	20%	24%	28%	32%	36%
1	1.120 0	1.140 0	1.150 0	1.160 0	1.180 0	1.200 0	1.240 0	1.280 0	1.320 0	1.3600
2	1.254 4	1.299 6	1.322 5	1.345 6	1.392 4	1.440 0	1.537 6	1.638 4	1.742 4	1.8496
3	1.404 9	1.481 5	1.520 9	1.560 9	1.643 0	1.728 0	1.906 6	2.097 2	2.300 0	2.515 5
4	1.573 5	1.689 0	1.749 0	1.810 6	1.938 8	2.073 6	2.364 2	2.684 4	3.036 0	3.421 0
5	1.762 3	1.925 4	2.011 4	2.100 3	2.287 8	2.488 3	2.931 6	3.436 0	4.007 5	4.652 6
6	1.973 8	2.195 0	2.313 1	2.436 4	2.699 6	2.986 0	3.635 2	4.398 0	5.289 9	6.327 5
7	2.210 7	2.502 3	2.660 0	2.826 2	3.185 5	3.583 2	4.507 7	5.629 5	6.982 6	8.605 4
8	2.476 0	2.852 6	3.059 0	3.278 4	3.758 9	4.299 8	5.589 5	7.205 8	9.217 0	11.703
9	2.773 1	3.251 9	3.517 9	3.803 0	4.435 5	5.159 8	6.931 0	9.223 4	12.166	15.917
10	3.105 8	3.707 2	4.045 6	4.411 4	5.233 8	6.191 7	8.594 4	11.806	16.060	21.647
11	3.478 5	4.226 2	4.652 4	5.117 3	6.175 9	7.430 1	10.657	15.112	21.199	29.439
12	3.896 0	4.817 9	5.350 3	5.936 0	7.287 6	8.916 1	13.215	19.343	27.983	40.037
13	4.363 5	5.492 4	6.152 8	6.885 8	8.599 4	10.699	16.386	24.759	36.937	54.451
14	4.887 1	6.261 3	7.075 7	7.987 5	10.147	12.839	20.319	31.691	48.757	74.053
15	5.473 6	7.137 9	8.137 1	9.265 5	11.974	15.407	25.196	40.565	64.359	100.71
16	6.130 4	8.137 2	9.357 6	10.748	14.129	18.488	31.243	51.923	84.954	136.97
17	6.866 0	9.276 5	10.761	12.468	16.672	22.186	38.741	66.461	112.14	186.28
18	7.690 0	10.575	12.375	14.463	19.673	26.623	48.039	85.071	148.02	253.34
19	8.612 8	12.056	14.232	16.777	23.214	31.948	59.568	108.89	195.39	344.54
20	9.646 3	13.743	16.367	19.461	27.393	38.338	73.864	139.33	257.92	468.57
21	10.804	15.668	18.822	22.574	32.324	46.005	91.592	178.41	340.45	637.26
22	12.100	17.861	21.645	26.186	38.142	55.206	113.57	228.36	449.39	866.67
23	13.552	20.362	24.891	30.376	45.008	66.247	140.83	292.30	593.20	1 178.7
24	15.179	23.212	28.625	35.236	53.109	79.497	174.63	374.14	783.02	1 603.0
25	17.000	26.462	32.919	40.874	62.669	95.396	216.54	478.90	1 033.6	2 180.1
26	19.040	30.167	37.857	47.414	73.949	114.48	268.51	613.00	1 364.3	2 964.9
27	21.325	34.390	43.535	55.000	87.260	137.37	332.95	784.64	1 800.9	4 032.3
28	23.884	39.204	50.066	63.800	102.97	164.84	412.86	1 004.3	2 377.2	5 483.9
29	26.750	44.693	57.575	74.009	121.50	197.81	511.95	1 285.6	3 137.9	7 458.1
30	29.960	50.950	66.212	85.850	143.37	237.38	634.82	1 645.5	4 142.1	10 143.0
40	93.051	188.88	267.86	378.72	750.38	1 469.8	5 455.9	19 427.0	66 521.0	*
50	289.00	700.23	1 083.7	1 670.7	3 927.4	9 100.4	46 890.0	*	*	*
60	897.60	2 595.9	4 384.0	7 370.2	20 555.0	56 348.0	*	*	*	*

附录二　复利现值系数表

n \ i	1%	2%	3%	4%	5%	6%	7%	8%	9%	10%
1	0.990 1	0.980 4	0.970 9	0.961 5	0.952 4	0.943 4	0.934 6	0.925 9	0.917 4	0.909 1
2	0.980 3	0.961 2	0.942 6	0.924 6	0.907 0	0.890 0	0.873 4	0.857 3	0.841 7	0.826 4
3	0.970 6	0.942 3	0.915 1	0.889 0	0.863 8	0.839 6	0.816 3	0.793 8	0.772 2	0.751 3
4	0.961 0	0.923 8	0.888 5	0.854 8	0.822 7	0.792 1	0.762 9	0.735 0	0.708 4	0.683 0
5	0.951 5	0.905 7	0.862 6	0.821 9	0.783 5	0.747 3	0.713 0	0.680 6	0.649 9	0.620 9
6	0.942 0	0.888 0	0.837 5	0.790 3	0.746 2	0.705 0	0.666 3	0.630 2	0.596 3	0.564 5
7	0.932 7	0.870 6	0.813 1	0.759 9	0.710 7	0.665 1	0.622 7	0.583 5	0.547 0	0.513 2
8	0.923 5	0.853 5	0.789 4	0.730 7	0.676 8	0.627 4	0.582 0	0.540 3	0.501 9	0.466 5
9	0.914 3	0.836 8	0.766 4	0.702 6	0.644 6	0.591 9	0.543 9	0.500 2	0.460 4	0.424 1
10	0.905 3	0.820 3	0.744 1	0.675 6	0.613 9	0.558 4	0.508 3	0.463 2	0.422 4	0.385 5
11	0.896 3	0.804 3	0.722 4	0.649 6	0.584 7	0.526 8	0.475 1	0.428 9	0.387 5	0.350 5
12	0.887 4	0.788 5	0.701 4	0.624 6	0.556 8	0.497 0	0.444 0	0.397 1	0.355 5	0.318 6
13	0.878 7	0.773 0	0.681 0	0.600 6	0.530 3	0.468 8	0.387 8	0.340 5	0.299 2	0.263 3
14	0.870 0	0.757 9	0.661 1	0.577 5	0.505 1	0.442 3	0.387 8	0.340 5	0.299 2	0.263 3
15	0.861 3	0.743 0	0.641 9	0.555 3	0.481 0	0.417 3	0.362 4	0.315 2	0.274 5	0.239 4
16	0.852 8	0.728 4	0.623 2	0.533 9	0.458 1	0.393 6	0.338 7	0.291 9	0.251 9	0.217 6
17	0.844 4	0.714 2	0.605 0	0.513 4	0.436 3	0.371 4	0.316 6	0.270 3	0.231 1	0.197 8
18	0.836 0	0.700 2	0.587 4	0.493 6	0.415 5	0.350 3	0.295 9	0.250 2	0.212 0	0.179 9
19	0.827 7	0.686 4	0.570 3	0.474 6	0.395 7	0.330 5	0.276 5	0.231 7	0.194 5	0.163 5
20	0.819 5	0.673 0	0.553 7	0.456 4	0.376 9	0.311 8	0.258 4	0.214 5	0.178 4	0.148 6
21	0.811 4	0.659 8	0.537 5	0.438 8	0.358 9	0.294 2	0.241 5	0.198 7	0.163 7	0.135 1
22	0.803 4	0.646 8	0.521 9	0.422 0	0.341 8	0.277 5	0.225 7	0.183 9	0.150 2	0.122 8
23	0.795 4	0.634 2	0.506 7	0.405 7	0.325 6	0.261 8	0.210 9	0.170 3	0.137 8	0.111 7
24	0.787 6	0.621 7	0.491 9	0.390 1	0.310 1	0.247 0	0.197 1	0.157 7	0.126 4	0.101 5
25	0.779 8	0.609 5	0.477 6	0.375 1	0.295 3	0.233 0	0.184 2	0.146 0	0.116 0	0.092 3
26	0.772 0	0.597 6	0.463 7	0.360 4	0.281 2	0.219 8	0.172 2	0.135 2	0.106 4	0.083 9
27	0.764 4	0.585 9	0.450 2	0.346 8	0.267 8	0.207 4	0.160 9	0.125 2	0.097 6	0.076 3
28	0.756 8	0.574 4	0.437 1	0.333 5	0.255 1	0.195 6	0.150 4	0.115 9	0.089 5	0.069 3
29	0.749 3	0.563 1	0.424 3	0.320 7	0.242 9	0.184 6	0.140 6	0.107 3	0.082 2	0.063 0
30	0.741 9	0.552 1	0.412 0	0.308 3	0.231 4	0.174 1	0.131 4	0.099 4	0.075 4	0.057 3
35	0.705 9	0.500 0	0.355 4	0.253 4	0.181 3	0.130 1	0.093 7	0.067 6	0.049 0	0.035 6
40	0.671 7	0.452 9	0.306 6	0.208 3	0.142 0	0.097 2	0.066 8	0.046 0	0.031 8	0.022 1
45	0.639 1	0.410 2	0.264 4	0.171 2	0.111 3	0.072 7	0.047 6	0.031 3	0.020 7	0.013 7
50	0.608 0	0.371 5	0.228 1	0.140 7	0.087 2	0.054 3	0.033 9	0.021 3	0.013 4	0.008 5
55	0.578 5	0.336 5	0.196 8	0.115 7	0.068 3	0.040 6	0.024 2	0.014 5	0.008 7	0.005 3

续表

n \ i	12%	14%	15%	16%	18%	20%	24%	28%	32%	36%
1	0.892 9	0.877 2	0.869 6	0.862 1	0.847 5	0.833 3	0.806 5	0.781 3	0.757 6	0.735 3
2	0.797 2	0.769 5	0.756 1	0.743 2	0.718 2	0.694 4	0.650 4	0.610 4	0.573 9	0.540 7
3	0.711 8	0.675 0	0.657 5	0.640 7	0.608 6	0.578 7	0.524 5	0.476 8	0.434 8	0.397 5
4	0.635 5	0.592 1	0.571 8	0.552 3	0.515 8	0.482 3	0.423 0	0.372 5	0.329 4	0.292 3
5	0.567 4	0.519 4	0.497 2	0.476 1	0.437 1	0.401 9	0.341 1	0.291 0	0.249 5	0.214 9
6	0.506 6	0.455 6	0.432 3	0.410 4	0.370 4	0.334 9	0.275 1	0.227 4	0.189 0	0.158 0
7	0.452 3	0.399 6	0.375 9	0.353 8	0.313 9	0.279 1	0.211 8	0.177 6	0.143 2	0.116 2
8	0.403 9	0.350 6	0.326 9	0.305 0	0.266 0	0.232 6	0.178 9	0.138 8	0.108 5	0.085 4
9	0.360 6	0.307 5	0.284 3	0.263 0	0.225 5	0.193 8	0.144 3	0.108 4	0.082 2	0.062 8
10	0.322 0	0.269 7	0.247 2	0.226 7	0.191 1	0.161 5	0.116 4	0.084 7	0.062 3	0.046 2
11	0.287 5	0.236 6	0.214 9	0.195 4	0.161 9	0.134 6	0.093 8	0.066 2	0.047 2	0.034 0
12	0.256 7	0.207 6	0.186 9	0.168 5	0.137 3	0.112 2	0.075 7	0.051 7	0.035 7	0.025 0
13	0.229 2	0.182 1	0.162 5	0.145 2	0.116 3	0.093 5	0.061 0	0.040 4	0.027 1	0.018 4
14	0.204 6	0.159 7	0.141 3	0.125 2	0.098 5	0.077 9	0.049 2	0.031 6	0.020 5	0.013 5
15	0.182 7	0.140 1	0.122 9	0.107 9	0.083 5	0.064 9	0.039 7	0.024 7	0.015 5	0.009 9
16	0.163 1	0.122 9	0.106 9	0.093 0	0.070 8	0.054 1	0.032 0	0.019 3	0.011 8	0.007 3
17	0.145 6	0.107 8	0.092 2	0.080 2	0.060 0	0.045 1	0.025 8	0.015 0	0.008 9	0.005 4
18	0.130 0	0.094 6	0.080 8	0.069 1	0.050 8	0.037 6	0.020 8	0.011 8	0.006 8	0.003 9
19	0.116 1	0.082 9	0.070 3	0.059 6	0.043 1	0.031 3	0.016 8	0.009 2	0.005 1	0.002 9
20	0.103 7	0.072 8	0.061 1	0.051 4	0.036 5	0.026 1	0.013 5	0.007 2	0.003 9	0.002 1
21	0.092 6	0.063 8	0.053 1	0.044 3	0.030 9	0.021 7	0.010 9	0.005 6	0.002 9	0.001 6
22	0.082 6	0.056 0	0.046 2	0.038 2	0.026 2	0.018 1	0.008 8	0.004 4	0.002 2	0.001 2
23	0.073 8	0.049 1	0.040 2	0.032 9	0.022 2	0.015 1	0.007 1	0.003 4	0.001 7	0.000 8
24	0.065 9	0.043 1	0.034 9	0.028 4	0.018 8	0.012 6	0.005 7	0.002 7	0.001 3	0.000 6
25	0.058 8	0.037 8	0.030 4	0.024 5	0.016 0	0.010 5	0.004 6	0.002 1	0.001 0	0.000 5
26	0.052 5	0.033 1	0.026 4	0.021 1	0.013 5	0.008 7	0.003 7	0.001 6	0.000 7	0.000 3
27	0.046 9	0.029 1	0.023 0	0.018 2	0.011 5	0.007 3	0.003 0	0.001 3	0.000 6	0.000 2
28	0.041 9	0.025 5	0.020 0	0.015 7	0.009 7	0.006 1	0.002 4	0.001 0	0.000 4	0.000 2
29	0.037 4	0.022 4	0.017 4	0.013 5	0.008 2	0.005 1	0.002 0	0.000 8	0.000 3	0.000 1
30	0.033 4	0.019 6	0.015 1	0.011 6	0.007 0	0.004 2	0.001 6	0.000 6	0.000 2	0.000 1
35	0.013 9	0.010 2	0.007 5	0.005 5	0.003 0	0.001 7	0.000 5	0.000 2	0.000 1	*
40	0.010 7	0.005 3	0.003 7	0.002 6	0.001 3	0.000 7	0.000 2	0.000 1	*	*
45	0.006 1	0.002 7	0.001 9	0.001 3	0.000 6	0.000 3	0.000 1	*	*	*
50	0.003 5	0.001 4	0.000 9	0.000 6	0.000 3	0.000 1	*	*	*	*
55	0.002 0	0.000 7	0.000 5	0.000 3	0.000 1	*	*	*	*	*

附录三　年金终值系数表

n \ i	1%	2%	3%	4%	5%	6%	7%	8%	9%	10%
1	1.000 0	1.000 0	1.000 0	1.000 0	1.000 0	1.000 0	1.000 0	1.000 0	1.000 0	1.000 0
2	2.010 0	2.020 0	2.030 0	2.040 0	2.050 0	2.060 0	2.070 0	2.080 0	2.090 0	2.100 0
3	3.030 1	3.060 4	3.090 9	3.121 6	3.152 5	3.183 6	3.214 9	3.246 4	3.278 1	3.310 0
4	4.060 4	4.121 6	4.183 6	4.246 5	4.310 1	4.374 6	4.439 9	4.506 1	4.573 1	4.641 0
5	5.101 0	5.204 0	5.309 1	5.416 3	5.525 6	5.637 1	5.750 7	5.866 6	5.984 7	6.105 1
6	6.152 0	6.308 1	6.468 4	6.633 0	6.801 9	6.975 3	7.153 3	7.335 9	7.523 3	7.715 6
7	7.213 5	7.434 3	7.662 5	7.898 3	8.142 0	8.393 8	8.654 0	8.922 8	9.200 4	9.487 2
8	8.285 7	8.583 0	8.892 3	9.214 2	9.549 1	9.897 5	10.260	10.637	11.028	11.436
9	9.368 5	9.754 6	10.159	10.583	11.027	11.491	11.978	12.488	13.021	13.579
10	10.462	10.950	11.464	12.006	12.578	13.181	13.816	14.487	15.193	15.937
11	11.567	12.169	12.808	13.486	14.207	14.972	15.784	16.645	17.560	18.531
12	12.683	13.412	14.192	15.026	15.917	16.870	17.888	18.977	20.141	21.384
13	13.809	14.680	15.618	16.627	17.713	18.882	20.141	21.495	22.953	24.523
14	14.947	15.974	17.086	18.292	19.599	21.015	22.550	24.215	26.019	27.975
15	16.097	17.293	18.599	20.024	21.579	23.276	25.129	27.152	29.361	31.772
16	17.258	18.639	20.157	21.825	23.657	25.673	27.888	30.324	33.003	35.950
17	18.430	20.012	21.762	23.698	25.840	28.213	30.810	33.750	36.974	40.545
18	19.615	21.412	23.414	25.645	28.132	30.906	33.999	37.450	41.301	45.599
19	20.811	22.841	25.117	27.671	30.539	33.760	37.379	41.446	46.018	51.159
20	22.019	24.297	26.870	29.778	33.066	36.786	40.995	45.762	51.160	57.275
21	23.239	25.783	28.676	31.969	35.719	39.993	44.865	50.423	56.765	64.002
22	24.472	27.299	30.537	34.248	38.505	43.392	49.006	55.457	62.873	71.403
23	25.716	28.845	32.453	36.618	41.430	46.996	53.436	60.893	69.532	79.543
24	26.973	30.422	34.426	39.083	44.502	50.816	58.177	66.765	76.790	88.497
25	28.243	32.030	36.459	41.646	47.727	54.865	63.249	73.106	84.701	98.347
26	29.526	33.671	38.553	44.312	51.113	59.156	68.676	79.954	93.324	109.18
27	30.821	35.344	40.710	47.081	54.669	63.706	74.484	87.351	102.72	121.10
28	32.129	37.051	42.931	49.968	58.403	68.528	80.698	95.339	112.97	134.21
29	33.450	38.792	45.219	52.966	62.323	73.640	87.347	103.97	124.14	148.63
30	34.785	40.568	47.575	56.085	66.439	79.058	94.461	113.28	136.31	164.49
40	48.886	60.402	75.401	95.026	120.80	154.76	199.64	259.06	337.88	442.59
50	64.463	84.579	112.80	152.67	209.35	290.34	406.53	573.77	815.08	1 163.9
60	81.670	114.05	163.05	237.99	353.58	533.13	813.52	1 253.2	1 944.8	3 034.8

续表

n \ i	12%	14%	15%	16%	18%	20%	24%	28%	32%	36%
1	1.000 0	1.000 0	1.000 0	1.000 0	1.000 0	1.000 0	1.000 0	1.000 0	1.000 0	1.000 0
2	2.120 0	2.140 0	2.150 0	2.160 0	2.180 0	2.200 0	2.240 0	2.280 0	2.320 0	2.360 0
3	3.374 4	3.439 6	3.472 5	3.505 6	3.572 4	3.640 0	3.777 6	3.918 4	3.062 4	3.209 6
4	4.779 3	4.921 1	4.993 4	5.066 5	5.215 4	5.368 0	5.684 2	6.015 6	6.362 4	6.725 1
5	6.352 8	6.610 1	6.742 4	6.877 1	7.154 2	7.441 6	8.048 4	8.699 9	9.398 3	10.146
6	8.115 2	8.535 5	8.753 7	8.977 5	9.442 0	9.929 9	10.980	12.136	13.406	14.799
7	10.089	10.730	11.067	11.414	12.142	12.916	14.615	16.534	18.696	21.126
8	12.300	13.233	13.727	14.240	15.327	16.499	19.123	22.163	25.678	29.732
9	14.776	16.085	16.786	17.519	19.086	20.799	24.712	29.369	34.895	41.435
10	17.549	19.337	20.304	21.321	23.521	25.959	31.643	38.593	47.062	57.352
11	20.655	23.045	24.349	25.733	28.755	32.150	40.238	50.398	63.122	78.998
12	24.133	27.271	29.002	30.850	34.931	39.581	50.895	65.510	84.320	108.44
13	28.029	32.089	34.352	36.786	42.219	48.497	64.110	84.853	112.30	148.47
14	32.393	37.581	40.505	43.672	50.818	59.196	80.496	109.61	149.24	202.93
15	37.280	43.842	47.530	51.660	60.965	72.035	100.82	141.30	198.00	276.98
16	42.753	50.980	55.717	60.925	72.939	87.442	126.01	181.87	262.36	377.69
17	48.884	59.118	65.075	71.673	87.068	105.93	157.25	233.79	347.31	514.66
18	55.750	68.394	75.836	84.141	103.74	128.12	195.99	300.25	459.45	700.94
19	63.440	78.969	88.212	98.603	123.41	154.74	244.03	385.32	607.47	954.28
20	72.052	91.025	102.44	115.38	146.63	186.69	303.60	494.21	802.86	1 298.8
21	81.699	104.77	118.81	134.84	174.02	225.03	377.46	633.59	1 060.8	1 767.4
22	92.503	120.44	137.63	157.41	206.34	271.03	469.06	812.00	1 401.2	2 404.7
23	104.60	138.30	159.28	183.60	244.49	326.24	582.63	1 040.4	1 850.6	3 271.3
24	118.16	158.66	184.17	213.98	289.49	392.48	723.46	1 332.7	2 443.8	4 450.0
25	133.33	181.87	212.79	249.21	342.60	471.98	898.09	1 706.8	3 226.8	6 053.0
26	150.33	208.33	245.71	290.09	405.27	567.38	1 114.6	2 185.7	4 260.4	8 233.1
27	169.37	238.50	283.57	337.50	479.22	681.85	1 383.1	2 798.7	5 624.8	11 198.0
28	190.70	272.89	327.10	392.50	566.48	819.22	1 716.1	3 583.3	7 425.7	15 230.3
29	214.58	312.09	377.17	456.30	669.45	984.07	2 129.0	4 587.7	9 802.9	20 714.2
30	241.33	356.79	434.75	530.31	790.95	1 181.9	2 640.9	5 873.2	12 941.0	28 172.3
40	767.09	1 342.0	1 779.1	2 360.8	4 163.2	7 343.9	22 729.0	69 377.0	*	*
50	2 400.0	4 994.5	7 217.7	10 436.0	21 813.0	45 497.0	*	*	*	*
60	7 471.6	18 535.0	29 220.0	46 058.0	*	*	*	*	*	*

附录四 年金现值系数表

n \ i	1%	2%	3%	4%	5%	6%	7%	8%	9%
1	0.990 1	0.980 4	0.970 9	0.961 5	0.952 4	0.943 4	0.934 6	0.925 9	0.917 4
2	1.970 4	1.941 6	1.913 5	1.886 1	1.859 4	1.833 4	1.808 0	1.783 3	1.759 1
3	2.941 0	2.883 9	2.828 6	2.775 1	2.723 2	2.673 0	2.624 3	2.577 1	2.531 3
4	3.902 0	3.807 7	3.717 1	3.629 9	3.546 0	3.465 1	3.387 2	3.312 1	3.239 7
5	4.853 4	4.713 5	4.579 7	4.451 8	4.329 5	4.212 4	4.100 2	3.992 7	3.889 7
6	5.795 5	5.601 4	5.417 2	5.242 1	5.075 7	4.917 3	4.766 5	4.622 9	4.485 9
7	6.728 2	6.472 0	6.230 3	6.002 1	5.786 4	5.582 4	5.389 3	5.206 4	5.033 0
8	7.651 7	7.325 5	7.019 7	6.732 7	6.463 2	6.209 8	5.971 3	5.746 6	5.534 8
9	8.566 0	8.162 2	7.786 1	7.435 3	7.107 8	6.801 7	6.515 2	6.246 9	5.995 2
10	9.471 3	8.982 6	8.530 2	8.110 9	7.721 7	7.360 1	7.023 6	6.710 1	6.417 7
11	10.367 6	9.786 8	9.252 6	8.760 5	8.306 4	7.886 9	7.498 7	7.139 0	6.805 2
12	11.255 1	10.575 3	9.954 0	9.385 1	8.863 3	8.383 8	7.942 7	7.536 1	7.160 7
13	12.133 7	11.348 4	10.635 0	9.985 6	9.393 6	8.852 7	8.357 7	7.903 8	7.486 9
14	13.003 7	12.106 2	11.296 1	10.563 1	9.898 6	9.295 0	8.745 5	8.244 2	7.786 2
15	13.865 1	12.849 3	11.937 9	11.118 4	10.379 7	9.712 2	9.107 9	8.559 8	8.060 7
16	14.717 9	13.577 7	12.561 1	11.652 3	10.837 8	10.105 9	9.446 6	8.851 4	8.312 6
17	15.562 3	14.291 9	13.166 1	12.165 7	11.274 1	10.477 3	9.763 2	9.121 6	8.543 6
18	16.398 3	14.992 0	13.753 5	12.659 3	11.689 6	10.827 6	10.059 1	9.371 9	8.755 6
19	17.226 0	15.678 5	14.323 8	13.133 9	12.085 3	11.158 1	10.335 6	9.603 6	8.950 1
20	18.045 6	16.351 4	14.877 5	13.590 3	12.462 2	11.469 9	10.594 0	9.818 1	9.128 5
21	18.857 0	17.011 2	15.415 0	14.029 2	12.821 2	11.764 1	10.835 5	10.016 8	9.292 2
22	19.660 4	17.658 0	15.936 9	14.451 1	13.163 0	12.041 6	11.061 2	10.200 7	9.442 4
23	20.455 8	18.292 2	16.443 6	14.856 8	13.488 6	12.303 4	11.272 2	10.371 1	9.580 2
24	21.243 4	18.913 9	16.935 5	15.247 0	13.798 6	12.550 4	11.469 3	10.528 8	9.706 6
25	22.023 2	19.523 5	17.413 1	15.622 1	14.093 9	12.783 4	11.653 6	10.674 8	9.822 6
26	22.795 2	20.121 0	17.876 8	15.982 8	14.375 2	13.003 2	11.825 8	10.810 0	9.929 0
27	23.559 6	20.706 9	18.327 0	16.329 6	14.643	13.210 5	11.986 7	10.935 2	10.026 6
28	24.316 4	21.281 3	18.764 1	16.663 1	14.898 1	13.406 2	12.137 1	11.051 1	10.116 1
29	25.065 8	21.844 4	19.188 5	16.983 7	15.141 1	13.590 7	12.277 7	11.158 4	10.198 3
30	25.807 7	22.396 5	19.600 4	17.292 0	15.372 5	13.764 8	12.409 0	11.257 8	10.273 7
35	29.408 6	24.998 6	21.487 2	18.664 6	16.374 2	14.498 2	12.947 7	11.654 6	10.566 8
40	32.834 7	27.355 5	23.114 8	19.792 8	17.159 1	15.046 3	13.331 7	11.924 6	10.757 4
45	36.094 5	29.490 2	24.518 7	20.720 0	17.774 1	15.455 8	13.605 5	12.108 4	10.881 2
50	39.196 1	31.423 6	25.729 8	21.482 2	18.255 9	15.761 9	13.800 7	12.233 5	10.961 7

续表

n \ i	10%	12%	14%	15%	16%	18%	20%	24%	28%	32%
1	0.909 1	0.892 9	0.877 2	0.869 6	0.862 1	0.847 5	0.833 3	0.806 5	0.781 3	0.757 6
2	1.735 5	1.690 1	1.646 7	1.625 7	1.605 2	1.565 6	1.527 8	1.456 8	1.391 6	1.331 5
3	2.486 9	2.401 8	2.321 6	2.283 2	2.245 9	2.174 3	2.106 5	1.981 3	1.868 4	1.766 3
4	3.169 9	3.037 3	2.913 7	2.855 0	2.798 2	2.690 1	2.588 7	2.404 3	2.241 0	2.095 7
5	3.790 8	3.604 8	3.433 1	3.352 2	3.274 3	3.127 2	2.990 6	2.745 4	2.532 0	2.345 2
6	4.355 3	4.111 4	3.888 7	3.784 5	3.684 7	3.497 6	3.325 5	3.020 5	2.759 4	2.534 2
7	4.868 4	4.563 8	4.288 2	4.160 4	4.038 6	3.811 5	3.604 6	3.242 3	2.937 0	2.677 5
8	5.334 9	4.967 6	4.638 9	4.487 3	4.343 6	4.077 6	3.837 2	3.421 2	3.075 8	2.786 0
9	5.759 0	5.328 2	4.946 4	4.771 6	4.606 5	4.303 0	4.031 0	3.565 5	3.184 2	2.868 1
10	6.144 6	5.650 2	5.216 1	5.018 8	4.833 2	4.494 1	4.192 5	3.681 9	3.268 9	2.930 4
11	6.495 1	5.937 7	5.452 7	5.233 7	5.028 6	4.656 0	4.327 1	3.775 7	3.335 1	2.977 6
12	6.813 7	6.194 4	5.660 3	5.420 6	5.197 1	4.793 2	4.439 2	3.851 4	3.386 8	3.013 3
13	7.103 4	6.423 5	5.842 4	5.583 1	5.342 3	4.909 5	4.532 7	3.912 4	3.427 2	3.040 4
14	7.366 7	6.623 2	6.002 1	5.724 5	5.467 5	5.008 1	4.610 6	3.961 6	3.458 7	3.060 9
15	7.606 1	6.810 9	6.142 2	5.847 4	5.575 5	5.091 6	4.675 5	4.001 3	3.483 4	3.076 4
16	7.823 7	6.974 0	6.265 1	5.954 2	5.668 5	5.162 4	4.729 6	4.033 3	3.502 6	3.088 2
17	8.021 6	7.119 6	6.372 9	6.047 2	5.748 7	5.222 3	4.774 6	4.059 1	3.517 7	3.097 1
18	8.201 4	7.249 7	6.467 4	6.128 0	5.817 8	5.273 2	4.812 2	4.079 9	3.529 4	3.103 9
19	8.364 9	7.365 8	6.550 4	6.198 2	5.877 5	5.316 2	4.843 5	4.096 7	3.538 6	3.109 0
20	8.513 6	7.469 4	6.623 1	6.259 3	5.928 8	5.352 7	4.869 6	4.110 3	3.545 8	3.112 9
21	8.648 7	7.562 0	6.687 0	6.312 5	5.973 1	5.383 7	4.891 3	4.121 2	3.551 4	3.115 8
22	8.771 5	7.644 6	6.742 9	6.358 7	6.011 3	5.409 9	4.909 4	4.130 0	3.555 8	3.118 0
23	8.883 2	7.718 4	6.792 1	6.398 8	6.044 2	5.432 1	4.924 5	4.137 1	3.559 2	3.119 7
24	8.984 7	7.784 3	6.835 1	6.433 8	6.072 6	5.450 9	4.937 1	4.142 8	3.561 9	3.121 0
25	9.077 0	7.843 1	6.872 9	6.464 1	6.097 1	5.466 9	4.947 6	4.147 4	3.564 0	3.122 0
26	9.160 9	7.895 7	6.906 1	6.490 6	6.118 2	5.480 4	4.956 3	4.151 1	3.565 6	3.122 7
27	9.237 2	7.942 6	6.935 2	6.513 5	6.136 4	5.491 9	4.963 6	4.154 2	3.566 9	3.123 3
28	9.306 6	7.984 4	6.960 7	6.533 5	6.152 0	5.501 6	4.969 7	4.156 6	3.567 9	3.123 7
29	9.369 6	8.021 8	6.983 0	6.550 9	6.165 6	5.509 8	4.974 7	4.158 5	3.568 7	3.124 0
30	9.426 9	8.055 2	7.002 7	6.566 0	6.177 2	5.516 8	4.978 9	4.160 1	3.569 3	3.124 2
35	9.644 2	8.175 5	7.070 0	6.616 6	6.215 3	5.538 6	4.991 5	4.164 4	3.570 8	3.124 8
40	9.779 1	8.243 8	7.105 0	6.641 8	6.233 5	5.548 2	4.996 6	4.165 9	3.571 2	3.125 0
45	9.862 8	8.282 5	7.123 2	6.654 3	6.242 1	5.552 3	4.998 6	4.166 4	3.571 4	3.125 0
50	9.914 8	8.304 5	7.132 7	6.660 5	6.246 3	5.554 1	4.999 5	4.166 6	3.571 4	3.125 0

参考文献

[1] 财政部会计财务评价中心.财务管理[M].北京:经济科学出版社,2024.
[2] 高顿教育个性化辅导研究院.2023 中级会计十年真题研究手册《中级财务管理》[M].广州:广东经济出版社,2023.
[3] 黄国良,侯晓红,郑爱华.财务管理学习指导[M].徐州:中国矿业大学出版社,2003.
[4] 黄国良.财务管理学[M].徐州:中国矿业大学出版社,2021.
[5] 罗斯,威斯特菲尔德,杰富,等.公司理财(原书第 13 版)[M].吴世农,沈艺峰,王志强,等译.北京:机械工业出版社,2024.
[6] 罗斯,威斯特菲尔德,杰富.公司理财习题集[M].王志强,张玮婷,译.北京:机械工业出版社,2017.
[7] 王化成,刘俊彦,荆新.财务管理学[M].北京:中国人民大学出版社,2024.
[8] 王化成,刘俊彦,荆新.财务管理学学习指导书[M].北京:中国人民大学出版社,2021.
[9] 中国注册会计师协会.财务成本管理[M].北京:中国财政经济出版社,2024.
[10] 中国注册会计师协会.注册会计师全国统一考试历年试题汇编《财务成本管理》[M].北京:中国财政经济出版社,2024.
[11] 竺素娥,曾爱民.财务管理习题与案例[M].大连:东北财经大学出版社,2014.
[12] 注册会计师全国统一考试命题研究中心. 2018 年度注册会计师全国统一考试历年真题 360°全解析:财务成本管理[M].北京:中国经济出版社,2018.